经济学名著译丛

Agricultural Development: An International Perspective

农业发展：国际前景

〔日〕速水佑次郎 〔美〕弗农·拉坦 著
吴伟东 翟正惠 卓建伟 胡平 王伟 译
王广森 佟蔚 校

Agricultural Development:
An International Perspective

2018年·北京

Yujiro Hayami and Vernon W. Ruttan

AGRICULTURAL DEVELOPMENT:

AN INTERNATIONAL PERSPECTIVE

本书根据 The John Hopkins University Press Baltimore and London 1980 年版译出

重印说明

本书曾于1993年由商务印书馆首次引入国内出版。鉴于其在农业发展研究领域的重要地位,我馆决定将其列入经济学名著译丛重新出版。本书原著由英文写就,作者署名为Yujiro Hayami和Vernon Ruttan,其中,Yujiro Hayami为日本籍。根据英语人名译名词典,Yujiro对应的中文译名有多个,包括早见、速见、早水、速水等,而Hayami对应的中文译名更是有右二郎、裕次郎、雄次郎、佑次郎等近二十种译法。由于1993年首次出版该书时,国际间信息的交流远不及当今的互联网时代顺畅,我们对日本相关领域专家的了解也不及对欧美专家的了解深入,因此1993年版只能按照较为常见的翻译方式将Yujiro Hayami译为早见雄次郎。而根据我们当前所掌握的信息并咨询了相关专家后,确认Yujiro Hayami实为日本农业经济学家速水佑次郎的英文译名,因此此次重新出版之时,我们将本书作者的中文译名由原来的早见雄次郎和弗农·拉坦改为速水佑次郎和弗农·拉坦,特提醒广大读者知悉。

商务印书馆编辑部

2014年5月

译 者 序

当今，世界各国，不论是发达国家，还是欠发达国家，都十分重视和强调农业发展问题。原因很简单，农业是国民经济的基础，农业自身发展状况决定了整个国民经济的发展状况。正因为如此，如何发展农业的问题也就成了各国发展经济学家和农业经济学家的主要研究课题。

日本东京大学教授速水佑次郎和美国明尼苏达大学教授弗农·拉坦在各自多年深入研究亚洲乡村发展和技术变革问题的基础上，合作探讨农业发展问题，出版了具有深入理论分析和丰富实际论证的专著——《农业发展:国际前景》。

本书从寻求世界各国农业生产与资源利用的变化规律出发，集中论述了技术变革对农业发展的贡献以及技术变革在农业发展过程中的作用。作者打破了传统农业发展和经济发展理论对研究农业发展问题的限制，提出了技术和体制变革模式，也称诱导发展模式。

为了论证诱导发展模式，作者采取实证方法，运用历史资料，对世界上 43 个国家农业发展的历史过程进行了比较分析。分析了各国在农业生产率方面的差别及其产生差别的根源。特别注重美国和日本农业增长所提供的发展经验，详细分析了这两个国家农业发展中的资源约束以及相应的技术变革过程,深刻揭示了科学技术进步与农业发展的相互关系。在典型分析的基础上,作者探讨了增长转移的可能性。按照作者的观点,增长能否转移,与技术转移密切相关;通过回顾世界技术转移理论与历史,作者提出了对诱导技术转移的看法,论述了农业发展过程中的技术转移、技术贸易与农业改造问题。

各国农业发展的差异,导致世界农业的不均衡。作者认为,要消除不均衡现象,必须进行体制改革,发展基础结构。为了促进农业发展,世界各国必须运用科学,以促进技术进步;必须开发有利于农业改造的各种科学技术并建立适应农业改革的科技体制;通过调动农业增长促进经济的全面发展;制定合理的诱导经济发展和农业发展的政策。

通观全书,作者通过揭示技术变革对农业发展的促进作用,向我们展示了欠发达国家农业增长的前景,增强了我们对这一问题的理性认识和实际了解。

我国属于第三世界,是欠发达国家,促进我国农业发展是我国政府长期致力的发展目标。尽快促进我国的农业发展,需要借鉴各国的发展经验和有益的发展理论。本书所论述的内容,在一定程度上,可同时提供对这两方面问题的了解。对那些正在深入研究我国农村改革和农业发展问题的理论工作者和实际工作者来说,这是一部极具价值的参考书。因此,我们在研读以后,决意将其由英文译成中文,以方便更多读者阅读之需。

本书初稿由吴伟东、翟正惠、卓建伟、胡平和王伟翻译,吴伟东负责组织工作。各章分工如下:序言,第一、第二、第三章和附录由吴伟东译；第四、第五章由卓建伟译；第六、第七章由胡平译；第八、第九、第十、第十二章由翟正惠译；第十一章由王伟译。在初稿基础上，吴伟东进行了必要的改译、补译并对全书统稿。此外，由贾生华协助译出书末索引。全书由王广森教授和佟蔚校订。

鉴于译者水平，译稿中难免出现错误，敬希读者批评指正。

目　　录

第三部分 美国和日本的农业增长

第四部分 增长可以转移吗?

第五部分 回顾与展望

附 录

序　言

本书是对各国农业生产与资源利用的变化规律初步进行研究的产物。进而我们把研究范围扩大到了解各国间的规律是否同时反映在所选国家的历史经历上。

为了说明所观察国家整个时期的变化规律，我们的工作使我们不满足于已有的农业发展和经济发展理论。不满之处主要与对技术和体制变革的传统论述有关。同时，我们一直关切这样的问题，即更多的理论讨论一直集中于农业部门在总发展过程中的作用或贡献，很少考虑农业发展过程。农业发展理论被极大地忽视了。

我们把与环境和经济条件相一致的技术开发能力作为说明各国农业生产率增长的唯一最重要的变量。而象征性地把技术变革过程当作经济发展过程的外因。

过去20年中，为了“计量技术变革”和“计算增长”，已经进行了许多日益复杂的尝试。然而，由经济力量诱导的技术变革过程，只是受到有限的关注。“诱导革新理论”的提出，其价值是很有限的，因为它是在企业理论的框架内形成的。公共部门的革新行为一直没有受到重视。这种缺陷，在农业中特别严重，因为科学和技术的公共部门研究代表了农业进步的主要源泉。

对公共部门对经济和社会力量做出反应的过程的研究,又引导我们思考对经济和技术机会做出反应的体制演化过程。体制,如试验站和专利法,对科技知识创立过程的影响,是相当重要的。也是体制,如市场和土地所有制,有利于农业生产新技术的引进和利用,或使利用新技术获得的收入内在化。

为了开展我们的农业发展研究,迫使我们提出一种技术和体制变革模式,在这一模式中,技术和体制的变化是由反映产品需求、初始资源条件以及与经济发展的历史过程有关的资源积累等各种经济力量诱导的。我们所建立的这一模式,形式上并不尽善尽美。部分是因为这一模式主要与生产和生产率有关。对消费和需求的作用,给予的关注很少。然而,这一模式极大地增强了我们对发达和欠发达国家或地区农业发展过程的解释能力。

本书的研究由洛克菲勒基金会、明尼苏达农业试验站和明尼苏达大学经济发展中心资助。书中利用了作者差不多持续 20 年的研究所得到的初步成果。同时,参考了作者同事的著作,特别是罗伯特·R.埃文森、稻城娟代、巴巴拉·B.米勒、威廉·W.韦德、山田三良和山下幸子的著作。

D.G.达尔林普尔、边见坚造、大川一司和 T.W.舒尔茨读了初稿,并且对初稿给予了非常宝贵的评价。在研究的不同阶段,我们同时从来自 D.W.亚当斯、M.E.艾贝尔、R.巴克、L.卡尔保佐斯、C.克拉克、K.W.伊斯特尔、W.P.福尔肯、D.F.菲纽斯、Z.格里利切斯、E.O.黑迪、J.P.霍克、S.C.薛、石川茂、D.G.约翰森、B.F.约翰斯顿、C.E.凯洛格、S.库兹涅茨、T.摩根、A.H.莫舍、J.I.中村、R.R.内尔森、根岸高志、J.费兰克·康纳、W.L.彼得森、

M.J.珀维斯、G.拉尼斯、W.D.拉斯马森、P.M.劳普、N.罗斯伯格、M.D.沙恩、A.M.坦格、C.P.蒂默、梅村又二和S.沃特曼等人的评论和建议中受益。L.R.布朗、D.D.杜罗特、C.H.吉本斯、A.S.福克斯、小林秀夫、小岛亨弘、松崎信良、W.N.帕克、小枝吉清、塞田修次郎、P.E.斯特莱格、H.伍顿、山田三良提供了有关资料与数据帮助我们。书中,经允许我们引用了大量公开出版著作中的语句。如果没有巴巴拉·米勒夫人在技术上和编辑上所做的不懈努力,这本书很难被完成。对所有这些帮助,我们表示诚挚的谢意。

本书献给大川一司和T.W.舒尔茨。他们的著作对东西方的发展思想和政策产生了深远的影响。并且我们发现,写这样一本书,要想回避他们的思想对我们的影响或充分列举我们欠他们的文字债,是不可能的。

第一章 绪论

二次世界大战以来的头20年中，发达国家与发展[1]*中国家在生产率方面的差距急剧扩大了。发达国家已经从第二次世界大战以前的粮食净进口国成为向低收入国家输出粮食的净出口国。大部分粮食采取援助形式输送到发展中国家，或以优惠条件卖给发展中国家。

20世纪60年代后期，技术上的一系列突破为热带、亚热带等欠发达国家的粮食生产，提供了新的前景。发展中国家的许多决策和规划人员当今所面临的主要问题，是能否将潜在的农业剩余转变成为保持经济增长的现实基础。

最近几十年来，有关农业发展与工业发展对国民经济增长相对贡献的学说，已经发生了很大的变化。10年前，经济学家强调城市工业增长对农业发展的作用，现在，他们同样重视农业剩余对经济发展的重要性。曾一度对贫穷国家农业生产者采用新技术的意愿持怀疑态度的分析家们，现在也被粮食生产迅速增长对价格和收入分配产生的影响所震惊。观念上的这些变化，是农业和工业发展前景以及发展中国家的决策者和规划人员所采用的政策发

---

* 文中方括号内的数字，系原书页码，供读者使用书末索引时用。——译者注

生变化的反映。

我们强调这些变化，部分原因是经济学家已经开始在新的范围内关心经济发展问题。西方经济是以农业技术迅速发展、人口增长速度适中、随着收入增长对农产品的需求反应下降为特点的。如果因农业劳动生产率迅速提高而产生的农业剩余劳动力能从乡村部门的低生产率就业中解放出来，并对整个经济增长做出重要贡献，城市产业的迅速发展就必然会被明显地感觉出来。[2]这已经成为大多数国家中的欠工业化地区，如美国东南部，以及多国经济体系中的欠工业化国家，如南欧成员或欧洲共同市场的合作伙伴的特定事实。

在最近的几十年间，经济学家的注意力日益转移到对低收入国家的经济发展问题的关注，这些国家还没有解决如何把传统农业转变成保持粮食生产增长的可行来源。

研究方向的这种变化，反映了对以静止的农业技术、因人口和收入增长而使对农产品的需求迅速增长以及城市集中区域的“反常的”增长为特征的各国农业发展问题进行分析研究的日益增长的需要。这也是对那些在西方经济体系以外的地区——亚洲、非洲和拉丁美洲的国家或国际机构所已经尝试的发展努力和发展援助缺乏较大成就的一种实用主义的反映。

目前，还没有形成像以凯恩斯著作为根据，在 1936 年以后支配了收入和就业理论的“新经济学”那样完善而明确的“新发展经济学”体系，以支配经济发展理论和政策领域。然而，似乎已经出现一种新的观点，即有效的经济发展战略，特别是在经济发展初期，主要取决于可以引起农业生产率增长的技术迅速变革的成就。

这种观点目前还没有伴之与其相呼应的相关发展过程，即在农业部门实现生产率和产出的迅速增长。舒尔茨指出：通过重新分配传统农业体系内的资源并不能带来生产率的显著增长。只有通过技术变革——新的耕作技术、更好的种子品种、更有效的动力来源、更便宜的植物养料，有意义的增长机会才会成为可能。① 对可以带来新投入的这种农业研究活动以及对利用新投入的农业人口实施教育等方面的投资，将为农业中的技术变革和生产率的增长提供基础。

然而，舒尔茨理论是不完善的。[3] 这种理论没有充分体现新型投入的供给和生产部门的资源分配问题。② 这一部门由新型投入的供给者，如农业革新者、社会研究机构和农业供给公司组成，并在稀缺资源的利用上与其他经济部门竞争。社会如何向这一新型投入部门分配资源以及资源如何在该部门范围内的不同活动中进行分配的问题，对农业发展过程来说，是很重要的。这个部门的某些产品（例如新型耕作技术），并不通过市场交易。这就提出了有关产品需求和要素存量的信息如何有效地传递给新型投入的供给者这样的问题。

同时还存在技术变革、体制变革以及各种经济变革之间的相互关系这样更为困难的问题。经济体制要转变成为使隐含在新的技术方法内的经济收入得以实现的社会，需要什么过程呢？一种能够付诸实施、富有意义的农业技术变革和生产率增长理论，必须回答这样的问题。一种富有意义的农业发展理论，必须体现供给知识和新型投入的社会和私人的经济行为，体现体制对新的经济机会的经济反映，而不是把技术变革和体制变革作为系统的外生变量。

在本书中，我们打算论述一种把技术变革和体制变革当作对经济力量起作用的内生变量的模式，怎样有助于对农业增长进行历史分析，特别是根据日本和美国的情况。我们相信，这种以可能建立起来的更完善的经济发展理论为基础的模式，是一种明显的进步。

进而我们主要关心的是区分农业增长的必要条件。我们认为，主要的问题是，在多数国家，农业产出的增长对发展过程是必要的，农业增长对发展过程的贡献肯定与农业部门生产率的增长速度有关。此外，我们把新方法、新材料以及与技术进步有关的新机会作为国家现代化过程中体制变革的基本源泉。

考察农业生产率增长转变成为国民经济增长的各种条件，并不是本书的主要目的。农业部门生产率的增长使可用于社会的资源为物质财富的增长创造了机会。我们期待其他人提出对充分实现整个国民经济增长的这些机会的各种条件的认识。[4]在追求民族发展的信号而不是发展的现实方面，由于缺乏有效的社会、政治和经济组织，也由于引起增长潜力消失的各种力量的存在，我们需要认真分析农业生产率增长的潜在利益依然没被认识的各种条件。

假　　设

我们的基本假设是，成功获得农业生产率迅速增长的共同基础在于，每个国家或发展地区产生在生态上可用、经济上可行的农业技术的能力。在整个时期内,获得生产率的成功和传统的增长涉及历史发展过程中对初始资源条件和资源储量的动态调整过程。为了实现各种新型方法所开创的增长潜力,这同时涉及文化体制、政治体制和经济体制的适应程度,我们可以把这种假设更为正式地概括为“诱导发展模式”。这个模式试图根据农民、农工企业家、科学家和社会行政管理人员对资源条件以及要素和产品供需变化的反应,详细说明因此而引起的技术和体制变革过程。

两种初级资源,即土地和劳动的相对量和存量,是决定农业技术变革实际方式的主要因素。农业与国民经济的其他部门比起来,在生产上以受土地更大的制约为特点。可以把农业生产看成是不断消除由缺乏弹性供给的土地和劳动对生产施加制约的一个过程。根据土地和劳动的相对稀缺程度,最初实行的技术变革,要么是节省劳动的技术,要么是节省土地的技术,这些技术体现在新的更富生产能力的投入之中。

在这一过程中,非农业部门具有重要作用。非农业部门是现代农业投入的主要供给者,用现代农业投入可以替代农业生产中的土地和劳动。我们假设,发达国家的高农业生产率取决于:(1)发展非农业部门,以更便宜的动力资源和植物养料(例如拖拉机和化肥)向农业传输提高生产率的能力;(2)在社会上创造一种持续的在农业中实行技术变革的能力,以增加对工业部门提供的供给的需求。新型技术知识不断持续的趋势和体现了新技术的工业投入的流入,是现代农业发展的必要条件。[5]如果要充分实现新技术和新投入的生产潜力,在这种新技术投入的过程中,必须补充在基础教育和农民的生产教育方面的投资,在体制改革方面进行努力,以便与增长潜力的开发相一致。

这一过程中的关键因素是有效的市场体系、农民、社会研究机构、私营农业供给公司、要素和产品市场之间的非市场信息联系。我们假定，这些因素相互间适当发挥作用，是任一发展中国家成功地产生农业发展所需要的唯一的技术变革方式的关键。

方　法

对本书提出的诱导发展假说的检验，以对农业生产水平、生产率水平和投入水平的时序资料和截面资料进行国际比较为基础。这仅仅是进行这样的比较，即对各国的技术变革方式和以其发展经历为依据的农业增长进行概括总结。这种国际比较，同时为在变量更广泛的变化范围内检验诱导发展假说提供了一个机会，特别是对要素比例变化的检验，在任何一个国家中都是可能的。

对资源条件和技术变革相互作用进行假设检验的第一步，是对各国的农业生产进行截面比较。假设检验的第二步，以美国和日本的时序资料为根据。美国和日本至少用了一个世纪，都成功地获得了农业产出和生产率的增长，尽管两国在资源条件、体制和文化方面存在巨大差别。进一步的分析要扩展到包括由发达国家转移到欠发达国家的科技能力的过程，这种科技能力指的是，产生生态上可以采用、经济上可以实行的农业技术的能力。用美国、日本和朝鲜的历史经历，与那些正在粮食生产方面经历一场“绿色革命”的热带国家进行了比较。

本书的结构

本书主要由五部分组成。在第一部分(第二、第三章),我们较详细地提出了理论框架。在第二章中,我们回顾了农业在整个发展过程中的作用,以及对这一问题,经济发展理论在认识方面的一致性。[6]在第三章中,我们阐述了建立一种关于农业发展的理论所要求的主要因素,包括把技术变革作为整个系统的内生变量。

在第二部分(第四、第五章)中,通过对二次大战以后各国情况的分析,详细探讨了各国农业生产率差别的特征及生产率差别产生的各种来源。通过对各国截面资料的分析,推断工业发展、资源条件与资源存量对技术选择的影响。

在第三部分(第六、第七章)中,我们对 1880 年以来日本和美国的农业发展经历进行了定量的历史分析,特别关注几乎贯穿整个时期的导致两国技术变革采用不同类型以及正在产生的农业发展类型趋同现象的各种力量。

在第四部分(第八、第九、第十章)中,我们探讨了各国成功地进行农业技术转变的各种条件。与专门设计特殊材料或特殊技术比较起来,我们认为,在当今世界,通过发展试验站的能力进行科学知识的转移,对这种转移过程,是十分必要的。书中,对引起专门技术转移的经济力量进行了考察。

作为实例,对水稻生产技术在战争期间从日本向中国台湾和朝鲜传播的经验进行了分析,并且讨论了水稻生产技术近来在亚洲所取得的进展的意义。

在第五部分(第十一、第十二章)中,我们利用前面的分析,明确指出了各国农业发展成败的原因。在第十一章中,对于20世纪50年代和60年代农业发展的努力不能获得有效的体制改革、要素集中以及技术变革的结果,给予了特别的强调。在第十二章中,根据诱导发展模式揭示的前景,我们探讨了在60年代后期由粮食生产技术变革所开拓的新的增产潜力的政策意义。

注 释

① T. W. 舒尔茨:《改造传统农业》(纽黑文,耶鲁大学出版社,1964年)。

② 在最近一本书中,舒尔茨确实认为,需要研究"企业家"对经济机会的反应。参见T. W. 舒尔茨:"研究资源的分配",载《农业研究资源的分配》,瓦尔特·L. 菲谢尔编(明尼阿波利斯:明尼苏达大学出版社,1981年)。

第 一 部 分

问题与理论

第二章　经济发展理论中的农业①

最近几十年，在经济文献中，关于农业发展和工业发展[9]对国民经济增长的相对贡献的认识，发生了急剧的变化。从早期的“工业基础论”转向强调农业生产增长和农业生产率增长对总发展过程的意义。尽管经济学家一直在对以静态农业技术和农产品需求迅速增长为特征的各国发展问题进行分析，但注意力已经日益转向关心农业剩余得以产生和保持的各种条件。

在这一章中，为了说明本书中作为发展理论和政策加以分析的问题的意义，我们回顾了有关农业在经济发展中的作用的文献。②对最近的“增长阶段”和“二元经济”方面的文献给予了特殊的关注。

正如已经说明了的，还没有出现一种具有明确体系的“新发展经济学”能够完全像以凯恩斯著作为依据的“新经济学”在 1936 年以后支配了收入、就业和增长理论那样而支配经济发展理论的领域。[10]为了试图标出“新发展经济学”的界线，我们经常利用两种方法。一种是“增长阶段”或主导部门的方法，这是在最近的文献中由 W. W. 罗斯托提出的。③另一种方法主要是由戴尔·W. 乔根森、④约翰·C. H. 费和 G. 拉尼斯⑤在其著作中提出的二元经济方法。

因此，根据这两种方法，回顾工农业发展对经济增长过程的相对贡献思想的演变，似乎是十分有益的。

增长阶段理论

在不受国家或文化界线限制的情况下，在连续不同的增长阶段的框架内，系统总结经济增长过程的努力是经济思想的一种持久趋势。早期的增长阶段文献，主要是 19 世纪德国经济历史学派的产物。⑥增长阶段的分析方法最初出现在 19 世纪的德国，并不是由于巧合，而是因为德国那时是工业化的后来者（相对英国来说），促进工业化和经济增长被德国民族主义者当作主要目标。由于最近几十年重新发生了对经济增长问题的兴趣，经济学家和历史学家已经联合起来，把经济史划分成若干不连续的时段，用以满足对共同的发展理论的需求。⑦

德国传统学说（马克思和李斯特）

在 19 世纪德国增长阶段理论的文献中，存在两种主要的传统学说：(1)卡尔·马克思和马克思主义；(2)弗里德里希·李斯特和德国历史学派。[11]马克思和李斯特都强调指出，发展过程有五个阶段。然而，他们阶段划分的方法却完全依据不同的原理。

马克思以生产技术变化和与此相适应的所有权和意识形态的变化，作为阶段分类的依据。他划分的阶段，包括原始共产主义、古代奴隶制、中世纪封建主义、工业资本主义和社会主义。按照马克思主义者阐明的规律，在阶级斗争所产生的力量的推动下，经济通过这些阶段加以演化。在两个阶级中,其中一个阶级支配生产资料并把它与劳动力结合在一起,而另一个阶级没有生产资料,但却拥有劳动力。阶级斗争是经济体制演化与生产技术进步之间持续存在的矛盾的反映。⑧

尽管社会由两个相互间存在不一致利益、在收入分配的整个时期存在持续斗争的社会经济阶级组成的这种假设并不现实,但"马克思主义的分析是那一时期唯一产生的真正的经济演化理论"⑨。除去意识形态方面的考虑,马克思的著作具有划时代的意义,因为他指出了技术变革对形成经济制度的极大重要性。根据马克思主义的说法,生产"方式"或生产技术的变化是社会组织变化的能动源泉。⑩马克思把农业生产率的增长当作工业资本主义出现的"先决条件"。⑪他深受英国农业大规模经营的影响,并把能够引起和消除自给农业的结构性转变当作农业发展的基本步骤。

李斯特以分配占有的变化作为其阶段划分的依据。他所划分的五个阶段是指原始阶段、畜牧阶段、农业阶段、农产品加工阶段、农产品加工商品化阶段。李斯特的阶段论和德国历史学派(布鲁诺·希尔德布兰德、卡尔·布克、古斯塔夫·施莫勒)提出的其他阶段模式,都不比"初学者要牢记经济政策必须解决变革经济结构问题的说教这样一种简单的表述方式"⑫强多少。

然而,李斯特的著作同样具有现时意义,因为为了成功达[12]到农业经济向工业经济的转变,他强调民族主义的工商政策。按照李斯特的观点,农业进步只有在进口需求刺激的情况下或通过国内工业发展的影响才能发生。在这两种途径中,因为非农业部门扩大会不可避免地增加对农产品需求的作用,同时因为由科学技术应用引起的更有效的生产方法的产生,李斯特把国内工业发展看作农业进步的最重要的推进器。⑬他对19世纪发展中经济的政策主张是,通过可以促进进口替代和工业出口两方面获得增长的商业政策,增进工业化。⑭这些主张对发展中国家的工业企业家和政治领导仍然具有极大的直接感召力。⑮

结构转变学说(费希尔—克拉克)

伯特·F.霍斯利茨强调,"李斯特发展阶段中的最后三个阶段和20世纪30年代阿伦·G.B.费希尔提出的以及后来由克莱因·克拉克进一步阐明的第一产业、第二产业、第三产业的概念具有相似性。⑯费希尔着重强调了"就业和投资从必要的'初级活动'向各类第二产业活动然后进一步扩大到第三产业的稳定变动",[13]这种稳定变动伴随着经济进步。⑰按照克拉克的公式,要达到伴随这种转变的经济增长,首先,要提高每一部门的人均产出;第二,劳动力要从人均产出较低的部门向人均产出较高的部门转移。⑱

费希尔与李斯特的看法相同,认为这种转变与科学和技术的进步密切相关。而强烈的经验主义则阻碍了克拉克试图寻求一种适当的理论作为他的转变定理的基础。他也没有对农业占支配地位的社会可能持续地向现代工业社会成功转变的问题提出任何有意义的政策指导。

第二次世界大战以来几十年间,费希尔—克拉克定理对经济思想和经济政策所产生的重大影响归功于三个因素:(1)以克拉克巨大的学术成就为实际依据的影响；(2)具有专业名词价值的措辞方面的选择；(3)试图摆脱经济或政治殖民化的那些国家的计划者和政策制定者，把经济进步等同于工业化。

到50年代中期，费希尔—克拉克定理分析的有效性、统计上的依据和其政策意义受到了挑战。⑲分析上的批评主要针对判断上的随意性以及每一产业所列出的产品的收入需求弹性缺乏一致性。无数的批评指出，官方的统计数字掩盖了乡村人口在第二产业（手工业等）和第三产业（运输、贸易、私人服务等）等分工专业化受限制的经济活动上花费了极高的时间比例这一趋势。

主导部门学说(罗斯托)

最近10年间，对费希尔—克拉克阶段论的学术兴趣下降，至少部分原因在于出现了罗斯托的“主导部门”增长阶段论。⑳罗斯托划分了从原始经济向现代经济转变的五个阶段：传统社会、为起飞创造条件阶段、起飞阶段、向成熟推进阶段、高消费阶段。除了第一阶段和最后阶段，其他阶段都属于转变阶段，而不是处于一种成功的均衡状态。

罗斯托区分“增长的五个阶段以及构成增长阶段骨架的生产动力论”的目标，除了马克思以外，[14]这一勃勃雄心使早期任何增长阶段划分方法都不能与之比拟。罗斯托最初只是关心社会从一个阶段向另一阶段运动的过程，他的历史分析方法被用于为发展中国家的领导人提供政策指导的目的，因为“注重目前正向亚洲、中东、非洲和拉丁美洲运动的类似于18世纪后期、19世纪和20

世纪其他国家的起飞准备阶段和起飞阶段的这一发展过程，不但是十分有用的，大体上也是正确的”㉑。

罗斯托的分析方法始于这样一种经验假定：“由于某一部门所用要素的变化，从供需两方面来看，减速是部门的一种正常而适当的方法。”㉒因此，转变以及增长的问题，就成为如何均衡单个部门的减速趋势以获得整个经济的增长。

在供给方面，罗斯托引入了主导部门序列的概念，部门彼此之间可以成功地成为增长的基本发生器。在需求方面，用降低价格和收入的需求弹性来减缓主导部门的增长率并使主导部门发生维持或降低部门所用技术要素的变化。在新的主导部门的出现和旧的主导部门的消除中，技术起重要作用。

我们这里回顾的三种增长阶段理论，都把农业向工业社会转变看作发展政策的主要问题。罗斯托的分类，像马克思一样，明确区分了农业部门在转变过程中的能动作用。在开放经济中，初级部门产业可以作为主导部门起作用，并在特殊时期，承担加速增长的重担。此外，农业必须为迅速增加的人口提供食品，为正在出现的工业产品提供巨大的市场，为农业以外新的主导部门提供资本投资和劳动力。㉓

罗斯托同其他的增长阶段论的倡导者一样，也没有免遭来自各方面的批评。在 1960 年国际经济学会关于“从起飞进入持续增长”问题的会议上，[15] 大部分提交论文的作者既不同意把起飞作为确定当代发达国家的标志，也不接受起飞这一概念。㉔凯恩克罗斯和库兹涅茨对用来划分各个阶段的分析标准、主导部门的假设以及罗斯托把起飞作为衡量当代发达国家的经验定理进行了强烈的抨击。[25]

来自欠发达国家的学者发现，用任一专门阶段区分他们国家的经历都要遇到极大的困难。一篇文章得出了相当惊人的结论："在 1957 年进入'起飞阶段'以后，(菲律宾)经济立即滑回到'为起飞创造条件'阶段。"[26]此外，罗斯托的分析方法缺乏解释机制，不能说明为什么像阿根廷、智利、斯里兰卡、缅甸和印度这些国家，在 19 世纪后期经历了非常迅速的增长，却不能成功地实现起飞。

罗斯托对经济发展早期阶段农业产出迅速增长的极端重要性的认识，使主导部门模型在研究农业发展的学者中得到了迅速的"扩散"。毛里塞·珀金斯和劳伦斯·威特、[27]布鲁斯·F.约翰斯顿和约翰·W.梅勒[28]以及福雷斯特·F.希尔和阿瑟·T.莫舍[29]在其论文中，提出了农业发展三阶段论，这三个阶段大体上类似于罗斯托模式中的为起飞创造条件阶段、起飞阶段和向成熟推进阶段。小克利夫顿·R.沃顿对这些方法进行了综合，见表 2.1。[30]

珀金斯和威特仿效罗斯托，在农业中强调与稳定不变的维持生存部门相比采用技术革新的主导商品部门的重要性，[17]并把主导商品部门当作大量增加食品产出和出口商品的源泉。约翰斯顿和梅勒，利用日本和中国台湾作为模式，注重研究把自给部门转变成小规模商品部门的可能性。在增长阶段分析的框架内，重新解决这个问题的困难，是阶段分析方法在经济史的任一特殊时期都想对农业发展政策产生指导作用所面临的分类上的困难。W.大卫·霍珀在其"每一发展中国家……适合每一阶段"的评论中，提出了类似的观点。[31]

表 2.1 农业发展从第一阶段通过第二阶段进入第三阶段的十大主要特点的总结*

基本特点	第一阶段(静态的)→第二阶段(过渡的)→	第三阶段(动态的)
1.一般的价值、态度、动机	否定的或有阻力的	肯定的或可接受的
2.生产目标	家庭消费和生存	收入和净利润
3.制定决策过程的特点	不合理的或传统的	合理的或"选择制定"
4.技术或工艺状态	静态的或传统的(有或没有缓慢的改革)	动态的或迅速改革的
5.农业产品商品化程度	自给或半自给	商品性的
6.农业投入商品化程度	家庭劳动和农业自产产品	商品性的
7.要素比例和报酬率	高劳动与资本比率;低劳动报酬	低劳动与资本比率;高劳动报酬
8.影响或服务于农业和乡村地区的机构	缺乏的和不完善的	有效的和很好发展的
9.非消耗性农业资源的可得性	可得的	不可得的
10.农业部门占整个经济的份额	大	小

* 本表是综合珀金斯—威特、约翰斯顿—梅勒和希尔—莫舍阶段分类的一种尝试。

资料来源:小克利夫顿·R.沃顿:"关于东南亚农业发展的研究",载《农业经济学杂志》(1963年12月号),第1,162页。

二元经济模型

二元经济方法是在受西方殖民主义经济、政治和军事侵略影响下的非西方社会的范围内,试图了解落后的传统部门和正在增长的现代部门之间相互关系的产物。静态二元经济模型注重研究传统部门和现代部门之间的有限影响。更新的动态二元经济模型把农业看作传统部门,把工业看作现代部门,并试图探索加强发展过程中两个部门之间的相互影响。

静态二元论

在文献中,静态二元论的两个独特的变形可以视为:(a)"社会二元论",着重说明引起"西方"和"非西方"明显不同的经济组织和经济合理性概念在文化上的差别;(b)"飞地二元论",着重说明通过西方现代工业国家与世界上其他地方的传统社会的相互影响引起的劳动力市场、资本市场和产品市场的反常行为。㉜二元经济模型的这两种变形,对于了解体现在现代二元经济模型中的发展中国家的经济结构和经济行为的假设是很重要的。

社会二元论,最初是荷兰经济学家J.H.贝克探索荷兰殖民政策在印度尼西亚[18]失败的原因的产物。㉝1870年采用的为使印度尼西亚广大人民"日益下降的福利"发生逆转的自由主义经济政策的失败,特别是在爪哇,使人们强烈意识到,需要重新评估殖民政策。最初,贝克在其1910年的博士论文中认为,西方经济思想不适用于热带殖民地的情况,假定需要一种单独的理论方法来解决这种经济的问题。"在一个社会被分成两部分,存在非常明显、非常普遍的分割状态的地方,许多社会问题和经济问题采取相当不同的面目出现,西方经济理论失去了其真实性——因而失去了其价值。"㉞因此,贝克假定,两种社会制度共存是二元论的先决条件,它们只是通过产品和劳动市场的极其有限的接触勉强发生作用。

贝克博士论文的中心目的是,对西方社会和东方社会经济活动的目标做出本质区分。他认为,在西方和在东方的西方飞地中的经济活动,取决于经济需要,而印度尼西亚的经济活动则主要受社会需要的引导。他专门批评了用新古典的边际生产率理论分析资源分配和收入分配的各种尝试,主要是因为,东方社会的资源具有极大的稳定性。

贝克分析的主要政策意义在于,把西方技术和体制引入到印度尼西亚的想法,进一步推论,引入到其他的亚洲经济体系的想法是没用的。传统农业由农业部门以外引入新投入而使技术变化的各种努力,唯一的作用是加快人口增长速度。

贝克的静态二元论,几乎一出现就受到荷兰许多经济学家的强烈批评。[35]最近,本杰明·希金斯对贝克实际观察资料的准确性提出了疑问,并且提出了对西方经济分析方法有利的具体例子来驳斥贝克提出的例子。[36]实际上,他认为,贝克对西方经济思想的批评,在于他不熟悉马歇尔和熊彼特以来的西方思想。

对贝克论文的学术批评,并不妨碍其对经济政策产生必要的影响。尽管它被认为是“殖民主义”的起源,但这一思想还是被许多新兴国家的经济政策和计划制定机构中那些理智的杰出人物和官僚政客,[19]明确或含蓄地加以接受了。贝克的二元论为不在化肥、农用化学品和农业设备产业方面投资而在重工业和进口替代产业投资的工业化政策提供了一种理性认识。尽管(1)缺乏在农业研究、教育、灌溉和制造品投入方面的投资;(2)采用只能对利用可得技术提供最小刺激的价格政策,但贝克的“向后弯曲供给曲线”为不能使农业生产率增长提供了合理的说明。

作为静态二元论的变形，飞地二元论反映了许多贸易理论家的极其艰难的努力，他们试图解释“为出口而生产的高生产率部门与为国内市场而生产的低生产率部门共存的……障碍”（第474页）㊲。希金斯㊳明确地反对贝克的社会二元论，认为二元化起源于现代部门和维持生存部门之间技术上的差别。㊴按照他的观点，现代部门主要集中于采矿和种植园等初级商品生产。现代部门从国外进口技术。现代部门利用的进口技术，基本是节约劳动型的，具有相当高的固定资本系数。与其比较起来，传统部门所利用的技术，以资本和劳动力之间具有广泛的可替代性和利用劳动密集型的生产方法为特征。现代部门的扩大，最初是对国外市场需求的反应，它的增长对地方经济只产生相当微弱的影响。传统部门的扩大受储蓄短缺的制约

H. 迈因特在强调资本市场作为飞地二元论的基础的重要性方面，超过了希金斯。㊵根据他的理论，接近现代金融市场的现代商业、工业和农业部门与传统部门相比，可以较低的资本费用利用资本，因此导致现代部门采用更为资本密集型的技术，劳动生产率的水平更高。他同时认为，飞地的金融部门趋向于资本形成从维持生存部门的净流入而向国际金融中心净流出。因此，现代化的飞地对当地经济发展的影响受其对劳动力的低需求和其不能沟通向当地经济的投资渠道的限制。

动态二元论（乔根森和费—拉尼斯）

虽然近来对动态二元论[20]的兴趣主要集中于乔根森㊶和费—拉尼斯㊷的著作上，但W. 阿瑟·刘易斯的《劳动力无限供给条件

下的经济发展》[43]这一当代经典性著作，为乔根森、费与拉尼斯以及近来多数的二元经济方面的文献[44]提供了一个理智的出发点。实际上，可以把刘易斯的著作当作沟通静态二元论和动态二元论的桥梁。

动态二元经济模型的主要是为了探讨一种正常关系。这种正常关系，第一可以摆脱马尔萨斯陷阱，贝克把这当作试图将新技术引入本地农业的必然结果；第二，摆脱现代化飞地和传统部门之间缺乏有效的劳动力和资本市场的关系。实际上，在动态模型中，提高农业生产率已经成为使劳动力不断从农业部门向工业部门再分配的一种机制。[45]

在费—拉尼斯模型中(乔根森称其为古典的)，传统部门具有下述特征：(1)隐蔽性失业和就业不足；(2)边际劳动生产率为零；(3)固定不变的“由体制所决定的”农业劳动工资率，大体与维持生存部门的平均劳动生产率一致；(4)固定的土地投入。[21]在这些条件下，费和拉尼斯认为，在发展初期，有可能把劳动从维持生存部门转移到商品化的工业部门，而不会减少农业产出，也不会提高劳动力对工业部门的供给价格。实际上，工人从维持生存部门向非维持生存部门转移，导致农业剩余出现，然后，可以把农业剩余用作发展工业部门的投资基金。费和拉尼斯同时设想，增加农业剩余也是由于改进了劳动密集型技术的资本比例而使生产率提高的结果。根据这种思想，农业既为工业部门的扩大贡献劳动力，又以“工资基金”的形式贡献剩余产品。在这种制度中，社会政策的主要职能是：(1)设计使这种剩余的所有权从农业部门向政府或商品化工业部门的企业家转移的制度；(2)避免潜在的剩余在乡村通过较高消费的方法浪费掉。

在费—拉尼斯模型中,二元经济发展的关键之处发生在农业劳动的边际产值超过零点的时期。在这一点,工人从维持生存部门转移到商品化的工业部门,要求用足够大的"工资基金"以维持其在商品化工业部门的消费。这将导致工业部门"贸易条件的恶化",而这只能通过提高商品化的工业部门的生产率和降低人口增长率的方式加以弥补。

当劳动力的边际产值超过农业部门"由制度确定的"工资率时,就会出现发展的又一转折点。在这一点,如果工业商品化部门想与维持生存部门有效地竞争劳力,就需要提高工业部门的工资率。在这一阶段,如果农业部门的生产率得到迅速增长,经济的"二元性"特征会逐渐消失,农业会逐渐起到一元经济的附属部门的作用。

乔根森在二元经济模型中,放弃了(1)劳动的边际生产率为零和(2)维持生存部门工资率由制度决定的假设。即使在发展的初期阶段,工资率也是在部门内的劳动力市场上确定的。结果,如不牺牲农业产出,工业部门就不会获得可以利用的劳动力。在全部发展过程中,而不是在商品化的工业部门得到必要发展以后,贸易条件会不断地向不利于工业部门的方向运动。

根据乔根森的方法,国民经济形成农业剩余的能力仅仅取决于三个参数:(1)农业技术进步率;[22](2)人口增长率;(3)与农业劳动力变化有关的农业产出弹性。对一个陷入低水平均衡陷阱的国民经济来说,通过下述因素逃脱陷阱是有可能的:(1)变革新技术引入农业生产的速度;(2)变革医学常识,使出生率比死亡率下降得更迅速。需要指出，在乔根森模型中，从增长过程一开始，就必须把技术变革引入农业部门。

乔根森模型多少比费—拉尼斯模型更接近于适用。在工业部门，劳动力供给曲线平行增长并持续到农业就业量开始绝对下降期间，费—拉尼斯劳动边际生产率为零的假设，是很难经得起近来论述自给农业劳动生产率的著作中提出的各种观点的推敲的。[46]

费—拉尼斯模型中的这种缺点，并不意味着他们没有意识到农业生产率增长在经济发展早期过程中的极端重要性。相反，他们坚持，“任何试图加快工业化步伐的不发达经济，如果无视先行的——或至少与其他部门同时进行的农业部门革命的必要性，则都将在前进中遇到极大的困难。因此，我们强烈地意识到这样的事实，即任何只是反映工业部门吸收劳动力能力的成功标准，纯粹是明确总结农业部门同时释放劳动力能力的指数”[47]。拉尼斯和费劳动边际生产率为零的假设虽然体现了某种实用性，但却误入一种教条式的办法。应该放宽这种假设，或从他们的模型中，提炼出具有政策意义的关于部门内劳动力市场行为的更具现实意义的假设，来替代这种假设。

相对费—拉尼斯模型来说，乔根森模型的主要缺点，涉及马尔萨斯人口反应机制和食品的零收入需求弹性。[48]人口增长是人均消费的直接函数这一假设，[23]显然与近来人口发展的经历并不一致。食品的零收入需求弹性的假设也是这样。

一般说来，凭借费—拉尼斯和乔根森的二元经济模型可以直观地判断：(1)国内贸易条件转向有利于农业标志着出现了导向保持增长的经济转变；(2)而这只能通过更快地变革农业技术和减缓人口增长率的办法加以弥补。然而，这两个模型的简单性可能导致严重低估获得这种转变所出现的各种困难。[49]

在两个模型中，最严重的缺陷或许在于，在不对资源投入施加需求的情况下，除了改善劳动密集型技术的资本状况，如开垦和开发土地以外，把提高生产率当作生产函数变动的要素。然而，农业自身生产技术的变革，是资本相当密集的活动，特别是在考虑所涉及的人力资本投资时。此外，农业技术变革通常需要相当长的准备时期，而且其报酬具有很大的不确定性。无论是在发达国家还是在欠发达国家，就研究人员费用增加而言，新技术知识的短期供给，显然是相当缺乏弹性的。对一个国家来说，技术变革是经济发展初期最难产的产物之一。而当技术变革确实可行时，它就以包含在投入中的形式被引入农业部门，诸如从非农业部门购买的化肥和杀虫剂。在维持生存部门的生产函数中，不包括资源可以流入农业部门的期限，说明没必要限制使用体现技术变革的从现代部门购买的投入。[50]在一个开放的二元经济模型中，在某种情况下，使储蓄以净流量的形式进入农业部门，显然是适当的，也完全是可能的。[51][52]

第二个极大的缺陷是，两个模型都忽视了部门间各商品市场的资源利用问题。[24]市场被当作脱离现实的交换系统，在这一过程中，在不吸收资本和劳动的情况下，资源和商品通过交换系统在现代部门和传统部门之间转移。劳动力从农业向非农业部门转移被认为是“工资基金”的源泉，然后用这种工资基金保持非农业部门的发展。在大多数不发达国家，必要数量的劳动力和资本被利用在储存、运输和销售活动上，这些活动关系到把农业部门生产的市场剩余送到城市消费者手中。因此，工人从乡村地区向城市地区转移与非维持生存部门就业量的增长有关，特别是要求分配给销售部门的劳动力和资本有显著增长。[53]当出现发展时，越来越大量的食品通过批发和零售渠道流转。对那些以相当低的食品比率通过批发或零售渠道而开始转变的国家，由于居住在城市地区的人口比例增加，甚至人均收入水平也实现了有节制的增长，用于销售方面的资源增长率将是爆炸性的。农业剩余这些非常必要的“漏出量”进入销售过程，意味着由劳动力资源从维持生存部门向现代部门的单纯转移引起的对增长潜力的制约，比由现代的二元经济模型所指出的制约更严格。

一种微观经济的观点

在这一章，在增长阶段和二元经济这两种传统方法的范围内，我们认为，经过经济学家的努力，已经产生了许多有意义的了解经济发展过程的观点。我们同时概括分析了历史定理，分析了发展理论以及根据两种传统分析方法产生的增长模型的几方面的局限性。然而，我们最主要的批评指向了发展理论和政策的微观经济分析方法。

显然，二元经济模型对于了解发展过程做出了重要贡献。它们表明，完整综合后凯恩斯一个部门、一种投入的哈罗德—多马—马哈拉诺比斯形式的模型，已经取得了显著进展。随着二元经济模型的演化，它们变得更复杂，也更具现实意义。[54]它们对说明经济史、[25]对与较早的定理比起来具有更坚实分析基础的增长阶段概念的演进，做出了贡献。因此，人们逐渐认识到，“按照增长发生的先后，农业部门与工业部门所履行的职能完全是独立的”[55]。与20世纪50年代那种朴素的最先工业化的学说对比，这种认识显然是对经济“学说”的重大贡献。

根据我们的判断，了解经济发展过程和设计发展政策的主要进展，必须更稳定地基于对微观经济过程和经济行为的了解。第二次世界大战以来，发展理论、发展研究和发展政策都过多地集中于宏观层次。注意力一直集中在需求战略和固定资本投资的战略作用方面。忽视了劳动和管理技巧以及科学技术知识的积累。这是对凯恩斯及其追随者的杰出成就，即有效解决收入和就业、通货膨胀和通货紧缩以及国际货币体制能力进行强有力冲击的直接结果。[56]

对比起来，为了达到经济发展，经济政策的必要性必须取决于在各个部门的家庭、企业以及社会机构中自始至终更有效地分配资源。宏观经济模型建模中过分简化和抽象的现象必须扭转。就消费、生产和供给关系而言，必须采用能够利用更精确信息的分析方法。

本书利用微观经济学的理论和方法，试图藉此推进对农业发展过程的了解。

注　释

①　这部分主要取材于V.W.拉坦：“增长阶段理论与农业发展政策”，载《澳大利亚农业经济学杂志》第9卷(1965年7月号)，第17—32页；V.W.拉坦：“增长阶段理论”，载《二元经济模型与农业发展政策》，圭尔夫大学农业经济系，出版号：AE1968/2；V.W.拉坦：“两部门模型与农业发展政策”，载《自给农业与经济发展》，小克利夫顿·R.沃顿编(芝加哥：阿尔定版，1969

年)，第353—360页。

② 读者可以利用布鲁斯·F.约翰斯顿《对农业在经济发展中的作用的文献的评论》这一更为综合性的评述补充本章提到的材料，参阅小克利夫顿·R.沃顿："发展中国家的农业及结构转变的调查研究"，载《经济文献杂志》第8卷(1970年6月号)，第369—404页。更详细的记述，参见约翰·W.梅勒：《农业发展经济学》(伊萨卡：康奈尔大学出版社，1966年)。

③ W.W.罗斯托："从起飞到自我保持增长"，载《经济杂志》第66卷(1956年3月号)，第25—48页；《经济增长阶段》；《非共产主义宣言》(剑桥：剑桥大学出版社，1960年)。

④ D.W.乔根森："二元经济的发展"，载《经济杂志》第71卷(1961年6月号)，第309—334页；"二元经济发展的理论检验"，载《经济发展的理论及其设计》，I.阿德尔曼和E.索拜克编(巴尔的摩：约翰斯·霍普金斯出版社，1966年)，第45—60页；"剩余农业劳动力与二元经济发展"，载《牛津经济论文》第19卷(1967年11月号)，第288—312页；"农业在经济发展中的作用：古典的与非古典的增长模型"，载《自给农业》，沃顿编，第320—348页。

⑤ G.拉尼斯和J.C.H.费：《经济发展理论》，载《美国经济评论》第51卷(1961年9月)，第533—565页；J.C.H.费和G.拉尼斯：《劳动剩余经济的发展：理论与政策》(霍姆伍德，伊利诺斯：埃尔文，1964年)；《平均地权论、二元论与经济发展》，载《经济发展的理论及其设计》，阿德尔曼和索拜克编，第3—41页。

⑥ B.F.霍斯利茨："经济增长阶段理论"，载《经济增长的理论》，B.F.霍斯利茨编(格伦科，伊利诺伊：自由出版社，1960年)，第193—238页。

⑦ 政治学家同时也不受偏好发展"阶段"的影响。参见罗伯特·T.霍尔特和约翰·E.特纳：《经济发展的政治基础》；《比较政治分析和探讨》(普林斯顿：D.范诺斯传德，1966年)，第39—50页。

⑧ 这种观点在马克思的许多著作中都有表述，见《政治经济学批判的贡献》，N.I.斯通译(芝加哥：查理斯·H.克尔，1918年)。对马克思历史观点的评论，参见曼德尔·莫顿·鲍伯：《卡尔·马克思的历史阐述》(剑桥：哈佛大学出版社，修订第二版，1948年)。

⑨ 约瑟夫·A.熊彼特：《经济分析史》(纽约：牛津大学出版社，1954

年)，第 441 页。

⑩ 卡尔·马克思:《资本论》、《政治经济学批判》，F. 恩格斯编(纽约:现代图书馆，1906 年，版权归查理斯·H. 克尔公司所有)。马克思认为，“技术反映了人与自然、人与维持其生存的生产过程的关系，因而，同时显示了人的社会关系形成的方式以及由此产生的思想概念形成的方式”，第 406 页脚注。马克思关于技术变革作用的观点，参看鲍伯:《历史的阐述》。

⑪ 马克思:《所谓原始积累》，第 784—848 页。

⑫ 熊彼特:《经济分析史》，第 442 页。

⑬ 弗里德里希·李斯特:《政治经济学的国民体系》(伦敦:朗曼格林和公司，1885 年；由 A.M.凯利重印，纽约，1966 年)。关于李斯特著作的意义，参见 K.W. 卡普:“弗里德里希·李斯特对经济发展理论的贡献”，载《印度兴都文化、经济发展及经济计划》，D.W. 卡普编(纽约:亚洲出版社，1963 年)，第 165—170 页；霍斯利茨:《经济增长阶段理论》。

⑭ 李斯特本人并没有把保护主义作为结果，而是把其作为取得国民生产力最大发展的一种手段。在 1904 年一篇英文版的介绍性文章中，J.S. 尼科尔森指出，李斯特认为，“各国必须根据其自身发展的程度改变其体制。在第一阶段，必须把与较为发达国家进行自由贸易作为消除野蛮状态并使农业取得进步的手段。在第二阶段，必须凭借贸易管制来促进制造业、渔业、航海和外贸的增长。在最后阶段，‘财富和权力达到最高程度以后’，必须逐渐恢复自由贸易和在国内外市场上进行非限制性竞争的原则，以防止农学家、制造商、销售商懒于竞争并刺激他们保持已经得到的权力”。李斯特:《国家的政治经济体制》(重印版，第 444 页以后没有页码)。

⑮ H.G. 约翰逊:“新兴国家理想的经济政策”，载《新老国家的民族经济主义》，H.G. 约翰逊编(芝加哥:芝加哥大学出版社，1967 年)，第 131—132 页。

⑯ 霍斯利茨:《经济增长阶段理论》，第 202—203 页。

⑰ A.G.B. 费希尔:《经济进步与社会保障》(伦敦:麦克米伦出版公司，1945 年)，第 6 页。有关费希尔较早的著作，参阅《进步与保障的冲突》(伦敦:麦克米伦出版公司，1935 年)，第 25—43 页；“第一性生产、第二性生产和第三性生产”，载《经济成就》第 15 卷(1939 年 3 月号)，第 24—38 页。

⑱ 对克拉克方法的最好阐述，在科林·克拉克的书中可以找到："经济增长状态"，载《经济进步的条件》第10章，科林·克拉克编（伦敦：麦克米伦出版公司，1940年），第337—373页。在以后各版中，这一章被删掉了。

⑲ P.T.鲍尔和B.S.亚梅："经济进步与就业分布"，载《经济杂志》第61卷（1951年12月号），第741—755页；《经济进步与就业分布的进一步说明》，出处同上，第64卷（1954年3月号），第98—106页；西蒙·罗坦伯格："'经济进步与就业分布'的说明"，载《经济学与统计学评论》第35卷（1953年3月号），第168—170页；S.G.特里安蒂斯："经济进步，就业再分配与国际贸易条件"，载《经济杂志》第63卷（1953年9月号），第627—637页。

⑳ 罗斯托："从起飞到自我保持增长"，《经济增长阶段》。

㉑ 出处同上（1960年），第3页。

㉒ 出处同上，第13页。

㉓ 这大体上与马克思把农业资本原始积累当作实现工业资本主义的先决条件是相像的。

㉔ W.W.罗斯托编：《从起飞到自我保持增长经济学》（伦敦：麦克米伦出版公司，1964年）。同时参阅W.保尔·斯特拉斯曼的评论，载《美国经济评论》第54卷（1964年9月号），第785—790页。

㉕ A.K.凯恩克罗斯："经济增长阶段参考书目与评论文集"，载《经济史评论》第13卷（1961年4月号），第450—458页；西蒙·库兹涅茨："对起飞的说明"，载罗斯托编《起飞经济学》，第22—43页。

㉖ G.Y.伊特乔恩："菲律宾：起飞的必要条件"，载《菲律宾经济杂志》第1期（1962年第1学期），第30页。

㉗ M.珀金斯和L.威特："资本形成：过去和现在"，载《农业经济学杂志》第43卷（1961年5月号），第333—343页。

㉘ B.F.约翰斯顿和J.W.梅勒："农业在经济发展中的作用"，载《美国经济评论》第51卷（1961年9月号），第566—593页。约翰斯顿—梅勒的方法，在J.W.梅勒的一系列文章中做了详尽说明："经济发展初期农产品的增长：关系、问题与前景"，载《印度农业经济学杂志》第17卷（1962年4—6月号），第29—46页；"低收入国家的农业发展过程"，载《农业经济学杂志》第44卷（1962年8月号），第700—716页。

㉙　F.F.希尔和A.T.莫舍："组织农业发展"，载《科学、技术与发展》第三卷，农业部分，美国为联合国关于从欠发达地区利益出发应用科学技术会议准备的论文(华盛顿：美国政府印刷局，1962年)，第1—11页。

㉚　小克利夫顿·R.沃顿："关于东南亚农业发展的研究"，载《农业经济学杂志》第45卷(1963年12月号)，第1,161—1,174页。

㉛　W.D.霍珀："讨论：农业在世界经济中的作用"，出处同上，第43卷(1961年5月号)，第347页。

㉜　对这种区分进行解释，我们要感谢理查德·胡利：《发展理论中二元论的概念》(国家发展计划联合中心，M－9285，1968年3月)。

㉝　J.H.贝克：《二元社会经济学与经济政策：以印度尼西亚为例》(纽约：太平洋关系研究所，1953年)。对贝克著作的精彩总结，参阅由荷兰学者编著的《印度尼西亚研究文集》第6卷，《理论与政策中二元论的概念》(海牙：W.范霍夫有限出版公司，1961年)。此外，可以参阅贝克的经典文章：《二元经济学》，该书载有他的其他几篇文章，同时有一篇由荷兰学者对他著作的评论文章。

㉞　荷兰学者：出处同上，第170页。

㉟　出处同上。

㊱　本杰明·希金斯："欠发达地区的'二元化理论'"，载《经济发展与文化变革》第4卷(1955—1956年)，第99—115页。

㊲　H.W.辛格："投资国与借贷国间的利益分配"，载《美国经济评论》第40卷(1950年5月号)，第473—485页。

㊳　希金斯："欠发达地区的'二元化理论'"。

㊴　本杰明·希金斯：《经济发展：理论、问题与政策》(纽约：诺顿出版公司，1959年)，第325—333页，第424—431页。

㊵　H.迈因特：《发展中国家经济学》(伦敦：哈钦森大学图书馆，1964年)，第69—84页。

㊶　乔根森：《二元经济的发展》；《可供选择理论的检验》；《剩余农业劳动力》；《农业在经济发展中的作用》。

㊷　拉尼斯与费：《经济发展理论》；费与拉尼斯：《劳动剩余经济的发展》；《平均地权论、二元论与经济发展》。

㊸ W.阿瑟·刘易斯:“劳动力无限供给条件下的经济发展”,载《曼彻斯特经济与社会研究学报》第22卷(1954年5月号),第139—191页;“无限供给的劳动力:进一步的阐述”,出处同上,第26卷(1958年1月号),第1—32页。

㊹ 对二元经济文献做出三个重要贡献的是A.O.克鲁格,而这多少得益于刘易斯早期的著作,见克鲁格:“二元经济中工农业间的相互关系”,载《印度经济杂志》第10卷(1962年7月号),第2—13页;W.H.尼科尔斯:“作为经济发展因素的‘农业剩余’”,载《政治经济杂志》第71卷(1963年2月号),第1—29页;G.S.托利和S.斯米德特:“农业与美国经济的永久地位”,载《经济计量学》第32卷(1964年10月号),第554—575页。克鲁格对S.P.沙茨早期的著作较为赞赏:“欠发达国家的二元经济模型”,载《社会研究》第23卷(1956年冬),第419—432页,该文对以飞地二元性为特征的经济的某些特点进行了讨论。

㊺ 费和拉尼斯:《劳动剩余经济的发展》,第3页。

㊻ 查尔斯·H.C.高、K.R.安谢尔和C.K.艾彻:“农业中隐蔽性失业的调查”,载《经济发展中的农业》,C.艾彻和L.威特编(纽约:麦格劳—希尔出版公司,1964年),第129—144页;T.W.舒尔茨:《改造传统农业》(纽黑文:耶鲁大学出版社,1964年);W.D.霍珀:“印度传统农业的分配效率”,载《农业经济学杂志》第47卷(1965年8月号),第611—624页;M.帕格林:“剩余农业劳动力与发展:实践与理论”,《美国经济评论》第55卷(1965年9月号),第815—834页。对由舒尔茨及其他人所做批评的反应,参阅费和拉尼斯:《平均地权论、二元论与经济发展》,第9页。

㊼ 费和拉尼斯:《劳动剩余经济的发展》,第121、151—199页。

㊽ R.拉马拿森探讨了采用一套更基本的假设的意义:“乔根森二元经济模型的扩展”,载《经济杂志》第77卷(1967年6月号),第322—327页。

㊾ 这些制约的深入讨论,参阅拉坦:《增长阶段理论》。

㊿ A.L.马蒂:“乔根森教授的二元经济模型”,载《印度经济》第12卷(1965年4—6月号),第437—441页。

51 S.艾什卡瓦:《亚洲经济发展的展望》(日本:纪国屋图书公司,1967年),第290—356页。

㊷ 最近费和拉尼斯提出了一个“开放的农业经济”模型。J.C.H.费和G.拉尼斯:“开放经济中的农业”,载《农业在经济发展中的作用》,E.索拜克编(纽约:哥伦比亚大学出版社,1969年),第129—159页。他们提出,经过由封闭的均田主义到开放的均田主义的一系列增长阶段,最终形成一种动态二元论。

㊸ R.D.史蒂文斯:《发展中国家的收入变化与食品消费弹性》(华盛顿:美国农业部经济研究所,FAER第23号,1965年3月号);V.W.拉坦:“东南亚的农产品与要素市场”,载《经济发展与文化变革》第17卷(1969年6月号),第501—519页。

㊹ 可参见J.桑德:“二元经济规划模型”,载索拜克编《农业在经济发展中的作用》,第219—230页。

㊺ E.索拜克:“绪论”,出处同上,第4页。

㊻ H.G.约翰逊:“社会问题的经济方法”,载《经济学》第35卷(1968年2月号),第1—21页;H.G.约翰逊:《理想的经济政策》,第135页。同时可以参阅T.摩尔根:“投资与经济发展”,载《经济发展与文化变革》第17卷(1969年4月号),第392—414页。

第三章　关于农业发展的理论

在前一章中，对发展经济学文献的回顾表明，已经在农业[26]增长是工业化和整个经济增长的关键（如果不是先决条件的话）这一问题上，取得了新的一致意见。然而，农业自身的增长过程仍然处于多数发展经济学家的关注之外。在他们的分析中，技术变革和体制演变一直被当作外生因素。

本书的宗旨是，分析资源条件和导致农业技术变革和农业生产率增长的经济实体（农场、社会机构、私人产业）之间相互作用的复杂趋势。按照我们的观点，从发展过程一开始，技术变革就代表农业生产和生产率增长的必要因素。农业技术变革过程，最好可以理解为是对资源条件和一国自身在现代化过程开端形成的经济环境的动态反应。成功地设计农业发展战略，涉及技术变革和生产率增长的独特方式，而技术变革和生产率增长，是对要素价格的具体变动趋势的反应，反映了每一国家资源条件和资源存量的经济意义。为了产生和形成一种使企业和个人对新的技术机会进行有效反应的经济和社会环境，对农业发展战略的构想，还要涉及各种复杂的公共机构演化方式。

在这一章，我们对这种宗旨给予了详细说明。首先，我们对农业发展理论进行了回顾，这些理论在农业发展和经济发展的文献中，直接或含蓄地得到了反映。然后，我们探讨农业技术的特点及其形成。对影响技术变化速度及其方向的各种因素，给予了明确的关注。这些因素包括农业生物过程与机械过程的基本特性、要素条件的意义以及[27]要素条件与广泛的经济环境之间通过价格体系发生的相互作用。

各种农业发展理论

形成一种富有意义的农业发展过程的看法的任何尝试，第一步就是要抛弃把前现代化社会或传统的农业基本上看作静止的农业这一观念。①在许多前工业化社会，有可能把农业产出增长速度保持在每年1.0%的水平。随着工业化的到来，农业产出增长的潜在能力可以达到每年1.5%—2.5%的水平。工业革命以来，在西欧、北美和日本，在相当长的历史时期，出现了这样的增长速度。20世纪中叶以来，农业生产的增长潜力发生了明显变化，年增长速度已经超过4.0%。保持这种程度的增长速度，最初是在发展的经济中，诸如墨西哥、中国台湾和以色列得到证实。②

考察历史的发展变化，农业发展问题并不是把静态的农业部门转变成现代的、动态的农业部门的问题，而是在与经济现代化过程中的其他部门一致发展的过程中，加快农业产出和生产率的增长速度。相应地，农业发展理论应该提供对农业增长动力的了解——提供对增长变化源泉的了解——应当在产出以每年1.0%或不足1.0%的水平增长逐步向农业产出以每年4.0%或多于4.0%的水平增长这种经济变化中，提供这种了解。

可以把有关农业发展的文献划分成四种基本理论方[28]法：(1)土壤肥力保持模式；(2)城市工业影响模式；(3)扩散模式；(4)高产出投入模式。

土壤肥力保持模式

土壤肥力保持模式与英国农业革命中种植业和畜牧业的发展有关，和早期由德国土壤科学家所提出的土壤衰竭思想有关，因此产生了农业发展的土壤肥力保持模式。英国古典经济学派提出的土地上应用劳动和资本报酬递减的思想，以及在美国保护自然资源运动中伦理、美学和哲学自然主义的传统，使该理论得以强化。

英国的农业革命由集约性的、综合性的种植—畜牧科学管理制度组成。③在该过程中，诺福克作物轮作制替代了在永久性耕地和永久性牧场间分配可耕地的三圃制。作物轮作制的内容包括，引入和更集约地利用新型饲草和绿肥作物，提高畜肥的可得性和施用量。这一“新的科学管理制度”，采用畜肥形式，通过植物营养循环保持土壤肥力，使种植业—畜牧业生产得到强化。技术上的进步，是与圈地农场的巩固和发展以及在土地开发方面投资同时进行的。其产生的净效应是农业总产出和每公顷产出都得到了显著增长。用于农业肥力保持制度的投入，主要由农业自身提供。这种经过几个世纪演化而成的制度，在18世纪后期和19世纪初期，在阿瑟·扬和其他农业科学普及工作者的推动下，得到了普及。它的普及，为其1850年到1870年产生以来，谷物法公布以后的英国“高产出农业”提供了技术基础。④

英国的“新型科学管理制度”学说，由它的热情的倡导[29]者奥尔布雷克特·撒厄移植到德国。对土壤和植物营养特性及原理的研究使他们提出了一种土壤耗竭学说。[5]这种学说认为,土壤耗竭的危害如此之大,以致任一持久的农业制度都必须准备完全恢复由作物吸收的所有土壤成分。根据艾博特·P.厄谢尔的说法,"土壤耗竭学说的第一本书形成于植物营养腐殖质理论占统治地位的13世纪后期。当时,假定植物从它们得自土壤有机质的养料中衍生而出,把土壤有机质统称为腐殖质"[6]。这又产生了另一种假设,即良好的农业实践应该在限定水平保持土壤有机质含量,通常应接近某一土壤的自然水平。

19世纪第二个25年期间贾斯特斯·冯·李比希和其他人对土壤矿物质与作物生产关系的证明,发展了土壤耗竭学说,包括保持土壤中的矿物质含量。[7]德国土壤科学家的研究,显然为英国古典经济学家,从马尔萨斯和李嘉图到穆勒的农业生产上应用的劳动和资本的报酬递减这一假设,提供了科学基础。

传统的自然主义,在许多方面,是对与科学革命有关的自然机制思考的反映,这是与英国农业革命的经历、古典的报酬递减理论以及日益增多的大量有关自然资源方面的文献相一致的。[8]综合这些学说,导致形成一种更复杂的自然稀缺学说。[9]用经济学的术语加以[30]总结概括的话,该学科坚持认为,自然资源是稀缺的,随着时代的进步,稀缺性提高,自然资源的稀缺威胁危害着生活水平和经济增长。[10]

近年来,已经对稀缺学说重新进行了必要的考察和修正。重新考察是按三个层次进行的。首先在古典经济学家假定的工业化前的技术状况下,重新考察了农业增长的可能性。然后,重新考察了土地和资源经济学家对土壤肥力保护“合理化”理论的尝试。最后，重新考察了这样一种尝试，本书即是一例，即为了保持农业产出长期增长，工业化对机械、化学和生物技术的意义。

现在，一般认为，古典思想是在不充分了解农业发展史的基础上形成的，甚至在英国和西欧也是如此。⑪即使对前工业化社会来说，古典思想的主要缺陷，在于对土地对农业发展作用的认识过分简单化。无论是在温带地区还是在热带地区，土地利用的历史说明，土地服务的供给[31]，比把土地当作“土壤的原始的和不可破坏的力量”或当作生产的“自然”媒介思想中所说明的供给弹性更大。⑫

对古典见解的最极端的挑战，是由埃斯特·鲍斯拉普提出的。⑬在考察了前工业化情况下温带和热带地区土地利用的历史方式后，鲍斯拉普提出了从比较粗放的土地利用制度向集约利用土地制度持续发展的方式。用集约边际和粗放边际概念表示耕地和未耕地之间显著差别的方法，可以用作物种植次数增长这样的概念和土地在森林、灌木、多种作物种植方式（即每年在同一块土地上种植两种或两种以上作物）中分布的变化这样的考察方法加以替换。按照这种思想，土壤肥力是反映土地利用集约程度的因变量，而不是决定变量。

然而，实际上，古典思想及其批评意见，都具有农业是一个高度自我维持的系统这种观念。农业生产所利用的投入，基本上可在农业部门内部提供。并不认为工业投入对粗放边际和集约边际起显著作用。在英国农业革命期间，最初可采用提高土地肥力（诸如种植绿肥和饲养家畜方式）、土地开发（诸如排水和灌溉）、饲养家畜以及种植水果和坚果树木等劳动密集型的提高地力的方法，提高土地生产率。

由经济史学家与土地资源经济学家发动的"合理"保护土壤肥力的理论，开始于20世纪20年代中期，目的是探索土壤肥力保持原理在经济方面的重要性，特别是在保持地力方面，用来指导农业实践。⑭到50年代初，大量出现的既包括技术上的思考(土壤、植物养分[32]、农艺、工程)又包括经济上的思考的许多新文献，在农场管理、土壤肥力的公共政策以及土地在农业发展中的作用方面，形成了一种更为合理的思想。⑮

然而，在美国，这种合理化的尝试，处于不断的压力之下，结果导致30年代国民经济停滞，⑯第二次世界大战导致资源耗竭，战后人口爆炸产生了新马尔萨斯论。⑰⑱

回想起来，"土壤肥力保持的教条主义"和早期的使土壤保持原理合理化的尝试的根本局限性是，不能认识技术对农业资源和农业生产率的全部影响。美国在1900年到1925年这段时间，正处于农业生产率相对停滞时期。在本世纪头20年，停滞的影响以较高的食品价格反映出来。1925年之后，生产率的增长又被萧条和二次世界大战所遮蔽。因此，战后对资源评价的各种研究出现稀缺的观点[33]，并不是没有原因的。⑲甚至在经济学文献中，到50年代中期，技术变革与资源可得性及产出增长之间相互联系的观点，才被广泛接受。⑳

利用这种新观点，就可能更严格地对以往资源稀缺性学说进行分析和检验。哈罗德·J.巴尼特和钱德勒·莫尔斯在其稀缺与增长的权威性研究中，㉑最先在参数不变范围内进而在以技术进步为特征的范围内，分析了古典假设条件下稀缺性学说所包含的内容。他们的结论是："如果参数不变条件下报酬递减是一个明确的假设，那么，存在报酬递减所要求的条件比通常认识到的条件更严格……然而，一个简单的事实是，社会技术的加速变化，已经成为经济增长的主要影响因素。因此，参数约束模型……不可能代表20世纪的现实。"㉒㉓

回顾农业发展的土壤肥力保持模式的演变，对它的批评，以及这一模式的改进，并不完全排斥它作为分析农业发展的一种方法。在低食品消耗[34]、前工业化经济结构的条件下，通过吸收扬对英国农业革命的考察成果并结合近来资源经济学家如巴尼特、莫尔斯和农史学家如S.H.斯利切·范巴思、鲍斯拉普的思想，变形了的现代肥力保持模式具有极大的解释价值和指导价值。

显然，农业发展的肥力保持模式——强调发展一套可以综合利用土地的劳动密集型的作物种植制度、强调有机肥的生产和利用、强调发展更有效地利用土地和水资源的物质设施——在世界上的许多地区，在相当长的时期内，是一种可行的合理保持农业生产以年1.0%的高速度增长的办法。然而，这种农业增长速度，在人口爆炸性增长和需要提高人均收入的情况下，与欠发达国家如今对现代化和经济发展的要求并不一致。

城市工业影响模式

在土壤肥力保持模式中，农业发展的地区差异，主要与环境因素的差异有关。非农业的发展，并不必然引起农业发展过程。肥力保持模式与那些认为经济发展的水平和速度在地理上的差别主要与城市工业发展有关的模式相比，形成鲜明对比。最初，城市工业影响模式的提出，是为了说明在一个正实行工业化的国民经济中，地理差异对农业集约程度和农业劳动生产率的影响。这方面的研究最初主要受 J. H. 冯杜能（1783—1850 年）的激励，他很早就对确定最优的耕作强度和最优的农业组织或“企业”组合，进行了探索。㉔冯杜能概括总结了李嘉图的地租理论，用来说明城市化如何决定农业商品生产的地理位置，如何影响耕作技术和耕作强度。㉕

美国的舒尔茨在 1953 年概括总结了城市工业发展的地理位置对农业发展的意义：“(1)经济发展发生在一个特殊的地方……；(2)这些特殊的地方，在构成上，主要是工业城市……；(3)现有的经济组织最好位于或接近于某一特殊的经济发展中心，同时最好处于与[35]这一中心相关的在位置上有利的那些农业区域。”㉖

舒尔茨利用费希尔—克拉克一般经济发展的结构转变模式和冯杜能的传统的土地经济学，建立了他的假说。他特别关心建立这样一种假说，它能够解释为什么农业生产和价格政策不能消除美国农业发展水平和速度在地区上的显著差异。根据要素和产品市场在城市工业迅速发展地区比在城市经济还没有转变到工业阶段的地区可以更有效地发挥作用这一思想，舒尔茨为城市工业影响假说提供了理论基础。主要注意力集中于劳动力和资本市场的结构不完善方面。对城市工业部门作为新型的更具生产能力的投入物的来源这种作用，并不怎么强调。

城市工业影响假说的提出，引起了一系列对经验定理和要素与产品市场原理的有效性进行检验的实证研究。㉗这些研究结果，一般来说,都证实了舒尔茨的经验定理,即城市工业增长的地理差别对人均或每个农场工人的收入有影响。然而,对要素和产品市场原理所做的检验,却很难得出确定性的结论。

城市工业影响模式的政策意义,似乎最适合于高度工业化国家的欠发达地区。在这些地区,通过提高工业的分散性或把剩余农业工人迁移到更远的城市工业中心,可以加速农业发展。

对城市工业影响假说在欠发达国家所做的唯一有意义并被我们所熟知的研究,是威廉·H.尼科尔斯对圣保罗州(巴西)的周密分析。㉘1940 年以前巴西实现的经济[36]发展,是根据为“主要产品”或为“剩余产品寻找出路”的贸易与发展模式使一系列出口商品大量增长的反映。㉙圣保罗州的增长,与咖啡生产的繁荣兴旺有关,这种景象从 1840 年持续到 1940 年。1940 年以后,有明显的迹象表明,通过资本向农业的流入和劳动力从农业流出,工业发展开始对农业劳动生产率产生不同的影响。然而,由于存在以资源为基础的地方发展机会的作用以及巴西政府不能在研究能力和必要的农业公共设施方面进行投资,而这可以使农业对城市工业部门的增长做出反应,所以,城市工业的影响是有限的。

在多数欠发达国家,那里的主要问题是:(1)在非农业部门达到满意的经济增长速度,而不是经济活动的地理分布;(2)面对连续不断增加的农业劳动力,农业迅速增长的必要技术条件经常是不具备的;(3)由乡村人口压力引起的城市地区的“反常”增长经常超过对非农业工人需求的增长。㉚

扩散模式

推广更好的耕作方法、作物品种和家畜品种，已经成为农业生产率增长的主要源泉。由卡尔·Q.索尔㉛、N.I.瓦维拉夫㉜所做的经典研究以及最近对植物起源细胞遗传学的研究，迫使我们重新认识史前和古代文明中栽培植物和家畜的大范围传播问题。㉝这种传播肯定[37]是前工业化中劳动和劳动密集型的肥力保持制度产生的重要因素。

农业发展的扩散模式，以对观察到的许多农业地区的农民在土地生产率或劳动生产率方面存在显著差异为依据，这些地区包括最发达的地区直至较落后的地区。按照这种观点，农业发展的途径是，更有效地传播技术知识，不断缩小农民间和地区间的生产率差别。

农民自己在耕作方法上的革新，给那些对农业科学的发展做出研究贡献的人留下了深刻的印象。18世纪英国农业革命的思想家扬，把这种技术知识当作科学农业得以建立的唯一基础。㉞一个世纪后，利伯蒂·海德·贝利在其论著中坚持认为："在当时，每一个明智的农民都是一个试验员……最有经验的农民积累的大量经验能够产生比由试验站所从事的类似工作更好的结果……试验站对于连续从事科学研究是必要的，但却不能接触到许多最有效的农业问题。"㉟

即使在那些农业试验体系十分发达的国家，直到20世纪30年代或40年代，才把部分研究工作集中于检验和改进农民所进行的革新以及检验和适应外来的作物品种与牲畜品种上来。看来，

即使在最发达的国家,这种研究对农业生产率增长所起的作用,至少到本世纪中期,比试验站所做的科学研究所起的作用要大。㊱

自从19世纪后半期农业经济学作为联结农业科学与经济学的独立分支学科出现以来,农业发展的扩散模式为深入研究和推广农场管理和生产经济学提供了重要的理论基础。主动建立农场管理研究和推广计划的开发工作,发生在试验站研究只能对农业生产率的增长做出有限贡献期间。这种情况引导人们主要强调经济分析和推广农民的革新。对农场管理经济学家提出的各种研究方法、计算技术和统计方法进行改进的一个促进因素[38],出于更精确地确定农民之间生产率差异和收入差异来源的要求。㊲

农场管理研究的理论基础和实际基础,经受了约翰·R.希克斯与其他人在20世纪30年代后期提出企业理论以来所取得的各种进步的深入检验。理论上的这些进步同时辅以定量方法和资料加工技术上的进步。50年代初期,在农场管理和生产经济学的分析中,现代生产经济学家已经得到一种把新古典经济学的企业理论与利用现代定量技术结合起来的综合分析方法。㊳㊴有了这种新的综合分析方法,农业经济学家的兴趣与农场管理经济学家相比,更少集中在技术选择问题上,而农场管理经济学家的方法论是生产经济学家所不接受的。经济增长问题,不论是单个企业还是农业部门,在于改进现有投入的分配效率,重新组织生产投入,使单位投入的产出获得增长。

乡村社会学家对扩散过程的研究,为已知技术的有效扩散做出了进一步的贡献。他们提出的模式着重强调扩散速度与农场管理人员的个人特性和教育程度的关系。㊵对扩散过程的动态考察,为农业推广服务的有效性做出了贡献，并且加强了农业行政管理人员和政策制定者对扩散模型的有效性的信心。当把发达国家和欠发达国家农业生产率差别扩大和“不合理的受传统束缚的”农民资源分配无效性这一企业[39]假设结合起来考察时，对扩散模式有效性的普遍接受，在 50 年代，出现了选择农业发展战略的偏向。㊶这就是期望这些计划能够把受传统束缚的农民转变成为“经济人”，使他们能够更合理地对其可以利用的技术机会做出反应，并在经济刺激作用下更有效地分配资源。

当以扩散模式为基础制订的技术援助和交流发展计划不能使传统农业迅速现代化或使农业产出迅速增长时，扩散模式作为设计农业发展政策基础的局限性变得日益明显。

高产出投入模式

20 世纪 60 年代，以扩散模式为根据的政策的不充分性，导致重新考察可以大量利用容易从高生产率国家传播到低生产率国家的农业技术的假设，重新考察发展中国家先进农民和后进农民在资源分配方面存在显著不均等的假设。

结果产生了一种新的观点，认为农业技术具有高度的“地区特性”，先进国家开发的技术，在多数情况下，不能直接转移到欠发达国家，因为气候条件、资源条件不同。已经积累的各种证据表明，重新分配传统的自给农业的资源只能使生产率得到有限的增长。㊷这一反传统的观点是由舒尔茨在其著作《改造传统农业》中最有力地提出的。㊸他坚持[40]认为，传统农业的农民对资源的分配是合理的、有效的，他们仍然贫穷是因为在多数贫穷国家，只存在有限的他们能够做出反应的经济和技术机会。

按照舒尔茨的观点，为了使贫穷国家的农民利用现代的高产出的投入，把传统农业部门转变成经济增长的生产性资源的关键是投资。我们可以把这种观点称为高产出投入模式，根据舒尔茨的论述：

> 贫穷国家传统农业部门的经济增长主要取决于现代（非传统的）农业要素的可得性及其价格。……现代农业高生产率的主要源泉是再生性资源。它们由专门的物质投入、技术以及成功利用这种投入所需要的能力所组成。……但这些现代的物质投入很少是现成的。在非常贫穷的社会，在现有形式下很难把这些投入接收或引入农业。……对多数贫穷国家来说，很少具有再生性的农业要素，而技术发达的国家，它们是现成的。一般说来，能够得到的大量的是有用的知识，这些知识可以使发达国家生产满足它们自己使用且优越于别的国家的生产要素成为可能。这些知识可以用来开发类似的具有同样优越性的特别适合贫穷国家农业的生物学条件和其他条件的新的生产要素。[44]

这说明对农业发展进行投资以产生较高的生产率有三种投资形式：(1)在农业试验站形成新技术知识的试验能力上投资；(2)在工业部门开发、生产和销售新技术投入的能力上投资；(3)在农民有效利用现代农业要素的能力上投资。教育和研究方面的高收入和社会报酬已为一系列研究所证实(见表3.1)。[45]

表 3.1 农业研究投资的社会报酬估计

	年报酬率		
	内部报酬率[a]	外部报酬率[b]	效益/成本比率[c]
美国			
总计			
研究与推广,1949,1954,1960[d]	53		
研究与推广,1938—1963[e]	48		
单个商品			
1955 年的杂交玉米研究[f]	37	690	69
1957 年的杂交高粱研究[t]		360	36
1960 年的家禽研究(仅指公共研究)[g]	21	140	14
墨西哥			
总计,1943—1963[b]		290	29
单个商品			
小麦研究,1943—1963[h]		750	75
玉米研究,1943—1963[h]		300	30

[a]贴现率,使来自研究成果的收入与研究成本相等。

[b] 来自研究成果的年收入对过去总成本的百分比,假定利润率为 10%。

[c] 费用/成本比率 = 年收入率/(利润率×100)

[d] 兹维·格里利切斯:"研究支出、教育和总农业生产函数",载《美国经济周报》第 64 期(1964 年,12 月),第 967—968 页。假定私人研究支出的数量经过调整与公共研究相等。格里利切斯估计了研究费用的边际产品,但他本人没有估计年报酬率。上面引用的数字是彼得森根据格里利切斯的研究估计得出的。参见威利斯·L.彼得森:"美国农业研究投资的报酬",载《农业研究资源的分配》,L.费希尔编(明尼阿波利斯:明尼苏达大学出版社,1971 年)。

[e] 罗伯特·E.埃文森:《农业研究与推广对农业生产的贡献》(博士论文,芝加哥大学,1968 年)。对私人研究支出进行了调整。

[f] 兹维·格里利切斯:"研究成本与社会报酬:杂交玉米与相关革新",载《政治经济杂志》第 66 期(1958 年,10 月),第 419—431 页。

[g] 威利斯·L.彼得森:《美国家禽研究的报酬》(博士论文,芝加哥大学,1966 年)。

[h] L.阿迪托·巴利塔:《墨西哥农业研究的成本与社会收入》(博士论文,芝加哥大学,1967 年)。复制于 T.W.舒尔茨:《经济增长与农业》(纽约:麦格劳—希尔,1968 年),第 85 页。

出现采纳高产出投入模式并使其形成为经济文献的热情，主要由于在开发适合热带的新型高产粮食品种的研究工作上获得了成功。㊻50年代初，在墨西哥培育出新型高产的小麦品种和玉米品种，60年代在菲律宾培育出新型高产水稻品种。这些品种对于工业性投入，如化肥[41]及其他的化学制品，对有效的土壤和水分管理，具有很高的反应度。因采取新品种、新的技术投入和管理实践带来的高报酬，使新品种在亚洲、非洲和拉丁美洲的几个国家的农民中得到迅速普及。它对农业[42]生产和农业收入的影响，足以戏剧性地称为“绿色革命”。㊼高产出投入模式的意义是，以该模式为基础的政策能够产生足够高的农业增长速度，以便为与现代人口增长和收入增长的要求相一致的整个经济的增长提供基础。

正如通常所说明的那样，该模式足以把土壤肥力保持模式、城市工业影响模式和农业发展的扩散模式的中心思想包括进去。农业土壤保持制度的发展，例如，18世纪英国宣传的诺福克作物轮作制，代表那一时期一种新型的高产出投入。农业技术的普及率可以看作新型投入或新型技术产生利润能力的函数。通过新型技术投入能力供需的增长，城市工业发展的影响改变了各种可供选择技术的相对利润。该模式对农业发展政策的独特意义，是重视加速发展过程，并通过在科学研究和教育方面投资加速新投入或技术的传播。

然而，由舒尔茨在《改造传统农业》中提出的高产出投入模式，作为一种农业发展理论，依然是不完善的。很明显，教育和研究是公共财富，不能通过市场地点进行交易。按照资源在教育、研究和其他可供选择的公共与私人部门分配的机制，经济活动并不能完全纳入舒尔茨模式。㊽该模式实际上把研究投资作为新型高产出技术的源泉。对一个特定社会而言，这一模式并没有说明经济活动如何诱导发展和诱导采用一系列有效的技术。[43]实际上，这一模式没有尝试说明由要素和产品价格关系诱导按某一特定方向从事投资研究的这一过程。

在本章最后一节，我们把高产出投入模式与土壤肥力保持模式、城市工业影响模式及扩散模式结合起来形成一个诱导发展模式。在论述这一模式之前，有必要详细说明农业技术的某些特征，这在诱导发展模式中具有特殊意义。

各种可供选择的技术发展途径

要想建立一个农业发展模式，在该模式中技术变革被当作发展过程的内生变量，而不是作为独立于其他发展过程而起作用的外生要素，必须从对技术发展具有多种途径的认识开始。这样，技术开发可以促进用比较丰富的（因此是便宜的）要素代替经济中的比较稀缺的（因此是昂贵的）要素。

例如，高产作物品种基本上属于一种可以促进用化肥替代土地的投入。根据我们的分析目的，在表 3.2 中，我们比较了东巴基斯坦的本地水稻品种和日本改良品种对氮的产量反应。比较表明，本地品种的产量与较低肥力水平的改良品种的产量相同，但在较高肥力水平上，它们为负反应或中性反应。[44]本地品种对较高的施肥水平缺乏反应说明，以高人口密度和土地供给缺乏弹性为特点的经济，特别严厉地制约了农业产出的增长。产出增长依赖农业技术的发展,包括对肥料具有反应的作物品种,它能减少土地供给缺乏弹性对经济施加的制约。

表 3.2 水稻品种对氮肥投入的产量反应

	氮的各种施用水平的产量(磅/英亩)				氮的边际产品	
	(1)		(2)		(2)—(1)	
					55	
	95 磅/英亩		150 磅/英亩			
品　　种	稻谷	稻草	稻谷	稻草	稻谷	稻草
Habiganj[a]	4,785	7,948	4,372	10,478	−7.5	46.0
Batak[a]	5,445	9,488	5,875	11,743	7.8	41.0
Kamenoo[b]	5,417	5,500	6,077	7,617	12.0	38.5
Norin 1[c]	6,352	7,205	7,700	8,225	24.5	18.5
Norin 87[c]	5,118	6,352	6,517	7,892	25.4	28.0
Rikuu 232[c]	5,802	6,902	7,425	8,553	29.5	30.0

[a] 东巴基斯坦本地品种。

[b] 由一个农民选择的品种,1905—1925 年,该品种在日本得到普遍利用。

[c] 1926—1927 年,被称作"分配试验体系"的全国对等试验体系建立之后,由日本农业试验站杂交培育的品种。

资料来源:亚洲经济事务研究所:《亚洲的水稻种植》,东京,1961 年,第 14 页。

同样,在一个以劳动力相对稀缺为特点的经济中,土地和资本对劳动的替代,最初可能是通过改进农用工具和机器进行的。例如,当农民用马耕地时,用增加土地和动力(马)来替代劳动受"马力机械化"的技术限制。引进拖拉机进一步促进了替代,使工人容易支配更大的动力、耕种更大量的土地。

需要考虑的重要一点是,新技术,如新的耕作方法或新品种,其自身并不能替代劳动或土地;但它们可以起催化剂的作用,促进用比较稀缺的要素去替代更稀缺的要素。根据经济学的说法，把用来促进其他投入对劳动替代的技术称作“节约劳动型”的技术，而把用来促进其他投入对土地替代的技术称作“节约土地型”的技术，看来是有道理的。

在农业中，一般有两类技术适应这种分类：“节约劳动型”的机械技术与“节约土地型”的生物和化学技术。[49]前者用来促进动力和机械对劳动的替代。这主要涉及土地对劳动的替代，因为由机械化带来的较高的人均产出通常要求每个农业工人耕种更大量的土地。后者，在这以后，我们将把它看作生物技术，是用来促进劳动和(或)工业投入对土地的替代。采用劳动更为密集的土壤肥力保持制度，增强土壤肥力循环，利用化学肥料，实行新的耕作方法、新的管理制度并使用能产生最优产量反应的各种投入要素(如杀虫剂)，就可以发生这种替代。

当然，我们认识到，鉴于我们的分析目的，这项研究中[45]所利用的机械技术和生物技术之间的区分可能被夸大。所有的机械革新不一定受节约劳动动机的刺激，所有的生物革新不一定受节约土地动机的刺激。例如，在日本，马拉犁的发明是作为深耕的一种工具，以便增加每公顷的产量。

近年来，美国一直致力于培育更适合于机械收获的作物品种。例如，培育出了具有强壮枝条而且同时成熟的西红柿，以便有利于机械收获。这项研究说明，机械技术的开发可以是节省土地型的，而生物技术的开发也可以是节约劳动型的。然而，历史上，节约劳动的主要因素一直是发展机械化；节约土地的主要因素一直是生物革新。

在更复杂的程度上，技术进步取决于一系列同步发生的生物科学、机械科学和技术方法的进步。在西红柿机械收获这种情况下，为了发明专门为机械作业而培育的西红柿收割机，出现了合作从事作物培育研究和工程研究。[50]

机械技术过程

英国的农业机械化程度甚至比美国还高，这与工业革命有密切关系。18世纪的工业革命与农业革命之间的确切关系，仍然是经济史学家争论的一个问题。然而，一般说来，人们同意，劳动的相对稀缺表明，在美国的工农业部门中比在英国，更容易诱导采用更为资本密集的方法。[51]

虽然农业机械化和工业机械化的进步代表对一系列相同的[46]基本经济力量的反应，但不能把农业机械化简单地看成是工业生产方法对农业的应用。农业生产的空间特点导致农业和工业在机械利用方式上存在显著差别。这种差别对农业中大规模生产的效率是一种严厉的制约。[52]

在工业部门，手工生产方法被机器生产替代，迫使形成一种单个工人只能在某一特殊操作或职能方面专业化的工厂组织制度。在农业中，从种到收的管理顺序，机械化后像机械化以前一样，在时间间隔上依然是广泛分离的。作物生产的空间范围要求，适用于农业机械化的机器必须是灵活的——它们必须穿越运动或与多数工业加工过程中运动的材料通过稳定的机器相比，能够通过不动的机器耕作对象。农业生产的季节性或时间特征要求采用一系列专业化的机器——用来备耕、耕种、清除杂草和收获，特别是用来连续操作。每一种机器在每一季节只能利用几天或几个星期。这同时意味着,要农业工人在机械化农业的某一项操作上专业化比机械化农业以前更不合理。此外,这意味着,在“完全机械化”的农业社会中,由于流动性和专业化的特点,每个农业工人的投资经常高于工业。[53]流动性特征说明,机器不但要装备从事专门操作的动力,[47]而且在从事操作时必须具有超越经常是不利地带的能力。专业化的特征说明,农业中所利用的机器必须被用来从事每年只需要利用很短时间的操作。

显然,无论农业经济组织的影响如何,导致农业中更多利用机器设备的主要经济力量是减少劳动成本的驱动。主要结果是,每个工人或每人时产出的劳动生产率提高。在那些人的劳动力的价格低而物质性产品机械的价格高的经济中,很少具有对田间操作机械化的经济刺激。随着劳动力价格的提高,或由于城市工业部门对劳动力需求的增长,或由于对农产品较大的国际需求,首先采用机械化的主要是这样的活动:其可以稳定地利用能源,例如抽水和粮食加工。灵活性动力的机械化,要求机器必须在广阔田间活动,这主要发生在农业机械化的后期。[54]

关于劳动生产率的机械技术进步的意义已被美国、加拿大、英国和其他西方国家的许多实例所证明。19 世纪美国收割机械发展的影响,如利奥·罗金在文献中计算的那样,如表 3.3 所示。[55]

采用马拉机械以前,通常收割小麦的方法是使用镰刀。在使用镰刀的情况下,一个工人每天可以收割 1/3 英亩—1/2 英亩。到殖民时期结束时,开始利用配禾器,一种附有细木齿构成的架子

表 3.3 美国 19 世纪收割技术的演变[49]

种类	英亩/天/人
镰刀:早期 每人每天收	1/3—1/2
大镰刀:殖民时期弗吉尼亚和中部各州	
2 个工人 1 天收 2 英亩(1 人割,1 人捆)	1
马拉收割机:	
1833 年获赫西专利	
1834 年获麦考密克专利	
6—7 个工人 1 天收 10—12 英亩	(1.5—2)
1840 年出售第一台麦考密克	
1849 年出售 1,500 台麦考密克	
1850 年出售 4,500 台麦考密克	
自耙收割机:1854 年问世	
5—6 个工人 1 天收 10—12 英亩	(2—2.5)
(1 人驾驶,4—5 人捆)	
收割机:1850 或 1851 年在伊利诺伊	
3 个工人 1 天收 10—12 英亩	(3—4)
(1 人驾驶,2 人捆)	
自动打捆机:	
铁丝打捆机:1873 年出售第一台	
1878 年出售 4,000 台麦考密克	(8—18)
麻绳打捆机:麦考密克,1881 年	(8—18)
2 匹马 每人每天 8 英亩	8
3 匹马 每人每天 10—12 英亩	10—12
4 匹马 每人每天 18 英亩	18
联合收割机:主要在加利福尼亚利用	

资料来源:利奥·罗金:《农业机械导论》,伯克利,加利福尼亚大学出版社,1931 年。

绑在刀刃旁边的大镰刀,可以同时收割和捆缚谷物,它的使用使每个工人每天的收割面积提高接近一倍。配禾器的使用,是定居者仍然集中在阿尔卑斯山脉东部时北美劳动相对稀缺的一种反映。

最初的马拉收割机，可以使每人每天收割面积再次加倍，它在19世纪30年代获得专利，在1850年广泛得到利用。这项革新是与开发中西部以后，相对[50]劳动而言耕地面积急剧扩大相适应的。19世纪60年代出现的一系列技术进步，使劳动生产率进一步加倍。接着而来的重大成就是铁丝和细绳捆扎器的发明，它代替了自耙收割机和手捆收割机。自动捆扎设备结合在规格及操作效率方面的改进，使谷物收割的劳动生产率提高了一到二倍。收割方法发展的最终一步是发明了联合收割机——一种既能收割又能脱粒的机器。除了在加利福尼亚和北部红河谷广大小麦种植区域得到有限利用外，相对细绳捆扎器而言，利用联合收割机的利益，直到本世纪初出现了比大型蒸汽拖拉机有更大动力的机器才增大起来。

谷物收割技术的一系列革新的全部意义是，提高了劳动生产率。如果考虑到对土地生产率的影响，谷物收割技术的革新，对把粮食生产扩大到产量比东部粮食生产区域低得多的大平原上的那些干旱地区，做出了贡献。

根据上面的讨论，提出这样一个生产函数似乎是合理的，在该生产函数中，主要把机器设备看作是对劳动的替代；通过机器设备的发展，提高每人经营的土地面积，使人均产出更大。此外，非常明显的是，描述单项粮食收割技术从镰刀到联合收割机变化过程的生产函数，是由要素相对成本的变化引起的，它反映出相对其他投入而言，劳动资源的稀缺性在提高。

生物化和化学化的过程

在农业中，生物化及化学化的过程比机械化或机器过程更重要。[56]生化[51]过程对经济发展和农业组织的意义，一般说来，并没有很好地被社会科学家、计划人员、政治领导者所认识。有代表性的经济发展学说忽视了生化革新方面的文献，只是在需要时，才把“新品种和耕作方法改进”这一分类浏览一下，很少明确意识到这一分类的意义。与机械化有关的技术变革似乎意味着急剧打破了过去和期望中的“迅速机械化”的观念。生化技术的发展既不说明是对以农业动力机械化为特征的农业生产制度迅速重组的一种威胁，也不说明是对它的一种承诺。

生化技术进步，主要由提高单位土地面积作物产量或改进单位饲料畜产品产量的要求而引起。在作物生产中，这些进步主要涉及下述三方面因素中的一个或几个：(1)开发土地和水资源，为作物生长提供满意的条件；(2)增加土壤中植物营养的有机质和无机质的来源，改进植物营养条件，促进作物生长并利用生化手段保护作物免遭病虫害；(3)选择和培育具有生物学效应的作物品种，使其特别适用于对那些可以人为控制的环境条件做出反应。类似的过程在畜牧业的发展中也可以观察到。

生化革新的意义可以用英国、美国、日本、中国台湾及其他国家和地区的历史经历加以证明。有两个例子特别具有说服力，一个是英国的经历，一个是中国台湾的经历。

18 世纪英国的农业革命被经济史学家看作是工业革命的重要补充。[57][58]正如在前面一节已经阐述过的，农业革命由开发综合性的作物畜牧农作制构成,可耕地和牧场轮作替代了传统的消耗肥力的大田制。在大部分地区,利用萝卜作为冬青饲料,成为新制度中的关键革新,尽管在某些地区青草和豆荚仍起主要作用。

这种新制度提高了土地的载畜力。畜群的增长为改进[52]土壤肥力和提高粮食作物产量提供了必要的粪肥。单位土地面积的作物和牲畜销售额有了显著的增长。在经营管理较好的情况下,农作物和牲畜销售额提高50%左右是完全可能的。

劳动净收入的提高并不显著。与传统制度相比,新制度是更为劳动密集型的。萝卜属于劳动密集型作物,劳动需求的增加量几乎与产出增加量一样多。然而,这使劳动需求在全年的分布更均匀,因此,对于增加工作天数,即每个农业劳动者的劳动投入做出了贡献。

18世纪英国农业革命的基本作用是提高了土地生产率,而不是劳动生产率。C.彼得·蒂默认为:“农业革命并不为产业工人队伍提供剩余劳动力。实际上,它只是为因增加利用工农业劳动力而引起的迅速增长的人口提供了食物。”[59]

中国台湾是一个特别有用的实例,通过这一实例,我们考察了与农业迅速发展有关的几个技术和制度因素的利用情况。[60]我们在前面区分的生物技术的所有三种因素,在台湾农业转变中,都曾涉及。此外,台湾农业的迅速发展是被“诱导的”,而不是“自发的”。在60多年的时间里,台湾一直是大规模发展援助的接受者——从20世纪初到第二次世界大战,先是来自日本的殖民援助,然后是在第二次世界大战结束后不久到60年代中期美国的援助。

到20世纪20年代中期，在日本的援助下，台湾已经得到大量迅速发展水稻生产所需的必要条件：(1)发展了改良水稻品种，最初通过选择本地优良品种的办法，后来通过作物培育规划，以开发适合当地的喜肥[53]品种；(2)灌溉系统具有全年将水输送到更多的稻田的能力；(3)采用与日本经济相同的经济一体化的方式，使像化肥这样的技术投入能力得到发展。此外，经济一体化同时推动本地运输和销售系统的迅速发展，开创了日本市场，从而产生了增加台湾水稻市场剩余的经济刺激。

日本育种人员在台湾开发的品种主要是ponlai品种。ponlai品种最初在经济上的应用，是在1922年，播种了400公顷。到1940年，ponlai品种的种植已占水稻总面积的一半。ponlai新品种的开发和灌溉系统的发展，与20世纪20年代中期以后水稻生产迅速增加商品化肥的使用密切相关。开发ponlai品种的育种战略的一个基本条件是，体现遗传能力对较高施肥水平的反应。使用ponlai品种并辅之以耕作制度的改进和对灌溉进行投资，使每公顷产量迅速提高。直到1938年，当日本实行军事扩张开始把资源从发展目标转移出来时，单位面积产量每年增长2%以上。

与英国农业革命相比，台湾农业劳动生产率和种植者的劳动收入，随着台湾农业因引入现代生物技术引起的土地生产率的提高而同时提高。人均产出提高的主要因素是由于技术的变化，它使人均劳动投入差不多增长了一倍。[61]

综上所述，可以把体现了新型生化技术的新的耕作技术或新品种，基本看作是这样的投入，它可以促进用人工来源的植物养料替代土地，这些植物养料或者是购买的或者是由更为劳动密集型的土壤肥力保持制度所产生的。

诱导发展模式

根据上述讨论,看来很清楚,一个社会可以利用的农业技术变革途径有多种。因土地供给缺乏弹性给农业发展带来的限制可以由生物技术的发展而抵消。[54]因劳动供给缺乏弹性带来的限制可以由机械技术的发展而抵消。一个国家获得农业生产率和产出迅速增长的能力,取决于在各种途径中进行有效选择的能力。如果不能选择一条可以有效消除资源条件制约的发展途径,就会抑制农业发展和整个经济发展过程。建立诱导发展模式,除了本章前面讨论的各种模式需要考虑的因素外,还涉及对社会选择的最优农业技术变革途径的机制的说明。

"诱导革新理论"的文献是十分丰富的。大部分文献,集中讨论单个企业对可利用技术的选择。同时,也有大量丰富的文献讨论整个时期要素价格变化或各国要素价格的差别如何影响发明的类别。这种讨论完全是在企业理论的范围内进行的。主要集中讨论要素价格的变化或差异对企业发明活动或企业革新行为的影响这一机制中存在的问题。

文献中的"诱导革新"模式,很少考虑资源条件差别对公共部门研究资源分配机制的影响。大部分在农业生产和生产率方面已经实现很高增长速度的经济中,公共部门研究已经成为总资源中用于农业研究的一个重要组成部分。同时,公共部门把必要的资源用于教育和基础结构投资,以保证农业技术变革。在这一节,我们把“诱导革新”模式扩展到包括这样的过程，即直接利用在农业研究、农业技术的利用与推广和保证农业发展的制度性基础结构方面的公共部门投资，来消除以比较缺乏供给弹性为特征的要素对农业生产的制约。

我们这里提出的“诱导发展模式”，包含这样的机制：(1)诱导私人部门的革新；(2)诱导公共部门的革新；(3)技术变革与制度发展间的相互作用；(4)技术变革与经济发展的动态关系，这些是农业发展的主要因素。

这里所用的“革新”这个词包含引起科学、技术、工业管理和经济组织等新鲜事物出现的整个过程，而不是狭义的熊彼特定义，熊彼特定义[55]只是涉及私人企业家的各种革新活动。S.A.熊彼特认为，在经济方面和社会方面，革新不同于发明和科学发现。他不接受革新以发明或科学进步为基础的思想。这种区别逐渐成为人为的因素。[62]当在概念上要求精确表述时，我们将称熊彼特革新为“企业家革新”，以区别于“技术革新”和“科学革新”。在这一范围内，发明成为能够获得专利的技术革新的一个方面。

诱导私人部门的革新

一般说来，从希克斯的《工资理论》出版以来，至少生产要素相对价格的变化或差别可以影响发明或革新的方向这一观点，已被接受。[63]同时，W.E.G.索尔特和其他反对希克斯诱导革新理论的人一直持有反对意见。[64]这些意见简略总结如下：在产出一定的情况下，激发企业节约总成本；在竞争均衡中，每一要素按其边际产值购买；因此，所有的要素对企业来说，是同等昂贵的；因此，企业不存在为竞争而寻求节约某一具体要素的技术刺激。

我们的观点和索尔特的观点，主要在生产函数定义上存在差别。索尔特定义的生产函数包含根据现有科学知识预示的所有可能出现的方法，并把在这些方法中间的选择称为“要素替代”以取代“技术变革”这一叫法。[65]然而，索尔特承认，“要素相对价格具有说明技术[56]知识应用于生产方式产生的广泛影响的信号标杆的特点”[66]。如果我们接受索尔特的定义，举例来说，在开发适应巴基斯坦的生态条件并可与日本的改良品种相比拟的高产和喜肥品种方面分配资源，就不能被认为是技术变革，而只能认为这是已有技术知识（育种技术、作物类型概念等等）在生产上的一种应用。

虽然我们并不否认索尔特定义的个别情况，但这一定义对于了解新技术方法开始有效利用的过程，显然不是很有用的。我们把因开发在方法、原料或组织中包含的新知识而有目的地利用资源的各种活动所引起的生产系数的任何变化都看作技术变化。[67]根据这种定义，竞争企业把资金分配给能够促进用不太昂贵的资源替代昂贵的资源这样的开发项目，就是完全合理的。[68]赛·阿曼德明确说明，假设企业家设想了各种可供选择的新技术，它们都能用同等数量的研究费用加以开发，如果在整个时期一种要素相对于另一种要素来说变得更昂贵，企业家的革新研究将趋向节约更为昂贵的要素。类似地，在一个国家中，一种要素相对于另一种要素来说，比在第二个国家更昂贵，革新研究将趋向节约相对更为昂贵的要素。

诱导公共部门的革新

公共部门的革新行为，在有关诱导革新的文献中，被极大地忽视了。不存在诱导公共部门革新的理论。[69]这对于了解农业发展中科学和技术革新[57]的过程是特别严厉的制约。在多数已经成功实现了农业技术快速增长的国家,农业研究的“社会化”是一直被慎重地当作农业现代化的一个工具加以看待的。

我们关于公共部门农业研究的“诱导革新”机制的观点,类似于希克斯的私人部门诱导革新理论。对传统观点的主要扩展是,我们的革新诱导机制不仅以想使利润最大化的企业对市场价格变化的反应为根据,而且以研究科学家和公共机构的行政人员对资源条件和经济变化的反应为根据。

我们假设,在价格能够有效反映产品和要素供需变化和农民、公共研究机构及私人农业供给公司相互之间存在有效影响的情况下,可以利用市场的价格信号引导技术变革沿着一条有效的途径进行。假如农产品需求增加,由于人口和收入增长,相对于供给具有弹性的投入品的价格而言,供给缺乏弹性的投入品的价格将提高。同样,如果某一项投入的供给适当快于其他投入的供给,相对其他生产要素价格,这些投入的价格将下降。因而,在节约以供给缺乏弹性或供给变动较慢为特征的要素方面进行技术革新,对农业生产者来说,较为有利。根据相对价格的变化,诱导农民寻求能够节约日益稀缺的生产要素的技术办法。他们促使公共研究机构开发新技术,同时要求农业供给公司提供现代化的技术投入以替代更为稀缺的要素。敏锐的科学家和科学管理人员通过设想可行的新技术和新投入,对农民的要求做出反应,这些新技术和新投入能够有利于农民用日益丰富的要素来替代日益稀缺的要素,借以按社会最优方向满足农民减少单位成本的需要。

当农民在政治上被有效地组织加入地方或地区“农业社”或农民协会时，农民、研究科学家和行政管理人员间的相互影响可能是最有效的。当农业研究体制高度分散时，如在美国，公共部门研究和推广计划对农民需求的反应可能是最大的。举例来说，在美国，每个州的农业试验站都趋向于加强其作用，至少部分如此，以便保持本州农业相对于其他州农业的竞争地位。类似地，国家的政策制定者可以把农业研究投资当作一种用来保持国家在世界市场的竞争地位或增进农业部门进口[58]替代生产的经济可能性的投资。在存在有效的农民组织和存在定向委托的试验站体系的情况下，企业行为的竞争模式可以有效地加以扩展，以说明试验站管理人员、研究科学家对经济机会的反应。

在这种公共部门诱导革新模式中，研究科学家和管理人员的反应是诱导机制中的主要环节。这种模式并不表明，在选择研究目标时，公共机构的各个科学家或研究管理人员有必要有意识地对市场价格或直接对农民对研究成果的需要做出反应。事实上，他们主要是受职业成就或被人承认这一动力的驱动的。[70]建立一种有效的奖励科学家或管理人员的制度，根据他们对解决重大社会问题的贡献，进行物质或精神奖励，这是必要的。[71]在这些条件下，认为公共部门研究计划中的科学家和管理人员在试图把其研究成果应用于公共目的时，确实要对社会需求做出反应，才是合理的假设。此外，我们认为，要素和产品相对价格的长期变化揭示出许多社会应优先从事的研究目标方面的信息。

公共研究部门的反应并不局限于应用科学领域。试图解决实际问题的科学家经常请教工作在基础领域的科学家或要求与其合作。如果基础科学家对应用研究者的要求做出反应,他们实际上就是对社会需求做出反应。在解决应用领域研究人员提出的问题的过程中,在基础科学方面产生重大突破,并非不寻常。[72]因此,作为基础科学[59]、应用科学和公共资金分配于研究过程间相互作用的结果,假定基础研究也趋向于减轻相对稀缺要素给农业生产带来的制约,显然是合理的。

然而,我们并不认为,农业技术变革完全具有诱导的特点。对变革过程而言,存在供给(外生的)范围,同时存在需求(内生的)范围。除了资源条件和需求增长的作用外,农业技术变革反映了一般科学和技术的进步。一般科学(或科学革新)的进步,降低了技术革新和企业革新的费用,在不涉及要素比率和产品需求的情况下,多对农业技术变革产生影响。[73]即使在这些情况下,当这些因素通过要素和产品市场反映出来时,技术的采用率及其内因变化或外因变化对生产率的作用将强烈地受资源供给和产品需求条件的影响。

因此,古典的资源分配问题,没有被看成高产出投入模式中农业生产率和农业产出增长的适当基础,在这种情况下,只是被集中地看作农业发展过程。在静态技术条件下,改进资源分配只是经济增长的一个不充分的源泉。然而,为了开发新的增长源泉,有效地分配资源,对农业发展过程是必要的。

体制革新

为了说明公共研究机构的行为,扩展“诱导革新”理论是建立诱导发展理论的基本环节。在诱导发展模式中,为了消除缺乏弹性的土地供给或劳动供给对增长的制约，机械技术和生物技术的发展是对要素相对价格的变化、要素相对于产品的价格的变化的反应。这些过程及其作用，并不局限于农业部门。为了减少相对稀缺的那些生产要素带来的制约，经济中任何部门相对价格的变化都起诱导革新活动的作用，不仅诱导私人生产者的革新活动而且诱导公共机构科学家的革新活动。

我们进一步认为，在有利的市场条件下，为了使个人和社会充分享受新技术的利益，要同时诱导支配技术利用或生产"方式"的机构[60]进行变革。㉔英国的第二次圈地运动就是一个典型的例子。圈地法案的颁布促进了公共牧场和农地向单个的、私人农业单位的转变，因此鼓励综合性的谷物家畜"新型农作制"的引进。圈地法可以看成是用来开发由作物轮作革新开创的新的技术机会的一种体制革新，利用新的饲料作物（萝卜和苜蓿）的作物轮作革新，是对食品价格上涨的反应。

为了使为生产率提高提供经济刺激的革新活动的利益内在化，体制革新的主要源泉是由社会所做的努力。在某些情况下，为了使革新引起的较高收入趋势内在化，体制革新涉及重组所有权。土地制度关系的现代化，涉及从分成制到租赁制以及多数西方农业中所有者自耕制的变化，部分地可以看成是用来使单个农业的企业革新收入内在化的所有权的变动。㉕

当革新活动收入的内在化比较难于实现时，涉及公共部门活动的体制革新成为必要。农业研究更多的社会化，特别是引导生物技术进步的研究社会化，是社会为实现农业技术进步的潜在利益而进行公共部门体制革新的一个例子。这种体制革新开始于德国,在美国和日本得到了大规模的推广和应用(参见第七章)。

舒尔茨和大川一司近来认为,可以适当地把体制革新看作是对由技术进步开拓的资源生产性利用的新机会的一种反应。[76]我们的观点与大川和舒尔茨的观点归纳为这样的假说:进行体制革新[61],是因为它明显有利于社会个人或团体付出的代价。只有社会的利益超过代价,才能证明体制的变化是可行的。通过为体制变革创造有利的新机会,市场价格和技术机会的变化就会引起现有体制设置的不均衡。

然而,有利的机会不一定立即导致体制革新。通常,技术变革和公共机构变革的利益和损失并不是被中立地加以分配的。主要是存在坚持损失和反对变革的既得利益。在动员团体实现共同的或团体的利益方面,存在限制。[77]对技术与经济机会做出反应的体制改革过程通常引起时滞、社会的和政治的压力,在某些情况下,引起社会和政治秩序的动乱。经济增长最终取决于社会自身改革对技术与经济机会反应的灵活性和有效性。

动态呼应

在动态发展过程中,出现不平衡或不均衡是诱导技术变革和经济增长的重要因素。体制因素间的不均衡产生了各种瓶颈,需要科学家、发明家、企业家和行政管理人员注意寻求更有效的解决资源分配问题的办法。[78]

例如,19世纪中叶,美国农业中收割机的利用被认为是种植和收割管理之间劳动需求不平衡的结果。在美国农业中,由于边界迅速推进到西部,土地相对于劳动变得日益丰富。为了防止作物的损失，发明了收割机，这是对要在有限的几天内收割完小麦的这种迫切需要的一种反应。设计收割机，是为了解决在土地供给比劳动供给更迅速增长的经济条件下形成的收割瓶颈[62]。[79]发明研究主要为了解决农民因经济中劳动相对稀缺引起的这种明显需要。

一个瓶颈引起的问题的解决通常产生另一个瓶颈。这是技术变革从一个生产过程向另一个生产过程传播的动力。[80]可以在工业革命初期英国棉纺业中看到这种典型的例子："关键的飞梭引起加速纺纱运转的需要；纺纱的最后解决反过来又引起织布能力短缺，最后以引入卡特赖特动力织布机而告终。"[81]

对这种一般演化方式，农业机械化的发展也不例外。最初的原型收割机节省了割地的劳动，但却形成了耙和捆工作的瓶颈。其后自耙收割机和打捆机的引进显然说明了技术变革的累积呼应过程。[82]收割机械化同时产生了脱粒方面的瓶颈，要求引进动力脱粒机。通过这种累积呼应，美国成功地开发了农业生产的机械技术，促进了用相对更为丰富的土地和资本对相对更为稀缺的劳动的替代（见第六、第七章）。

农业生产技术变革引起的累积呼应同时引起其他经济部门的变化。农业范围内以及农业与其他经济部门之间的不平衡，是把农业技术进步向整个经济发展扩散引起后向联系和前向联系的重要来源。[83]例如，开发高产粮食品种的结果，使 20 世纪 60 年代后期南亚和东南亚各国粮食生产[63]获得增长，从而形成严重的销售瓶颈（见第十章）。这一瓶颈已经提高了改善销售系统的销售能力和有效性的投资报酬。

非农业部门的创新与农业技术进步的联系也是重要的。由化肥产业减少成本型革新引起的化肥价格的长期下降，促使人们集中关注传统粮食品种对较高施肥水平的有限反应能力。相对于产出和土地价格而言，化肥价格下降已经引导试验站的研究人员努力开发更喜肥的粮食品种，以克服这种瓶颈(见第七章和第九章)。这种研究在许多国家(如日本和美国)正着手进行，因为它们已经具备必要的试验能力。近来，在热带粮食生产地区，已经发生了一系列的引起试验站试验能力扩大的体制革新(见第八、九章)。

在本书中，我们打算详细地论述和检验这一节所概括的诱导发展假说。

注　释

① 即使在现代化前期，农业也是以其在工具、机器、栽培、饲养和畜牧实践方面的持续进步为特征的，尽管这种进步相当缓慢。发展速度受长期人口增长类型和价格波动的影响。关于西欧，参阅 S.H.斯利切·范巴思:《西欧农业史:公元 500—1850 年》(伦敦:艾德伍德·阿诺德出版公司，1963 年)。没有得到比较详细的亚洲资料。然而，这里提示的看法与 S.伊什卡瓦提到的资料是一致的:《亚洲经济发展前景》(东京:纪国屋图书公司，1967 年)。同时参阅 E.鲍斯拉普:《农业增长的条件:人口压力条件下农业变革经济学》(芝加哥:奥尔达因出版公司，1965 年)；C.格尔茨:《农业革命:印度尼西亚的生态变革过程》(伯克利:加利福尼亚大学出版社，1966 年)；T.C.史密斯:《现代日本的农业起源》(斯坦福:斯坦福大学出版社，1959 年)。

② 美国农业部:《1958—1968 年发展中国家农业经济的发展》(华盛顿:经济研究所，1970 年 5 月)。在 1958—1968 年期间，“整个发展中国家的农业生产与发达国家取得了一样快的增长速度，……每年大约增长 2.8%。……在研究范围内的 54 个国家中，农业产出增长速度差别很大。其中有 34 个国家，农业产出每年扩大 3%或更多；有 17 个国家每年增长 4%以

上"(第 13 页)。

③　近年来,与这些变化的"革新"方面比较起来,农史学家强调"演进"方面。"……农业产出的增长,最初显然并不是因为发现了从事农作的新方法。方法的改进是大量微小变化累积的结果,这些微小变化集中起来形成各种方法,而这可以合理地认为是新型技术(例如,肉牛培育方面的进步),众所周知,用萝卜和饲草作物代替休耕是最为革新技术的反映。也就是说,产出的增长,并不纯粹是更多利用人力和土地的结果,与其说是新技术的发明,倒不如说是现有最好技术的传播。"H.J.哈巴卡克:"英国地主在 17 和 18 世纪的经济影响",载《农业史论文集》第 1 卷,W.E.明钦顿编(纽约:A.M.凯利出版公司,1968 年),第 190 页(最初发表在《企业史研究》第 6 卷,1953 年)。

④　深入地讨论,参阅劳德·厄恩利:《英国农业的过去与现在》(第 6 版;伦敦:海曼出版公司,1961 年);G.E.明盖伊:"重新认识英国历史中的农业革命",载明钦顿编《农业史论文集》第 2 卷,第 11—27 页〔根据《农业史》第 37 卷(1963 年 6 月号)重印〕;C.P.蒂默:"萝卜、新的耕作法与英国农业革命",载《经济学季刊》第 83 卷(1969 年 8 月号),第 375—395 页。

⑤　参阅 A.P.厄谢尔:《土壤肥力、土壤衰竭及其历史意义》,出处同上,第 37 卷(1923 年 5 月号),第 385—411 页。

⑥　出处同上,第 386 页。

⑦　"李比希认为植物生长取决于四个因素:(1)植物需要的营养来自空气;(2)以无机物形式被植物利用的矿物质;(3)植物所需矿物质的数量可以通过对灰烬的分析加以确定;(4)植物的生长与土地所提供的最不丰富的矿物质的供给成比例。……看来,新理论不仅使土壤微量元素肥力的数量可以计算,而且指明,许多土壤的生产时期相当短暂。因此,土壤衰竭成为矿物质理论和腐殖质理论的自然结果。李比希根据土壤矿物质含量的相关条件,评价所有农业实践。"出处同上,第 389 页。

⑧　李比希把古代文明的衰落归因于土壤衰竭。土壤衰竭与文明没落之间相互关系的这种认识,对土壤肥力保持的研究"领域",始终是一种威胁。关于最近几篇重新阐述这一问题的文章,参阅 F.奥斯本:《我们对地球的抢劫》(波士顿:利特尔、布朗与出版公司联合出版,1948 年);W.沃格特:《生存之路》(纽约:W.斯隆与学会、股份有限公司联合出版,1948 年);T.戴尔和

V.G.卡特:《表层土壤与文明》(诺曼:俄克拉何马大学出版社,1955年)。有关土壤学说的一些讨论,参阅C.E.凯洛格:“土壤学说方面的争论”,载《科学月刊》第66卷(1968年6月号),第475—487页。

⑨ 对19世纪后半叶土壤学说演进做出两个重要贡献的是达尔文和马什。巴尼特和莫尔斯认为:“达尔文认为,社会冲突或许大于马尔萨斯所说的自然冲突,并把‘食品斗争’的思想概括为自然法则。尽管马尔萨斯对自然法则的阐述并不比达尔文少,但达尔文的学说具有较大的影响,而且事实是,他的贡献来自于实验科学家,土壤肥力保持运动的许多领导人本身是自然科学家。第二,更重要的,达尔文的贡献或许在于他在提出和宣传普及自然科学知识方面所起的重要作用,而这对于土壤肥力保持科学的影响是很强烈的。”H.J.巴尼特和C.莫尔斯:《稀缺与增长》、《自然资源可得经济学》(巴尔的摩:约翰斯·霍普金斯出版社,1963年),第88页。可以参阅G.P.马什的著作:《人与自然:根据人类活动修改自然地理》(纽约:C.施纳特,1864、1974年修订再版。巴尼特和莫尔斯评论道:“根据马什的观点,改变人与自然的平衡存在这样广阔的可能——不管改变平衡是否有利——以致马尔萨斯和李嘉图所假定的稀缺学说,对他来说不可能是自然法则。由于稀缺不再不可避免,因此,它的影响也就不再是不可回避的。马什之前,在古典经济学家看来,毫无疑问,稀缺总是起作用的。……马什之后,如果他的教诲是可信的,由于人类及其环境这样容易改变,这一问题也就只能以经验为依据了。”巴尼特和莫尔斯:《稀缺与增长》,第93页。

⑩ 出处同上,第49页。关于稀缺模型的正式阐述及分析,参阅第101—147页。

⑪ 古典观点在其最初阐述中也不是没有受到挑战。“美国经济学家H.C.凯里断言:农业扩大的实际规律与李嘉图所阐述并为米尔所肯定的规律完全相反。他认为,农用土地并不遵循质量最好的土地最先加以利用的顺序。相反,耕作开始于较贫瘠的土地,后来,扩大到较肥沃的土地。结果,农产品在收入增长的条件下得以增加。拓荒者在一个新的国家不最先利用质量最好的土地,原因是,河边低地是不卫生的,或者在清理或排水方面最初要花费较大的投资。因此,居留地都选择地势较高然而却不太肥沃的土地。只是随着人口增长和财富积累,更为肥沃的土地才加以利用。”巴尼特和莫尔

斯:出处同上,第67页。对李嘉图—凯里争论的最新阐述,参阅R.特维:"一个芬兰人对地租理论的贡献",载《经济杂志》第65卷(1955年6月号),第346—348页。

⑫ "农业生产中,土壤利用通常意味着土壤形成环境的变化。人类清除森林,耕种草原,从某些土地上排除积水,通过灌溉把积水浇灌到其他土地上。在极端情况下,人类完全可以重新组合土壤,像日本水稻田的形成、荷兰在土壤中掺入泥炭和沙子,就属于这种情况。土壤变化通常发生在化学方面,而不是在物理方面。此外,当土地用于农作目的时,变化趋势主要是减少土壤之间的差别。"R.W.西蒙森:"农业生产中土壤变化的环境",载《科学月刊》第81卷(1955年10月号),第173—182页。"……一块专门适合于耕种的土地具有复杂的物理结构,当人们揭开其表层,就会发现深藏其中的复杂的生物机制。土壤的这种多少是自然的或原始的或不可毁灭的物理结构,与其生产力的相关性很小或没有显著意义的相关。"T.W.舒尔茨:《农业经济组织》(纽约:麦克劳-希尔出版公司,1953年),第140页。

⑬ 鲍斯拉普:《农业增长的条件》。

⑭ A.P.厄谢尔:"土壤肥力、土壤衰竭及其历史意义",载《经济学季刊》第37卷(1923年5月号),第385—411页。厄谢尔认为:"事情变得越来越清楚,科学绝不会为静态的肥力规划思想提供基础。计算由作物所吸收的矿物质的数量并不能为施肥提供一定的或适当的指导。对高肥农作而言,较多增加土壤中的某些元素可能比其被吸收更为必要;对低肥农作而言,限制土壤中氮素和有机质含量的施肥规划,被证明是合理的。同样,现代农民根本不关心土壤的'自然力';他关心的问题,是根据其需要改变自然的土壤"(第410—411页)。同时参阅J.艾斯:"自然资源应用的价值论",载《美国经济评论》第15卷(1925年6月号),第284—291页;S.冯西理阿西—万特鲁普:"欧洲农场管理中的土壤肥力保护",载《农业经济学杂志》第20卷(1938年2月号),第86—101页。

⑮ A.C.邦斯对更多的著作进行了总结:《土壤肥力保持经济学》(阿马斯:艾奥瓦州立学院出版社,1942年);S.冯西理阿西—万特鲁普:《资源保护》;《经济学与政策》(伯克利:加利福尼亚大学出版社,1952年);R.B.海尔德和M.格劳森:《土壤保护前景》(巴尔的摩:约翰斯·霍普金斯出版社,

1965 年)。

⑯ 有人认为,解决农业生产条件萎缩,需要寻找一种可以使土壤肥力自我循环和保持的科学的农业方法。“在当今困难的财政状况下,有多少农民家庭能够超脱市场影响、借助改变赖以生存的农业或用科学方法替代传统的土地利用方式而使境况更好呢?”H. H. 贝内特:《保护我们的土地》,美国农业部土壤保持局(华盛顿:美国政府印刷局,1940 年 6 月),第 13—14 页。

⑰ 一个更为精彩的历史回顾,可以参阅 M.K. 贝内特:“人口与食品供给:当代的震荡”,载《科学月刊》第 68 卷(1949 年 1 月号),第 17—26 页。按贝内特的说法,自从马尔萨斯引发了第一次悲观主义的浪潮以后,在说英语的国家又经历了三次悲观主义的浪潮。第二次发生在 19 世纪 90 年代,第三次发生在第一次世界大战以后的几年里,第四次发生在第二次世界大战以后。如果贝内特在 1969 年写这段话而不是在 1949 年,他就会把 20 世纪 60 年代中期作为第五次浪潮。

⑱ 这种关心导致对战后美国经济中资源需求的一系列评论。这包括:(a)美国农业部农业经济学研究局:《农业的生产能力:具体条件下的可能性》(华盛顿:美国农业部,《农业资料手册》第 88 号,1952 年 6 月);(b)总统物资政策委员会:《资源的自由使用权》(华盛顿:美国政府印刷局,1952 年 6 月);(c)总统水资源政策委员会:《美国人的用水政策》(华盛顿:美国政府印刷局,1952 年)。

⑲ 总统水资源政策委员会得出结论:“目前的粮食剩余是暂时的。实际的农业问题是,如何保证必要的生产以满足人口扩大的需要”(总统水资源政策委员会报告,第 159 页)。总统物资政策委员会的报告提出一项计划,在 1975 年,土地投入指数要达到 111(1950 = 100)。由于土地生产率提高,农作物用地指数实际下降了,1968 年为 90(1950 = 100);《农业生产及效率的变化:1970 年总结报告》(华盛顿:《美国农业部统计手册》第 233 号,1970 年 6 月)。

⑳ 舒尔茨早在 1932 年就指出,艾奥瓦的农业是通过技术进步以提高收入为特点的。T. W. 舒尔茨:“农业生产进步过程中的报酬递减”,载《农业经济学杂志》第 14 卷(1932 年 10 月号),第 640—649 页。最新文献资料,参阅 T. W. 舒尔茨:《土地经济学的结构——长期展望》,出处同上,第 33 卷

(1951 年 5 月号),第 204—215 页;舒尔茨:《农业经济组织》,第 146—151 页;V.W.拉坦:"技术进步对农业产出的贡献:1950—1975 年",载《经济学与统计学评论》第 38 卷(1956 年 2 月号),第 61—69 页;T.W.舒尔茨:"自然资源与经济增长之间的联系",载《自然资源与经济增长》,J.J.斯彭格勒编(华盛顿:约翰斯·霍普金斯出版社,1961 年),第 1—9 页。

㉑ 贝内特和莫尔斯:《稀缺与增长》。

㉒ 出处同上,第 147 页。

㉓ 在实际分析中,贝内特和莫尔斯对他们提到的"硬"稀缺性假设和"软"稀缺性假设进行了检验。硬稀缺性假设是指,尽管技术得到进步,但经济资源的质量下降了。耗用自然资源产业的实际成本降低将否定"硬"稀缺性假设。软假设指相对非耗用自然资源的产品成本而言,耗用自然资源的产品的单位成本将增加。实际检验结果否定了两种稀缺性假设,不论是指整个耗用自然资源的部门,还是单独指农业部门。贝内特和莫尔斯:《稀缺与增长》,第 7—11 页,151—216 页。

㉔ 参阅 J.努:《欧洲农业发展经济学研究》(乌普萨拉:Almqvist and wikselts,1967 年),第 184—230 页,关于冯杜能著作对经济思想的历史影响部分。冯杜能像 A.扬和其他农业科学的创始人一样,把农业经济学看成是整个农业科学的一部分。

㉕ H.D.迪金森:"冯杜能的经济学",载《经济杂志》第 79 卷(1969 年 10 月号),第 894—902 页。

㉖ 舒尔茨:《土地经济学的结构》;舒尔茨:《农业经济结构》,第 147 页。

㉗ V.W.拉坦:"城市工业发展对田纳西流域及东南部农业的影响",载《农业经济学杂志》第 37 卷(1955 年 2 月号),第 38—56 页;D.G.西斯勒:《城市工业发展对农业和非农业收入影响的地区差别》,出处同上,第 41 卷(1959 年 12 月号),第 1,100—1,112 页;A.M.唐:《1860—1950 年南德德蒙特经济发展对农业的影响》(查佩尔·希尔:北卡罗尼纳大学出版社,1958 年);W.H.尼科尔斯:"工业化、要素市场与农业发展",载《政治经济学杂志》第 69 卷(1961 年 8 月号),第 319—340 页;D.E.哈撒韦:"城市产业发展及行业间的收入差别",载《农业经济学杂志》第 46 卷(1964 年 2 月号),第 56—66 页;D.E.哈撒韦、J.A.比格利和 W.K.布赖恩特:《美国的农业人口(1960 年

人口普查专题)》(华盛顿:美国政府印刷局,1968 年)。

㉘ W.H.尼科尔斯:“半工业化国家的农业转变:巴西研究”,载《农业在经济发展中的作用》,E.索拜克编(纽约:哥伦比亚大学出版社,1969 年),第 311—378 页。同时参阅 G.E.舒赫的评论,出处同上,第 379—385 页。

㉙ 生产品理论主要以加拿大的经验为依据进行总结概括。参阅 M.H.沃特金斯:“经济增长中的主产品理论”,载《加拿大经济学与政治学杂志》第 29 卷(1963 年 5 月号),第 141—158 页;同时参阅 R.E.卡弗斯:“为剩余产品寻求出路的贸易模式与增长”,载《贸易与发展经济学》,J.D.西伯奇编(纽约:J.威利和桑斯有限出版公司,1968 年),第 211—230 页。

㉚ 经济学中以城市劳动力长期高比例失业和就业不足为特征的城乡劳动力转移过程模型,参阅 M.P.托达罗:“欠发达国家中劳动力转移模式与城市失业”,载《美国经济评论》第 59 卷(1969 年 3 月号),第 138—148 页。

㉛ C.O.索尔:《农业起源及传播》;《牲畜与植物的驯化》(第二版;剑桥:马萨诸塞技术研究所出版社,1969 年),第 113—134 页。

㉜ N.I.瓦维洛夫:“耕作植物的起源、变异、免疫及培育”,K.S.切斯特译,《多年生植物》第 13 卷,第 1—6 页,1949—1950 年。

㉝ 植物起源研究中非技术进步的原因及非技术普及情况,参阅 E.安德森:《植物、人类与生存》(伯克利:加利福尼亚大学出版社,1967 年)。牲畜利用及推广方面可以利用的资料,参阅 R.W.菲利普斯:《不利环境下的牲畜饲养》(华盛顿:粮农组织农业研究成果第 1 期,1948 年 1 月)。

㉞ 努:《农业发展经济学》,第 85—107 页。

㉟ L.H.贝利:《园艺学的推广工作》(伊萨卡:康奈尔大学农业试验站,1896 年 1 月),手册第 110 号,第 130—131 页。

㊱ 具体实例参阅 M.L.莫舍:《艾奥瓦玉米前期产量与后期的相关检验规划》(阿默斯:艾奥瓦州立大学出版社,1962 年)。

㊲ 对美国这些方面发展的评论,参阅 H.C.泰勒和 A.D.泰勒:《美国农业经济学史话:1840—1932 年》(阿默斯:艾奥瓦州立大学出版社,1952 年),第 326—446 页。

㊳ 最初进行这种综合的标志是 E.O.黑迪:《农业生产与资源利用经济学》(E.克利夫斯,N.J.:普伦蒂斯—霍尔出版公司,1952 年)。同时参阅

E.O.黑迪和J.I.狄龙:《农业生产函数》(阿默斯:艾奥瓦州立大学出版社,1961年)。

㊴ 对这些发展的批评性评论参阅G.L.约翰斯顿:"重视生产经济学",载《澳大利亚农业经济学杂志》第7卷(1963年6月号),第12—26页。同时参阅V.W.拉坦:"农业发展中的生产经济学",载《印度农业经济学杂志》第23卷(1968年6—8月号),第1—14页;J.W.梅勒:"生产经济学与传统农业的现代化",载《澳大利亚农业经济学杂志》第13卷(1969年6月号),第25—34页。

㊵ 对由乡村社会学家所从事的普及研究的评论,参阅E.M.罗杰斯:《发明的普及》(纽约:格伦科自由出版社,1962年);E.M.罗杰斯:"自给农民的动机、价值与态度:面向农业的亚文化群",载《自给农业与经济发展》,小克利夫顿·R.沃顿编(芝加哥:阿尔丁版,1969年),第111—135页。有关国际技术转移的更详细讨论,参阅第九章。

㊶ 莫斯曼认为,这种客观存在的偏见,主要依据马歇尔计划中美国杂交玉米向西欧成功推广的经验。推广之所以成功,在于西欧的气候接近于美国玉米生产区域的气候。在欧洲,存在着以农业科学家和技术人员形式体现的本地的人力资本,引导采用这项研究。A.H.莫斯曼:《在发展中国家建立农业研究体系》(纽约:农业发展委员会,股份有限公司,1970年),第66—67页。

㊷ W.D.霍珀:"印度传统农业的分配效率",载《农业经济学杂志》第47卷(1965年8月号),第611—624页;B.F.马塞尔:"传统农业中的农场管理:一项实际研究",载《食品研究所研究报告》第7卷,第2期(1967年),第205—215页;P.A.尤托普拉斯:"论自给农业的资源利用效率",载《食品研究所研究报告》第8卷,第2期(1968年),第125—135页。同时参阅R.科里施纳对自给农业供给反应研究的评论:"农业价格政策与经济发展",载《农业发展与经济增长》,H.M.索思沃思和B.F.约翰逊(伊萨卡:康奈尔大学出版社,1967年),第497—540页。

㊸ T.W.舒尔茨:《改造传统农业》(纽黑文:耶鲁大学出版社,1964年)。

㊹ 出处同上,第145—147页。

㊺ 关于教育对农业产出贡献的估计,同时可以参阅 L.格里利切斯:“研究费用、教育与总农业生产函数”,载《经济评论》第 54 期(1964 年 12 月),第 961—974 页;A.M.唐:“1880—1938 年日本农业发展中的研究与教育”,载《经济研究季刊》第 13 卷(1963 年 2—5 月号),第 27—41 页、91—99 页。唐的估计指的是对教育和研究两方面投资的报偿。然而,把它作为对教育的报偿进行估计更为合适,因为在教育和研究总支出中,教育支出是主要的。

㊻ E.C.斯塔克曼、R.布雷德菲尔德和 P.C.曼格尔斯多夫:《向饥饿挑战》(剑桥:哈佛大学出版社,1967 年);L.R.布朗:《种子的变化》(纽约:普雷格,1970 年);莫斯曼:《建立农业研究体系》。

㊼ 尽管为了反映新型品种技术的影响,本研究中许多处用了“绿色革命”这个词,但我们的观点基本与多夫林相似。“显然,‘革命’这个词的意思,通常并不一样。这个词一直在失去了它的明确意义的场合加以利用。”F.多夫林:“对 18 世纪欧洲农业变化的评论”,载《农业史》第 63 卷(1969 年 1 月号),第 181—186 页。利用“绿色革命”这个词来描述新型高产作物技术,在国际术语传播史上,是由一个有趣的脚注引起的。这个词最先在 1968 年由美国国际开发署的一位官员 W.高德提出。W.S.高德:《绿色革命:成就与忧虑》,1968 年在华盛顿国际开发协会成立前的演讲。后来,这个词在大众出版物和专业文献中得到更广泛的利用。战争期间,“绿色革命”这个词用来影射西欧的农民政治运动。参阅 D.米特拉尼:《马克思与农民》(查佩尔·希尔:北卡罗来纳大学出版社,1951 年)第 118—135 页。

㊽ 在舒尔茨最新的一篇论文中,他强调有必要直接分析研究这一过程。T.W.舒尔茨:“研究资源的分配”,载《农业研究中的资源分配》,W.L.费希尔编(明尼阿波利斯:明尼苏达大学出版社,即将出版,1971 年)。

㊾ 这里的“机械性”技术与“生物性”技术是根据 E.O.黑迪的区分,见“农业技术进步的基本经济和福利方面”,载《农业经济学杂志》第 31 卷(1949 年 5 月号),第 293—316 页。这与森对“劳动性”资本和“土地性”资本的区分相似。参阅 A.K.森:“欠发达国家对农业技术的选择”,载《经济发展与文化变革》第 7 卷(1959 年 4 月号),第 279—285 页。在最近一篇文章中,H.卡纳达使用了“机械工程技术”与“生化技术”这两个词。参阅 H.卡纳达:“‘绿色

革命'的经济意义与西巴基斯坦的农业发展战略"，载《巴基斯坦发展评论》第9卷（1969年夏季号），第111—143页。

㊿ W.D.拉斯马森："美国农业的进步：西红柿收割机个案研究"，载《技术与文化》第9卷（1968年10月号），第531—543页；A.施米茨和D.塞克勒："机械化农业与社会福利：以西红柿收割机为例"，载《美国农业经济学杂志》第52卷（1970年11月号），第569—577页。

51 H.J.哈巴卡克：《19世纪美英技术》；《寻求节约劳动的投资》（剑桥：剑桥大学出版社，1962年），第14页。哈巴卡克认为："在19世纪最初几十年，美英农业技术的发展主要强调工业中可以利用的劳动力在费用上的差别。美国农业进步采取主要提高人均产出的形式，最初人均产出的增长可能比工业快得多；而英国的农业进步主要是提高每英亩的产量，即使在人均产出获得增长的地方也是如此。在美国，农业进步使工业中可利用的劳动力的费用上升，而英国则防止这种上升。"

52 J.M.布雷斯特："农业与工业的机器过程"，载《农业经济学杂志》第32卷（1950年2月号），第69—81页。"在机械化前期，农业与制造业在操作上是相像的，正常情况下，都是一道工序一道工序地连续从事操作，这些操作通常由同一个人或家庭来完成。就结果而言，人们一旦从事农业和工业操作，机器过程的增多迫使农业和工业逐渐显现出操作上的差别。对于用机器替代人力在农业中的操作，人们绝不会打乱他们在机械化前期形成的一步步从事生产的习惯，而在工业中用机器替代人力，人们必须迫使自己日益适应在一个生产过程中同时从事许多项操作的这一新习惯。结果，农业中的'工业革命'仅仅是在生产工具方面发生惊人的变化，而工业中这是人们使用自己工具在操作程序上的进一步的革命。"（第69—70页）同时参阅N.乔治斯卡—罗根："农业过程与制造业过程：均衡发展的一个问题"，载《工业社会中的农业经济问题》，U.帕皮和C.纳恩（伦敦：麦克米伦出版公司和纽约：圣·马丁出版社，1969年），第497—528页。

53 资料数据来自P.扎雷姆卡："制造业、农业生产函数与国际贸易：美国与北欧"，载《农业经济学杂志》第48卷（1966年11月号），第952—966页；A.G.史密斯："经济中农业与制造业部门人均投资比较"，载《美国农业经济学杂志》第53卷（1971年2月号），第101—102页。

(54) 从历史上看,这已经成为机械化的一般顺序。然而,在某些发展中国家并不完全这样,这些国家可以同时利用稳定性和灵活性的动力,因为农业机械化的发展,已经制造出可以利用得更为完善的农业机械。在其他一些国家,可以极大地缩短机械利用的这种顺序。可是,即使在那些发展过程初期就已经引入拖拉机作为动力的地方,拖拉机最初主要用于备耕这样的活动,因为在这种活动中,拖拉机相对畜力和人力而言,其优势是最大的。参阅W.J.钱塞勒:“泰国和马来西亚利用拖拉机出租服务实现小农场的机械化”,1970年在美国农业工程师协会年会上提交的论文,明尼阿波利斯,1970年(圣·约瑟夫,密歇根:美国农业工程师协会,1970年)。

(55) L.罗金:《农业机械的引进与美国19世纪农业劳动生产力的关系》(伯克利:加利福尼亚大学出版社,1931年)。同时参阅S.范巴思:《西欧农业史》。

(56) A.T.莫舍:《使农业运动起来·发展和现代化的根本》(纽约:普雷格出版公司,1966年)。“植物是农业的原始工厂。它们通过叶片从空气中吸取二氧化碳。通过根部从土壤中吸收水分和化学物质。在这一范围内,利用太阳光能,植物产出人们可以利用的籽实、纤维和油料。牲畜是农业中重要的第二次性工厂。牲畜以植物为食品,人类不能食用的植物的许多部分,它们可以食用,诸如植物的茎和叶。然后把这些植物性原料转换成人类可以利用的产品:肉、皮毛、蛋和奶”(第15页)。

(57) 英国18世纪农业革命的性质及其与工业革命的关系,一直是近年来引起极大争论的话题。对这一问题的精彩论述,参阅蒂默:《英国的农业革命》。

(58) “在技术上,英国的农业是18世纪欧洲最先进的。从那一世纪中期开始,英国被欧洲各国看作农学院。……在技术发明和改进方面,……留下了新型耕作方法……,新的作物品种……,新型农作制度……,新型牲畜培育……和新的排水方法等记载”。J.努:《农业发展经济学》,第87页。

(59) 蒂默:《英国的农业革命》,第384页。

(60) 对本节总结的有关台湾方面的材料的更详细的讨论,参阅S.C.薛和T.H.李:《台湾农业发展及其对经济增长的贡献:台湾农业发展的投入产出及生产率分析》(台北:中英乡村重建联合委员会,经济文摘丛书第17期,

1966年4月)；S.C.徐和V.W.拉坦："菲律宾、泰国和台湾水稻生产增长的环境、技术与体制因素"，载《食品研究所论文集》，第7卷，第3期(1967年)，第307—341页；R.P.克里斯坦森：《台湾的农业发展及其与当今发展中国家的关系》(华盛顿：美国农业部，外国农业经济报告第39号，1968年4月)；T.H.李："台湾经济发展中资本在部门间的流动"，载《农业经济学杂志》(台湾)第7卷(1969年6月号)，第69—97页。

(61)

	农业工作者数量	综合作物指数	人工作日劳动投入	每一农业工作者劳动生产率
1911—1915	100	116	100	100
1921—1925	98	121	118	118
1956—1960	149	180	198	226

资料来源：薛和李：《农业发展》，第24、41页。

(62) 例如，参阅C.S.索洛："资本主义过程中的革新：熊彼特理论评论"，载《经济学季刊》第65卷(1951年8月号)，第417—428页；V.W.拉坦：《厄谢尔、熊彼特论发明、革新与技术变革》，出处同上，第73卷(1959年11月号)，第596—606页；P.M.霍恩伯格：《西欧的化学制品：1850—1914年》(芝加哥：兰德—麦克纳利和出版公司，1967年)。我们的观点与霍恩伯格的观点类似。他把技术成果定义为利用经济知识有意识地把资源直接用于生产活动的产物。"……技术成果是任何企业活动的必不可少的组成部分，而且只能从生产本身进行区分。从传统的角度看，它是企业家提供知识以最优方式组织生产要素、调整市场变化、寻求改善方法的本职工作的一部分。因此，技术成果标志着企业家的能力。"(第61页)

(63) J.R.希克斯：《工资理论》(伦敦：麦克米伦出版公司，1932年)，第124—125页。同时参阅S.阿曼德就这一问题的思想评论："论诱导发明理论"，载《经济杂志》第76卷(1966年6月号)，第344—357页。

(64) 参阅W.E.G.索尔特：《生产率与技术变革》(剑桥：剑桥大学出版社，1960年)，第43—44页。更深入地讨论参阅W.费尔诺："诱导发明理论的两个问题"，载《经济杂志》第71卷(1961年6月号)，第305—308页。C.肯尼迪：《发明的倾向性与分配理论》，出处同上，第74期(1964年9月)，第541—547页；P.A.萨谬尔森："肯尼迪、韦萨克以来的诱导发明理论"，载《经济学与统计学评论》第 42 卷(1965 年 11 月号),第 343—356 页;阿曼德:《论诱导发明理论》。

⑥⑤ 索尔特:《生产率与技术变革》,第 14—16 页。

⑥⑥ 出处同上,第 16 页。

⑥⑦ 霍恩伯格:《西欧的化学制品》,第 57 页。

⑥⑧ 阿曼德:《论诱导发明理论》,同时参阅费尔诺和阿曼德的讨论,W. 费尔诺:"关于诱导倾向性的评论",载《经济杂志》第 77 卷(1967 年 9 月号),第 662—664 页;S. 阿曼德:《对费尔诺教授的答复》,出处同上,第 77 卷(1967 年 9 月号),第 664—665 页;C. 肯尼迪的论述:《论诱导发明理论:答复》出处同上,第 77 卷(1967 年 12 月号),第 960—963 页。

⑥⑨ 有关公共研究政策的文献正在日益增多。参阅 R.R. 纳尔逊、M.J. 佩克和 E.D. 卡拉切克:《技术、经济增长与公共政策》(华盛顿:布鲁金斯研究所,1967 年)。作者从三方面认为公共部门的研究活动已经增多:(a)在那些公共兴趣超过私人刺激的领域(如保健和航空);在那些单个企业太小以致不能获得研究利益的产业(农业与房建);(b)对基础研究和科学教育的普遍支持(第 151—211 页)。对农业资源分配思想的评论,参阅费希尔编:《资源分配》。

⑦⓪ W.A. 尼斯卡奈恩:"官僚特权经济学",载《经济评论》第 58 卷(1968 年 5 月号),第 293—305 页。

⑦① 经济刺激问题在许多发展中国家都是很重要的。尽管科学技术力量有限,但许多发展中国家不能成功地产生一种进行经济和职业奖励的制度,而这能够促使发展中国家得到或有效利用潜在的科技资源。

⑦② 基础研究和应用研究的共存关系可以国际水稻研究所在遗传学、植物生理学和作物培育研究之间的关系为例。遗传学家和生物学家从事的研究,主要是为了深入了解植物营养转换成为作物产量的生物学过程和遗传机制,或水稻作物从前代向后代转换过程中影响粮食产量的生物学特点。水稻培育人员利用来自遗传学和植物生理学的知识,进行杂交设计,选择具有生长特性、农艺特性和营养价值的品种。植物生理学和遗传学的研究,反映了作物培育人员深入掌握推广培育更具生产力的水稻品种的知识这一需要。

⑦③ R.R. 纳尔逊:"发明经济学:文献的总结",载《商业杂志》第 32 卷

(1959 年 4 月号),第 101—127 页;J.施穆克勒:《发明与经济增长》(剑桥:哈佛大学出版社,1966 年)。

(74) 在这一点上,我们同意马克思关于技术变化与体制发展之间关系的观点,尽管我们不接受马克思依据激烈的阶级斗争进行体制演变的观点。对体制与经济力量之间的关系进行更一般的历史性概括的最新尝试,参阅 J.希金斯:《经济史理论》(伦敦:牛津大学出版社,1969 年);D.C.诺斯和 R.P.托马斯:"西方世界的经济增长理论",载《经济史评论》第 23 卷,第 1 期(1970 年),第 1—17 页。

(75) 更多的例子,可参阅戴维斯和 D.诺思:"体制变革与美国经济增长:迈向体制革新理论的第一步",载《经济史杂志》第 30 卷(1970 年 3 月号),第 131—149 页。

(76) T.W.舒尔茨:"体制与人的经济价值的增长",载《美国农业经济学杂志》第 50 卷(1968 年 12 月号),第 1,113—1,122 页;K.欧卡瓦:"亚洲农业调查的重要意义:个人注释",载《农业区域讨论会论文与会议录》(马卡蒂,菲律宾:亚洲开发银行,1969 年),第 23—29 页;也可参阅诺思和托马斯:《经济理论》。

(77) 小 M.奥尔森:《集体活动的逻辑:公共财物与集团理论》(纽约:商肯书目,1968 年)。

(78) 罗森堡以"明显和迫切需要"为依据,建议用诱导技术变革理论克服增长的制约,以取代要素相对稀缺和要素相对价格理论。参阅 N.罗森堡:"技术变革的方向:诱导机制与注重机械设备",载《经济发展与文化变革》第 18 卷(1969 年 10 月号),第 1—24 页。罗森堡的模型与此处提到的模型是一致的,因为他的"明显和迫切需要"是通过要素相对价格在市场上反映出来的。C.P.蒂默指出(在 1970 年 10 月 9 日的信中),罗森堡线性规划模型中提出的对技术变革的"明显和迫切需要"所出现的日益增加的制约因素,体现了我们在模型中所采用的"二元"要素价格。罗森堡方法与本节所提出的方法之间相互关系的深入讨论,参阅速水佑次郎和 V.W.拉坦:《罗森堡教授与技术变革方向》(圣・保罗:明尼苏达大学农业经济系,论文第 70—74 页,1970 年 4 月),油印。

(79) 只有在土地比劳动更充裕的情况下才能出现这种瓶颈。从技术方面讲，只有在采用以科学的作物轮种方法和利用商品性化肥以维持同样的产出水平的情况下，防止因土地面积减少而给作物产量带来的损失才是可能的；事实上，这样的技术在19世纪中叶，就已经在德国和欧洲的其他一些国家产生了。美国的农民没有采用这种劳动密集型技术，因为相对他们的要素价格而言，这样做是无利可图的。

(80) 罗森堡在这一过程的历史性考察中，提出了一个非常精彩的观点。

(81) 出处同上，第5页。

(82) 在A.P.厄谢尔的经典研究中，对在重要的或战略革新演化中或发明过程中单个革新的累积呼应过程进行了描述。

(83) 关于这种机制，赫希曼以其经济发展理论为根据。参阅赫希曼：《经济发展战略》。

第 二 部 分

各国之间的比较

第四章　各国在农业生产率方面的差别①

无论用每个劳力产出量还是用每公顷土地面积产出量来[67]计算，农业生产率在各个国家之间都存在着很大的差别。这些差别在20世纪50年代中期至60年代中期变得更为显著。各国间部分生产率的比率存在巨大差异，劳动生产率与土地生产率之间随时间推移出现背道而驰的趋势，这是与诱导发展模式（在前一章已略述过）相一致的。事实上，在各国自然资源和要素相对价格存在差别的情况下，看不到上述差别显然与诱导技术变革的概念相矛盾。

本章的第一个目的是，先建立这样一种假设：整个观察时期各国劳动生产率和土地生产率的差别是与各国的生物和机械技术水平相联系的，随后就要区分不同的工业投入对促进生物和机械技术进步的显著性。在建立这一假设的过程中，我们采用一组新的农业生产和生产率估值，这是为了便于对各国生产率的差别进行分析。

我们的第二个目的是，构造一个更实用的模型，使其适宜于进行理论检验，描述前一章略述的诱导发展过程。专门设计这个模型是为了得出如下预期的结论：工业技术的进展，即降低投入到农业部门的生物和机械[68]投入品的成本，是导致农业部门技术变化和生产率提高的唯一途径。

使用我们的模型必须有一系列假定，这些假定在随后几章会得到检验。在第五章，采用各国截面分析方法来测定自然资源、技术和人力资本对各国劳动生产率差别的相对重要性。在第六章，采用时间序列分析方法来测定自然资源和要素相对价格对美国和日本农业(1880—1960年)的生产方式和资源利用的影响程度。

在进行各国生产率比较中采用的数据具有明显的不等质性，收集、组织和整理这些农业数据的过程，甚至对于最发达的国家来说都存在严重的概念上和技术上的问题。总体数字和指数数字上的问题几乎是不可避免的。尽管存在这些限制，各国截面分析还是提供了有用的见识，它使我们能够勾画出各国在土地和劳力相对资源条件及土地和劳动生产率上存在的大幅度的变化。这特别有助于弄清由于使用基于个别国家或少数几个条件比较相同的国家的观察值而渐趋模糊的关系。

农业生产率与资源利用

在这一节，利用两种部分生产率的计算数字，即单位劳力产量和单位土地面积产量，说明整个时期各国要素资源条件与农业产量之间关系的大幅度变动。同时，阐明劳动生产率变动和使用机械投入、土地生产率变动和使用生物技术之间的紧密联系。在这里，应特别注意避免任何把两种部分生产率计算数字的差异理解为反映技术和效率差异的观点。②

自从科林·克拉克所做的开拓性研究以来，已经发表了[69]许多对各国的农业生产和生产率进行比较的研究成果。③这些研究，包括克拉克本人的一些研究，由于数据的明显改进，许多已经过时了。本章所做的比较研究是建立在一组新的数据基础上的。数据来源和组织处理方法的详细解释列在附录A。

各国比较(1960年)

表4.1是使用附录A的资料计算的1960年土地和劳动生产率，按每个男工和每公顷耕地面积小麦单位产量计算的指数(1小麦单位等于1吨小麦)。这些部分生产率在各国之间的差距确实很大。用小麦单位来计算，每公顷农业产量从0.04(利比亚)到10.24(中国台湾)；每个男工产量从2.1(印度)到141.8(新西兰)。

若干国家或地区的土地和劳动生产率在图4.1中标出。纵轴表示土地生产率，横轴代表劳动生产率。我们可以观测到从原点向外扩展的三条截然不同的散点线，即途径。(1)由一组新大陆国家表明的途径(以新西兰、澳大利亚、加拿大、美国为代表)，这些国家人—地比率特别有利。(2)以中国台湾、日本为代表的亚洲国家或地区所表明的途径，这些国家人—地比率普遍不利。(3)以荷兰、比利时和丹麦为代表的欧洲国家所表明的途径，这些国家相对资源要素介于上述两组国家或地区之间。

表4.1　43个国家或地区1960年土地和劳动生产率估值(小麦单位)

国　别	产　出	
	每公顷耕地(Y/A)	每个男劳力(Y/L)
阿根廷	0.37	39.9
澳大利亚	0.09	106.4
奥地利	2.33	31.7
比利时(和卢森堡)	6.12	52.7
巴西	0.60	9.4
加拿大	0.58	75.8

（续表）

斯里兰卡	2.85	3.9
智利	0.48	12.9
哥伦比亚	0.84	10.3
丹麦	4.60	47.4
芬兰	2.02	30.9
法国	2.49	35.9
西德	4.00	38.6
希腊	1.22	9.9
印度	1.06	2.1
爱尔兰	1.58	21.0
以色列	1.84	28.9
意大利	3.00	16.1
日本	7.47	10.7
利比亚	0.04	—
毛里求斯	5.33	11.6
墨西哥	0.27	5.2
荷兰	7.21	43.1
新西兰	1.19	141.8
挪威	3.09	31.1
巴基斯坦	—	2.4
巴拉圭	0.94	5.0
秘鲁	0.56	10.2
菲律宾	1.88	3.8
葡萄牙	—	7.4
南非	0.16	11.7
西班牙	1.08	12.2
苏里南	4.46	17.1
瑞典	2.33	44.3
瑞士	3.16	29.3
叙利亚	0.36	9.4
中国台湾	10.24	8.1
土耳其	0.59	7.1
阿拉伯联合共和国	6.90	4.4
英国	1.94	44.0
美国	0.80	99.5
委内瑞拉	0.28	8.4
南斯拉夫	1.14	—

资料来源：附录表 A.5。

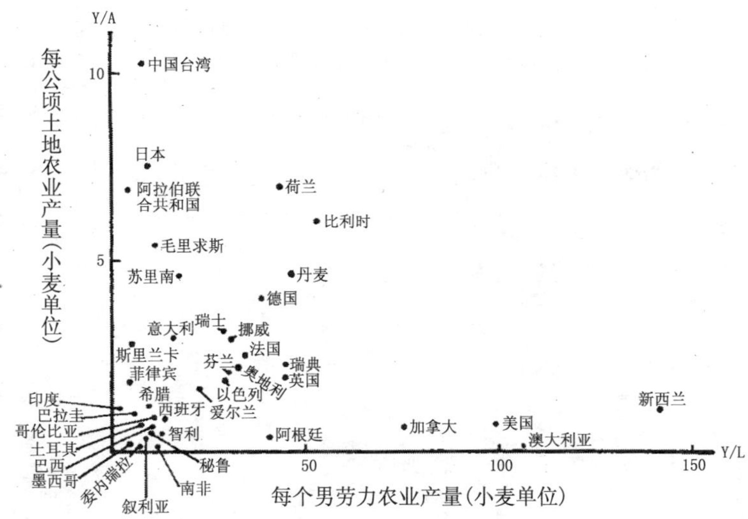

图 4.1　每个男劳力和每公顷农业用地农业产量的国际比较，产量数据为 1957—1962 年的平均值，劳力和土地数据是 1960 年左右的资料(数据来自表 4.1)

每种途径似乎反映了在既定的人—地比率下，农业增长的长期过程。农业部门土地和劳动力的相对有效性是初始自然资源和各国经济增长的历史过程相联系的资源积累的结果。在亚洲，土地已经成为限制产量增长的主要因素。在新大陆，相对缺乏弹性的劳力供给已经体现出对产量增加最显著的限制。为减轻限制(不管土地或劳力)，农民试图在限制性要素的利用方面经济化，即用人工产品投入替代限制性要素，如用肥料替代土地，用拖拉机替代劳力。新大陆国家遵循的发展途径似乎反映了减轻劳力带来的限制的过程；而亚洲一些国家或地区提供的发展途径反映了减轻土地带来制约的过程。

这些过程也许可以通过比较图 4.1 和图 4.2 来形象[71]化。在图 4.2 中,每公顷耕地肥料投入($N + P_2O_5 + K_2O$)绘制在纵轴上,每个男工拖拉机马力数标在横轴上。在这里,用肥料作为土地替代要素指标,用拖拉机马力作为人力替代要素指标。我们将会看到,在图 4.1 上几个典型国家的生产率比率占据的位置与图4.2绘制的投入比率的位置大致相同。

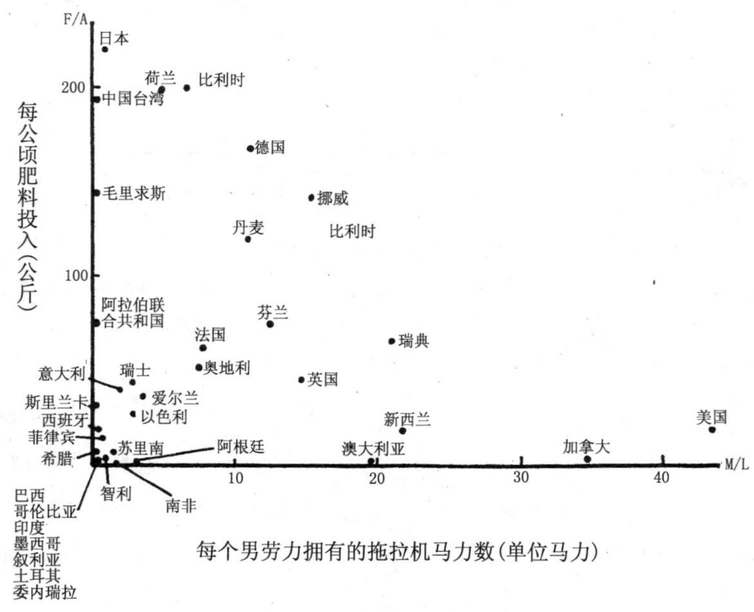

图 4.2　每个男劳力拖拉机马力和每公顷农业用地肥料投入的国际比较,肥料是 1957—1962 年的平均值,劳力、土地、拖拉机马力资料是 1960 年左右数据(数据来自附录表 A.5)

生产率的变化(1955—1965 年)

表 4.2 比较了 1955—1965 年两种生产率的变化。在这 10 年

表 4.2　农业土地和劳动生产率估值(1955 和 1965 年)

国　别	每公顷产出量(小麦单位)		每男劳力产出量(小麦单位)	
	1955	1965	1955	1965
阿根廷	0.36	0.41	34.7	42.9
澳大利亚	0.07	0.10	80.6	125.8
奥地利	1.92	2.63	21.2	39.2
比利时(和卢森堡)	5.50	6.98	38.6	71.8
巴西	0.48	0.63	8.1	10.4
加拿大	0.59	0.75	58.7	115.2
斯里兰卡	2.49	3.02	3.8	4.5
智利	0.45	0.49	11.7	13.4
哥伦比亚	0.80	0.81	8.3	9.0
丹麦	4.00	5.02	36.9	55.7
芬兰	1.73	2.29	24.7	38.2
法国	2.21	2.95	25.1	45.4
西德	3.56	4.49	28.5	49.6
希腊	0.99	1.53	7.9	12.1
印度	0.94	1.13	2.4	2.2
爱尔兰	1.37	1.63	16.4	24.3
以色列	2.36	2.54	14.8	38.9
意大利	2.64	3.31	10.8	20.1
日本	7.02	7.54	7.7	13.1
利比亚	0.04	0.05	n.a.	n.a.
毛里求斯	—	—	—	—
墨西哥	0.21	0.29	4.1	5.5
荷兰	6.18	8.28	31.6	53.2
新西兰	1.01	1.33	113.4	166.7
挪威	3.01	3.15	26.4	33.4
巴基斯坦	—	—	—	—
巴拉圭	—	—	—	—
秘鲁	0.47	0.60	9.1	11.1
菲律宾	1.63	1.39	3.7	4.1
葡萄牙	1.59	1.83	7.3	8.6
南非	0.14	0.17	9.9	12.6
西班牙	1.10	1.21	8.5	12.2
苏里南	—	—	—	—
瑞典	2.23	2.69	36.7	50.1
瑞士	2.87	3.18	23.3	31.5

（续表）

叙利亚	0.38	0.43	9.4	11.2
中国台湾	7.85	11.92	6.7	8.1
土耳其	0.48	0.68	6.3	7.6
阿拉伯联合共和国	0.56	7.75	3.7	4.6
英国	1.70	2.33	34.2	57.3
美国	0.74	0.87	71.2	123.5
委内瑞拉	0.24	0.29	6.9	10.6
南斯拉夫	0.82	1.28	—	—

（数据来自附录表 A.5）

表 4.3　1955—1965 年生产率和要素比例年平均增长率(百分比)

国家组别*	每个男劳力产量（Y/L）	每公顷产量（Y/A）	每个男劳力土地面积（A/L）	每公顷肥料（F/A）	每个男劳力机械（M/L）
发达国家	4.7	2.1	2.6	5.1	9.8
中等国家	4.4	2.0	2.4	5.8	15.8
欠发达国家或地区	1.4[a]	2.1[a]	-0.4	10.9	6.4

* 发达国家：人均国民生产总值高于 700 美元，30% 以下男劳力从事农业劳动，包括澳大利亚、比利时、加拿大、丹麦、法国、德国、荷兰、新西兰、挪威、瑞典、瑞士、英国、美国。

欠发达国家或地区：人均国民生产总值低于 300 美元，35% 以上男劳力从事农业生产，包括巴西、斯里兰卡、哥伦比亚、印度、墨西哥、秘鲁、菲律宾、叙利亚、中国台湾、土耳其、阿拉伯联合共和国。

中等国家：不属于上述任一类的国家，包括阿根廷、奥地利、智利、芬兰、希腊、爱尔兰、以色列、意大利、日本、葡萄牙、南非、西班牙、委内瑞拉。

[a] 不包括毛里求斯

中，发达国家和欠发达国家或地区之间在农业生产率方面的差距增大了。表 4.3 表明，13 个发达国家每个男劳力产量每年以 4.7%递增，而 11 个欠发达国家或地区的增长速度仅为 1.4%。每公顷土地面积产量的增长率具有近乎相同的数值，但是，每个男劳力土地面积在发达国家每年以 2.6%的速度递增，而在欠发达

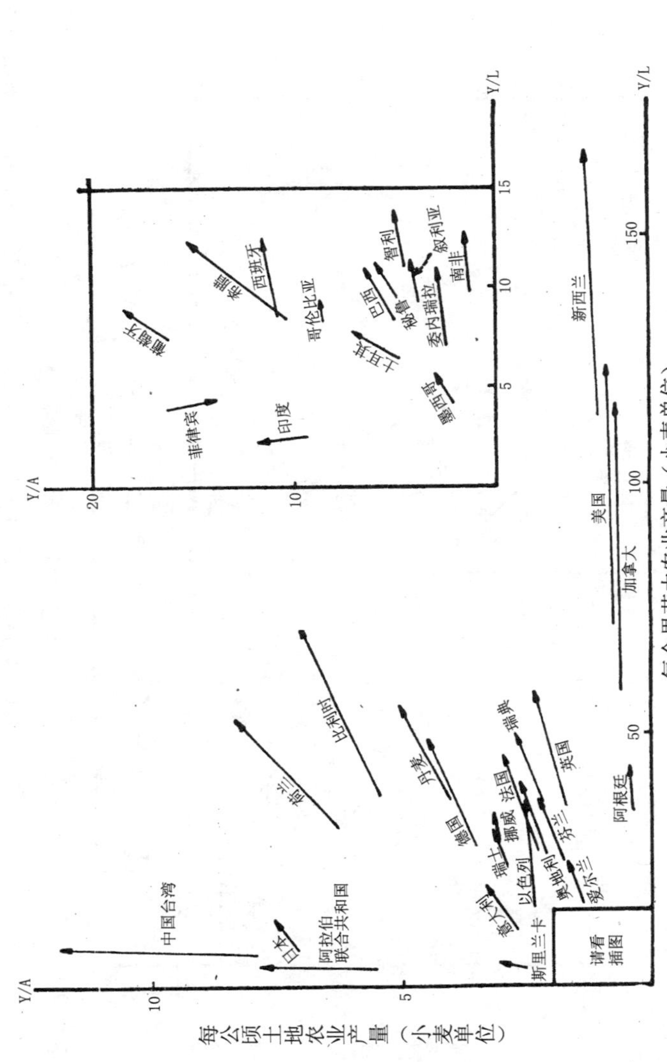

图4.3　每个男劳力农业产量和每公顷农用地产量变化的各国截面比较，1955—1965年（数据来自附录表A.5）

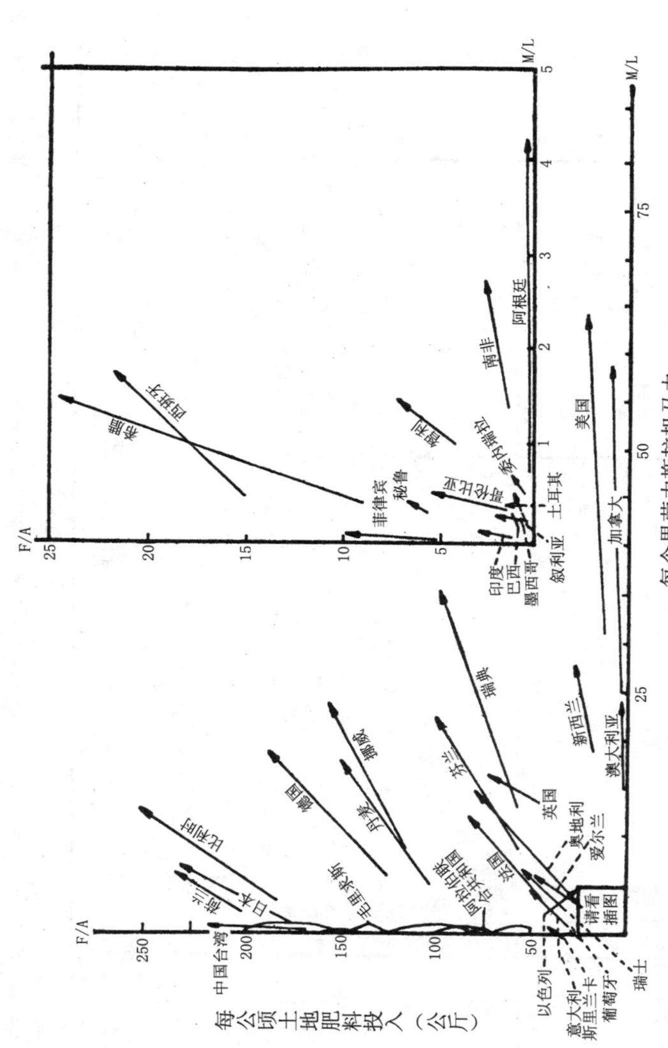

图4.4　每个男劳力拖拉机马力和每公顷农业用地肥料$(N+P_2O_5+K_2O)$投入变化的各国截面比较，1955—1965年

国家或地区每年却以0.4%的速度递减。在发达国家，非农业部门对劳力的需求吸引了大批农业劳动力，劳动生产率的增长速度通过土地—劳力比率的改善而提高。[72]在欠发达国家或地区，非农业部门对劳力需求的增长不足以赶上劳动力的增长速度，每个农业人口农业土地面积的减少，制约着劳动生产率的增长。

不同的农业生产率增长模式，是对非农业部门供给的相对于土地和劳力资源而言，是与其他要素投入的不同模式相联系的（比较图4.3和图4.4）。在欠发达国家或地区，劳动生产率增长首先由土地生产率增长引起，每公顷土地肥料投入的增长比每劳力机械投入增长更迅速。④相反，机械化的发展是发达国家每个农业工人产出量增长的首要源泉。

工业化与农业生产率增长

尽管各国在气候、技术和产品组合方面存在巨大差别，[74]似乎可以明显地看到，各国土地和劳动生产率的变动主要是与可以消除由基本要素供给缺乏弹性引起的各种限制的工业品投入水平相联系的。我们观察到的上述关系与这样的假设相一致：农业生产率的增长必然是农业部门适应新的机会的过程，这些新的机会是由知识的进步和伴随着工业化的工业分工的进步创造的。这里所用"工业化"一词，比制造业简单延伸具有更广的含义，它包括制造业、服务业及其他有关工业的协调增长，同时也包括体现工业经济特征的国际贸易和交通运输业。

如果用非农业部门的男劳动力数与全部男劳动力数的比率来

衡量工业化程度,那么,图 4.1 表明,除中国台湾外,所有接近效率前沿的国家或地区都是工业化程度较高的(效率前沿是根据土地和劳力这两项基本投入定义的)。根据 1960 年的资料,工业化程度比率是:新西兰 0.82,澳大利亚 0.87,美国 0.91,比利时0.92,荷兰 0.88,日本 0.74。相反,[77]靠近原点的一些国家这个比率就很低,如墨西哥 0.41,哥伦比亚 0.31,叙利亚 0.47,土耳其0.39,印度 0.31。⑤有些国家,像澳大利亚、新西兰,既是主要农产品出口国,又是工业品进口国,它们同样划入工业化程度比较高的范围。这个事实似乎提醒我们,工业化以复杂的方式影响农业生产率的增长。工业部门提供的技术投入是农业生产率增长的主要原因,同样,农业生产和生产率的增长导致对工业部门产品需求的提高,同时游离出工业增长所必需的劳动力。

各国截面观察资料所暗示的增长可以利用五个国家的发展史来进一步检验。选择的各个国家都有特定的目的。(1)美国用来说明新大陆国家的发展模式,那里劳力—土地比率特别有利。(2)日本代表亚洲国家的发展模式,那些国家劳力—土地比率普遍不利。(3)丹麦、法国和英国用来说明欧洲国家的发展模式。那些地方劳动—土地比率介于前二者之间。根据资料的有效性和它们各自经济发展历史经历的重要提示,选择美国和日本作为前二组的代表似乎不成问题,然而要选择一个国家来代表中间型发展模式却是困难的。在具有中间型发展模式特征的国家中,选择丹麦、法国、英国分别代表农产品出口国、农业自给国和农产品进口国。

所选国家的农业生产率增长时间序列途径绘制在图 4.5、图 4.6 和图 4.7(这些图是图 4.1 的扩充)。括号内数字表示非农业男劳力占全体男劳力的百分比。美国的时间序列线通过新大陆国家的散点图(图 4.5)。日本的时间序列线通过非洲和亚洲国家的散点图(图 4.6)。无论是美国还是日本,工业化水平和农业生产率水平之间的历史关系都类似于在各国之间存在的那种关系。⑥

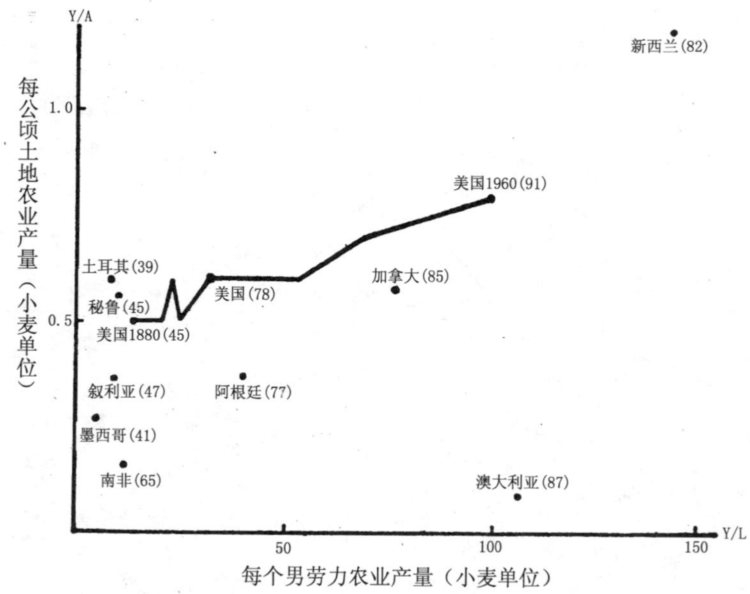

图 4.5　美国 1880—1960 年农业劳动生产率历史增长曲线与 1960 年各国截面观察值的比较。圆括号内值为非农业部门男劳动力百分比(数据来自附录表 A.5 和表 B.1)。

1960 年,欧洲各国的生产率在图上的位置都集中在丹麦扩展线和英国扩展线所围成的范围内,或在其边缘上。[78] 丹麦在欧洲国家中相对保持了农业生产专业化,通过增加单位土地产量获得了较高的农业生产率。相反,英国发动了一场工业革命,主要通过非农业部门对劳力的吸收扩大每个农业劳力农业土地面积而获得

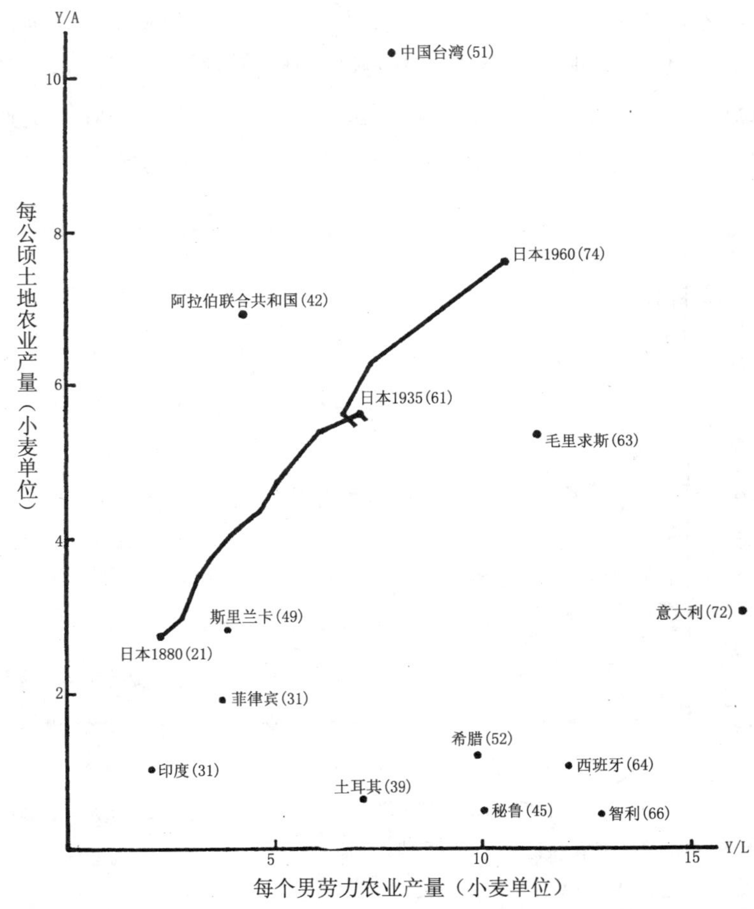

图 4.6　日本 1880—1960 年农业生产历史增长曲线与 1960 年各国截面观测值比较。圆括号内值是从事非农业工作的男劳力的百分比（数据来自附录表 A.5 和表 B.2）。

相对较高的农业效益水平。法国推行使农民家庭农场免受外来竞争和内部社会变化影响的土地政策，取得单位面积产量比英国高的成就，但是，每个农业工人的产量增长比英国和丹麦都要慢。尽管丹麦劳力从事农业的百分比相对较高，但它较高的农业生产率反映了它作为工业化程度较高的英国的畜产品供给国的特殊作用。

工业化可以在许多方面影响农业。非农业部门的发展增加了对农产品的需求，较有利的要素—产品价格比率，增加了农业生产者对机械和生物投入的需求。[79]工业化对要素市场的影响也许比对产品市场的影响更加显著，工业发展增加了非农业部门对劳力的需求，由于工业专业化和分工的进一步发展，新知识的应用造成效益提高的结果使工业部门生产的现代农业投入，如肥料、化学品、机械的[81]成本降低。⑦不断发展的工业经济还通过提高支持农业研究的能力、扶持农村普通教育和生产技能教育的能力、支持发展更有效的交通和通信系统的能力、进一步加强为农村服务的自然和社会基础设施的其他方面的能力，而对农业生产率的提高做出贡献。⑧

农业部门对相对于土地和劳力及农产品价格较低的现代生物化学、机械产品投入的反应能力是农业发展过程的关键。然而，从时间序列和截面资料观察到的工业发展与上面详细论述的这种发展之间的确定关系不是自发的。忽视了潜在中间要素和产品市场之间联系的工业化政策，譬如，许多社会主义国家和发展中国家所遵循的工业化政策，常常不能生产必需的工业投入品来减轻由于土地和劳力缺乏弹性引起的对农业增长的制约。同时，不能在农村地区对农业研究、教育和物质、社会基础设施其他方面进行投资，限制了农业部门对与工业化相关联的增长潜势的反应能力。

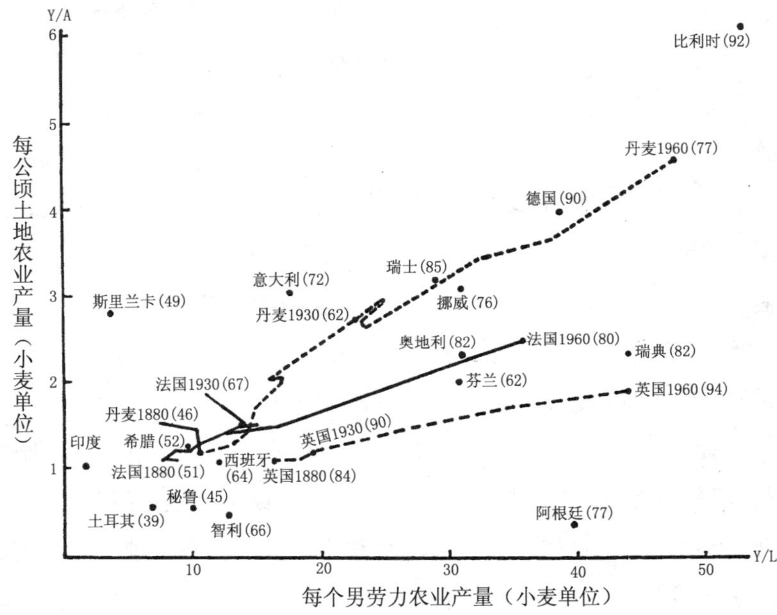

图 4.7　丹麦、法国和英国 1880—1960 年农业生产率历史增长曲线与 1960 年各国截面观测值比较。圆括号值是从事非农业的男劳力所占百分比(数据来自附录表 A.5、表 B.3、表 B.4、表 B.5)。

技术变革与总生产函数:一种假说

假设工业投入品价格的变化诱导了国民经济农业部门[82]两种不同的技术变化和生产率增长途径(如前一节所述),在这里,我们用专业术语对这一假设过程公式化,对于精确描述诱导发展模式似乎是有用的。

显然,如果不能合理开发工业化创造的机会,就不会带来生产率的增长。农业生产率增长的必要条件是农业部门具有适应一组新的要素和产品价格的能力。这种适应不仅包括沿着一个固定的生产面移动，还包括形成一个新的最适合那组新的价格的生产面。例如，即使肥料价格相对于土地和农产品价格降低了，如果不能开发出比传统品种更有效适应生物、化学品高水平投入的新型作物品种，肥料使用量的增长仍会受到限制。

在前一章，表 3.2 比较了几种水稻品种产量对施肥量的反应。它表明在低水平施肥量时，巴基斯坦东部本地品种的产量与日本改进品种的产量一样高，但是，本地品种对施氮量增加几乎没有反应。为了说明问题起见，把施肥量和产量之间的关系绘制在图 4.8，用 u_0 和 u_1 分别代表本地品种和改进品种的肥料反应曲线。对于 u_0，当肥料价格相对产品价格从 p_0 减到 p_1 时，不可能期望农民增加肥料施用量或使产量增加。只有通过开发更有效的品种，在 u_1 的情况下，肥料价格降低对肥料施用量和产量的绝对影响才能完全认识清楚。

从理论上说，画一条像图 4.8 中 U 那样的曲线是可能的，这条曲线是许多分别代表对肥料具有不同反应程度的水稻品种的个别反应曲线的包络线，我们把这条曲线定义为“总生产函数”或“潜在生产函数”，总生产函数可以看作是通常设想的新古典生产函数的包络。在短期投入中的替代品由于资本和设备一定而受到限制，生产的关系可以通过相对固定的因素—因素和因素—产品比率的活动适当加以描述。在长期，限制因素或因现有资本的变化而消除，或因可利用技术知识的积累而被取代，包括所有可选择的因素—因素、因素—产品组合，生产的关系可以通过新古典生产函

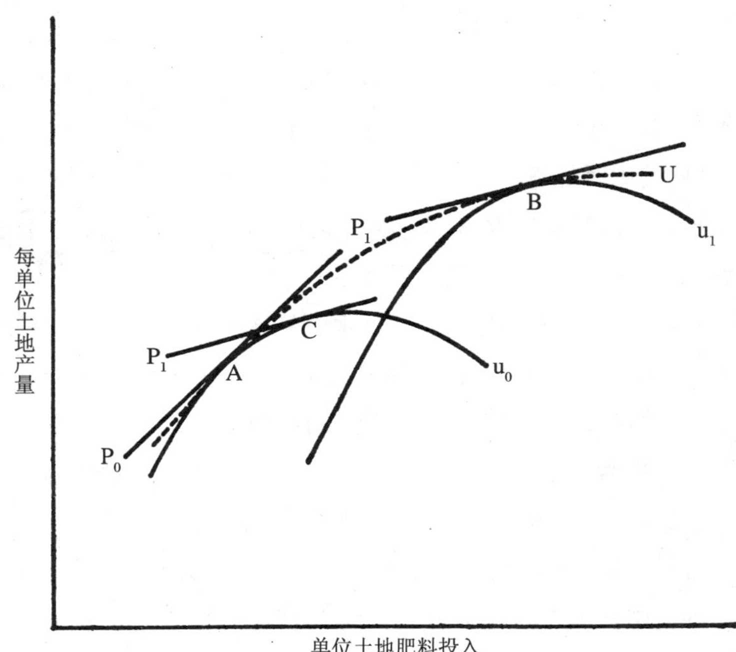

图 4.8 肥料反应曲线沿总反应曲线移动

数来恰当描述。[83]从生产的永久时期来看,有用技术知识数量造成的限制因素进一步减轻,承认能够发现所有潜在技术知识的可能性,生产的关系可以通过一个总生产函数来描述,它描述了所有可以想象的可能被发现的技术选择。⑨

我们并不认为总生产函数是自然地固有的或随时间推移保持完全稳定的。总生产函数会随着总体科学知识的积累而发生移动。然而,我们认为在一个技术"时代"设定一个合理的稳定度是实际可行的,一个"时代"的时间范围与许多先验分析有关。[84]总生产函数的移动要比在一个总生产函数面上,或从一个生产面到另一个生产面的调整缓慢得多。

我们假定，在现代投入价格较低的形式下，农民采用新的机会涉及对总生产函数上最佳生产点的调整。那么根据这一假定，日本农民种植那些与更高施肥水平相适应的品种，施用比东南亚国家农民更多的肥料，同样是合理的，因为在日本，肥料价格相对较低，稻谷价格相对较高；而在东南亚，肥料价格相对较高，稻谷价格特别低（参见第九章）。在极端的情况下，土地和劳力的相对价格可能导致完全相反的生产率增长途径。例如，在美国，与土地价格相比，工资率较高，通过培育同期成熟的西红柿品种以适应机械收获，虽然牺牲了单位面积产量，但被证明是有利的。在墨西哥，工资率低而土地很贵，为了获得较高的单位面积产量，开发持续收获期较长的西红柿品种和比较适合劳力密集型的生产项目可能是更有利的。

从各国截面和时间序列观测值来看，一个国家在刚进入发展过程时，土地和劳力资源的相对条件无疑对沿着总生产函数发展的最佳途径有显著影响。在劳力是限制性要素的地方，在现代化投入价格较低的形式下，对新机会的最佳选择可能是走以高土地—劳力比率为特征的道路，向总生产函数最佳点的移动应该涉及开发和采用新的机械性投入。相反，在土地是限制性要素的地方，新的最佳选择可能在每公顷对较高的化肥投入水平有较高产量的那一点。向那一点的移动应该涉及开发和采用新的生物和化学投入。

本章开头提出的部分生产率和因素投入比率揭示：那些获得了相对较高水平的土地和劳动生产率的国家，在用工业品代替由于土地和劳力缺乏弹性引起的限制方面已经取得了一定成就。通过假定农业中技术进步首先是非农业部门发展创造的新经济机会的结果，来解释各国农业中存在的生产率水平和要素投入比率的巨大差别，似乎是可能的。然而，不进行投资，机械和生物技术的发展就不可能出现。开发更喜肥的作物品种，相应降低肥料价格，常常需要在它真正成为农民可利用的因素之前，在研究、开发、推广上进行必要支出。在水资源[85]保持、土地开发和其他环境改善方面的公共投资，同样需要在它对于农民采用最新开发的品种变得有利之前就进行。

为了向总生产函数的更有效的点运动，对新的因素—因素和因素—产品价格比率做出反应，农民需要寻求新的投入和新技术。只有当公共研究机构和私人农业供给公司准确地预测到农民对有利机会的需求，为农民制造新的投入或提供有用方法时，向总生产函数最佳点的移动才是可能的。即使这样，新品种适应高水平投入的能力，直到生产者完全掌握对土壤和水资源管理及其他获得一个新品种较高产量潜力所必需的耕作实践改善之后，才能被充分认识到。⑩为了向农民传递这方面的信息，经常要求公共推广机构和私人部门新投入的供给者推行生产教育计划。只有当这种辩证的相互作用机制在农民、新投入品生产者、研究科学家与政府官员之间适当地发挥作用时，农业生产率的增长才能得到保证。

以受过教育的有革新精神的农民、数量充足的科学家和技术人员、懂行的公共行政管理人员和企业家形式出现的人力资本的改善，是关系到农业生产率能否继续增长的关键。我们假定，各国农业生产率的差别，取决于投入到农业中的现代技术性要素的价格的差别以及能产生一系列革新的人力资本积累量的差别。这种革新能使农业对要素和产品价格关系的变化做出反应，沿着总生产函数移动。用在资源积累、技术投入和人力资本方面的投资解释各国之间劳动生产率差异的确切关系，将在下一章考察。

注　释

①本章主要取材于较早的三篇论文：速水佑次郎："工业化与农业生产率：各国比较研究"，载《发展经济》第7卷（1969年3月号），第3—21页；速水佑次郎、稻成绢代："农业生产率的国际比较研究"，载《农业经济学家》第11卷第10期（1969年），第407—419页；速水佑次郎："农业自然资源与技术进步：国际展望中美国与日本的经历"，载《美国农业经济杂志》第51卷（1969年12月号），第1,293—1,303页。本章所用数据是早期发表的论文中所采用数据的修正值。

②　对部分生产率和总生产率指数及它们释义的讨论，参阅默里·布朗：《论技术进步的理论与方法》（剑桥：剑桥大学出版社，1966年），第95—109页。本书第四章和第六章概述的诱导发展过程指出，在资源条件、技术知识进步、要素—要素与要素—产品价格比率变动、部分生产率与总生产率比率的变化之间，存在着比布朗在文献回顾中所指出的相互作用关系更加复杂的关系。

③　科林·克拉克：《经济进步的条件》（第1版，伦敦：麦克米伦出版社，1940年）。克拉克早期从事的大部分研究工作反映在"世界农产品供给与需求"，载《皇家统计学会杂志》第117卷，A组第三篇（1954年），第263—291页；《经济进步的条件》（伦敦：麦克米伦出版社，纽约：圣·马丁出版社，1957年第3版）。最近，联合国粮农组织试图对1956—1960年间农业土地生产率和劳动生产率进行比较。参阅《1963年粮食与农业形势》（罗马：联合国粮农组织，1963年），该书没有发表有关加总程序和产出总量数据方面的详细资料。

④　实际差距可能比表4.3所示更大。因为欠发达国家或地区相当数量的拖拉机马力增长只是对役畜的替换，而不是指可利用动力的净增额。

⑤ 台湾的案例向我们提供了保持发展模式的一个实例，其发展最初依赖于与都市国家(日本)的非农业部门的联系(参阅第十章、第十一章)。

⑥ 印度、阿拉伯联合共和国和中国台湾的连线表明，存在一种通过发展灌溉，以土地生产率增长为特征的农业增长途径。

⑦ 阿林·A.扬："收入增长与经济发展"，载《经济学杂志》第38卷(1928年12月号)，第527—542页。在经济发展原因的经典讨论中，扬把由"市场扩大"以及与其相关联的"工业进一步分工、专业化"和"劳动分工"引起的收入增长当作经济发展的主要原因。把"新的自然资源的发现"和"科学知识的增长"当作"有助于强化收入增长的影响因子"。扬所论述的市场扩张、专业化和广义分工的作用，在最近有关技术进步对经济增长的贡献的讨论中，经常被人们忽视。扬认为，"工业增长和科学进步之间的偶然联系向两个方面发展，但是没有谁能够说出哪一面的影响更大"(第535页)，这种观点现在仍然是正确的。目前的观点与扬在1928年提出的显然是合理的观点相比，更偏重于强调科学技术进步。最近，有人试图把化肥生产率变化的原因划分成化肥工业发展的内因和外因。参阅吉恩·S.萨霍塔：《经济发展中的化肥：经济计量分析》(纽约：普雷格公司，1968年)。

⑧ 联合国教科文组织指出，非农业人口比例和识字率之间存在高度相关，参阅《20世纪中叶的世界文盲》(巴黎，1957年)。彼得森的分析清楚表明，在美国，非农业收入是解释各州政府对农业教育、研究和推广资助差异的主要变量。参阅威利斯·L.彼得森："科研、教学和推广人员在美国各农学院的分布"，载《美国农业经济杂志》第51卷(1969年2月号)，第41—56页。

⑨ 参阅布朗在《技术进步的理论与方法》第63—76页中对短期、长期、超长期生产过程的讨论。图4.8中U与u_i的关系与企业间生产函数包含着一系列企业内生产函数这种关系是类似的。参阅M.布朗芬布伦纳："生产函数：企业间、企业内的柯布—道格拉斯型生产函数"，载《经济计量学》第12卷(1944年1月号)，第35—44页。

⑩ 这是农业推广中通行的"配套实施"概念的基础。"由于现代农业的成功在于利用多种投入间的相互作用以获取最大利益，并不仅仅是增加单项投入的结果。因此，在新兴发达国家提出农业系统理论时，必须遵循相互作用原理。……许多当地技术人员，甚至外地来的顾问……总是按单一的口号

式的规划思考问题，只是注意一两项实践措施，如改良种子，增强有机肥料，改善灌溉条件，控制水土流失，使用农药和化肥等。这些措施中的任何一项措施，本身只会带来很低的收益，只有根据当地土壤条件综合应用上述多种措施，才能真正获得巨大的收益。”查尔斯·E.凯洛格：“新兴国家的相互作用与农业研究”，第81—82页。载艾伯特·H.莫斯曼主编的《发展中国家的农业科学》（华盛顿：美国科学进步协会第76号出版物，1964年），第81—91页。同时参阅查尔斯·E.凯洛格和阿诺德·C.奥弗达尔：《世界上可耕地的潜力及利用极限的测定》（纽约：学术出版社，1969年），N.C.布雷迪编：《农学进展》第21卷，第109—170页。

第五章　各国间农业生产率差别的来源①

一般认为，农业中劳均产量的增长是经济发展的必要条件（第二章）。各国农业劳动生产率的巨大差别已经在国家政策制定者与计划者之间、国际援助机构官员之间，就能否真正缩小这个差别问题，引发了疑惑。由土地供给缺乏弹性引起的对高密度人口国家农业产量增长的制约，如印度、埃及，会永久地宣告它们的经济将继续停滞、农业劳动力的生产率水平和收入水平低下吗？

在这一章，我们试图找出各国农业生产率差异的原因。最近的理论研究提出把生产率差异或生产率增长的原因分成三大类：(1)资源条件；(2)技术投入；(3)人力资本。② 本章所指资源条件不仅包括初始土地资源，也包括以土地开垦和改造形式形成的内部资本积累、牲畜资源等。技术投入包括机械装备和从工业部门购入的生物、化学材料。人力资本大致包括教育[87]、技能、知识和体现在一个国家总体人口上的智能。显然，分类是过于简单化了，然而，它比起早期强调单一的战略性要素来，确实是一个进步。

第三章提出的诱导发展模式和第四章看到的实际规律都肯定了这样的假设：技术投入和人力资本的差别解释了各国之间存在农业劳动生产率差别的绝大部分，正是这些要素使得一个国家通过沿总生产函数移动，用较丰富的要素替代较缺乏的要素(图4.8)。如果事实并非如此，那么贫困国家想获得农业劳动生产率必要的增长或根本缩小各国之间农业生产率的差距似乎是不可能的。

分析结果表明，上述三大类要素解释了欠发达国家或地区组和发达国家组之间农业劳动生产率差别的95%左右。在这个比较中，三个要素具有大致相等的重要性。在对发达的新大陆国家(澳大利亚、加拿大、新西兰、美国)进行比较时，有利的资源条件解释了三分之一以上的差异。资源条件是解释发达的新大陆国家和老牌发达国家之间农业劳动生产率差异的主要因素。然而，要欠发达国家或地区的农业生产率随时间推移达到新移民发达国家的一半以上，使其大体上可以和较老的发达国家达到的水平相比拟，显然在技术上是可行的，甚至在劳力—土地比率基本不发生变化的情况下，通过增加使用工业部门供给的技术投入和改进劳动力素质，也能实现这一目标。

我们不想在本章探讨经济上和制度上的因素，这些因素已经导致一些组织机构在提供现代技术投入给农民，并提供给他们以知识和技能，使之有效地使用新投入进行生产。在随后一章，我们将探讨美国和日本的情况，它们属于资源条件截然不同的两种经济，正像它们已经在总生产函数上移动的轨迹一样，它们各自遵循不同的要素生产率增长途径。

方法和数据

我们的方法涉及利用与第四章分析中所用的同一套附录A

(表A.5)的各个国家或地区[88]截面资料,估计一个柯布—道格拉斯型总生产函数。③按资源条件、技术投入和人力资本三项进行分类,根据每个劳力常规和非常规*投入水平的差别,解释每个劳动力农业产量的差异。

研究中使用的具体变量包括劳力、土地、牲畜、肥料、机械、教育、技术人员。在加总自然资源、技术、人力资本对每个劳动力生产率的影响时,把土地和牲畜当作代表资源条件的变量,机械和肥料当作代表技术投入的变量,农村普通教育和职业教育代表人力资本。

农业生产中实际使用的土地不能单纯看作自然的恩赐,它还是先前在土地清理、开垦、排水、筑栅栏和其他开发措施上投资的结果。同样,牲畜是内部资本积累的一种形式。所以,我们的看法是,土地和牲畜是最初由农业内部供给的投入长期形成的资本的一种表现形式。④在农业发展的肥力保持模式中,这种类型的内部资本形成,几乎是农业劳动生产率增长的唯一源泉。每个劳力土地和牲畜的高投入,趋于同每单位土地产出的低水平和每单位劳动产出的高水平相联系。

对应地,正如第四章讨论过的,用商品肥料中 $N+P_2O_5+K_2O$ 计算的化肥量和用拖拉机马力计算的机械量代表由工业部门供给的投入。由公共和私人部门研究和开发创造的技术进步,体现在这些现代工业投入中或是其补充。机械技术的发展,通常

---

* 常规投入指劳力、土地、牲畜、肥料、机械等有形投入。非常规投入是指教育、科研与推广、科技人员比例等无形投入。——译者注

与能源和机器的大量投入相联系。生物学上的改进,例如高产品种的开发,一般与肥料使用的高水平相联系。在这个分析中,我们用这两方面的工业投入代表体现现代机械和生物技术的全部工业投入。

人力资本包括乡村人口普通教育水平和农业科学技术专业教育两方面的指标。我们尝试利用两种普通教育水平衡量指标:(1)识字率;(2)中小学[89]入学率。⑤这两个指标由于从全体人口中计算得出,因而对乡村、城市教育质量的差别反应不灵敏。农业科学和技术教育用每万名农业劳动者拥有的中级以上农业院校毕业生的数量来衡量,这些毕业生是农业研究和推广所需科技人员的主要来源。⑥

这种方法的一个严格假定是:不同国家农业生产技术的可得性可以用相同的生产函数来描述。用个别国家或地区作为观察值的生产函数分析已经得到了广泛应用。以各国截面资料为依据的农业总生产函数最先是由乔蒂·P.巴塔查尔吉于1953年建立的。⑦兹维·格里利切斯用美国各州作为观察值,估计了与这项研究类似的总生产函数。试图计算研究与教育对农业产量的影响。⑧安妮·O.克鲁格在最近估计要素资源差异对人均收入差异的影响的研究中,采用了所有国家都受一种单一形式的生产函数的制约这样的假设。⑨

在最近的一份论文中,理查德·R.纳尔逊认为,共同生产函数的假定"是理解生产率国际差异,特别是发达国家和欠发达国家之间差异的一种方法"⑩。纳尔逊的异议最初显然是针对用比较简单的二因素生产函数获得的先验结论,如K.J.阿罗、H.B.切纳里、B.S.明哈斯和R.M.索洛的研究，这些研究认为每个工人净增值的差异与资本—劳力比率有关。⑪由于新技术不同程度的扩散，他主张，“在假定[9]的任一时期，人们都必定会发现企业之间技术产品的差异，这种差异普遍存在于各国之间，即使在国内，也同样存在”⑫。

我们赞同纳尔逊的观点，不同国家或同一国家不同地区，或同一地区不同的农场，农业生产者并非都在同一个微观生产函数上，这反映出生产者之间在采用新技术能力上存在差别。更重要地，这也是农业技术梯度扩散的结果，在更大程度上，是发明和开发新的机械、生物和化学技术的能力梯度扩散的结果。它在对要素和产品相对价格的变化做出反应的过程中产生。

根据第四章提出的假设，技术变化在对相对价格沿“总生产函数”面变化做出反应的过程中产生。总生产函数代表所有已知和潜在可得到的生产“活动”的包络，它所描述的全部技术选择，在某一特定的历史“时期”，对于一个特定国家或农业地区的个别农业生产者来说，仅仅能够部分地加以利用。然而，它对于农业科学家来说，却可以潜在地加以利用。

我们把我们估计得出的各国通用生产函数看作总生产函数。并假定，通过应用物理、生物和化学科学及工程学、航空学、耕作技能的概念，发明和扩散新的“适合当地”的农业技术，能够使总生产函数反映的要素生产率对欠发达国家的生产者有效。同时还假定，一国从事必要研究、开发和推广的能力可以用两个代表人力资本的变量——农村普通教育和专业教育来衡量，这项研究以及格里利切斯和克鲁格的研究，与纳尔逊在其对从二因素国际生产函数中得到的先验结果的批评中提到的观点是一致的。

生产函数估计*

在分析中采用的生产函数为无制约柯布—道格拉斯(对数线性)生产函数形式,采用这种形式主要是因为它便于处理和解释。柯布—道格拉斯生产函数的系数,可以看作是对与投入有关的生产弹性的说明。假定[91]正确地确定了要素,那么,这些系数还可以用来说明每一要素在引起各国产量差异中的相对重要性。

1960年(1957—1962年)前后各国截面资料的生产函数估计结果,列在表5.1中。⑬每一列代表各种投入农业产量的回归值,生产系数(弹性)和系数的标准差(在圆括号内)都列在表中。根据自由度对标准差和可决系数进行了调整,可决系数用来说明各国产量总差异中多少可以由指定的投入加以解释。

利用全国投入和产出的加总数据以及每个农场平均数据对生产函数进行了估计,目的是为了检验由于样本不同产生的系数偏倚的影响。二组估计结果不存在充分的差异导致对引起各国生产和生产率差异的原因做出不同的推论。

就数据的原始性而论,估计系数的统计显著性水平看来在多数场合令人满意。当表示人力资本的变量加入或退出生产函数时,常规投入的系数保持相对稳定,当教育这个变量加入到生产函数中,土地和牲畜的系数略微偏高,机械的系数偏低。用工具变量法估计的结果(Q2—IV和Q3—IV),与普通最小二乘法估计的结

* 对生产函数分析或说明中涉及的技术方法不感兴趣的读者可以略过这一节。

表 5.1 1960 年各国截面农业生产函数估值(取 1957—1962 年平均值)

回归序号	以每个农场为基数						
	(Q1)	(Q2)	(Q3)	(Q4)	(Q5)	(Q2—IV)	(Q3—IV)
样本数	38	37	37	37	37	37	37
劳力(L)	0.336	0.432	0.393			0.490	0.454
	(0.121)	(0.114)	(0.117)			(0.110)	(0.113)
土地	0.071	0.108	0.097	0.117	0.104	0.108	0.097
	(0.074)	(0.065)	(0.067)	(0.062)	(0.066)	(0.069)	(0.072)
牲畜	0.166	0.241	0.227	0.249	0.232	0.210	0.192
	(0.099)	(0.089)	(0.092)	(0.086)	(0.091)	(0.094)	(0.097)
肥料	0.174	0.124	0.136	0.121	0.126	0.096	0.108
	(0.055)	(0.058)	(0.062)	(0.053)	(0.059)	(0.058)	(0.067)
机械	0.205	0.057	0.104	0.038	0.092	0.074	0.124
	(0.061)	(0.067)	(0.064)	(0.053)	(0.059)	(0.068)	(0.064)
普通教育：		0.348				0.366	
识字率(E1)		(0.186)				(0.196)	
入学率(E2)			0.360				0.263
			(0.247)				(0.274)
专业教育：		0.190	0.148	0.197	0.146	0.197	0.153
		(0.057)	(0.055)	(0.055)	(0.054)	(0.060)	(0.056)
L×E1				0.418			
				(0.109)			
L×E2					0.383		
					(0.114)		
可决系数	0.908	0.932	0.926	0.934	0.928	0.928	0.921
估计值标准误	0.138	0.119	0.124	0.118	0.123	0.123	0.128
常规投入系数总和	0.952	0.962	0.957	0.943	0.937	0.978	0.975
	(0.098)	(0.085)	(0.088)	(0.074)	(0.080)	(0.088)	(0.094)

（续表）

回归序号	国家总体						
	（Q6）	（Q7）	（Q8）	（Q9）	（Q10）	（Q7—IV）	（Q8—IV）
样本数	38	37	37	37	37	37	37
劳力(L)	0.335	0.451	0.413			0.474	0.434
	（0.064）	（0.074）	（0.075）			（0.072）	（0.074）
土地	0.056	0.088	0.076	0.097	0.080	0.092	0.080
	（0.065）	（0.062）	（0.063）	（0.061）	（0.063）	（0.065）	（0.067）
牲畜	0.191	0.247	0.235	0.263	0.243	0.219	0.205
	（0.096）	（0.089）	（0.092）	（0.086）	（0.091）	（0.093）	（0.095）
肥料	0.161	0.112	0.123	0.105	0.108	0.090	0.104
	（0.053）	（0.059）	（0.063）	（0.058）	（0.061）	（0.057）	（0.064）
机械	0.192	0.071	0.116	0.040	0.102	0.082	0.127
	（0.056）	（0.065）	（0.060）	（0.053）	（0.058）	（0.065）	（0.061）
普通教育：							
识字率(E1)		0.326				0.321	
		（0.187）				（0.196）	
入学率(E2)			0.324				0.290
			（0.248）				（0.271）
专业教育		0.182	0.142	0.195	0.139	0.182	0.142
		（0.057）	（0.055）	（0.055）	（0.054）	（0.060）	（0.056）
L×E1				0.464			
				（0.072）			
L×E2					0.432		
					（0.072）		
调整后可决系数	0.955	0.953	0.950	0.954	0.950	0.951	0.948
估计值标准误	0.131	0.118	0.123	0.118	0.122	0.120	0.125
常规投入系数总和	0.935	0.969	0.963	0.969	0.965	0.957	0.950
	（0.035）	（0.039）	（0.040）	（0.039）	（0.040）	（0.048）	（0.040）

注：除标有 IV 的那些值是用工具变量法估计的之外，其他的对数线性方程都是用最小二乘法估计的，系数标准差列于圆括号内。资料来源：依据附录表 A.5 数据。

果基本相似。在工具变量法中，唯一按流动费用计算的变量——化肥，因所用数据集中在 1955 年而呈滞后状态。检验结果证明，普通最小二乘法固有的联立方程偏倚并不大。

为了检验生产函数分析中所用方法的可接受性，我们采用了其他几种检验方法，对柯布—道格拉斯函数固有的单式替代弹性的假定和生产函数的稳定性进行了检验。[94]对各国之间存在一个通用生产函数的假定进行检验的尝试，毫无结果。⑭也曾试图在函数中加进能增进估计精度的其他变量，引进灌溉面积占总土地面积的比率以期调整土地投入质量方面的差异。这些尝试中得出的变量系数，结果不是不显著，就是符号不正确。⑮

这项研究中得出的生产系数或弹性的可靠性可以通过与前面的总生产函数估计结果进行比较得到检验。巴塔查尔吉用 1950 年前后资料估计的仅包含常规变量的各国截面生产函数，得到的弹性大致是：劳力 0.3，土地 0.3—0.4，肥料 0.3。⑯牲畜和拖拉机的系数在通常可接受水平下不显著。巴塔查尔吉得出的结论表明，土地和肥料的生产弹性比我们这项研究得出的结果要大。显然我们的模型在解释功能方面，似乎更好一些，在我们的模型中，得出了在统计上有意义的牲畜和机械的系数，同时也得出了用来表示人力资本的两个变量的系数。

美国农业的总生产弹性，格里利切斯估计为，劳力 0.4—0.5，研究和推广为 0.04—0.1。尽管所用资料完全不同，格里利切斯的估计值与本研究得出的估计值如此吻合，不能不令人惊奇。⑰

唯是康彦用增值法对日本农业生产弹性的估计为：劳力0.4—0.6，土地 0.2—0.4。⑱这些数字同样与本研究估计值相一致，因为根据日本农林省对社会核算的研究，在唯是研究的那个时期，日本农业增值占农业总产值的比率为0.7左右。⑲在欠发达国家，我们还得不到可比较的农业总生产函数估值，不过，舒尔茨根据1918—1919年印度发生的流感的影响，推测[95]印度农业中劳力的生产弹性为0.4，⑳这与我们的估值是一致的。与其他研究结果的这种一致性趋向于支持本研究的估计结果。

格里利切斯发现，在美国农业中，改善劳动力素质的教育增加一个百分点，与劳动力本身增加一个百分点具有相同的结果。为

表5.2　劳力和普通教育系数相等的方差分析检验

	剩余平方和		自由度		
	劳力和教育单列	劳力和教育合并	劳力和教育单列	劳力和教育合并	F统计量
回归比较	$S1$	$S2$	$P1$	$P2$	Fc
(Q2)与(Q4)	0.4125	0.4156	29	30	0.22
(Q3)与(Q5)	0.4454	0.4502	29	30	0.31
(Q7)与(Q9)	0.4061	0.4152	29	30	0.65
(Q8)与(Q10)	0.4361	0.4477	29	30	0.77

注：$Fc = \frac{S2 - S1}{S1} \cdot \frac{P1}{P2 - P1}$

了检验这种推论是否在国际范围内有效，我们把劳力(L)和普通教育(E)结合成乘积形式(L×E)对生产函数进行了估计；结果没有引起大的变化(比较Q2和Q4、Q3和Q5、Q7和Q9、Q8和Q10)。此外，方差分析结果，(见表5.2)与劳力系数和普通教育系数基本相等的推论相一致。这就是说，在其他投入水平适当的情况下，每个工人普通教育水平提高1%和农业劳动力数量提高

1%,对农产量的影响基本上是相同的。㉑

根据常规投入系数和进行判断,并与这些总和的标准差(列在系数之和下面的圆括号内)进行比较,比例固定收益无论在农场企业一级还是在全国总体水平一级,都是可行的,农场一级的固定收益,可以解释规模极不相同的农场何以能生产相同量的商品。国家总体水平一级的固定收益,[96]也许是农业生产的特征之一,如果真是这样的话,这将对优先考虑国家经济发展在部门间的投资重点具有重要意义。

生产率差别的计算

在这一节,我们将利用上一节农业生产函数估计式中得出的结果,计算 1960 年各国农业劳动生产率(每个男劳力产量)的差别。

上一节提出的论证和后面“补充说明”那一节里所述附加检验表明,可以用柯布—道格拉斯形式的线性齐次函数在合理精度内大体建立一个各国通用的农业生产函数。这就是说,每个劳力产量的百分比差异,可以表示为每个劳力常规和非常规投入要素百分比差异之和,这些百分比用它们各自的生产弹性来衡量。根据表 5.1 所列结果,采用下面一组生产弹性,劳力 0.4,土地 0.1,牲畜 0.25,肥料 0.15,机械 0.1,教育 0.4,科研和推广0.15。在这个计算中,教育变量仅采用学生入学率,如果采用识字率,结果也基本是相同的。

我们提出了两组可供选择的结果,第一组涉及欠发达国家或地区和发达国家之间的组间比较,第二组涉及所选欠发达国家或地区和发达国家与美国的个别比较。

组间比较

11 个欠发达国家或地区和 13 个发达国家之间(第一种情况)、[97]9 个较老的发达国家之间(第二种情况)以及 4 个发达的新大陆国家之间(第三种情况)劳动生产率差异的来源列于表 5.3。各栏分别表示欠发达国家或地区和发达国家间劳均产品产量的百分比差异与用指定的生产弹性衡量的投入变量的百分比差异进行比较的三种不同情况。以劳均产量差异百分数为 100 的指标组列于圆括号内。

表 5.3　用发达国家劳动生产率的百分数说明发达国家和不发达国家之间劳动生产率的差异

	第一种情况 (13DC´S)	第二种情况 (9DC´S)	第三种情况 (4DC´S)
平均男劳力产量差异百分比	88.8(100)*	83.5(100)	93.6(100)
被要素投入解释了的百分比:总计	84.2(95)	71.1(85)	90.0(96)
自然资源	29.2(33)	17.5(21)	32.6(35)
土地	9.2(10)	1.8(2)	9.7(10)
牲畜	20.0(23)	15.7(19)	22.9(25)
技术投入	24.3(27)	24.3(29)	24.5(26)
肥料	14.5(16)	14.5(17)	14.6(16)
机械	9.8(11)	9.8(12)	9.9(10)
人力资本	30.7(35)	29.4(35)	32.9(35)
普通教育	18.2(21)	17.6(21)	19.5(21)
专业教育	12.5(14)	11.7(14)	13.4(14)

* 圆括号内数字为每个劳力产量差异度为 100 的百分数。

欠发达国家或地区:巴西、斯里兰卡、哥伦比亚、印度、墨西哥、秘鲁、菲律宾、叙利亚、中国台湾、土耳其、阿拉伯联合共和国;发达国家:澳大利亚、比利时、加拿大、丹麦、法国、德国、荷兰、新西兰、挪威、瑞典、瑞士、英国、美国。

第一种情况包括所有发达国家,第二种情况包括除澳大利亚、加拿大、新西兰、美国之外的发达国家,第三种情况仅指第二种情况不包括的 4 个国家。计算公式为:

$$\left(\frac{Y_d-Y_i}{Y_d}\right)=0.10\left(\frac{a_d-a_l}{a_d}\right)+0.25\left(\frac{S_d+S_l}{S_d}\right)+0.15$$
$$\left(\frac{f_d+f_l}{f_d}\right)+0.10\left(\frac{m_d+m_l}{m_d}\right)+0.40\left(\frac{E_d+E_l}{E_d}\right)+0.15$$
$$\left(\frac{U_d+U_l}{U_d}\right)$$

式中,Y、a、S、f、m 代表每个男劳动力产值、土地、牲畜、肥料、机械投入量,E 和 U 代表普通教育(入学率)和专业教育变量,小写字母 d 代表发达国家,l 代表欠发达国家或地区。

根据比较的目的,将人均收入少于 350 美元、35%以上劳力从事农业的国家划为欠发达国家或地区。人均收入高于 700 美元、30%以下劳力从事农业的国家划为发达国家。表 5.3 不包括介于两者之间的国家。

11 个欠发达国家或地区与 13 个发达国家之间人均农产品产量差异为 88.8%(第一种情况),11 个欠发达国家或地区和 9 个较老的发达国家之间为 83.5%(第二种情况),11 个欠发达国家或地区和 4 个发达的新大陆国家之间为 93.6%(第三种情况)。生产函数中包含的 6 个变量分别解释了欠发达国家或地区与三组发达国家之间存在的人均农产品产量差异的 95%、85%、96%,资源条件未能解释的差异,由代表技术投入和人力资本的变量有效地加以解释,这是研究结果最令人鼓舞的方面之一。

在 11 个欠发达国家或地区与 13 个发达国家的比较中(第一种情况),每一大类——资源条件(土地和牲畜)、来自工业部门的技术投入(肥料和机械)[98]和人力资本(普通教育和农业技术教育),各自分别可以解释劳动生产率差异的三分之一左右。

第一种情况和其他两种情况的主要差别在于由土地解释的差异数量不同。在欠发达国家或地区和较老的发达国家之间,土地数量的差异仅解释劳动生产率差异的 2%,而在欠发达国家或地区和发达的新大陆国家之间却解释了 10%*,这意味着,即使在现有的土地—劳力比率下,欠发达国家或地区获得与较老的发达国家大致相同的劳动生产率水平,即为目前欠发达国家或地区劳动生产率水平的 4 倍,或为发达的新大陆国家的二分之一以上,这应该说是可能的。劳动生产率获得如此增长的关键因素是,提供现代技术投入和在普通教育以及科研与推广方面进行投资,后者可以提高开发和采用更有效生产技术的能力。

然而,对第二种情况和第三种情况比较的结果实际上表明,资源条件的限制,尤其是土地,对于欠发达国家或地区和较老的发达国家试图达到新大陆国家目前相应的人均劳力产出水平,确实是一个严重障碍。就我们所知,这是首次定量地证明了那些资源条件丰富的国家在经济上的优势。

单个比较

对表 5.4 所列的国家进行单个比较,是为了提供对不同"理想型"国家与美国之间劳动生产率差异来源的稍微深入一些的了解。每一行比较一个国家和美国在劳均农产品产量上的百分数差异,

---

* 原文为 19%,根据表 5.3,应为 10%。——译者注

用由指定的生产弹性衡量的投入变量百分比差异的线性组合进行这种比较。以劳均产量差异百分数为100的指数组列在圆括号内。一般来说，其结果与组间比较是一致的。

在四个欠发达国家——印度、菲律宾、阿拉伯联合共和国、哥伦比亚，资源条件大体解释差异的三分之一，技术投入解释大约四分之一。美国和印度、阿拉伯联合共和国、哥伦比亚之间的百分比差异，三分之一可由人力资本加以解释。在菲律宾，办学水平相对较高，培养了相对较多数量的农业院校毕业生，人力资本解释的生产率差异低于四分之一。在这方面，把印度和菲律宾做比较，其结果是相当明显的。

在欧洲国家和美国的比较中，资源条件不同是劳动生[100]产率差异的最主要原因。土地对农业生产率的制约，英国相对较轻，在《谷物法》废除之后，英国经历了戏剧性的农业转变，而对法国影响最大，它用保护性关税保护农场。增加利用技术投入和改善人力资本的质量，可以使有些欧洲国家的劳动生产率接近美国的水平。但是，似乎很明确，欧洲农业劳动生产率要发展到美国水平，特别像法国这样的国家，主要将依靠吸收较高比例的农业劳动力到非农业部门来实现。日本的情况与欧洲相似，除了日本之外，以受土地严重制约为特征的国家，随着对教育和研究的投资增大，已经进一步缩小了生产率差距。我们认为，模型实际上低估了土地对人口较稠密的发达国家和欠发达国家或地区制约的显著性。如果单位劳力的土地面积没有显著增加，印度、日本和欧洲农业要增加单位劳力的技术投入，尤其是使机械投入达到美国的水平，看来是极端困难的。

两个畜牧农业发展的案例具有特殊意义。尽管由于低水平的技术投入，阿根廷的劳动生产率大致可与欧洲相比较，这几乎完全

表 5.4　用美国劳动生产率的百分数计算 11 个典型国家农业劳动生产率与美国的差异

国别	用美国生产率百分数衡量每劳力产值差异	已解释差异百分数			
		总计	资源条件（土地、牲畜）	技术投入（肥料、机械）	人力资本（普通教育、技术教育）
欠发达国家或地区					
亚洲：					
资源不足国：印度	97.8	102.1	32.7	25.0	44.4
	(100)*	(104)	(33)	(26)	(45)
资源丰富国：菲律宾	96.2	82.1	33.4	24.9	23.8
	(100)	(85)	(34)	(26)	(25)
非洲：阿拉伯联合共和国	95.6	97.0	33.8	24.6	38.6
	(100)	(101)	(35)	(26)	(40)
拉丁美洲：哥伦比亚	89.7	89.4	25.8	24.7	38.9
	(100)	(100)	(29)	(28)	(43)
欧洲：					
出口国：丹麦	52.3	51.0	20.4	13.2	17.4
	(100)	(97)	(39)	(25)	(33)
荷兰	56.6	51.7	25.0	15.0	11.7
	(100)	(91)	(44)	(26)	(21)
进口国：英国	55.8	50.2	18.2	13.4	18.6
	(100)	(90)	(33)	(24)	(33)
自给国：法国	63.9	64.3	26.2	16.5	21.6
	(100)	(101)	(41)	(26)	(34)
日本	89.2	66.0	34.1	22.4	9.5
	(100)	(74)	(38)	(25)	(11)
畜牧农业国					
欠发达国：阿根廷	60.0	45.9	−4.8	24.3	26.4
	(100)	(76)	(−8)	(40)	(44)
发达国：新西兰	−42.4	−49.1	−55.2	2.7	3.4
	(100)	(116)	(130)	(−6)	(−8)

*　圆括号内值为与每工人产值差异度百分数为 100 时比较的百分数。

归因于有一个与美国差不多的有利的人—地比率。㉒由于技术和人力资本投资不足,阿根廷没有能够完全发挥它的有利的人—地比率优势。相反,新西兰获得了比美国还高的劳动生产率水平(全世界最高),是由于有利的资源条件辅之以高水平的技术投入和人力资本投资。

组间和单个比较得出的结论与克鲁格的结论有些不同。克鲁格采用不同的方法,发现人力资本可以解释美国和一组欠发达国家或地区之间收入水平差异的一半以上。㉓而我们的研究结果表明,人力资本差不多可以解释劳动生产率差异的三分之一。克鲁格的结果适用于整个经济部门,而我们的结果仅适用于农业部门,认为资源条件在农业部门比在整个经济中更具有相对显著性,似乎是合理的。因此我们认为,我们的结论[101]和克鲁格得出的结论之间不存在不一致。总之,表 5.3 和表 5.4 所列结果的一致性,加之我们正在研究的经济学的基本原理,加强了我们对各国截面生产函数估计的分析结果的自信。

农业发展战略的意义

前两节分析的结果,显然与本章开头提出的技术投入和人力资本的差异实际上解释了各国农业生产率差异的绝大部分的假设相一致;即使在资源条件范围内,与初始土地资源条件相比,内部资本积累看来是相当重要的。

然而,这种分析对于欠发达国家农业发展战略的意义,有令人鼓舞和令人沮丧的两个方面。显然,某些欠发达国家在人均劳力土地面积保持不变或略为减少时，单位劳力产量也可能增长几倍。要取得这样大的增长，需要对农村教育，对更有效技术的发明、开发和推广所需的物理、生物和社会科学进行必要的投资，同时需要分配必要的资源，以生产由工业部门供给的技术投入。

这个分析令人沮丧的方面是，为了获得新兴发达国家目前达到的劳动生产率水平，在某些阶段，需要辅之以用减少单位劳力投入技术而增加单位面积产量的技术变革。然而，单位土地面积劳力投入的显著减少，可能仅在这样一些经济中发生：城市工业足以发达到不仅可以吸收农村增长的劳动力，而且可以使农村地区的就业量持续减少。[24]应该注意的是，只是在二次大战以来，这种情况才在日本发生过。似乎很可能，大多数欠发达国家在非农业就业增长足以使农业就业量绝对减少之前，其农业劳动力规模将出现大的增长。[25]

农业发展战略的内涵，对大多数欠发达国家来说，似乎[102]相当清楚，这就是必须努力缩小现代投入和教育水平的差距。由于差距缩小带来的农业剩余，其超过保持农业生产率增长所必需的部分，必须用来资助工业发展。[26]

这个战略如果成功，经过一段时间的努力，就会出现农业劳动力减少、劳动生产率向着发达的新大陆国家水平提高，从而导致非农业部门劳力有了增长速度。

要保持期望的农业生产率增长速度，必须对由农业剩余产生的积累的开支施加一定的影响，最初必须有一部分必要的工业生产能力用来为农业部门提供技术投入。需要用必要的投资建立体制性基础结构，以改善农村普通教育，并培养改善农业技术急需的科技人员。为了从新的生物和化学技术中获得充分的收益,对土地开发投资,如灌溉和排水,在许多国家同样是必需的。

补 充 说 明*

对柯布—道格拉斯生产函数固有的单式替代弹性的检验和对生产函数估计系数在整个时期的稳定性的检验结果在这一节描述。

单式替代弹性检验

在本章开头的分析中,指定生产函数为柯布—道格拉斯型,因此假定投入间[103]具有单式替代弹性。在此,我们试图通过估计阿罗等创立的 CES 生产函数的系数来检验这个假定。㉗

估计采用的基础模型是:

$$(1)\ \log(Y/L) = a + b\log W + C\log Z$$

$$(2)\ \log(V/L) = a' + b'\log W + C'\log Z$$

式中 Y 和 V 分别为农产品总产量和总产品净增额,L 代表劳力,W 为工资率(用产量衡量),Z 是能使生产函数发生变动的非常规投入变量的速记符号(本研究中指普通教育和专业教育)。大家知道,在竞争的要素市场条件下,b 和 b' 表示替代弹性(在 b' 情况下,指劳力和其他常规投入总体之间的替代,包括经常性投入;在 b' 情况下,指劳力和资本的替代)。

* 对分析的技术方法不感兴趣的读者可略过此节。

为了和柯布—道格拉斯生产函数相一致，b 和 b' 的估计参数不应该与 1 显著不同，c 和 c' 的估计参数不应该与 0 显著不同。这种推论以下列推理为根据：如果表示总产量的基础生产函数为一阶齐次柯布—道格拉斯型函数：

$$(3)\ Y = K^{\delta}L^{1-\delta}Z^{\lambda}$$

式中，L 和 K 分别代表劳力和非劳力投入（在增值生产函数中为资本），得出劳力市场均衡条件为

$$(4)\ \frac{\partial Y}{\partial L} = W = (1-\delta)\left(\frac{K}{L}\right)^{\delta}Z^{\lambda}$$

由上式(3)和(4)我们得到

$$(5)\ \frac{Y}{L} = \frac{1}{1-\delta}W$$

这就告诉我们，假如基础生产函数是柯布—道格拉斯函数，那么单位劳力产量（每单位劳力净增额也一样）是工资率的线性函数（因此，工资率的系数为对数形式），并且是独立于转移变量的。

同样的结论可以从一般 CES 生产函数中导出，由于 Z 的影响，受中性变动制约的 CES 生产函数可以写成：

$$Y = \gamma\left[\delta K^{-\rho} + (1-\delta)L^{-\rho}\right]^{-1/\rho}Z^{\lambda}$$

得出均衡条件：[104]

$$\frac{\partial Y}{\partial L} = W = \gamma(1-\delta)\left[\delta K^{-\rho} + (1-\delta)L^{-\rho}\right]^{-[(1+\rho)/\rho]}L^{-(1+\rho)}Z^{\lambda}$$

根据这两个公式，我们得出：

$$\frac{Y}{L} = \left(\frac{\delta^{\rho}}{1-\delta}\right)^{\sigma}W^{\sigma}Z^{\lambda\rho\sigma}$$

式中 $\sigma = 1/(1+\rho)$ 为替代弹性。如果 $\sigma = 1$，即 $\rho = 0$，以上关系可以

导出用来进行主要检验的公式(5),同样的关系还可以从由于 Z 的影响,得到的劳力增加型的 CES 生产函数

$$Y=\gamma\left[\delta K^{-\rho}+(1-\delta)(Z^{\lambda}L)^{-\rho}\right]^{-1/\rho}$$

和资本扩大型的 CES 生产函数

$$Y=\gamma\left[\delta(Z^{\lambda}K)^{-\rho}+(1-\delta)L^{-\rho}\right]^{-1/\rho}$$

这二个函数中导出。

根据 22 个国家的资料得出的估计结果概括在表 5.5 中。㉘在估计过程中采用两组可选择的工资率:现行工资率(Wt:1957—1962 年平均值)和滞后工资率(W_{t-1}:1952—1956 年平均值)。试用了滞后工资率确定这种调整是否是瞬时调整。然而,结果十分相似,因为现行工资率和滞后工资率间存在高度相关,同样也试用了科伊克—纳洛夫分布滞后模型。然而,结论似乎是不可信的,这很可能是由于工资率和滞后独立变量之间存在高度自相关。㉙

不论用总产量指标还是净增额指数,估计结果是与单式替代弹性——柯布—道格拉斯生产函数假设相一致的,即:(1)工资率系数与 1 没有显著差别;(2)普通和专业教育等转移变量的系数与 0 没有显著差别(在通常显著性水平下)。没有任何证据反对采用柯布—道格拉斯生产函数对各国截面农业生产资料进行分析。这样的结论似乎与格里利切斯对美国[107]农业生产的横向地区分析以及金田宏光对日本的横向地区分析得出的结论相一致,尽管有些 b 估计值显著不同于 1 和有些 c 估计值显著不同于 0,使他们的结果缺乏定论性。㉚

生产函数在整个时期的稳定性

在这一节,对农业生产函数在整个时期的稳定性,根据 1955

表 5.5 用各国 1957—1962 年平均值资料推导的替代函数弹性估计值

依存变量	系数						
	工资		普通教育		专业教育	可决系数	估计标准误
	现行(1957—1962 年平均)	滞后(1952—1956 年平均)	识字率	入学率			
S1 Y/L	1.152					0.878	0.175
	(0.094)						
S2 Y/L		1.112				0.736	0.258
		(0.145)					
S3 Y/L	1.101		0.131			0.872	0.179
	(0.159)		(0.331)				
S4 Y/L	1.106			0.162		0.872	0.179
	(0.151)			(0.408)			
S5 Y/L	0.927		0.155		0.124	0.879	0.174
	(0.196)		(0.322)		(0.085)		
S6 Y/L	0.962			0.107	0.119	0.878	0.175
	(0.180)			(0.400)	(0.086)		
S7 V/L	1.047					0.864	0.171
	(0.098)						
S8 V/L		1.002				0.709	0.250
		(0.149)					
S9 V/L	1.039		0.018			0.855	0.176
	(0.165)		(0.331)				
S10 V/L	1.039			0.024		0.855	0.176
	(0.160)			(0.411)			
S11 V/L	0.886		0.050		0.102	0.858	0.174
	(0.209)		(0.328)		(0.087)		
S12 V/L	0.908		-0.006		0.101	0.858	0.175
	(0.194)		(0.407)		(0.087)		

注:对数线性方程用最小二乘法估计,系数标准差列在圆括号内。样本包括 22 个国家:奥地利、比利时、加拿大、斯里兰卡、丹麦、芬兰、法国、德国、印度、爱尔兰、日本、毛里求斯、墨西哥、新西兰、挪威、秘鲁、菲律宾、葡萄牙、瑞典、土耳其、英国、美国。S7—S12 的回归估计不包括芬兰、挪威、瑞典。

表 5.6 用各国 1955 年(1952—1965 年平均)、1960 年(1957—1962 年平均)、1965 年(1962—1966 年平均)的* 资料估计农业生产函数

回归序号	以每人平均值为依据						
	(Q11)	(Q12)	(Q13)	(Q14)	(Q15)	(Q16)	(Q17)
年　　份	1960	1960	1955	1965	1955—1960	1960—1965	1955—1960—1965
样本规模	36	36	36	36	72	72	108
土地	0.072	0.056	0.082	0.043	0.068	0.047	0.066
	(0.061)	(0.063)	(0.061)	(0.073)	(0.042)	(0.047)	(0.038)
牲畜	0.289	0.281	0.311	0.273	0.300	0.276	0.286
	(0.092)	(0.094)	(0.093)	(0.101)	(0.064)	(0.066)	(0.055)
肥料	0.105	0.107	0.124	0.142	0.126	0.125	0.137
	(0.057)	(0.063)	(0.057)	(0.083)	(0.041)	(0.049)	(0.038)
机械	0.076	0.125	0.061	0.152	0.090	0.144	0.106
	(0.063)	(0.059)	(0.049)	(0.063)	(0.036)	(0.041)	(0.032)
普通教育:							
识字率	0.362						
	(0.180)						
入学率		0.337	0.168	0.356	0.320	0.324	0.243
		(0.243)	(0.182)	(0.336)	(0.041)	(0.189)	(0.134)
专业教育	0.182	0.137	0.194	0.099	0.168	0.113	0.122
	(0.055)	(0.053)	(0.051)	(0.050)	(0.035)	(0.034)	(0.029)
虚拟变量:					-0.009		-0.017
1960					(0.026)		(0.029)
						-0.019	-0.021
1965						(0.029)	(0.030)
调整后可决系数	0.934	0.930	0.931	0.919	0.934	0.929	0.924
估计值标准误	0.115	0.119	0.111	0.135	0.111	0.123	0.122
劳力的隐含系数	0.458	0.431	0.422	0.390	0.422	0.408	0.405

注:对数线性方程用最小二乘法估计,系数标准差列在圆括号内。* 请参阅附录 A 中所列数据。

年、1960 年、1965 年各国截面样本进行了检验，由于 1955 年和 1965 年许多农场缺乏数据，我们假定柯布—道格拉斯生产函数为线性同质，并建立人均常规投入与人均产量、人均非常规投入与人均产量的回归。线性同质的假定是建立在表 5.1 提供的信息基础上的。为了使数据在三个时期可比，我们把包含在样本中的国家限制到 36 个(毛里求斯、苏里南因缺乏劳力数据而从样本中删除)。

我们把估计的结果总结在表 5.6 中。把人均生产函数估值与表 5.1 无制约估值进行比较，我们看到，土地系数变小而牲畜系数变大，这看来是由每劳力土地面积和每劳力牲畜之间存在高度自相关引起的。二组估计值的差异似乎不能说明结论不同。生产系数在整个时期看来是相当稳定的。根据方差分析结果(见表5.7)，1955 年、1960 年、1965 年生产系数相等的零假设可以接受。

表 5.7 检验 1955—1960—1965 年农业生产函数稳定性的方差分析

	自由度	平方和	方差
1955(Q13)	29	0.3562	
1960(Q12)	29	0.4117	
1965(Q14)	29	0.5321	
合计	87	1.3000	0.0149
1955—1960—1965			
总额(Q18)	99	1.4822	
差额	12	0.1482	0.0124
Fc = 差额/合计			0.953

注 释

① 这一章的大部分材料，最初发表在速水佑次郎和 V. W. 拉坦所著

"各国农业生产率的差距"一文中，载《美国经济评论》第 60 卷（1970 年 12 月号），第 895—911 页。

② 兹维·格里利切斯："研究经费、教育和农业总生产函数"，出处同上，第 54 卷（1964 年 12 月号），第 961—974 页；安妮·O. 克鲁格："要素资源与各国人均收入差距"，载《经济学杂志》第 78 卷（1968 年 9 月号），第 641—659 页；理查德·R. 纳尔逊："制造业中生产率国际差异的'扩散模式'"，载《美国经济评论》第 58 卷（1968 年 12 月号），第 1,219—1,248 页。

③ 包括的国家或地区有：阿根廷、奥地利、澳大利亚、比利时、巴西、加拿大、斯里兰卡、智利、哥伦比亚、丹麦、芬兰、法国、德国、希腊、印度、爱尔兰、以色列、意大利、日本、毛里求斯、墨西哥、荷兰、新西兰、挪威、秘鲁、菲律宾、南非、西班牙、苏里南、瑞典、瑞士、叙利亚、中国台湾、土耳其、阿拉伯联合共和国、英国、美国和委内瑞拉。

④ 多年生植物理应与牲畜属于同一类投入，但因缺乏数据没有在这一类里面加以反映。

⑤ 学生入学率被认为是比识字率更有效的教育指标。参见玛丽·琼·鲍曼和 C. 阿诺德·安德森："论发展中国家教育的作用"，载《旧社会和新国家》，克利福德·格尔茨编（纽约：格伦康自由出版社，1963 年），第 247—279 页。在这篇文章中，鲍曼和安德森强调教育和发展之间相互关系的多重性特点。

⑥ 我们认为农业科学技术专业教育这一指标比格里利切斯采用的"全国平均每个农场研究和推广经费"指标（见"研究经费"一文），更能反映农业研究和推广的实际水平，因为我们所利用的变量既反映了私人部门的研究和推广活动，又反映了政府部门的研究和推广活动。同样应提及的是，在早期研究中，一直难以得出各国人均生产率与中、高等教育之间的显著关系。例如，参阅安德森和鲍曼，出处同上，第 256—261 页。

⑦ 乔蒂·P. 巴塔查尔吉："世界农业的资源利用与生产率"，载《农业经济学杂志》第 37 卷（1955 年 2 月号），第 57—71 页。

⑧ 格里利切斯："研究经费"。

⑨ 克鲁格："要素资源"。

⑩ 纳尔逊："国际生产率的'扩散模式'"，第 1,229 页。

⑪　K.J.阿罗、H.B.切纳里、B.S.明哈斯和R.M.索洛:"资本—劳动替代与经济效率",载《经济学与统计学评论》第43卷(1961年8月号),第225—250页。

⑫　纳尔逊:"国际生产率的'扩散模式'",第1,230页。

⑬　由于缺乏技术教育的数据,除Q1和Q6外,样本中不包括苏里南。

⑭　生产函数按发达国家和欠发达国家或地区两组分别估计。对发达国家和欠发达国家或地区分组试算。但结果是不可信的,因为大部分系数统计检验不显著或符号相反。看来,我们调查中的测量误差太大(特别是非常规变量)以致无法估计组内各种变量的影响。因为组内各国数据变异度太小,所以一个基本假设是,就目前可得到的资料不能进行任何检验。因此我们可以说,在这一假设前提下可以很好解释各国农业生产率的差异。

⑮　这并不必然意味着这些变量没有显著影响。例如,赫赛和拉坦的研究表明,在20世纪60年代末引进新水稻品种以前,菲律宾和中国台湾各地区土地产量差异主要由灌溉和排水好坏决定。S.C.赫赛和V.W.拉坦:"菲律宾、泰国和台湾水稻生产增长的环境、技术和体制因素",载《食品研究所研究报告》第7卷,第3期(1967年),第307—341页。各国分析中得到的数据显然过于粗略以致无法估计这些变量的影响。

⑯　巴塔查尔吉:"资源利用与生产率"。

⑰　格里利切斯:"研究经费"。

⑱　唯是康彦:"农业总生产函数",载《农业综合研究》第18卷(1964年10月号),第1—54页。

⑲　日本农林省:《农业社会会计与农户》(东京,1968年)。

⑳　西奥多·W.舒尔茨:《改造传统农业》(纽黑文:耶鲁大学出版社,1964年),第63—70页。

㉑　当然,教育的效益与其他投入的水平是密切相关的。相对其他投入而言,也有可能对教育过度投资。参阅阿诺德·C.哈伯格:"人力投资与机械投资:印度的案例",载《教育与经济发展》,C.阿诺德、安德森和玛丽·琼·鲍曼编(芝加哥:爱丁出版公司,1965年),第11—50页。对美国、智利、墨西哥和印度等国要素资源条件与教育收益率的复杂关系的详细分析,参阅马塞尔·塞洛斯基:《教育与经济增长:几方面的国际比较》(芝加哥:芝加哥

大学经济系,未正式出版的哲学博士论文,1967 年)。

㉒ 关于阿根廷案例的详细情况,参阅达雷尔·F.菲纳波、鲁塞尔.H.布兰农和弗兰克·A.芬德:《阿根廷的农业发展、政策和发展前景》(纽约:普雷格,1969 年)。

㉓ 克鲁格:“要素资源”。

㉔ F.多夫林:“人口增长中农业所占份额”,载《粮农组织农业经济与统计月报》第 8 卷(1959 年 8—9 月号),第 1—11 页。

㉕ 根据许多发展中国家的经历判断,必须承认,非农业就业率以年 4.5%的速度增长,是非常快的。但假如最初农业劳动力占总劳动力 80%、总劳动力以年 3%的速度增长,尽管非农业就业率以每年 4.5%的速度增长,50 年后农业劳动力仍将增加 3 倍,农业劳动力占总劳动力的比例仍然接近 60%。布鲁斯·F.约翰斯顿:“发展中国家的农业与结构改革:研究述评”,载《经济学文献杂志》第 8 卷(1970 年 6 月号),第 381 页。

㉖ 石川认为,在某些发展中国家,要达到全国农产品和生产率增长的目标,要求非农产业部门向农业部门的储蓄流量为净流量。石川:《亚洲经济发展展望》(东京:纪国屋书店,1967 年)。这也许会使那些建议“无农发展”政策的发展经济学的学者感到震惊。参阅 M.琼·弗兰德斯:“发展政策中的农业与工业:决策者困境的重新考察”,载《发展研究杂志》第 5 卷(1969 年 4 月号),第 171—189 页。

㉗ 阿罗、切纳里、明哈斯和索洛:“资本—劳动替代”。

㉘ 由于那些斯堪的纳维亚国家缺乏可信的农业增值估值,从生产函数增值估值样本中剔除了芬兰、挪威和瑞典。

㉙ 有的工资率系数变为负数,而有的滞后独立变量系数大于 1。格里利切斯同时试图用序列相关模型对不可信的结果进行估计。兹维·格里利切斯:“制造业生产函数:一些初步结论”,载《生产理论与实践分析》,国家经济研究局收入与财富研究报告,默里·布朗编(纽约:哥伦比亚大学出版社,1967 年),第 31 卷,第 275—322 页。

㉚ 格里利切斯:“研究经费”;金田宏光:“日本农业中劳动和非劳动投入替代与技术变革”,载《经济学与统计学评论》第 47 卷(1965 年 5 月号),第 163—171 页。

第 三 部 分

美国和日本的农业增长

第六章　资源约束和技术变革①

在上一章我们分析了各国之间农业生产率产生差别的[111]原因。分析结果表明，即使在土地或劳力紧缺的情况下，农业产出迅速增长的潜力依然存在。潜力的发挥靠技术和人力资本的投入。然而，我们不能用各国的截面资料来分析动态过程，在动态过程中，各种技术革新，可以用肥料和机械替代土地和劳动力，从而克服资源的制约。

在这一章和以后两章，我们将分析1880—1960年间美国和日本农业发展的历史经验，揭示这种动态过程。美国和日本的经验似乎对以下两类国家有启示：(1)具有良好人地比例的新大陆国家；(2)人地比例不大有利的亚洲国家。按照第四章的假设，这两个国家在农业发展中的成就，是在极为不同的资源约束下，沿着一般生产函数运动而实现的。农业中资源优势对技术变化的影响可以通过两种极端情况的分析得到解释。

对这种研究需要的资料存在真实性的限制（见附录C）。②由于[112]大部分资料被公认为是粗糙的，以及两个国家资料的可比性比我们所期望的更差，因此，两国农业发展经验的比较分析只能得出大致的趋势。

我们首先描述在美国和日本的农业发展过程中，生产要素价格的变化趋势以及几种主要的生产要素与产品、生产要素与生产要素比例的变化趋势。弄清了背景材料之后，我们将更详细地说明关于生产要素价格与技术变化之间关系的假设。然后，我们用美国和日本的时间序列资料对假设进行统计检验。

资源条件、生产和生产率

在这一节中，我们试图分析1880—1960年间美国和日本农业增长模式的差异性和相似性。我们首先指出这两个国家生产要素条件和价格的差异，然后比较这两个国家的农业输出和生产力的变化。

资源条件和价格

日本和美国以其在土地—劳力比例上存在极大差异相区别（见表6.1）。1880年平均每个男性农场工人的农业土地面积，美国是日本的36倍。而且这个差距逐渐加大，到1960年美国平均每个男性农场工人的农业土地面积是日本的97倍，可耕地是日本的47倍。

土地和劳力的比价在两个国家中也有显著不同。[113] 1886年1个日本农场工人为购买1公顷的可耕地必须工作的天数是美国农场工人购买同样面积可耕地工作天数的9倍。在美国，劳动力的价格相对于土地价格不断上升，特别是1880—1920年期间；而日本的土地价格相对于劳动力价格上升极快，尤其是在1880—1900年期间。到1960年，1个日本农场工人必须工作30倍于美国农场工人的时间，才能买到1公顷可耕地。

表 6.1　美国和日本农业土地—劳力优势和相关价格

	1880	1990	1920	1940	1960
美国					
(1) 农业土地面积(百万公顷)	202	319	363	411	435[a]
(2) 可耕地面积(百万公顷)	76	129	189	187	181[a]
(3) 男性农场工人(千人)	7,959	9,880	10,221	8,487	3,973
(4) (1)/(3)(公顷/工人)	25	32	36	48	109
(5) (2)/(3)(公顷/工人)	10	13	18	22	46
(6) 农业土地价格(美元/公顷)	47	49	171	78	285[a]
(7) 可耕地价格(美元/公顷)	163	129	352	180	711[a]
(8) 农场工人工资(美元/天)	0.90[b]	1.00[c]	3.30	1.60	6.60
(9) (7)/(8)(天/公顷)	52	49	52	49	43
(10) (7)/(8)(天/公顷)日本	181	129	107	113	108
(11) 农业土地面积(千公顷)	5,507	6,031	6,957	7,100	7,045
(12) 可耕地面积(千公顷)	4,748	5,200	3,997	6,121	6,071
(13) 男性农场工人(千人)	7,842	7,680	7,593	6,365	6,230
(14) (11)/(13)(公顷/工人)	0.70	0.79	0.92	1.12	1.13
(15) (12)/(13)(公顷/工人)	0.61	0.68	0.79	0.96	0.97
(16) 农业土地价格(日元/公顷)	343	917	3,882	4,709	1,415,000
(17) 农场工人工资(日元/天)	0.22	0.31	1.39	1.90	400
(18) (16)/(17)(天/公顷)	1,559	2,958	2,793	2,473	3,216

[a] 1959。

[b] 1879 或 1880。

[c] 1899。

注:数据来源参看附录 C。日本的农业土地面积是用可耕地面积乘以 1.16 得到的,这是 1960 年农业普查中农业土地面积与可耕地面积的比例。

农业生产和生产率的增长

尽管每个农场工人的耕地面积和土地—劳力的比价有上述的不同，但是美国和日本的农业生产和生产率都达到了比较高的增长率(见表 6.2)。在 80 年中，农业总产出每年的递增率是：美国 1.5%，日本 1.6%，而农业总投入(常规投入的合计)则是：美国[115]每年递增 0.8%，日本每年递增 0.6%。各生产要素的总生产率美国每年递增 0.7%，日本递增 1.0%。可见，在极为不同的生产要素比例的条件下，两个国家都达到了基本相同的全面增长速度。

虽然两个国家农业总产出和总生产率增长速度基本一致，但是发展的较快时期和较慢时期却不相同。图 6.1 表明，美国农业 1900 年前后增速最快，然后递减，从 20 世纪初到 30 年代，生产率的增长几乎停滞。这一停滞直到 40 年代和 50 年代，才被农业生产和生产率的迅速增长所代替。日本在 1800—1910 年间经历了农业生产和生产率的高速发展时期，然后进入停滞阶段，直到 30 年代中期。日本另一个高速发展时期是二次大战以后的恢复时期，粗略地说，美国经历的停滞时期比日本早两个年代，而进入新的发展时期也比日本早两个年代。

劳动生产率增长的因素分析

在美国和日本的农业发展过程中，劳动生产率的增长有很大差别。为了说明起见，可以将每个农场工人的劳动生产率分解为两部分——每个农场工人的平均耕地面积和土地生产率，即：

$$\frac{Y}{L}=\frac{A}{L}\cdot\frac{Y}{A}$$

表 6.2 美国和日本农业产出、投入、生产率和要素比例的变化(1880—1960)

	指数 1880 年 = 100					平均每年的变化率				
	1880	1900	1920	1940	1960	1880 至 1900	1900 至 1920	1920 至 1940	1940 至 1960	1880 至 1960
美国										
产出(种子和饲料的净产出)	100	155	180	232	340	2.2	0.8	1.3	1.9	1.5
总投入	100	138	172	181	190	1.6	1.1	0.3	0.2	0.8
总生产率(产出/总投入)	100	112	105	128	179	0.6	−0.3	1.0	1.7	0.7
男性农场工人数	100	124	128	107	50	1.1	0.2	−0.9	−3.9	−0.9
每个男性工人的产出	100	125	141	217	680	1.1	0.6	2.2	5.8	2.4
农业土地面积	100	157	180	203	215	2.3	0.7	0.6	0.3	1.0
可耕地面积	100	170	249	246	238	2.7	1.9	−0.1	−0.2	1.1
每公顷农业土地的产出	100	99	100	114	158	−0.1	0.1	0.7	1.6	0.5
每公顷可耕地的产出	100	91	72	94	143	−0.5	−1.1	1.4	2.1	0.4
男性工人人均农业土地	100	127	141	190	430	1.2	0.5	1.5	4.2	1.9
男性工人人均可耕地	100	137	195	230	476	1.6	1.7	0.8	3.7	2.0

（续表）

	指数 1880 年 = 100					平均每年的变化率				
	1880	1900	1920	1940	1960	1880至1900	1900至1920	1920至1940	1940至1960	1880至1960
日本										
产出(种子和饲料的净产出)	100	149	232	264	358	2.1	2.2	0.7	1.5	1.9
总投入	100	105	119	127	156	0.2	0.6	0.3	1.0	0.6
总生产率(产出/总投入)	100	142	195	208	229	1.9	1.6	0.4	0.5	1.0
男性农场工人数	100	98	97	81	79	−0.1	0	−0.9	−0.1	−0.3
每个男性工人的产出	100	152	239	326	453	2.2	2.2	1.6	1.6	1.9
可耕地面积(=农业土地面积)	100	110	126	129	128	0.5	0.7	0.1	0	0.3
每公顷可耕地的产出	100	135	184	205	280	1.6	1.5	0.6	1.5	1.3
男性工人人均可耕地	100	112	130	159	162	0.6	0.7	1.0	0.1	0.9

注：流动性变量，诸如产出与总投入，为所列年份 5 年平均数。储存性变量，如土地和劳动，按所列年计算。

资料来源：数据来自附录表 C.2 和 C.3。

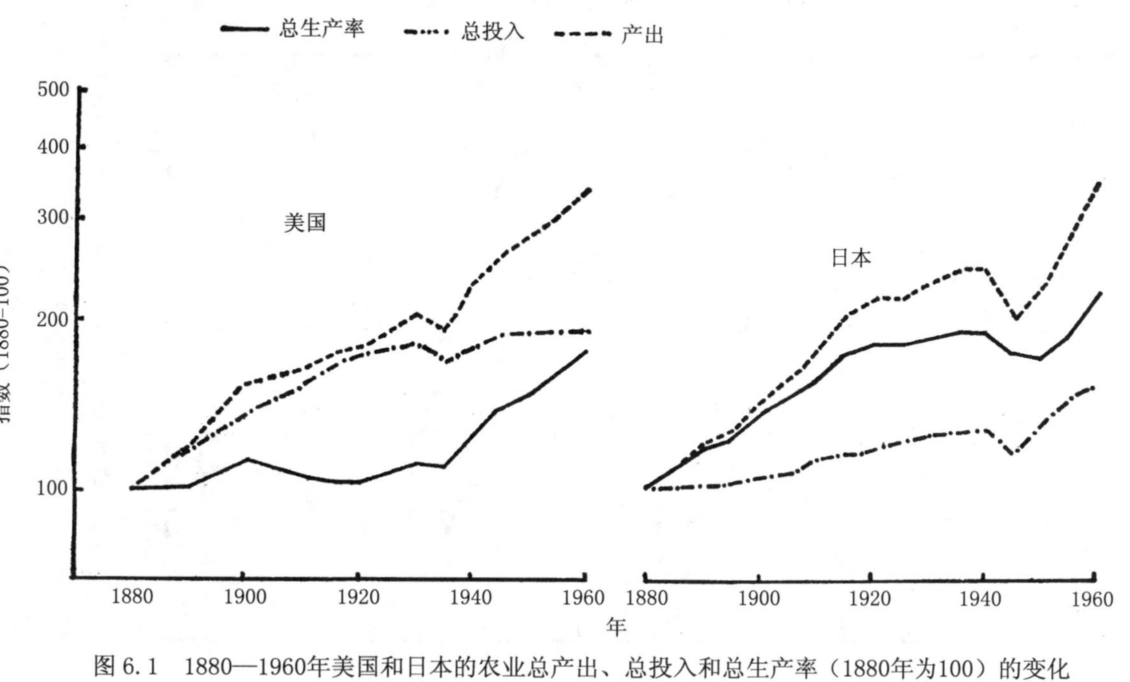

图 6.1　1880—1960年美国和日本的农业总产出、总投入和总生产率（1880年为100）的变化

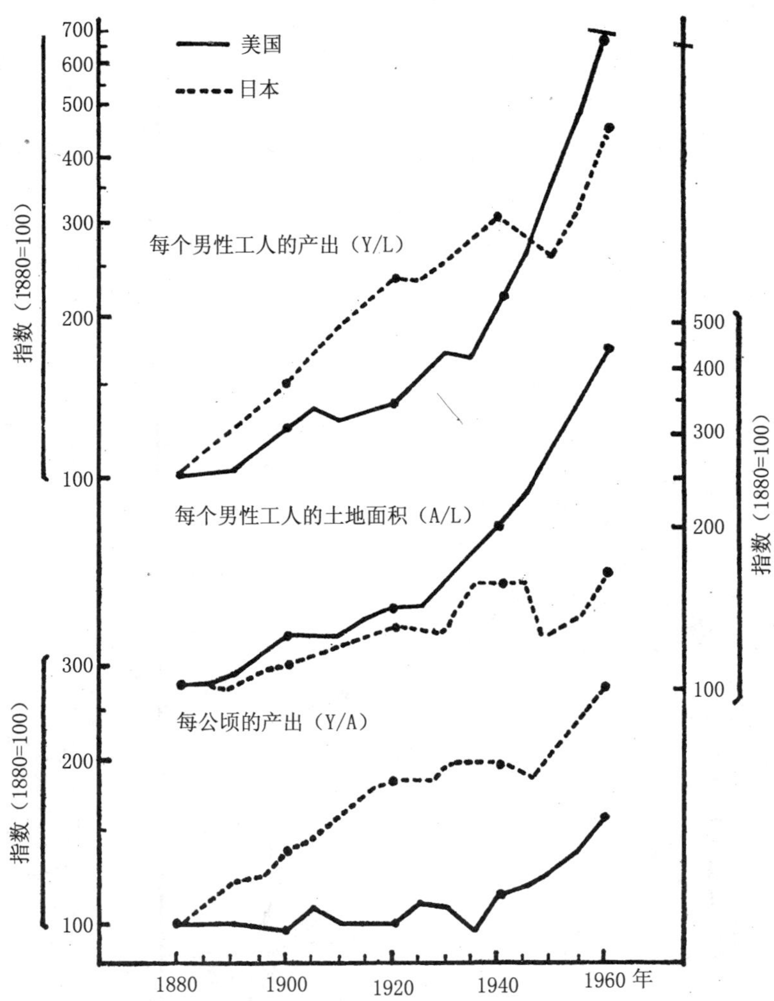

图 6.2 1880—1960 年美国和日本的劳动生产率、土地—劳力比例和土地生产率的变化（1880 年为 100）（以对数计算）（数据来自附录表 C.2 和 C.3）

其中：Y—— 农业总产出

L—— 劳动力总数

A—— 耕地总面积

Y/L—— 劳动生产率

A/L—— 每个农场工人的平均耕地面积

Y/A—— 土地生产率

在美国和日本耕地和劳动力价格存在一定差别的情况下，我们可以假设：劳动生产率的增长（Y/L）在美国与每个农业工人的平均耕地面积（A/L）密切相关，而在日本则与土地生产率（Y/A）密切相关。

图 6.2 中的每个男性农场工人的耕地面积和每公顷耕地的产出数据证实了这种假设。美国每个农场工人的耕地面积（A/L）的增长比日本快得多。而日本的土地生产率（Y/A）的增长比美国快得多。下面可以看到（21—27 页），1880—1960 年期间，美国劳均耕地（A/L）的增长解释了劳动生产率（Y/L）增长的 80%，而日本仅能说明不到 40%。

美国和日本都经历了高速增长时期、停滞时期，接着再次进入高速增长时期。[118] 美国的停滞时期与劳均耕地面积的增长速度减慢相联系，而日本土地生产率（Y/A）的变化与发展时期和停滞时期的联系最为紧密。

机械技术和生物技术的进步

在农业中，技术条件对劳均耕地（A/L）和土地生产率（Y/A）

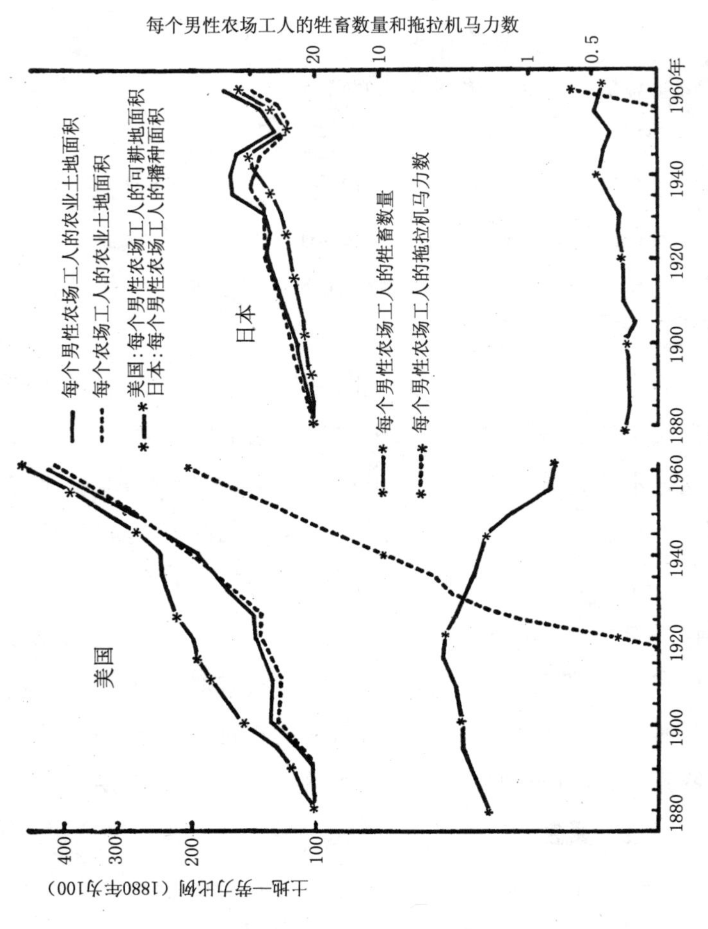

图 6.3 1880—1960年美国和日本土地—劳力比例和动力—劳力比例（取对数）（数据来自附录C.2和C.3）

的影响(正如第三章讨论的那样)“似乎是独立的,至少在一定范围内是如此”[3]。劳均耕地增长的主要原因是机械技术的成就,机械动力取代了人的劳动,类似地,土地生产率增长的主要原因在于生物技术的进步,生物技术通过改进植物养分的供给和利用,把更多的太阳能转化为植物和动物的更高水平的产出。

机械和生物技术进步之间的联系,以及美国和日本劳均耕地面积(A/L)和土地生产率(Y/A)相反的增长形式,如图 6.3 和 6.4 所示。在图 6.3 中,三个土地—劳力比例的指标与役畜数量(马、骡子和耕牛)和拖拉机马力数做了比较。[4] 在比较美国和日本时,虽然两个国家的三种劳均耕地的指标有显著不同,但是在同一个国家,三种指标的差别很小,总的形式不随指标的选择不同而有差异。美国役畜数量的增长持续到 20 世纪 20 年代,然后开始下降。拖拉机马力数的增长速度比役畜数量下降的速度快一些。总的说来,每个劳力拥有的动力数量的增长与劳均耕地面积(A/L)的增长紧密相关。劳均动力数是表明机械技术进步的近似指标。例如,用自耙式收割机代替手耙式收割机,用自耙式收割机代替打捆机,这些改进都包含了用动力取代人力,同时,导致了劳均耕地面积的增长。

在日本,与劳均耕地面积的低速增长相对应,役畜的增长缓慢,而拖拉机的[121]引进更是第二次世界大战以后的事。

图 6.4 说明了美国和日本在土地生产率(Y/A)与生物技术之间的对比关系。这里引用了三种土地生产率的指标(即单位土地面积的产出、单位可耕地面积的产出和单位面积玉米或水稻的产量),以分析选择不同资料所得到结论的异同。杂交玉米在玉米

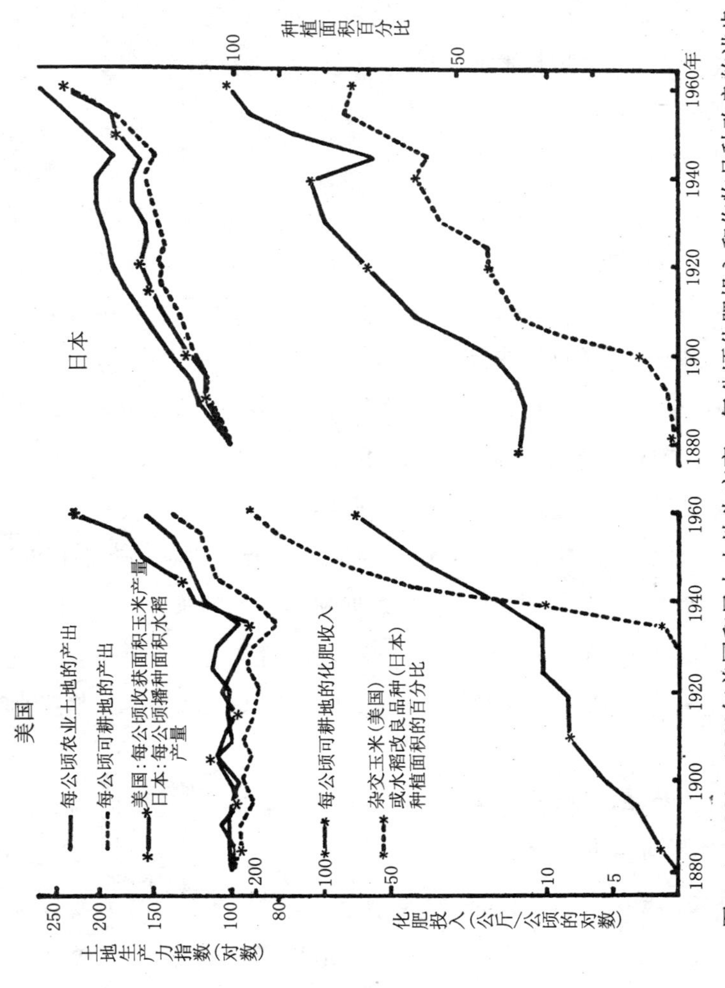

图 6.4　1880—1960年美国和日本土地生产率、每公顷化肥投入和作物品种改良的进步
（数据来自附录C. 2和C. 3）

总种植面积中所占的百分比,分别标志着美国和日本生物技术的进步程度。

当然,这两种作物的证据并非结论性的。但是基于玉米和水稻施用化肥趋势的比较,可以相当可靠地说,使日本显著增产的生物改良始于19世纪80年代,而美国则始于20世纪30年代(见图6.4的虚线)。增产品种几乎毫无例外地与高水平的植物养分的输入水平相联系。生物改良增产的形式包括使新的作物品种与高水平的化肥投入相适应,每公顷耕地化肥施用量的增加和改良水稻品种种植面积的上升,标志着生物技术措施,早在19世纪80年代就在日本实施了。在美国,杂交玉米(以及其他作物良种)的引进与化肥施用量的增加密切相关。发展、引进和利用杂交玉米和其他作物良种的一个重要原因,是价格连续下降的高含肥量商品化肥的有效使用。

与化肥投入和增产品种发展之间的互补性相联系,可以推断,日本19世纪80年代每公顷耕地的肥料投入水平几乎与美国20世纪30年代的水平相同。而且在这一时期,化肥消费量的迅速增长加之开始兴起的生物技术进步,开始对两个国家的作物生产产生显著的影响。

化肥施用量与作物产量的增长在20世纪30年代之前,并未同步增长。最初,美国每公顷耕地化肥投入的增加,并没有伴随着平均单产的提高。很明显,这一矛盾是由于最初使用的化肥补偿了因为土壤下降而引起的产量的下降。1930年前,商品化肥的施用集中在南部[122]地区,用于生产属于耗地作物的棉花和烟叶。⑤新开垦土地的肥力耗竭一度相当严重,尤其是新开垦的几个大平原(第七章,第 3—18 页)。每公顷耕地商品化肥投入的增加和土地生产率的停滞甚至下降同时并存(1880—1935 年),这是同一时期供给植物养分的各种肥源(包括自然的和商品的)停滞甚至下降造成的。

每个农场工人动力数和每公顷耕地化肥施用量的增加是与机械价格相对于工人工资、化肥价格相对于土地价格的迅速下降同时发生的(见图 6.5)。这些要素价格比例的变化趋势,以及土地相对于劳动力价格(表 6.1)的变化趋势,与下面的假说是相一致的,即美国和日本在机械和生物技术方面的不同进步,反映了与相关生产要素价格变化相应的要素替代的动态过程。

诱导技术进步:一种假说

在上述几节,我们看到美国和日本在农业发展模式上的显著不同。在美国,最初是机械化的进步,使得每个农场工人开垦的耕地数增加,从而推动农业生产的发展和农业生产率的增长。在日本,最初是生物技术进步,即改良种子,提高了对较高施肥水平的产量反应,这样,尽管有土地供给的严重制约,仍然可以使农业生产获得迅速增长。美国农业在 20 世纪 30 年代后期开始了生物技术的改进,50 年代后期农业机械化加速发展。日本在 1870 年以来的大部分时期,生物技术的进步都为生产的发展和生产率的提高提供了动力。

在这一部分将详细研究日本和美国由于生产要素价格变化而引起的技术变化和投入选择的不同方式。理解美国和日本农业生

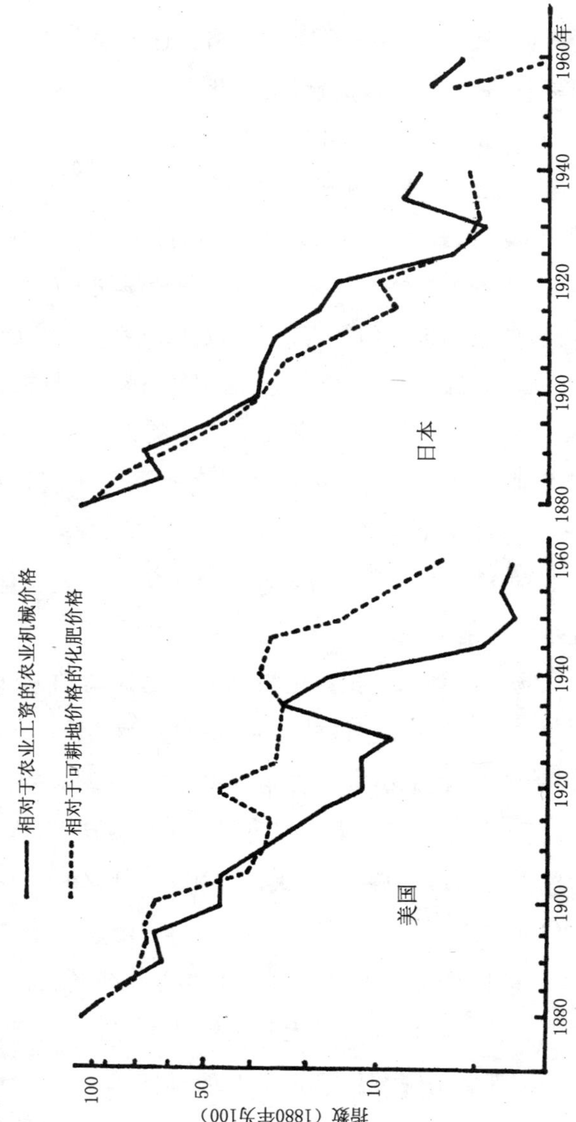

图 6.5　1880—1960年美国和日本相对于工资的农业机械价格和相对于可耕地价格的化肥价格（价格是前五年价格的平均值）（数据来自附录C. 2和C. 3）

产率提高和生产要素利用不同模式的最好方法是:沿着总生产函数,用动态调节的方式,改变相关要素的价格。这里动态指的是随着相关生产要素价格变化的等产量线的变化。

在美国,土地和机械的价格相对于工人工资长期下降(见表6.1和图6.5),[124]促使用土地和机械动力替代人力,这种替代包含着农业中使用的机械技术的不断改进。因为,一种固定不变的技术,替代生产要素的可能性很小。例如,在两个星期的收获时间内,使用某种型号的收割机和两组役马,其最佳组合是5个工人和4匹马,能收获140英亩的小麦。引进了新的机械——打捆机以后,农场主改变了上述的组合比例,即改为2个工人、1台收割机、4匹马,在两个星期内收获140英亩小麦。⑥虽然我们不否认在一定范围内生产要素间替代的可能性(例如,将2匹运输马改为3匹),但是图6.3和图6.4中看到的要素组合比例的巨大变化,没有技术的改变是不可能实现的。

美国每个农场工人耕地面积和机械动力的迅速增加,反映了机械技术的进步,提高了土地和机械对人力的边际替代率。⑦这是一个连续的过程。拖拉机的引进是农业中最重要的机械技术的进步,它使每个农场工人能够更容易地使用更多的机械动力,从而大大提高了动力对人力的边际替代率;大功率拖拉机取代小功率的拖拉机也有类似的作用。

在日本,土地的供给缺乏弹性,土地的价格与工资价格同步上升,因此,用土地和机械替代人力是无利可图的。然而,化肥价格相对于土地价格的连续下降和生物技术的进步,提供了一个新的机会。改良后的种子需要更多的化肥。传统品种在低肥的条件下，比新改良的品种产量更高，但是不适应大的施肥量(见第三章，表 3.2)。如果种子不改进，即生物技术不变，则化肥对土地的替代弹性很小。[125] 每公顷化肥使用量的巨大变化，正如我们看到的 1880 年以来的日本和 20 世纪 30 年代以来美国的情形，不但反映了肥料价格的下降，而且反映了为了利用化肥价格下降的优势，喜肥作物品种的发展。

日本长期的工资上升趋势和相对于土地价格的化肥价格下降，促使农场主和试验站人员进行生物技术的革新，即培育高产、耐肥作物品种。在美国，1920 年前后，每个农场工人耕地面积增长的速度减缓，10 年以后，开始采用杂交玉米这一生物技术。在政府对耕地实行限制后，开始加速发展生物技术和使用化肥。可以看出，土地条件的变化以及化肥价格的迅速下降，引起美国在 20 世纪 30 年代以后生物技术的加速发展。由于化肥价格下降，每公顷的化肥施用量上升，补偿了土壤自然肥力的耗竭，于是发展生物技术成为迫切的需要。同时土地供给条件的改变，导致美国 20 世纪 30 年代以后生物技术取得飞速发展。

根据第四章中提出的假设，与要素价格变化相应的要素组合比例的调整，反映了沿着总生产函数的等产量曲面的运动，图 6.6 说明了这一点，左图的 u 线代表总生产函数的土地—劳力等产量曲线，它是缺乏弹性的等产量曲线，例如 u_0 和 u_1(代表不同类型的机械或技术)的包络线。当某一时段价格比率为 p_0 时，便有一种特定的技术 u_0(例如收割机)被创造出来。如果价格比率由 p_0 变为 p_1，则由 u_1 表示的另一种技术(例如联合收割机)就被引进了生产。

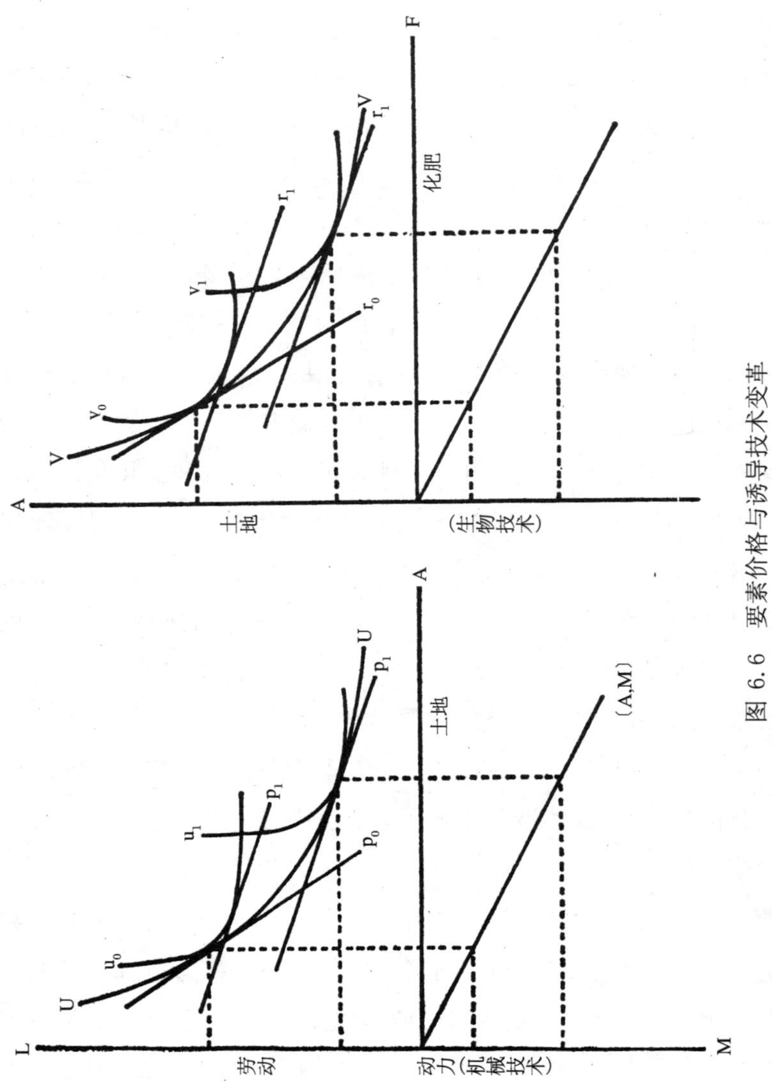

图 6.6　要素价格与诱导技术变革

u_1 代表的新技术使每个农场工人耕种的农田面积扩大，一般也伴随着每个农场工人拥有的动力数的增加，这表明土地和动力之间是正比关系。可以用一条直线〔A，M〕表示土地和动力之间的一定组合关系。在这个简化的图示中，机器的革新使得土地和动力的一定组合替代了劳动力，这是对工资相对于土地和机械价格指数变化的反应。当然，实际上土地和劳力只能有某种程度上的替代作用。

图 6.6 的右图说明了化肥—土地价格比例与生物、机械革新之间的关系，例如作物品种的改进，可以促进施用更多的化肥。V 线代表总生产函数的土地—化肥等产量线，它是一系列缺乏弹性的等产量线，例如 V_0 和 V_1（代表品种对不同化肥的适应性）的包络线。化肥价格与土地价格的比率由 r_0 下降为 r_1，农民按照等产量线 V_0 使用新的作物品种，就可以获得更多的盈利。同时，农民也迫使公共研究机构培育新品种。虽然农民和试验站工作人员之间的相互作用是一个辩证的过程，但是新品种（例如由 V_1 表示）正是在这个过程中培育出来的。

这种沿总生产函数的运动可以由图 6.7 推导出来。图 6.7 是根据美国和日本[128]每公顷可耕地的化肥投入与化肥—土地价格比例之间关系的资料绘出的。尽管两个国家间存在气候和其他环境条件的巨大差异，但是这些变量之间的关系却几乎是相同的。这表明美国和日本农业的发展都是沿着一般总生产函数运动的。⑧

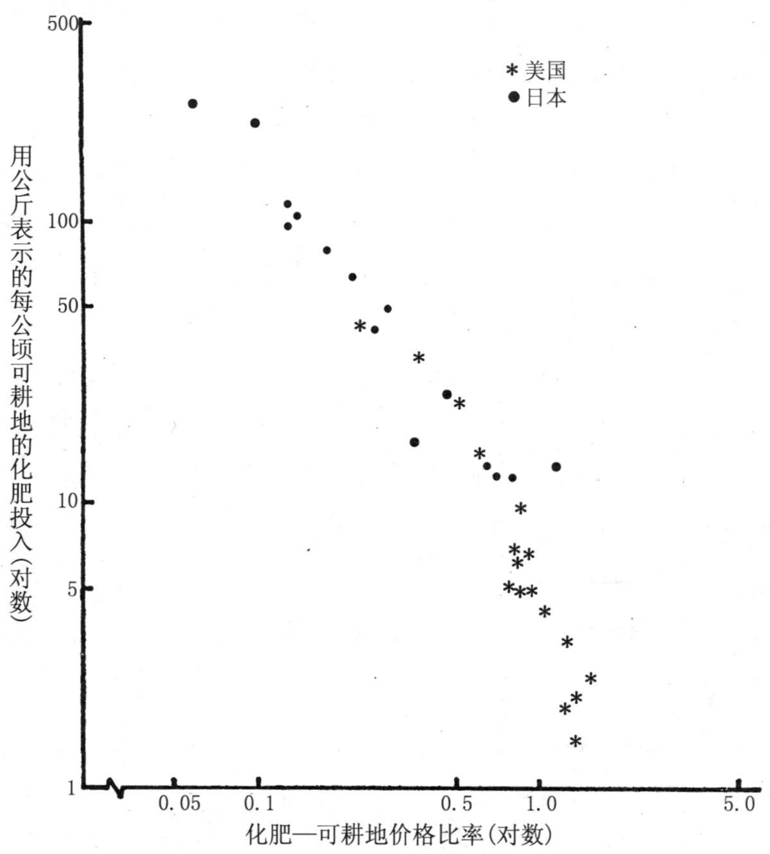

图 6.7 每公顷可耕地化肥投入与化肥—可耕地价格比率(=用一吨商品肥中所含氮磷钾所能购买的可耕地的公顷数)之间的关系,美国和日本:1880—1960 年间每 5 年为一组的观察值(数据来自附录表 C.2 和 C.3)

统 计 检 验

上一节提出的假设可以归纳如下:美国和日本 1880—1960 年

间农业的发展，可以恰当地理解为是一个动态的生产要素的替代过程。与诸生产要素价格之间关系的长期变化趋势相对应，生产要素沿着总生产函数相互替代。生产函数曲面上各点表示不同的技术，例如机械的类型、动力的种类、作物的品种和畜牧的品种。生产函数的运动包含了技术的变化。由于要素价格的长期变化，技术的变化是相当显著的。

表 6.3a　美国土地—劳力比例和动力—劳力比例与相关要素价格的回归，1880—1960 年，每 5 年取一个观察值

回归方程序号	因变量	对价格的回归系数		相关系数	标准差	DW 检验值
		土地与农场工资	机械与农场工资			
	土地—劳力比例：					
（W1）	每个男性农场工人的农业土地	−0.451 （0.215）	−0.486 （0.120）	0.828	0.0844	1.29
（W2）	每个男性农场工人的可耕地	−0.035 （0.180）	−0.708 （0.101）	0.882	0.0706	1.37
（W3）	每个农场工人的农业土地	−0.492 （0.215）	−0.463 （0.120）	0.828	0.0789	1.34
（W4）	每个农场工人的可耕地	−0.077 （0.182）	−0.686 （0.102）	0.879	0.0713	1.41
	动力—劳力比例：					
（W5）	每个男性农场工人的马力数	−1.279 （0.475）	−0.920 （0.266）	0.827	0.1865	1.33
（W6）	每个农场工人的马力数	−1.321 （0.474）	−0.898 （0.265）	0.828	0.1863	1.36

注：对数公式是线性的。括号里的数字为估计系数的标准差。、

资料来源：数据来自附录 C：工人数 = U3，男工人数 = U4，农用土地面积 = U5，可耕地面积 = U6，设备马力 = U7 + U8，农业工资 = U 18，土地价格 = U 20，机器价格 = U 21。

表6.3b　日本土地—劳力比例和动力—劳力比例与相关生产要素价格的回归,1880—1960年,每5年取一个观察值

回归方程序号	因变量	对价格的回归系数		相关系数	标准差	DW检验值
		土地与农场工资	机械与农场工资			
	土地—劳力比例:					
(W7)	每个男性农场工人的可耕地	0.159 (0.110)	-0.219 (0.041)	0.751	0.0347	1.17
(W8)	每个农场工人的可耕地	0.230 (0.049)	-0.155 (0.019)	0.914	0.0156	1.71
	动力—劳力比例:					
(W9)	每个男性农场工人的马力数	-0.665 (0.261)	-0.299 (0.685)	0.262	0.2191	0.60
(W10)	每个农场工人的马力数	-0.601 (0.236)	0.228 (0.620)	0.266	0.1982	0.61

注:对数公式是线性的。括号中的数字为估计系数的标准差。

资料来源:数据来自附录C:工人数 = J_3,男工人数 = J_4,可耕地面积 = J_6,设备马力 = $J_7 + J_8$,农业工资 = J_{18},土地价格 = J_{20},机器价格 = J_{21}。

为了进行假设检验,我们用生产要素价格的比例,即土地—劳动力、动力—劳动力和化肥—土地的价格比例来解释并确定生产要素组合比例变化的程度。在固定技术条件下,假设生产要素之间替代弹性较小是合理的,如果价格比例的变化能够解释要素组合比例的变化,则技术创新的引进就可以被推断出来。[9]美国和日本历史上要素比例变化很大,因此不能想象这些变化反映的替代是沿着一个固定技术函数曲面运动的。

为了充分地说明回归形式,我们必须推导基础总生产函数的形态以及生产函数与生产要素价格比例之间关系的函数形式。由

于缺乏足够的先验信息，[129]我们简单地假定对数—线性回归形式并不要求很强的理论证明。⑩如果能够假定生产函数是线性和多重共线性的，则生产要素组合比例就可以用生产要素价格比例来表示，而不依赖于产品的价格。

鉴于资料的粗糙性和分析的目的，我们用5年一次的观察值（时点变量间隔5年取一个，时期变量取5年的平均值）代替年度观察值进行回归分析。在我们的模型中建立了一种比较粗糙的调节形式，因为我们的数据是5年一次的观察值，价格是前5年价格的平均值（例如，1910年的工人数与1906—1910年的平均工资有关）。

表6.3a和表6.3b是回归分析的结果，表6.3a是美国土地—劳动力和动力—劳动力组合比例的回归。在这些回归中原先还包含了化肥—劳动力的价格比例，但由于机械价格和化肥价格之间存在高度相关，所以化肥—劳动力价格比例的系数要么是不显著的，要么它们导致对其他系数来说，是不可信的结果。⑪这一变量在以后的分析中被删去了。

表6.3a表明，美国土地—劳动力和动力—劳动力组合比例的变化，其80%以上可以用价格比例的变化加以解释。除了回归W2和W3中的土地价格回归系数以外，所有回归系数全为负值，而且在标准的显著性水平下（1%和5%）明显不等于零，结果表明80年中美国农业中每个农场工人耕地、动力的增加与耕地、机械相对于工资率的下降密切相关。土地和动力作为替补生产要素的假设，从负回归[130]系数得到了证实。回归似乎表明，机械除了沿着固定生产函数替代劳力之外，提高了动力对劳力边际替代率的

机械革新，也提高了土地对劳动力的边际替代率。

对日本进行了同样的回归(表 6.3b)，其结果远远低于统计的显著性。这大概是由于日本的土地—劳动力和动力—劳动力组合比例的变化范围太小，以致不能得到生产要素组合比例与价格比例之间的显著关系。这也表明了一个事实，即在日本，机械革新的进步和使用，首先是为了增产，而非为了替代劳动力。

美国每公顷耕地施用化肥的回归分析结果见表 6.4a。结果表明，化肥—土地价格比例的变化解释了近 90%的化肥施用量的

表 6.4a 美国每公顷可耕地投入化肥与相关生产要素价格的回归，1880—1960 年，每 5 年取一个观察值

回归方程序号	对价格的回归系数			相关系数	标准差	DW 检验值
	化肥相对于土地	劳动相对于土地	机械相对于土地			
(W11)	-1.622 (0.200)	1.142 (0.275)	0.014 (0.286)	0.950	0.1042	2.08
(W12)	-1.65 (0.134)	1.138 (0.255)	—	0.954	0.0968	2.09
(W13)	-1.951 (0.166)		—	0.895	0.1406	0.77
(W14)	-1.101 (0.184)	1.134 (0.173)	-0.350 (0.214)	0.969	0.0816	1.38
(W15)	-1.357 (0.102)	1.09 (0.168)	—	0.970	0.0832	1.15
(W16)	-1.707 (0.154)		—	0.884	0.1481	0.84

注：对数公式是线性的。括号中的数字为估计系数的标准差。

资料来源：数据来自附录 C：化肥投入 = U9，可耕地面积 = U6。在(W11)、(W12)和(W13)的情况下，农业工资 = U11，土地价格 = U19，机器价格 = U21，化肥价格 = U23。在(W14)、(W15)和(W16)的情况下，农业工资 = U18，土地价格 = U20，机器价格 = U21，化肥价格 = U24。

变化。分析也表明工资—土地价格比例是一个显著的变量，揭示了化肥和劳力之间的替代关系。在一定范围内，化肥投入可以用人对植物的照料(例如，防止杂草)所替代。在日本历史上，一个更重要的因素[131]是商品化肥对生产本地的自给性肥料，例如畜肥和绿肥的劳动力的替代。⑫

比较表6.4a和6.4b，可以看出，美国和日本对化肥的需求结构是极为相似的。两个表中的结果表明，尽管美国和日本在气候、初始生产要素条件以及社会、经济结构和组织等方面都有很大差

表6.4b　日本每公顷可耕地投入化肥与相关生产要素价值的回归，1880—1960年，每5年取一个观察值

回归方程序号	对价格的回归系数			相关系数	标准差	DW检验值
	化肥相对于土地	劳动相对于土地	机械相对于土地			
(W17)	-1.437 (0.238)	0.662 (0.244)	0.236 (0.334)	0.973	0.0865	2.45
(W18)	-1.274 (0.057)	0.729 (0.220)	—	0.974	0.0810	2.45
(W19)	-1.211 (0.071)	—	—	0.953	0.1036	1.52
(W20)	-1.248 (0.468)	1.217 (0.762)	-0.013 (0.708)	0.878	0.1827	1.76
(W21)	-1.313 (0.131)	1.145 (0.556)	—	0.888	0.1670	1.79
(W22)	-1.173 (0.126)	—	—	0.860	0.1794	1.52

注：对数公式是线性的。括号中的数字为估计系数的标准差。

资料来源：数据来自附录C：化肥投入=J9，可耕地面积=J5。在(W17)、(W18)和(W19)的情况下，农业工资=J17，土地价格=J19，机器价格=J21，化肥价格=J22。在(W20)、(W21)和(W22)的情况下，农业工资=J18，土地价格=J20，机器价格=J21，化肥价格=J23。

异,但是两个国家的农业生产函数、机械革新的推进和农场工人对经济机会的反应都是基本相同的。

总生产函数在整个时期可能发生的结构变化,(正如表6.3和表6.4中某些DW统计检验值下限看到的),可以用分解法,即1880—1915年和1920—1960年两段[132]的回归分析来检验。分析结果如表6.5所示,它表明两个阶段在结构上并无显著变化。⑬

综上所述,统计分析的结果,与本章开始的假设完全相符,在美国和日本,生产要素都是与价格的长期变化趋势相适应,沿着总生产函数相互替代的。

分析的启示

回归分析的结果表明:发生在美国和日本农业发展过程中的生产要素组合比例的重大变化,可以用生产要素价格比例的变化来解释。尽管数据资料和分析方法存在很大的局限性,但是当我们将统计分析的结果与农业技术进步的历史加以比较时,会得出这样的结论:投入生产要素组合[133]的变化表明了沿着总生产函数进行的生产要素的替代过程,总生产函数又随着由于相关生产要素价格变化而引起的生产曲面的变化而变化。

如果这个结论被证实,那么它将成为解释两个国家农业发展的关键。生产要素价格变化不同形式的基础是供给条件的不同。在美国,农业土地比劳动力的供给弹性大,在日本,劳动力比土地的供给弹性大。随着经济的发展,对农产品的需求增加,弹性较小的生产要素价格相对于弹性较大的生产要素价格趋于上升。在不

表 6.5　1880—1915 和 1920—1960 年两个阶段间回归关系结构变化检验的方差分析

回归方程序号	剩余平分和			参数个数	样本数		F—检验值	
	1880—1915 S_1	1920—1960 S_2	1880—1960 S	P	1880—1915 n_1	1920—1960 n_2	F_c	F
(W1)	0.00314	0.07898	0.08719	3	8	9	0.23	3.59
(W2)	0.00123	0.05539	0.06099	3	8	9	0.28	3.59
(W3)	0.00282	0.07788	0.08709	3	8	9	0.29	3.59
(W4)	0.00103	0.05443	0.06233	3	8	9	0.45	3.59
(W5)	0.00284	0.39095	0.42588	3	8	9	0.30	3.59
(W6)	0.00277	0.38936	0.42512	3	8	9	0.31	3.59
(W7)	0.00052	0.00865	0.01241	3	8	7	1.06	3.86
(W8)	0.00146	0.00046	0.0050	3	8	7	0.93	3.86
(W9)	0.00344	0.46381	0.49381	3	8	7	0.17	3.86
(W10)	0.00346	0.38035	0.40415	3	8	7	0.16	3.86
(W11)	0.01295	0.03399	0.11470	4	8	9	3.25	3.63
(W12)	0.01856	0.06597	0.11472	3	8	9	1.31	3.59
(W13)	0.07902	0.09521	0.27809	2	8	9	2.43	3.80
(W14)	0.00582	0.03278	0.07827	4	8	9	1.85	3.63
(W15)	0.01578	0.03771	0.08473	3	8	9	2.14	3.59
(W16)	0.02107	0.23481	0.30829	2	8	9	1.33	3.80
(W17)	0.01602	0.03085	0.06462	4	8	7	0.66	4.12
(W18)	0.01872	0.03859	0.06754	3	8	7	0.54	3.86
(W19)	0.05996	0.04582	0.12952	2	8	7	1.01	3.98
(W20)	0.11286	0.01408	0.28639	4	8	7	2.20	4.12
(W21)	0.11312	0.06828	0.28694	3	8	7	1.75	3.86
(W22)	0.12274	0.15434	0.38845	2	8	7	2.21	3.98

注：$F_c = \frac{S - S_1 - S_2}{S_1 + S_2} \cdot \frac{n_1 + n_2 - 2p}{p}$ F：理论值在 5%水平。

同的供给弹性情况下，两个国家农业发展中生产要素价格的比例就会发生相反的变化。农业投入要素的价格，例如非农业提供的化肥和机械，相对于土地和劳力价格趋于下降。这种趋势促使农场主、国营研究机构和私营农业供应公司去寻求可以补偿这种价格变化形成的新的生产可能性，于是革新机械，节约劳力的类型就引入了美国，生物技术的增产类型就引入了[134]日本。⑭20世纪30年代以来，化肥价格急剧下降，于是美国农业技术改进的重点由原先的机械技术转向新的包含作物良种和生产工艺的生物技术，以利用低价的化肥。⑮

两个国家农业的高速发展都离不开动态的生产要素替代。如果要素的替代被限制在沿着固定生产函数曲面的运动，则农业生产的发展将受缺乏供给弹性的限制性生产要素的严重制约。新技术的持续发展，使生产函数曲面与要素价格的长期趋势相一致，这是美国和日本农业发展成功的关键。

无论是美国还是日本，迅速发展工业，为农业提供相对价格持续下降的机械和化肥，是农业迅速发展必不可少的要求。同时，为了充分利用工业发展提供的机会，努力从事研究和推广工作也是非常重要的。如果不培育出喜肥品种，从低价化肥中获得的利益就要受到限制。美国和日本的农业成就似乎取决于农民、研究机构和农用工业是否对由要素相对价格变化带来的新机会的充分利用。

美国和日本农业开始于完全不同的初始生产要素条件和供给条件，但是在1880—1960年间，达到了接近的农业生产率增长率。因此我们没有理由认为，现在的发展中国家不能取得同样的成就，如果它们充分利用了一切有利的机会的话。它们的发展模式不会与美国和日本相同，因为各个国家的资源条件不同，决定了生产要素供给条件不同，而且大部分发展中国家的农产品需求正以超过美国和日本历史上经历的增长速度在增长，发展中国家应该致力于创造自己的发展模式。在这种努力中，一个重要的因素是，建立一个能适当反映生产者、公共机构和私人工业要素条件经济潜力的体制。

注　释

① 本章主要参考速水佑次郎和 V.W.拉坦："农业发展的要素价格和技术变化：美国和日本，1880—1960 年"，载《政治经济学》杂志第 78 卷（1970 年 9—10 月号），第 1,115—1,141 页。

② 参阅 C.O.迈伯格和 K.布兰特："美国的农业生产率：1870—1960 年"，载《食品研究所研究报告》第 5 卷（1962 年 5 月），第 63—85 页，他们对美国农业产出和生产率的各种时序资料进行了比较。我们选取了美国农业部的农业产出序列资料，因为它与我们对各国农业产出资料的定义是一致的。日本明治时期农业生产统计的可靠性已引起中村的很大怀疑，参见 J.I.中村：《日本的农业生产和经济发展：1873—1922 年》（普林斯顿：普林斯顿大学出版社，1966 年）。日本的学者和其他各国的学者对中村提出的疑问进行了广泛讨论。速水佑次郎："日本农业增长的经验"，载《农村经济问题》第 4 卷（1868 年 5 月号），第 79—88 页；速水佑次郎和山田三郎："工业化初始阶段的农业生产率"，载《农业与经济发展——日本的经验》，大川一司、B.F.约翰斯顿和金田宏光编（东京：东京大学出版社，1969 年），第 103—135 页；J.I.中村："中村与 LTES 的农业生产增长速度估值"，载《keizai kenkyu》，第 19 卷（1968 年 10 月号），第 358—362 页。还有其他学者的评述：H.罗索夫斯基："稻田的争论：中村教授与政府的统计学"，载《亚洲研究》第 27 卷（1968 年 2 月号），第 347—360 页。同时参阅《农业经济学杂志》1967 年 9 月号发表的 C.克拉克对中村著作的评论。

③ Z.格里利切斯："农业：生产率与技术"，载《国际社会科学百科全书》第 1 卷（纽约：麦克米伦—弗里出版社，1968 年），第 241—245 页。

④ 当选用一组资料恰当地代表单个变量有困难时，我们有理由试用几个替换变量，只要这些变量所得到的结果相互一致，我们便接受这个唯一结

论性的结果。

⑤ R.H.泰勒:“1900年前南大西洋国家商品肥料的销售和使用”,载《农业史》第21卷(1947年1月号),第46—52页。

⑥ L.罗金:《与19世纪美国农业劳动生产率相关的农业机械的引进》(伯克利:加利福尼亚大学出版社,1931年)。

⑦ 这与戴维强调的根据相对价格变化,新旧机械替代的重要性是一致的。见P.A.戴维:“美国中西部战争前的收割机械化”,载H.罗索夫斯基编《两种制度的工业化》(纽约:威利出版社,1966年)第3—39页。事实上,效率相等时,新机械相对于旧机械价格的下降,体现了农机工业对农业技术变化的影响。

⑧ 格里利切斯用一个滞后分布模型揭示出,美国农民化肥投入的增加完全可由“化肥价格的下降”加以说明。见Z.格里利切斯:“化肥需求:技术变化的经济说明”,载《农业经济学杂志》第40卷(1958年8月号),第591—606页。他对这种关系的估计已被证明符合总生产函数。供应给农民的化肥的价格下降,反映了化肥工业的技术变化。见G.S.萨霍塔:《经济发展中的化肥:经济计量分析》(纽约:普雷格公司,1968年)。

⑨ 对引起革新的前提的直接检验,包括了在生产曲面上非中性变化的检验。对此,A.戴维和范德·克隆德特提出了一种可行方法,见“美国偏向效率增长与资本对劳动的替代:1899—1960年”,载《美国经济评论》第55卷(1965年6月号),第357—394页。

⑩ 从不同替代弹性的多因素生产函数中导出要素需求函数,似乎有可能改进现有的解释。这种尝试可见Z.格里利切斯:《生产函数中教育的作用和增长估计的说明》(芝加哥大学:商业和经济数学研究中心,第6389号报告,1969年),油印本;《关于资本—技术互补性的注释》(芝加哥大学:商业和经济数学研究中心,第6905号报告,1969年),油印本。我们的回归值与格里利切斯的相似,但是我们的要素价格,除了化肥成本外,并不计量要素服务的成本。见附录C。

⑪ 回归中某些价格的系数变为正数,例如,回归值(1)和(2)中土地价格与工资的相关系数。同时还包括一个指数时间序列。由于存在多重共线性,这些结果完全是不可信的(相对于工资的时间与机械价格的单相关系数

高达0.95)。

⑫　以对化肥具有更大反应的作物品种改良所体现的生物学革命,趋向于土地的节约和劳动的使用。只有当高水平的化肥投入与高水平的作物耕作和灌溉管理相结合时,改良品种的产量潜力才能得以实现。因此,高产品种的引入提高了化肥和劳动对土地的替代率。另外,商品肥料比自给性肥料具有显著的节约劳力作用。在日本,自给性肥料的生产,例如人粪尿、绿肥和堆肥,一直占据了农场工人很大部分的劳动时间。随着商品肥料供应的增加,农场工人可以把他们的劳动投入到更好地准备种苗和杂草控制等作物管理上去。

⑬　因为包括的观察值较少,检验得出的结论的充分性相对较弱。

⑭　根据要素价格比例调整生产技术,并不仅限于农业。日本现代经济增长初期,我们可以看到,为了保持与日本要素价格比例(不同于西方国家)一致,对于"借来的技术"进行了一系列的修正。见G.拉尼斯:"日本经济发展中的要素比例",载《美国经济评论》第47卷(1957年11月号),第594—607页。

⑮　从20世纪20年代末到60年代初,美国玉米带的玉米每英亩产量大约由30蒲式耳增加到70蒲式耳。这一增长是由于三个相关因素造成的,即杂交品种、更快的耕作速度和增加使用氮肥。见L.H.肖和D.D.杜罗斯特:《气候和技术对玉米带玉米单产的影响》,1929—1962年(华盛顿:美国农业部经济研究所,农业经济报告第80号,1965年7月)。

第七章　科学与农业的进步

农业科学技术进步是打破由缺乏供给弹性的生产[136]要素对农业生产所造成的制约的必要条件。但是，在国家经济发展的早期阶段，技术革新大多是为了解决较高难度产品的生产问题。使不断发展的农业技术为农民有效使用，是一个特别难以实现的制度化过程。

美国和日本都把农业研究的“社会化”作为农业现代化的一种标志。两个国家的农业现代化过程都伴随着试验站的发展和工业生产能力的发展，这种发展使得生物和机械技术的革新适应于生产要素的供给条件。在本章，我们将回顾产生农业技术变化的科学技术能力在两个国家中有效制度化的过程。

科学研究的社会环境

社会对教育和研究的支持，作为经济成长的一种标志，反映了现代社会在体制方面的重大改进。在德国，这一改进起源于利用教育和研究作为经济发展动力的关注。① 19 世纪中叶，德国的工业和农业落后于英国，为了消除德、英之间工业技术和经济实力的差距，社会支持发展[137]科学技术和教育。

曾经引导过世界工业革命的英国，由于其强烈的放任主义传统，把技术培训和科学研究留给私人企业去做。而“德国则慷慨地资助所有的研究机构，盖房屋、建实验室，更可贵的是，保留了一批有能力的、高水平的卓越人才”[②]。19 世纪后 50 年，英国在人才能力构成方面，除了具有熟练技能的技工和工程师外，已落后于德国，这包括：(1)阅读、写作和计算能力；(2)工程师的科学原理和应用培训两方面的结合；(3)高水平的科学知识、理论和应用。[③]结果，到 19 世纪六七十年代，美国和德国的工业生产率差距迅速缩小，而且在化工和电气机械领域，德国取得了领先地位。

虽然英国在 19 世纪初被大陆的改革者称为“农业学校”，但是第一所国立的农业研究机构却是在德国建立的。自从塔尔和汤森(德国农业科学中伟大的先行者——阿尔布雷斯特·塔伊尔所赞誉的)以后，英国有一个传说，即农业的革新由农村的乡绅完成。19 世纪，著名的罗塔姆施泰德试验站，就是由 J.B. 劳斯爵士私人资助建成的(1843 年)。爱丁堡实验室(1842 年)的支持者是苏格兰农业化学协会——一个自愿的农业协会组织，从这个实验室，美国早期农业试验站的倡导者(例如 J.P. 诺顿和塞缪尔·约翰逊)曾经得到过很多启发。这个实验室在 1848 年因协会成员对实际成果要求过高、过急而解散。

相反，1852 年德国却成功地建立了一个由社会支持的农业试验站(在萨克森地区的默科恩)。这是对“1840 年李比希号召在德国各省寻求科学应用于农业的方法”[④]的论文发表以后所做出的反应。萨克森地区的农民为试验站起草了一个章程，并由政府批准为法规，保证每年从政府预算拨款资助试验站的正常工作。虽然德国农业研究体系的建立晚于英国，但是德国为新科学技术领域的“扩大”提供了良好的环境。德国[138]的农业试验室作为特殊的研究机构，有自己的章程，并有国家的资助，但它没有像英国私人资助的土地所有者合作组织的爱丁堡试验室那样，有来自对实际效果过急、过高要求的压力。德国国立研究所的建立是以社会和政治环境为基础的，他们认为科学技术是经济发展的指示器，把科学技术的进步看作是国家的重要责任。⑤

德国农业研究社会化的思想传播到了美国和日本。由于这两个国家与德国的资源条件和社会经济传统存在巨大差异，各自产生了不同于德国的模式。日本和美国作为工业发展中后来居上的国家，把教育和研究作为促进经济成长的手段之一。这就为农业研究社会化思想的传播和发展提供了“肥沃的土壤”。与美国和普鲁士的大规模的农场系统相反，美国和日本农业最初以个体农民或家庭为特征。因此，个体农民从事研究的能力有限，而且从研究成果中得到显著效益的可能性很小。受益于技术进步的主要是消费者，而非生产者。在这种条件下，就强烈要求农业科学研究实现社会化。

美国农业中的科学技术

在美国文化和经济史上一直存在一种信仰——把科学应用于解决标志人类进步的实际问题。国家“诞生于历史与科学和政治观念结合的第一次努力”⑥。但是，[139]科学技术进步——国民经济发展的指示器——由全社会负责的制度化进程却发展缓慢。⑦

19 世纪机械技术的进步

19 世纪农业科学技术的进步，与英国一样，是由善于革新的农民、发明家和正在出现的工业部门所带来的。机械技术的进步主要出现在 19 世纪后半叶。⑧开发西部边疆和由此引起的相对于土地的劳动力短缺，导致了耕作机械和收获机械的进步，进而导致劳动生产率大幅度提高。机械化是农业劳动生产率增长的最主要诱因。⑨对于小麦、燕麦这样的小颗粒作物，劳动生产率的提高主要是因为播种、收获和加工的机械化。而对于棉花，每英亩劳动投入的减少几乎全是由于收获操作技术改进而引起的。

机械技术的进步并没有伴随生物技术的进步。⑩同时，劳动生产率的提高也[140]没有伴随着土地生产率的提高。大部分土地开垦后 10 年或 20 年，土壤肥力和主产作物的产量都趋于下降。到 1800 年，土壤肥力和产量的下降成了东部肥沃土地的特征。到 19 世纪 40 年代，生产力的下降在俄亥俄州开始变得十分严重，到 60 年代，艾奥瓦州也出现了同样的问题。同一时期东部各州致力于引进美国的“新畜牧业”。于是，改良的畜牧品种从英国引入。自然有机肥（动物粪便、绿肥和鸟粪）和矿物质肥料（石膏、石灰和石灰磷酸盐）开始大规模地采用。“英国成功地引导了美国农民重用他们的牲畜，但是在说服美国人使用英国的栽培工艺和农业机械方面却成就很小。”⑪新的农作物生产技术的综合影响，仅能够补偿由于土壤肥力下降造成的产量下降。⑫

美国农业在 19 世纪机械技术和生物技术发展方面的差别，可以从促进机械和生物技术进步的科学发展和 1960 年前美国农民的经济环境两方面得到解释。⑬例如，曾有人指出："在19世纪用现代标准来衡量，生物和化学的发明还不如机械设备进步快。"⑭

一个需要探索的重要方面是19世纪美国农场运行的经济环境。在上半世纪，经济地雇佣高密度的劳动力进行农场经营，即使是在旧式的农村，由于劳动力价格相对于土地较为昂贵，都是不可能的。⑮相反，为了增加每个农场工人耕种的耕地面积，机械技术得到了应用，而国内[141]战争加剧了劳动力的短缺和农产品价格的大幅度上升，更加促使农民们采用机械技术。

在以强烈要求节劳机械技术为特征的经济环境下，工业部门不断地引进一系列新的机器设备。尽管直到引进拖拉机后才有动力机械化(参见图3.1)，但是，耕地、播种、收获机械设计和推广，形成了一个以"马拉机械化"为基础的农业系统。电栅栏的使用大大降低了围垦西部耕地的成本，并把草原畜牧业生产转变为农作物的生产。⑯

19世纪由私营工业部门对农业机械和其他工业品进行投入的过程，是与农业部门对机械技术进步的要求极为一致的。新机械技术引进的过程，包括善于革新的农民、发明家、机械师和小机械公司最初的发明和生产。在技术的可行性和市场潜力得到证明之后，生产就主要被大公司垄断了，它们能进行进一步的工程技术革新，采用更适合于大规模生产和推广要求的设计。⑰

专利制度对发明者和生产者进行的研究提供充分的保护，并提供开发经费，用来不断地进行能够扩大耕地面积和减少每英亩所用劳动力的工艺技术的革新。⑱

到20世纪初，美国工业部门技术与农业部门需求[142]增长的一致性发生了变化,农业劳动生产率的提高开始减缓,总生产率增长成为负数,农业产出的增长率低于需求的增长率。农产品的价格相对于总物价水平开始上升。尽管新技术不断引进,但是美国农业仍没有避免进入与传统经济发展模式相同的报酬递减时期。这些变化使得农业技术研究进入了公共投资大幅度增加和生物技术进步的阶段。

生物技术进步阶段(1860—1920年)

美国农业科学技术研究国家负责的制度化过程开始于19世纪60年代。[19]1862年5月15日,美国农业部成立,同年7月2日宣布,“从几个州和地区中划出一些土地赠送给为美国农业和机械工艺服务的学院”。农业部成为联邦的第一个具有法律保障的机构。在它的领导下,全国范围的农业研究体系开始建立起来。

美国组织农业研究的体制模式是在吸取德国经验的基础上建立的。前文曾提到,由国家支持研究所和农业试验站的传统,早在19世纪50年代的德国就形成了。许多倡导美国建立国家试验站的运动领导人,都曾在德国学习过。美国的年轻人也来到欧洲,尤其是德国,集中在农业科学领域的大学学习。美国人在国外训练的结果,不像现在在许多不发达国家看到的那样,“欧洲教授非常奇怪,美国学生在国外学习很好,但回到美国后却成为很平庸的人。有一位教授回忆道:被欧洲科学激励的美国人,开始的确做出了初步贡献,但是绝没有完全挖掘出科学的潜力”[20]。

在农业研究的制度化过程中,美国建立了一个成熟的联邦和州立系统,联邦系统[143]比州立系统发展更快。但是到19世纪末,美国农业部才取得显著成果，即为解决农业发展过程中迫切需要解决的问题提供科学依据。19世纪末出现的可行组织形式扬弃了有学科偏向的组织形式，包括各种集中于特殊问题或产品研究的科学院组织。㉑杜普雷引用畜产局(1884年成立)作为一个例子：“畜产局在其诞生之时就属于新的科学机构——包括组织形式、涉及的一整套问题、反映其利益的外部组织和广泛的立法权力。”㉒

赠地学院为农业发展所能提供的新科学、新技术的能力比美国农业部有限多了。第一个州立试验站——康涅狄格州立农业试验站，到1887年才建立。在1887年哈奇法令颁布之前(该法令规定联邦政府为赠地学院提供财政资助)，只有几个州为农业研究提供较多的财政支持。㉓

到19世纪末，新的州立试验站被认为是新知识的源泉和美国农业生产率增长的主要贡献者，情况才算好转。㉔在1914年史密斯—利弗法令颁布之后，建立了一个为实现农业部和赠地学院教育功能服务的，以联邦与州合作推广为形式的较为稳固的机构。㉕到20世纪20年代初，[144]农业研究和推广系统在联邦和州一级都建立了有效的机构。

回顾60年的历史，问题不在于农业研究和推广系统对农业做出了什么贡献，而是贡献为什么如此之小。答案有几个。总的说来，联邦和各州对于农业的投资1900年是0.2亿美元，1920年是不到1.5亿美元(见表7.1)。虽然经过半个多世纪的努力，但为什么公共部门在农业上的投资增长如此缓慢？答案必须在1900年之前美国促进农业机械技术迅速发展的同样条件下才能得到。既不是相关生产要素价格的变化，也不是生产要素和产品价格比例的变化，引起了19世纪末增产技术的引进和应用。

表7.1　美国农业研究和推广投资(百万美元现值，1880—1965)

年份	公共推广	州立试验站研究		美国农业部研究	私营工业企业研究[a]	农业相关研究[b]
		联邦政府资　金	非联邦政府资金			
1880	—	—	0.1	0.5		
1890	—	0.7	0.2	0.8		
1900	—	0.7	0.3	0.8		
1910	—	1.3	1.3	4		
1920	1.5	1.4	6	7		
1930	2.4	4	12	15		
1935	20	4	10	12		
1940	33	7	13	22		
1945	38	7	18	23		
1950	75	13	47	47		
1955	101	19	71	54		
1960	142	31	111	92	325	
1965	175	47	180	167	460	365

[a]私人企业1960年和1965年的研究经费估值仅指可用于这种研究的经费。1960年的估值包括某些与农业有关的研究。

[b]间接关系到农业的研究。包括私人基金会和非赠地学院的研究。

资料来源：R.E.埃文森：《农业研究与推广对农业生产的贡献》(博士论文，芝加哥大学，1968年)，第3页。

生物科学技术的进步——玉米改良的情况

1920—1965年间的实践证明，1860—1920年间在农业技术研究、改进和推广等方面公共部门进行的机构改革，促成了新资源的[145]较快利用，推动了科学技术的发展。总的说来，私营企业对于生物技术的贡献很小，而公共部门的农业研究机构对推进生物(或生物与化学)技术，比促进机械技术发展更为有效。在这一节，我们特别注重玉米生产技术进步的体制方面的内容。

从美国独立到现在,玉米在农业发展中具有独特的作用。玉米是美国本地的农作物。玉米的栽培,是前哥伦比亚农业文明的基础,过去,玉米在美国人民的食物消费量和役畜饲料方面都有重要地位,但现在美国的玉米主要用作肉畜的饲料。

1960 年,玉米所提供的能量占美国生产的基本食物和饲料作物能量的五分之三多。[26] 在 1870 年,玉米所占能量比重更大,1870—1925 年,玉米生产高速增长,1925—1937 年玉米生产下降,1937 年以后又迅速增长(见图 7.1)。1870—1925 年间每英亩玉米产量基本保持不变,大约为每英亩 27 蒲式耳。从 20 年代初到 30 年代干旱末期,美国玉米的平均产量实际上下降了。

20 世纪的前三分之一时间,是玉米生产比较稳定的阶段。在 19 世纪,玉米播种面积的扩大曾使玉米总产出持续增长,20 世纪以后,面积增加已不再是产出增长的重要原因。需求的增长造成了对供给的压力。19 世纪 80 年代,玉米价格相对于一般价格水平开始上升,1900—1920 年间上升速度加快。詹姆斯·O.布雷与帕特里夏·沃特金斯曾经就产量递减趋势问题进行过争论,农业生产不断地向上等土地转移,"1870—1937 年玉米总产出的增加,在很大程度上,是靠掠夺式经营获得的,土壤肥力的资本转化为畜牧和机器的资本,然后又反过来加速这种转化。20 世纪初,进一步提高土地产出量的技术的有效性开始受到肥力耗竭的限制。"[27] 20 世纪前三分之一时间的 30 多年中,玉米产量变化的事实,支持了英国古典经济学家关于追加土地和劳动投入报酬递减的观点。

20 世纪 20 年代中期,在古典模式的基础上,又以三个方面提

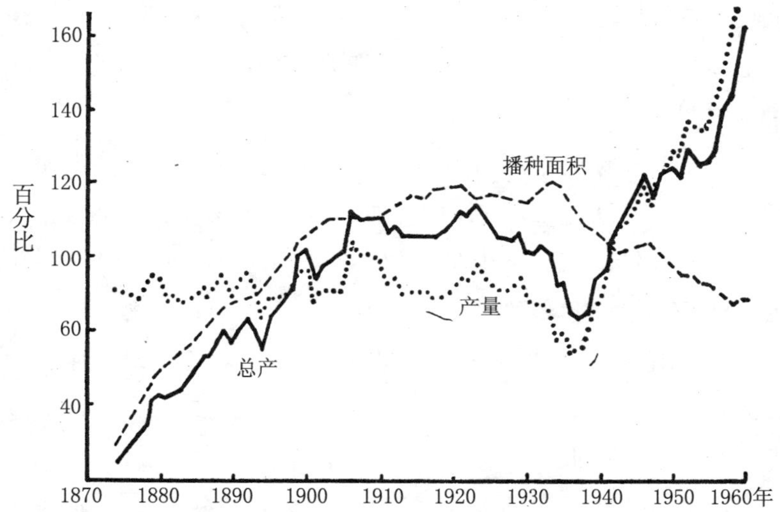

图 7.1　美国玉米的播种面积、产量和总产(1870—1960),指标为 5 年移动平均数,100＝各阶段的平均数。

资料来源:J.O.布雷和 P.沃特金斯:"美国 1870—1960 年的玉米生产",载《农业经济学杂志》第 46 卷(1964 年 11 月号),第 753 页。

出了补偿的问题,[146]这三方面是:(1)动力的机械化;(2)杂交玉米的发明;(3)商品化肥实际成本的大幅度下降。

动力机械化,以拖拉机代替畜力,关键意义在于大大减少了役畜对作为能量来源的玉米和其他饲料的需求。㉘据计算,役马成本的大约四分之三是饲料的消耗。㉙随着"拖拉机化"的进程,也使得劳动生产率突破了由于农业生产上役马和饲料作为动力和能源所造成的约束,以及由于畜力机器造成的机械规模的限制。

1900 年以后,农民和种子经销商对品种的选育和推广做出了努力,赠地学院、试验站、[147]推广服务站和美国植物产业局在研究更有效的栽培方法方面，做出了贡献。[30]但是，这些努力直到20世纪20年代和30年代引进了杂交玉米之后才对玉米产量水平的普遍提高，产生了显著的作用。

杂交玉米的发展是20世纪前50年中应用生物学最杰出的贡献。杂交玉米包括几个方面的发明。[31]其中有密歇根农业试验站的威廉·比尔研究的玉米生产的杂交技术；卡内基研究所的乔治·H.舒尔关于遗传的研究，这项研究使人们得以了解杂交优势的理论基础；康涅狄格州农业试验站唐纳德·约翰发现了种子生产的双倍体杂交方法，他还提出了对杂交优势的遗传解释，这是他的第二个重要贡献。

贝尔的研究在19世纪末就完成了；舒尔的研究成果在1908年和1909年的论文中发表；琼斯的研究在1915—1917年间完成。保罗·曼格尔斯多夫说："杂交玉米之所以从舒尔想象中的设计变为现实，是因为琼斯的种子生产方法使之具有了可行性，他的杂交优势理论能够被理解和接受。"[32]20世纪20年代初，杂交玉米开始在许多州栽培，到30年代初，杂交玉米已成为大规模的商品生产，1950年美国的杂交玉米播种面积已超过玉米总播种面积的四分之三。

杂交玉米品种的商业化生产经历了三个复杂的阶段：(1)近交系的分离；[33](2)试验近交系的各种杂交组合，观察杂交性状；(3)选择近交系组合，生产商品性的杂交种子。因为杂交玉米的第二代产量显著下降，所以农民不能自留种子，必须在每个种植季节购买杂交种子。杂交玉米品种具有明显的环境特征，影响种子地理适应性的主要因素是[148]对温度的敏感性和光照时间的长短(开花时间由光照时间决定)，这些因素在南北方向上影响品种的地域适应性，而在东西方向上则没有影响。另外一些降雨、病原体等生态因素，综合起来使得大部分杂交玉米品种都具有特殊的地域适应性。

发展杂交玉米，是指发明适应各种区域的玉米品种的培育方法，而不是指发明可以从发源地通过市场和教育推广体系传播开来的杂交玉米品种。[34]杂交玉米品种成功地研究和传播，是因为研究和分工的日益细致化和分配、教育体系进步的结果，这个体系包括密切合作的公共研究和推广部门，一系列公共、半公共和合资种子生产公司，私人研究和市场机构等。[35][36]

种子生产复杂技术的成功研究，使私营者可以生产和经营杂交玉米种子。优势近交系专有系的存在，为品种改良者提供了保护，这与专利制度对机器发明的保护相似。[37]这使得私营部门在发展新的杂交玉米品种方面所起的作用，比在大部分别的作物改进方面的作用更大。1950 年以后，私营部门已经成为新的杂交玉米品种研究的主要力量，尽管试验站的近交系仍对种子工业具有重大意义。格里利切斯估计，截至 1955 年，在杂交玉米的研究中，美国农业部大约投资了 30 万美元，州立农业试验站投资了 65 万美元，私营种子公司投资了 190 万美元。[38]在种子改良、生产和推广中，私营部门对提高玉米产量的作用，比单纯依靠公共部门所起的作用大得多。

随着产量沿着总生产函数曲线向上和向右的显著[149]移动，高水平化肥的投入和高水平管理变得有利可图(第四章)。几乎从引进杂交玉米开始，就不断地有关于新品种与高化肥投入和作物管理水平相对贡献的争论。根据盖尔·约翰逊和罗伯特·L.古斯塔夫森的分析,1920—1929年间和1945—1954年间玉米产量的提高中,种子的引进、化肥的高投入和机械的增加占有相等的比重。[39] L.H.肖和D.D.杜罗斯特指出:1950年以来导致玉米增产的因素是氮肥的高水平投入和每英亩种植密度的提高。[40] 在引进杂交玉米之前,农民使用化肥和改进管理的努力都没有特别成效。近期的玉米改良工作主要是提高种子对能量和养分的转换率,高水平的化肥投入和密植对于未经改良的种子并不能获利,而与改良杂交品种相联系的高产量才使得采用更有效的植物保护变得有利可图。

很明显,化肥生产技术的改进和市场的发达,导致了化肥价格相对于玉米和土地价格的大幅度下降。[41] 化肥价格的下降,以及由于新杂交玉米品种出现后产量对化肥反应曲线的移动,导致了1940—1970年间玉米产量的迅速提高(见图7.1)。而且我们可以假设,化肥技术的进步同样是由导致杂交玉米引进的技术和经济力量推动的,至少在过去是这样。技术和经济两方面,在19世纪末和20世纪初,都是克服玉米生产技术停滞、玉米[150]价格上升和导致农业商品化的因素。

公共部门在化肥技术进步和化肥普及使用方面都起了重要作用。田纳西流域管理局创办的国家化肥开发中心,是化肥物理化学性状、土壤—化肥—植物关系和化肥施用技术等领域研究的重要基地。[42] 很明显,公共部门的化肥研究,给保持和强化化肥工业竞争提供了技术条件,从而对化肥价格的下降做出了贡献。[43]

农业研究的生产率和重点

直到最近二十年，公共部门农业研究的供给、需求和生产率的定量测定才成为可能。在20世纪50年代，总生产率数据，例如第六章（表6.2）提到的，表明不到一半的美国农业产出的增长来源于投入的增长。[44]以后，有一系列的研究，用以计算公共部门以及个体商业对杂交玉米、黄豆和家禽等农业研究投资的收益。这些研究都表明农业研究有较高的收益率或成本利润率（见表3.1）。

罗伯特·E.埃尔森的综合研究提供了关于科学研究生产率的时间和空间方面的许多资料。[45]他的研究资料表明，研究投资和生产使用之间的时差大约是5—8年。这种时差又分为三个阶段：(a)研究费用支出和有经济价值的新知识发现的时差；(b)新知识发现和生产者在技术上采用和体现这些新知识的时差；(c)知识[151]贬值或更新的影响。这种知识更新的影响与新知识取代旧方法和投入的速度成正比。

埃文森的结论与下面的主张一致：各州不同的研究费用导致了各州间农业产出增长速度的不同。[46]过多的农业研究是不正常的，对其他州农业产出会有一定影响，但从总体来看，各州的"地域特性"足以影响各州的经济增长速度。这个结论表明，农业研究的成果合理地被一个州的全部农业生产者所分享，公共部门在研究和推广中投资所带来的农业产出增长的不同影响，由农业供给和销售等部门调节。此外，农业和农工企业产生的收入的乘数效应，造成了对消费品和服务业需求的大幅度增长。

集中于公共部门投资收益的研究结果与诱导发展的模式一

致。20 世纪 20 年代以来,美国农业研究的投资额增加很快,从这些投资中得到的收益增加也很快。且农业研究力量的分布,从州一级来看,与投资可见收益的分布有密切联系。

在美国农业研究体系的继续发展过程中,还有两个悬而未决的问题,第一个问题是研究活动方向的偏离,这种偏离是因 20 世纪 50 年代和 60 年代农工企业发展所引起的价格和资源利用的偏离而产生的。很明显,农工企业的发展,不仅造成了农场范围内的资源不合理利用,而且也引起了地区间资源研究的失真。

这一点可以用烟叶研究的实例说明。㊼在烟叶的大[152]部分生产史上,烤烟的价格用控制用地的方法保持不变,即严格限制个体农民的烟叶栽培面积,提高用于种植烟叶的土地价格。㊽在限制种植面积的时期,种植者、农学家和研究工作者集中力量提高土豆的单产,这是对人为确定的“稀缺”烟叶种植土地面积所做出的反应,结果,烟叶的每英亩产量大大提高。但新的高产烟叶品种在质量上却次于过去的烟叶品种。从 1965 年始,对上市量的控制取代了对种植面积的控制,从而引导农民将其重点从设法增加亩产转移到质量的改进上,也导致育种家研究重点产生了同样的转移。在北卡罗来纳大部分的烟叶生产地,在政策变化的影响下,烟叶的平均亩产下降,而平均质量提高。

另一些实例则表明农业发展中地区间资源研究的不合理性。农业的发展,使得土地成为较为“稀缺”的生产要素,从而导致美国农业科学家、公共和私营研究机构投入了与资源优势不相符合的过多的节省土地的革新研究。其结果,价格关系和所引起的技术革新的偏离,导致了工业品输入对土地的替代。由于价格比不能正确地反映资源的优势和产品的需求，因此，美国农业很快地转到日本的资源利用模式上。

第二个问题是作为美国农业新知识和新投入源泉的公共部门和私营部门将来的作用。新的科学技术知识使农民投入工业品变得日益有利，显著的标志是大量生物技术的投入——杂交玉米新品种、高效化肥和[153]优良畜种，以及与机械技术有关的投入。这样，农民从农业试验和推广站直接得到的新知识很少，而是通过工业部门间接获得的。由工业部门直接卖给农场的投入工业品，体现了新的知识，这促使私营部门增加研究投资，积极采用新的生物技术。到20世纪60年代中期，美国大约一半的农业研究经费由私营部门投入（见表7.1）。

日本农业中的科学技术㊾

明治维新（1868—1911年）前夕，日本与西方技术影响的隔离已有两个多世纪。㊿由于真正的殖民化威胁来自于西方的强盛，所以尽快获取西方技术和工业生产力，被看作是极为紧迫的任务。正如德国一样，日本把教育、科学和技术方面的进步看作是民族进步的标志。[154]农业是整个经济的优势所在，农业生产率的提高，不仅对日益增加消费者剩余和社会福利做出了贡献，而且是资助工业和其他现代化措施的基础。

新明治政府的领导者十分重视农业的这种作用。一方面是因为对农业的需求十分迫切，另一方面是因为有来自先进西方工业技术优势的压力。他们发展农业的第一个尝试是直接大规模引进英国和美国的农业机械，明治政府的领导者很自然地从工业技术的分析推导出，西方农业技术就是现代化的大规模农业机械。日本领导者的这种认识在世界上并不是唯一的。

1870 年，伊藤博文（后来成为首相大臣）从美国买回价值 700 美元的农业机械。为了展出这些新机械及以后进口的机械，于 1871 年在东京筑地建立了西方农机展览馆。农业机械的操作表演在 Naito Shinjwu 农业站（1873 年建立举行）。1879 年三田农业机械制造厂成立，仿造进口的农业机械。

日本政府还从英国邀请教师到新建立的驹场农业学校任教（建于 1877 年，1890 年成为东京大学的农学院），并从美国邀请教师到札幌农业学校讲课，该校是为了开发北部的北海道而于 1875 年建立的。[51]在新成立的农学院的课程设置中，有一个共同的指导思想，即引进英美的机械技术是农业发展的需要。

这种种尝试都是努力广泛地借用西方世界工业和农业技术的实例，但不同于工业的情形，除了在北海道，农业发展的种种尝试全都失败了。日本农业资源的稀缺（平均每个劳力可耕地不超过 0.5 公顷）与英美大规模的农业机械耕种，是不能相比的。一个参观进口农业机械的农民评论说："这些机械可以应用于土地广阔的北海道，但如果在小块土地上使用这些机械，就像骆驼穿上了大象皮一样不合适。"[52]进口现代化工业机械，例如福冈的现代缫丝厂，成功地引导了现代工业的发展，而进口农业机械却没有为农业的发展提供机会。[53]

在驹场学校，英国教师的教学是无效的。[155]首届从驹场学校毕业的玉利喜造——后来成为东京大学的教授——在其回忆录中写道："……教师关于农学方面只讲美国的大畜牧业，几乎无法应用于日本的问题……耕、耙、开沟、轮作这几个词如何翻译？这些问题存在于日本吗？"[54]

当地技术的合理化

明治政府很快看到发展英美型的机械化农业的尝试不可能成功，把农业发展的政策调整为探索与日本经济的资源优势相适应的现代技术。

1881 年，驹场学校的英国农业教师合同完成，接替他们工作的是德国的农业化学家奥斯卡·凯尔纳和土壤学家马克斯·费斯卡。日本农业教育课程的重点也调整为德国的农业化学和李比希的传统土壤化学。

19 世纪 80 年代，示范西方机械、植物和家畜的设施大部分停建。新成立的农商省（1881 年）于 1885 年建立了巡回指导体系，教员到各地举办农业推广会议。为了最有效地把农业实践经验同没有经验的学院毕业生新的科学知识结合起来，政府不仅雇用从驹场学校毕业的学生作指导员，还雇用熟练的农民。与早期直接照搬西方技术相反，巡回指导体系着重推广已被日本农场使用的效果最好的品种和日本传统的主食如水稻、小麦生产中生产率最高的农艺技术。为了给巡回指导者提供更多的信息，1886 年建立了主食谷物和蔬菜试验农场。1893 年西原试验农场进一步扩大，建成为国家农业试验站，包括六个部分，巡回指导体系也被作为国家农业试验站的一个部分。

主食谷物、蔬菜试验农场和国家农业试验站最初的研究侧重于应用技术。研究[156]项目都是一些简单的关于比较各种品种或各种栽培技术的田间试验，技术状况、设备和人力都决定所从事的研究不可能超过简单比较试验的范围。

尽管如此，这些试验为明治后期农业生产率的发展奠定了基础，因为有真正的当地技术潜力存在，这些技术可以在新的试验站进一步地试验、发展和提高。

在明治之前幕府时期的300年间，农民受封建主义的沉重压迫。那时，个人的行为和经济活动受社会组织中等级制度的极大制约。农民依附于他们的土地，一般不允许离开自己的村庄，除了朝圣活动以外。农民既没有选择种什么作物的自由，也没有选择用什么品种的自由。关卡把全国分割成为许多封建领地，阻碍了相互间的交流。在许多情况下，封建地主禁止他们领地内良种和栽培方法的输出。在这种条件下，地区间良种的传播和栽培技术的交流受到了极大限制。虽然农业生产率增长是幕府时期的显著特征，但是进入明治时期，还有许多本地技术潜力没有开发出来。[55]

随着明治政府的改革，封建限制被逐渐消除，农民可以自由地选择作物的种类、品种和生产技术。全国范围的通信随着现代化邮电和铁路的引进而建立起来，新技术信息传播的成本大大下降。土地税的改革，把封建制按作物分摊的税收改为固定比率的现金税，刺激了农民改进技术的积极性。

农民，尤其是富中农阶层（自己耕种一部分土地的土地所有者）对改革后的机会[157]做出了积极的反应，他们自愿组成农业讨论协会和种子交流协会，研究高产出的技术。在水稻的生产实践中,农民发明的用盐水选种、改进秧床准备和管理并种成方格形这些技术被最初的巡回推广员传播到各地,有时是政策强迫推广。到 20 世纪 20 年代为止,改良品种都是熟练农民选育的结果。例如,Shinriki 品种,自从被推广以后,在日本西半部的种植比其他任何品种的种植面积都大。这个品种是兵库县的一位农民于 1877 年选育的(品种称为 Shinriki,是“神力”的意思,农民为它的高产量而震惊)。又如,Kameno—o 是在日本北部广泛推广、为水稻稳产做出很大贡献的水稻品种,1893 年由山形县的一位农民选育的。这些劳农(rōnō)品种的发展传播最初出现在日本的西部,包括大部分发达地区(近畿和九州),然后传播到比较落后的东部地区(见图 7.2)。[56]

实验站的研究在试验和提高农民的革新成果方面是成功的,劳农技术(熟练农民的技术)建立在特殊的经验基础上,有特殊的地域性,当传播到别的区域时必须加以修正。贝尔技术的简单比较试验,可以大大降低农民技术信息的成本,对本地的技术只要在试验的基础上稍加修正和调整,就可以大大提高适应性。水稻用盐水选种的技术就是很好的例子。横井次圭,后来成为日本农业和农业科学的最早领导人,当他在福冈县农业学校当年轻教师时,发现了农民采用的盐水选种技术,他改进了这项技术,并在国家试验站进行重复试验以后,盐水选种技术就被推广到日本全国。非常有趣的是,像横井次圭这样的人,在他的一生中极力地主张现代农业科学优越于劳农技术,但是却为推广劳农技术做出了贡献。

由熟练农民开发的技术受到日本农民可以得到的资源的极大限制。在日本,主要的动机是提高生产率。明治时期农业生产率

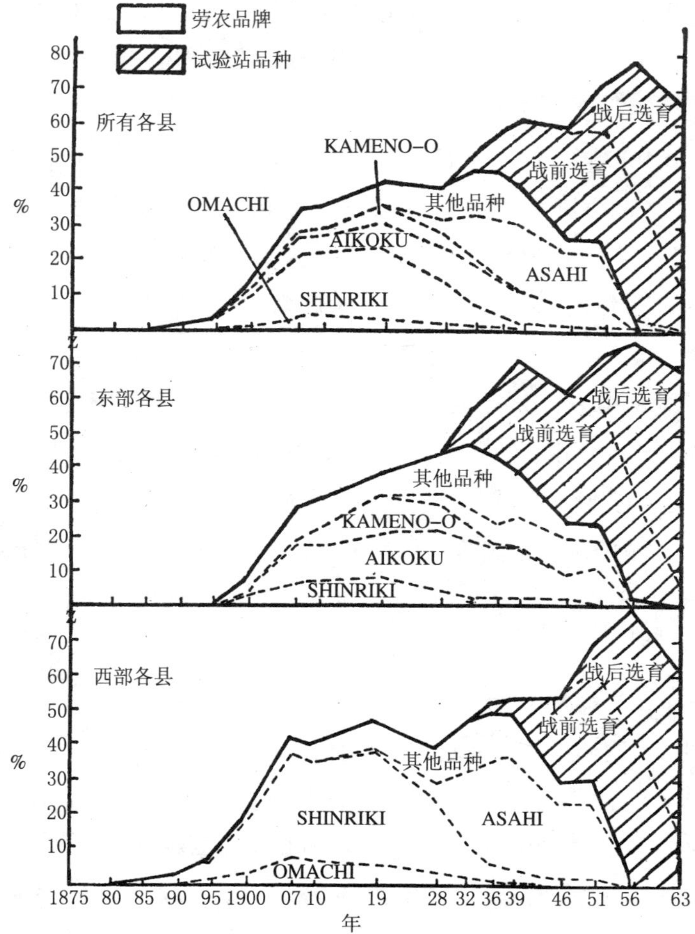

图 7.2　日本水稻总种植面积中改良品种种植面积百分比的变化(1875—1963)

资料来源：速水佑次郎和山田三郎："农业中的技术进步"，载《经济增长：明治时期以后日本的经验》，L. R. 克莱因和小川一司编(霍姆伍德，伊利诺伊：欧文，1968 年)，第 135—161 页。

的增长，是因为农业发展政策重新指向开发[159]适合于日本资源条件的技术的结果。农民和科学家之间的相互联系，也是宣传、使用和推广最好的农业技术过程的一部分。

另一个与日本资源条件相应的有效技术变革的重要因素是可以替代土地的投入的供给的改善，即化肥供给的改进。这取决于伴随着工业化和经济发展的劳动部门间分工的进步。农业生产资料供应者，尤其是化肥供应公司，看到了农民对替代土地和利用机会的迫切要求。运输效率的提高，特别是蒸汽船的引进，大大降低了来自北海道的沙丁鱼肉的价格。20 世纪头 20 年中，对更便宜的氮肥资源的寻求，引起了中国东北大豆饼的大量输入。

泷久化肥公司创始人泷久米次郎的经历说明了农民和农业供给公司之间的关系。泷久属于兵库县的富农阶层，他拥有 11 公顷的耕地，但他自己种植的面积还不到 1 公顷。他还办了一个家庭工厂，生产大豆酱油。当他察觉到化肥的巨大需求和沙丁鱼食品的价格上升，就开始制造骨粉。他克服了种种困难，包括由于佛教传统产生的农民和他的雇员对于加工动物骨头的反对。在中日战争(1894—1895 年)期间的化肥短缺中，他的企业进一步扩大，并且发展成为日本最大的过磷酸钙和复合肥料生产者之一。比他的工程更具有灵活性的是庞大的推广和推销活动，这揭示了他成功的秘密所在。[57]

对化肥需求量的增长，引起了化肥工业的革新。这些革新导致化肥价格的下降以及在作物品种和生产上化肥使用方法的改进。日本种子改进的历史，就是使种子适应不断增加化肥用量的历史，劳农选用的与便宜的中国东北豆饼肥的输入相适应的品种

(例如 Shinriki 和 Komeno—o)都以喜肥为特征,即这些种子能在较高的氮肥施用水平下,抗倒伏,抗病虫害。无论是经济的原因,还是农民的压力,都促使农业科学家研究高化肥使用量、高产量的技术,即所谓的“消耗化肥的水稻栽培技术”。[58] 在这方面,德国传统农业化学和土壤科学在日本的训练是卓有成效的。

与反映日本资源条件的相对要素价格相适应,通过[160]农民、科学家和农业供给公司之间辩证的相互作用,日本开发了一套不寻常的、高生产率的农业技术系统。

试验站科学研究趋于成熟

明治时期高产出的单纯应用农业研究,显然是以在封建制约下对落后的本地技术的潜在需求为基础的。[59] 一旦技术潜力被加以利用,它就会消失殆尽。因此要求研究机构进行更复杂的基础研究以充实技术潜力。到 20 世纪初,人力资本和科学知识的积累已经达到可以从事这些研究的阶段。除了国家系统外,各县也逐渐建立了自己的试验站。1899 年国家实行了对县农业试验站进行补贴的法令,1900 年又建立了 12 个新的试验站,使县级试验站的总数达到 33 个。这些试验站逐渐地承担起应用研究的试验和示范。在农协法令(1899 年)之后,全国的农协组织形成了金字塔形的结构,以高级农协为塔顶,以村农协为根基,通过雇用农业技术员,从事推广活动(这种推广人员 1914 年为 5,200 人,1924 年为 10,000 人,1933 年达到 14,000 人)。国家试验站摆脱这些推广活动后,就能集中力量从事更基础性的研究。

1904 年国家农业试验站第一次开始在畿内地区进行原始作

物品种的培育，加藤伊持负责水稻的育种。这个研究项目的目的是通过杂交，培育新的品种。虽然花费了近20年时间遗传性状显著的新品种才培育出来，但通过项目研究积累了许多经验和知识。[60]另一个项目在1905年在陆羽地区开始从事研究，目的是通过纯系选种法改进水稻品种，这种方法很快地产生了应用效果。此后的大政时代（1912—1925年），作物育种研究主要集中于纯系选种法。

虽然科学研究逐渐成为新型生物技术的主要来源，但是[161]日本农业在大政时代甚至到昭和时代的早期，依然继续依靠劳农技术。Asahi品种是1911年京都的一位农民山本信次郎选育出来的，由于可以施更多的硫酸铵而取代了Shinriki品种。“银坊主”品种是1907年富山县的一位农民石黑岩次郎选育的，由于其很强的抗病虫性能，而在日本北部的中间地带广为使用。农业试验站用纯系选种法主要是为了提高劳农品种的纯度，这种方法对通过开发本地技术潜力而使生产力提高做出了贡献，而不是藉此创造新的潜力。

本地技术潜力被逐渐开发使用而减小，这在20世纪的头十年已经十分明显。水稻产量增长速度开始减慢。当由此形成的生产率落后于因第一次世界大战引起的需求增长时，日本不得不面临人口—食品比例的问题。食品价格的上涨，加剧了工资率的上涨，造成了1918年城市的严重动荡并且以稻谷骚动达到极点。这场由富士县渔民的妻子们引起的骚动席卷了日本所有的主要城市。

政府的第一个反应是从海外的殖民地台湾和朝鲜扩大大米进口，虽然一方面台湾和朝鲜通过税收和垄断价格获得了一些利润，并用于灌溉和农业研究，但是另一方面日本也成功地组织了从殖民地大规模地进口大米。殖民地大米的进口和第一次世界大战以后需求的下降，成功地降低了大米的消费价格。同时，这也具有减少日本农业收入和阻抑生产刺激的作用（见第九和第十章）。

政府开始部分地削减从殖民地进口大米。同时，政府试图通过增加研究和基础设施建设的投资，以恢复国内的农业生产。在这种情况下，全国范围的合作育种计划——“委派试验体系”（即由农林省委派的试验体系）开始实施，首先是小麦（1926 年），然后是水稻（1927 年）。[61]

在委派试验体系下，国家试验站负责选育前几代杂交品种。地方试验站，以八个试验站为一组，负责进一步的选育，以适合区域的生态条件。[162]地方试验站选育的品种送到县试验站，检验品种对于特殊地域的适应性。这个体系育成的品种称为 Norin（农林省的简写）品种。[62]

这个体系取得了极大的成功。Norin 一号就是 1931 年在位于新潟县试验站的北陆中心地区选育的。这个品种产量高、耐肥、早熟（北部地区要求的特征）而且好吃。Norin 一号推广很快，特别是 1935 年以后，1939 年种植面积达到 16 万公顷左右。这就挽救了这个地区由于殖民地大米的竞争造成的濒于崩溃的水稻生产。

委派试验体系建立之后，科学研究成了新技术潜力的主要提供者和农业生产率的重要源泉。以 Norin 编号的品种在 20 世纪 30 年代后期，成功地取代了旧品种。如果不是第二次世界大战军需物资生产转移了资源，形成对化肥和农用投入物资供给的限制，日本农业可能会从30年代末，进入第二个农业发展的新时期。委派试验体系的历史，似乎表明研究机构对生产要素和产品供给变化（由相关价格的变化反映）的反应，明显地存在时滞。体现在新品种、新材料中的新产生的知识，在经历了较长的时滞后才出现。Norin一号的杂交第一代是1922年在国家试验站陆羽地区培育的，第五代于1927年送到委派试验体系的新潟地方试验中心。三年之后，在进入第八代时，选育出了Norin一号。在推广人员最终推广之前，还要在县试验站进一步试验。

战争时期农业的停滞，可以从公共研究的调整与生产要素和产品的需求、供给变化的时间滞后得到解释。在这一方面日本的经历与这一章前面讨论的美国的经历相似。

现代日本农业中的科学技术

第二次世界大战以后，日本农业的高速增长，不仅仅是一种恢复现象，而且以委派[163]试验体系的技术积累潜力为基础，这种潜力在工业提供了充足的化肥之后很快地发挥出来。事实上，政府在它的战后恢复计划（差别生产开发计划）中首先把重点放在化肥和煤矿工业上。

新工业品的投入，例如化学农药和园艺拖拉机、耕作机的投入，进一步加速了战后农业的发展，这些投入是以战争期间积累的工业技术和科学知识为基础的。农业科学家研究的技术使"消耗化肥的水稻栽培技术"得到了极大发展。农业的发展包括各种科学和工程分支的相互作用。化肥使用量的增加，使得水稻易受病虫灾害，导致了农业化学、植物生理学和昆虫学的广泛研究，这些领域研究的成果,促进了品种的发展,使其能够适应更多的化肥使用量。

曾经导致明治时期农业成功发展的农民科学家和农业生产资料供应公司有效的相互作用,在战后继续发挥作用。半灌式复盖秧床的发展,是一个很好的例子,它为战后水稻栽培在日本北部的推广做出了极大的贡献。这种技术最初是长野县的一位农民获野丰次郎发明的。在实施这一技术的过程中,他向县试验站提出咨询,长野农业试验站(后来成为东京农林学院)与他合作,完善了这项秧床技术。[63]工业也为这一技术的发展做出了贡献。开始时是用油纸盖,后来生产出一种新的工业品——乙烯薄膜,大大提高了灵活性和保护程度。这项技术具有很高的报酬率,它的迅速推广证实了这一点。在10年时间内,需要使用秧床保护育秧的地区,几乎百分之百的农民采用了这项技术。

日本农业能够长期发展,是农民、科学家和农用工业有效地适应生产要素和产品价格关系变化的结果。这种价格关系,反映了日本经济中的资源条件。但20世纪60年代中期以来,日本政府对农业生产和农业研究的资源分配显著不合理。土地改革立法限制了农场规模的扩大,从而在劳力短缺成为日本经济一个长期特征的情况下,限制了节省[164]劳力的机械技术的发展。农民对水稻生产要求高价支持的压力,迫使政府支付给农民的水稻价格比世界价格高一倍多。这种情况引起了水稻生产过剩,在畜产品需求迅速上升时,一度阻碍了畜牧农业体系的发展。

19世纪80年代,由于财政部长松方正义进行金融改革造成了经济萧条,出现了严重的动乱,要求减少新土地税法中规定的土地税，而土地税是日本工业发展的基本资金来源。正在这个时候，农业科学协会发表了“Konoronsaku”（一篇关于农业发展战略的文章），反对减少土地税的观点，主张“采取更多的积极措施发展农业，例如办农业学校、农业试验站、巡回报告和农业协会”，减少农民的负担。[64]国家农业试验站的成立，是对这些主张的回应。回顾起来，农业科学协会主张的政策是非常成功的。20 世纪 30 年代，农民从委派试验体系生产的 Norin 一号中得到的利益，比削减殖民地大米进口措施得到的利益更大。

当今农业和非农职业收入的扩大，成为严重的社会和经济问题。在用农民的福利或国家的福利进行评价时，高价支持的方法是否是解决工农收入悬殊的最有效或最理想的办法，的确是一个有疑问的问题。回顾一下日本引导农业科学对反映经济中生产要素条件的生产要素之间和要素与产品之间价格关系做出反应的过程，似乎是合适的。日本现在需要按照同样的思路设计农业技术，以适应劳动力成为日益昂贵的生产要素的环境，适应谷物在人均消费中作用下降、在世界市场上价值下降的环境。

结论和启示

通过对科学技术在美国和日本农业发展中的作用的历史回顾，可以得出两条重要结论。

第一，日本和美国农业革新的历史，是与节省相对紧缺生产要素的私营[165]部门和公共部门的革新努力一致的。在两个国家中，机械和生物技术的进步，都是生产要素相对价格变化和生产要素相对于产品的价格变化的反映，其目的是减少由缺乏弹性的土地和劳力的供给短缺造成的制约。在两个国家中，联邦—州的二元开发（美国）或国家—地方系统（日本）的研究体制对研究的有效性做出了贡献，使得公共部门的研究力量能够有效地集中在全国范围的主要问题上，同时，发展了对特殊区域和地方的问题的反应能力。

第二，美国和日本的经验都证明，公共部门在与农业有关的生物科学和农业试验站研究能力方面进行投资，对本国农民所使用的当地技术的试验和推广，对国外农业技术的移植和使用，对于为本国农民不断地提供新的生物和化学技术而必须进行的基础和应用研究，都是非常重要的。这个启示（在以后章节还要详细考察），对于大部分发展中国家具有特殊的意义，因为它们的生产要素条件清楚地表明，它们技术发展的最佳途径，是把重点放在生物技术上。

日本和美国的历史还表明，如果技术进步模式是要取得最高的发展速度，或者是要避免机械技术和体现在专项产品中的那些生物技术在应用上的偏差，那么公共部门必须在生物技术的进步中起重要作用。

即使在西方经济中，农产品的同质性和农场规模的狭小，使得个体农业生产者既难以负担研究的费用，也难以从引起生物技术进步的革新中独占收益。以新的作物品种培育、新的栽培技术为特征的生物技术革新，可以被别的农场模仿或重新生产。而且农业技术迅速推广的效益很快地从农业生产者手中，通过较低的农产品价格转到消费者手中。无论从经济逻辑还是经济历史都可以清楚地看到，一旦土地成为农业产出增长的严重限制，公共部门加快生物技术进步速度的农业研究投资，就有了较高的社会效益。

同样非常明显的是，如果不能有效地组织公共部门的农业研究，必然导致技术变革方式和资源利用方面的严重失误。私人部门经营的机械对机械技术比生物技术敏感得多。如果不能通过研究机构的革新，促使生物技术的进步，去配合私营部门促进机械技术的效果，那么，就可能导致[166]生产力增长的偏差，不能与相关生产要素条件保持一致。似乎可以得出一条合理的推论：公共部门不在试验站上投资以提高其试验能力，是某些发展中国家相对于生物技术来说，不适当地使用机械技术的原因之一。此外，集中研究经费于出口产品，例如香蕉和蔗糖的生产部门，而不是一般作物种植部门，也是某些国家没有能够建立完善的公共部门研究机构的原因之一。

很明显，有效的公共部门农业研究机构的建立，并不是直接照搬日本和美国的模式，而应结合具体情况进行机构改革。最初给予日本和美国农业研究体系以启示的英国和德国模式，都不能满足日本和美国的需要。日本和美国的经验表明，移植研究机构比移植农业技术更加困难，也需要更长的时间。发展中国家面临的主要挑战，是如何提高科技体制的能力，推出具有地区特征的农业技术，以适应新型农业技术将加以利用的技术和经济环境。

注　释

① D.S.兰德斯："西欧的技术变革与发展，1750—1914 年"，载《欧洲剑桥经济史（VI）》，"工业革命及以后"第一部分，H.J.哈巴卡克和 M.波斯坦编

(剑桥:剑桥大学出版社,1966年),第274—601页。

② 兰德斯:“技术变革”,第571页。

③ 出处同上,第566—567页。

④ H.C.克诺布洛等:《州立农业试验站:研究政策和步骤的历史》(华盛顿:美国农业部,综合出版物,第904号,1962年5月),第16页。

⑤ W.O.阿特沃特:《欧洲的农业试验站》(华盛顿:美国农业部,1875年度政府特派员农业报告,1876年),第517—524页。

⑥ D.K.普赖斯:《科学财产》(坎布里奇:哈佛大学出版社,1965年),第5页,普赖斯认为,“美国是在哲学家们开始相信人类完美性的时代建立的。甚至从富兰克林和杰斐逊以来,美国人的信念就倾向于把民主与科学的结合作为人类进步的真正准则”(第1页)。

⑦ 甚至到了1860年,“美国仍然犹豫政府是否应该建立完备的关于科学法规的理论……那些政府容易协调的科学,例如气象学及对农业的援助,还没有构成适当的有组织的体系。政府在应用科学对技术进行调整和援助的过程中,还是谨慎和间歇性的”。A.H.杜普雷:《联邦政府的科学:1940年政策和行动的历史》(坎布里奇:哈佛大学出版社,1957年),第114页。还可参见I.B.科恩:《科学与共和国第一个世纪的美国社会》(哥伦布:俄亥俄州立大学,1961年)。

⑧ L.罗金:《19世纪美国与农业劳动生产率相关的农业机械的引进》(伯克利:加州大学出版社,1931年);C.H.丹霍夫:《美国北部农业的变化》(坎布里奇:哈佛大学出版社,1969年);I.费勒:“农业的创新活动,1837—1890年”,载《经济史》第22卷(1962年12月号),第560—577页。费勒指出:“虽然早在19世纪初,农业中就有相当多的创新活动,但直到19世纪中叶才看到了对农业产出的影响”(第561页)。在1970年8月12日W.D.拉斯马森的信中有同样的观点。

⑨ W.N.帕克和J.L.V.科林:“美国粮食生产中生产率的增长,1840—1860年和1900—1910年”,载《1800年以后美国的产出、就业和生产率》,国家经济研究局收入和财富研究,第30卷(纽约:哥伦比亚大学出版社,1966年),第525—582页。关于小麦生产,大约劳动生产率增长的60%来源于机械化,20%来源于生产位置向西部的推移,其余20%来源于土地单产的

变化以及各因素相互影响的作用。有证据说明帕克和科林低估了向西部推移对于扩大生产的贡献。见 F.M.费希尔和 P.特明:“区域专业化和美国的小麦供给,1867—1914 年”,载《经济学和统计学评论》第 52 卷(1970 年 5 月号),第 134—149 页。

⑩　这并不意味着生物技术没有取得显著的成就,例如,“所有的南部农民都按照他们的标准,接受了西南部作物种植者早在 17 世纪初发明的山地棉花栽培法。这种著名的墨西哥杂交品种,极大地提高了美国棉花的产量和质量,以至于可以与以前南部著名的埃里·惠特尼轧棉齐名”(第 95 页)。J.H.摩尔:“过去南部的棉花种植”,载《农业史》第 30 卷(1956 年 7 月号),第 95—104 页。亦见 R.H.泰勒:“1900 年南大西洋各州商品肥料的销售和使用”,出处同上,第 20 卷(1974 年 1 月号),第 46—52 页。

⑪　R.C.洛尔:“英国农业对美国农业的影响,1775—1825 年”,出处同上,第 11 卷(1937 年 1 月号),第 12 页。

⑫　丹霍夫:《农业的变化》,第 251—277 页。

⑬　关于技术变化是由知识引起还是需求引起的历史论证的讨论,参见 J.施莫克勒:《发明和经济增长》(坎布里奇:哈佛大学出版社,1966 年)。在对 1800—1955 年间农业中 235 项、石油冶炼中 284 项、造纸工业中 185 项和铁路建设中 230 项重要发明进行广泛考察后,施莫克勒得出结论:技术变革首先是由需求引起的,第 66、67、176 页。

⑭　帕克和科林:“生产率增长”,第 525 页。

⑮　丹霍夫:《农业的变化》。他认为,“大多数农民采用的土地利用方式是环境的产物,而这些环境是早先的定居者发现的。所谓的肥力保持耕作法……是不切实际的。因为……有效的劳动被更多的直接进步占据了……包括新的开垦”(第 251 页);“最大的收益来自于最少的劳动,耕作尽可能多的土地,去种植直接有价值的作物。……大多数农场建在需要许多年才能耕种的土地上,而且只要存在可开垦的处女地,他们就会不断地去开拓,以作为对土地肥力下降的补偿”(第 252 页);“在那些没有采用保持和提高土壤肥力技术的农民中,很多人看到收益递减,于是他们也加入了寻找新土地的行列”(第 253 页)。

⑯　E.W.海特:“有刺铁丝栅栏——一种草原耕作的发明;它的兴起及

对西部各州的影响”，载《农业史》第 13 卷(1939 年 10 月号)，第 189—207 页。

⑰　见 W.P.韦布：《大平原》(波士顿：吉恩公司，1931 年)，第 295—318 页，农民发明有刺铁丝的历史部分。美国钢铁公司的一个子公司，经过专利申请，最终垄断了有刺铁丝的生产。最新的例子可见 J.H.斯特里特：“棉花收获的机械化”，载《农业史》第 31 卷(1957 年 1 月号)，第 12—22 页。

⑱　“专利制度用增加模仿者成本和困难的方法，提高发明者和革新者的收益，从而避免了私人的所有权因保密困难而公有化。”R.R.纳尔逊、M.J.佩克和 E.D.卡拉切克，《技术、经济增长和公共改革》(华盛顿：德鲁金斯协会，1967 年)第 160 页。纳尔逊等同时指出，“对发明者奖励的扩大是专利制度最重要的社会功能之一。这种奖励功能的实现并非不费成本。……专利制度把整个社会或社会集团的一部分收入转到成功的革新者手中。……专利制度用授予发明者垄断权的方式实现收入的转移，而不是从公共税收中扣除。……对于社会具有积极价值的现成知识自由地被采用，对社会是有利的。相反，仅对个别生产者有利的知识，就要加以限制，因而其价值也较小”(第 161、162 页)。

⑲　克诺布洛：《州立农业试验站》。耶鲁分析实验室 S.W.约翰逊所起的作用特别突出。“S.W.约翰逊用毕生精力，为寻找农业研究制度化最有效的方法，做出了不懈的努力。……他在德国的许多试验室从事科学研究，并且亲自考察了德国试验站建立初期的变化。他首先提倡美国也应有类似的改变。”(第 14 页)

⑳　R.H.施赖奥克：“19 世纪美国对基础科学漠然视之”，载《科学社会学》，B.巴伯和 W.赫希编著(纽约：格伦科自由出版社，1962 年)，第 104—105 页。施赖奥克认为，基础科学缺乏成就，是因为研究力量大多集中在应用科学上，应用科学“似乎在不久的将来就能付诸实施”(第 110 页)。

㉑　“……‘部’逐渐发展成为一个社会的和政治的机构，即政府的办公署。……这种新的理想的科技办公署明确地规定了它的特征。首要的问题是办公署的中心功能，不是一个科学部门。……于是办公署的主任就要借助于国会法令的授权，以便保持其连续性。……其次，这个办公署的目的在于建立一个稳定的科学工作者组织，它不但能够行使职权，而且忠诚于这一机构，并且确信了他们的工作对国家是很重要的。……最后，办公署要与周围

的其他小组建立尽可能协调的关系”，杜普雷：《联邦政府的科学》，第158—159页。

㉒ 出处同上，第165页。

㉓ 克诺布洛：《州立农业试验站》，第29—52页。在1887年林肯法案通过以前，只有四所赠地学院建立了农业试验站——加利福尼亚(1880年)、田纳西(1882年)、威斯康星(1883年)和肯塔基(1885年)。

㉔ 出处同上，第191—206页。

㉕ 1914年以前，“随着农业杂志的发行，州立农业试验站与学院在推行工作中发生了冲突，这种现象持续了许多年。……直到1914年，史密斯—利弗法案才规定：推广机构从大学中永久地分离出来。这项法案的一个特点，就是‘50—50’计划规定的联邦供给经费要与各个州的具体情况相一致”。杜普雷：《联邦政府的科学》，第181—182页。

㉖ J.O.布雷和P.沃特金斯：“美国玉米生产的技术变化，1870—1960年”，载《农业经济学杂志》第46卷(1964年11月号)，第751—765页。

㉗ 出处同上，第760—761页。

㉘ S.E.约翰逊叙述过这一变化的作用：《美国农业的变化》(华盛顿：美国农业部，综合出版物，第707卷，1949年12月号)。

㉙ 瑙姆·贾斯尼：“拖拉机作为与马对立的农业动力来源：在世界上几个国家的竞争”，载《农业经济评论》第25卷(1935年12月号)，第708—723页。按照贾斯尼的观点，拖拉机对马的替代，受饲料与燃料相对价格、马匹与拖拉机的相对价格、劳动力的价格以及每1匹马或每1台拖拉机1年的工作天数的影响。

㉚ M.L.莫舍详细论述了伊利诺伊州和艾奥瓦州所做的研究工作：《早期艾奥瓦州的玉米产量试验以及后来与此相关的试验计划》(阿默斯：艾奥瓦州立大学出版社，1962年)。

㉛ P.C.曼格尔斯多夫：“杂交玉米”，载《科学美国人》第185卷(1951年8月号)，第39—47页。关于玉米生物学改良方向的文献引述于乔治·F.斯普拉格编著的《玉米和玉米的改良》(纽约：科学出版社，1955年)。更多的关于个人的论述可参见H.K.海斯：《一位教授的杂交玉米研究》(明尼阿波利斯：伯吉斯出版公司，1963年)和A.R.克雷布：《杂交玉米的创造者：富足

的先知》(新不伦瑞克:拉特格斯大学出版社,1947 年)。

㉜ 曼格尔斯多夫:“杂交玉米”,第 42 页。

㉝ 出处同上,第 43 页;H.D.休斯为克雷布所著《杂交玉米的创造者》一书所写的序言,第 15—25 页。

㉞ Z.格里利切斯:“‘杂交玉米’:技术变革经济学探讨”,载《经济计量学》第 25 卷(1957 年 12 月号),第 501—522 页。

㉟ A.H.摩西蒙:《在发展中国家建立农业研究系统》(纽约:农业发展委员会出版公司,1970 年)。

㊱ 克雷布:《杂交玉米的创造者》,亦见格里利切斯:《“杂交玉米”:一种开发》和海斯:《一位教授的杂交玉米研究》。

㊲ 育种学家对于需要比专利保护制度更多的正当奖励这一问题,展开过许多讨论。见 S.O.费耶:“植物育种学家权利的问题”,载《农业科学评论》(1966 年第三季度),第 1—7 页。也可见美国参议院农业研究分会和农业与林业立法委员会听证会上的陈述,第九十一届国会第二次会议,S.3070,1970 年 6 月 11 日(华盛顿:美国政府出版局,1970 年)。

㊳ Z.格里利切斯:“研究费用和社会收益:杂交玉米和相关的革新”,载《政治经济学》杂志第 66 卷(1958 年 10 月号),第 419—431 页。

㊴ D.G.约翰逊和 R.L.古斯塔夫森:《谷物产量与美国食物供应:产量变化及其可能性分析》(芝加哥:芝加哥大学出版社,1962 年),第 92 页。亦见布雷和沃特金斯:《玉米生产中的技术变化》,第 761 页。

㊵ L.H.肖和 D.D.杜罗斯特:《玉米带气候和技术对玉米产量的影响,1929—1962 年》(华盛顿:美国农业部经济研究所,农业经济报告,第 80 号,1965 年 7 月)。

㊶ 关于化肥生产和分配中的技术变化,对化肥价格相对于其他投入要素和产品价格的下降的贡献,S.G.佐保田曾经论述过:“生产力增长的源泉:美国肥料无机工业,1936—1960 年”,载《经济学和统计学评论》第 48 卷(1966 年 5 月号),第 193—203 页;G.S.萨霍塔:《经济发展中的化肥:一种计量经济分析》(纽约:普雷格,1968 年)。1936—1960 年间,化肥价格相对于国民生产总值的隐含价格换算指数,下降了 52%,其中 26%是由于化肥生产部门生产率提高所致;12%是由于竞争加剧;还有 10%是由于化肥工业的原料

价格下降所引起。

㊷ 田纳西流域工程管理局:《田纳西流域工程管理局肥料计划》(诺克斯维尔:田纳西流域工程管理局,1965 年 9 月)。

㊸ J.W.马卡姆:《化肥工业》(纳什维尔:范德比尔特大学出版社,1958 年)。V.W.拉坦:“积极的化肥工业政策”,载《政治经济学》杂志,第 68 卷,1960 年 2 月号,第 634 页。

㊹ G.T.巴顿和 M.R.库珀:“农业生产与投入的关系”,载《经济学与统计学评论》第 30 卷,1948 年 5 月号,第 117—126 页;T.W.舒尔茨:《农业经济组织》(纽约:麦格劳—希尔出版公司,1953 年),第 99—124 页;V.W.拉坦:“技术进步对农场产出的贡献,1950—1975 年”,载《经济学和统计学评论》第 38 卷(1956 年 2 月号),第 61—69 页。

㊺ R.E.埃文森:《农业研究和推广对农业生产的贡献》(芝加哥大学经济学系,博士论文,1968 年)。R.E.埃文森“农业研究组织的经济问题”,载《农业研究中的资源配置》,W.L.费希尔编辑(明尼阿波利斯:明尼苏达大学出版社,1971 年)。

㊻ 拉蒂默和帕尔伯格更早一些时候就列举资料指出:州立试验站是高度分散的,并没有对所在州的农业产出产生不同于其他州的影响。R.拉蒂默和 D.帕尔伯格:“研究费用和收益的地理分布”,载《农业经济学杂志》第 47 卷(1965 年 5 月号),第 234—241 页。但达尔林普尔指出,《农业经济学杂志》所刊载文章的结论,与拉蒂默在其论文中采用的一个模型是不一致的。见 D.G.达尔林普尔:《农业研究和教育中的公共投资:若干评论》,出处同上,第 47 卷(1965 年 11 月号),第 1,020—1,022 页。除了依文森的工作之外,证明材料还可见于其他两个人的研究中,他们也揭示了研究和教育对于州一级的农业产出的不同作用:Z.格里利切斯:“研究费用、教育和农业生产功能的集聚”,载《美国经济评论》第 54 卷(1964 年 12 月),第 961—974 页;T.D.华莱士和 D.M.胡佛:“革新对收入的影响:农业劳动的情况”,载《农业经济学杂志》第 48 卷(1966 年 5 月号),第 325—336 页。

㊼ 这个信息来自于 J.西格雷夫斯教授为作者提供的材料,J.西格雷夫斯教授,北卡罗来纳,北卡罗来纳州立大学农业经济系,1970 年 3 月。

㊽ 关于烤烟研究项目对土地价值作用的论证,可见 W.L.小吉布森、

C.J.阿诺德和F.D.艾格纳:《烤烟分配边际价值》(布莱克斯伯格:弗吉尼亚州农业试验站技术报告第156号,1962年1月);F.H.梅尔、J.L.亨德里克和W.L.小吉布森:《烤烟分配的销售价值》(布莱克斯伯格:弗吉尼亚州农业试验站技术报告第148号,1960年8月)。

㊾ 这一节主要依据农业发展史研究委员会:《日本农业的发展》第10卷(东京:中央公论社,1953—1958年)。简写本的编辑是安田生三,书名为《明治以来农业技术的进步》(东京:农业技术协会1962年)。英文读者可参考由小仓编著的《现代日本的农业发展》(东京:富士股份有限出版公司,1963年)。

㊿ 见D.基恩:《欧洲在日本的再现,1720—1830年》(斯坦福:斯坦福大学出版社,1969年)。基恩指出,尽管日本与欧洲相隔很远,但"到18世纪末,日本人比任何非西方国家的人民都更了解欧洲的文明"(第123页)。

51 J.A.哈里森:"卡普伦传教和北海道的殖民化,1868—1875年",载《农业史》第25卷(1951年4月),第135—142页。

52 《日本农业的发展》第2卷,第114页。

53 政府也试图引进国外作物和家畜。三田植物试验场(1874年)、下总羊饲养场(1875年)、神户橄榄种植场(1877年)和播磨葡萄种植场(1880年)都曾经历过引进的尝试,但是全部都失败了,因为进口是未经选择的,没有适应性研究的基础。

54 《日本农业的发展》第9卷,第761页。

55 日本农业"在现代化时期很早以前,就经历了显著的技术(虽然不是机械技术)变革,在1600—1850年间,复杂的技术变革大大提高了土地生产力,引起了特殊操作乃至全部操作中劳动的变更,最终对农业体制的变革做出了贡献。……由技术革新引起的变化很少,大部分变化起源于已知技术,从其发源地传播到原先不知道和未使用这些技术的地区"。T.C.史密斯:《日本现代农业的起源》(斯坦福:斯坦福大学出版社,1959年),第87页。

56 见速水佑次郎和山田三郎:"农业中的技术进步",载《经济成长:明治时期以来的日本经验》,由L.克莱因和大川一司编辑(霍姆伍德,伊利诺伊:R.D.欧文公司,1968年)第135—161页。

57 N.K.学会编辑:《日本科学的历史》第22卷(东京:第一法规出版,

1967 年)，第 383—385 页。

⑱ 小仓:《现代日本的农业发展》，第 365—377 页。

⑲ 参见速水和山田:“技术进步”;也可参见史密斯:“日本现代农业的起源”。

⑳ 用杂交技术生产的第一个具有重要实际意义的品种是 Rikuu 第 132 号(1922 年)。这个品种以较高的抗寒能力为特征，替代了日本北方的 kameno-o 品种。

㉑ 这个体系扩展到了其他作物和家畜。见小仓:《现代日本的农业发展》，第 326 页。

㉒ 有趣的是，给墨西哥和印度—巴基斯坦农业带来革命的墨西哥矮秆小麦品种，育种的基础是由 S.C.萨蒙带回美国的 Norin 小麦品种，萨蒙是由美国农业部借调到占领军中的农业顾问。见 R.D.温布洛姆和 G.劳伦格:“全短小麦”，载《农场杂志》第 93 卷(1969 年 7 月)，第 16—17 页，第 27—28 页。

㉓ 《农业百科全书》第 2 卷(东京:农政调查委员会，1966 年)，715 页。

㉔ 《日本农业的发展》第 3 卷，第 255 页。

第四部分

增长可以转移吗？

第八章　世界技术转移的理论与历史

在第五章中，我们在试图解释各国之间的生产率差异[169]时，把很大一部分差异归因于表示知识的变量（普通教育和技术教育）之间的差异。对美国和日本两国之间的详细比较（见第六、第七章）说明，农民、公共机构、私营农业供给公司之间辩证地相互影响引起了美国农业机械技术的高度发展和日本农业生物技术的高度发展，这些发展是与它们本国的资源条件相一致的。

同时还认为，在大多数发展模型中，对待农业技术改造的传统做法是不恰当的。因为传统做法只是把农业技术改造作为一种改变生产函数的因素，而不是把它作为资源投入的实际需求来处理。进行技术改造的农业生产对资源利用产生很大压力，特别是对大多数发展中经济来说更是这样，因为它们用于农业部门的科技人才资源相对有限。这类人才的短期供给和农业发展所需要的科技知识的短期供给，与发达国家和欠发达国家增加研究人员的经费联系起来看，似乎是相对无弹性的。我们的假设是，对于一个处在经济发展初期的国家来说，技术改造是更难生产的产品之一。

各国之间存在的巨大的农业生产率差异似乎意味着，欠发达国家可以通过[170]购买发达国家的先进技术，而在农业生产率方面取得实际的增长。实际上，这就是建立“扩散模型”的前提。扩散模型是第二次世界大战后进行技术援助的主要根据。它导致了20世纪50年代援助规划中的“发展倾向”(第三章)。

试图通过直接引进外国技术取得农业发展的做法,大部分是不成功的。现代农业技术大部分由温带发达国家发明。因此,这些技术主要适宜于它们的生态和生产因素状况。20世纪五六十年代时,对农业技术地方特性的不恰当认识,是导致国内和国际组织的许多技术援助努力缺乏效力的主要原因。人们主要强调制定从发达国家向欠发达国家转移物资和实践经验的发展规划;强调贯彻实现多种目标;强调肤浅的“共同发展”的努力。莫斯曼在回顾五六十年代初农业方面所做出的努力时指出,这种发展只有极少数获得成功,原因是没有使用当地技术,因为美国的温带物资和实际经验转移到热带农业条件下普遍不适应。[①]

然而,有效的技术转移对农业发展过程来说,确实是很重要的。尽管存在一些现成的技术(如特殊的机器和种子)可以用于国际转移,但对欠发达国家的进步而言,转移知识,开发当地本身能够生产的生态上适应、经济上可行的农业技术的能力,才是最为关键的。

这一章我们准备利用前面关于文化和技术推广研究中得出的观点,这样能够使大家更好地理解农业技术在国际间的扩散过程。这种分析引导我们对适应性研究和开发这一农业技术在国际间转移的关键因素给予特殊的强调。最后,我们详细说明对20世纪60年代后期由于“绿色革命”引起的技术潜力继续扩散进行分析的意义。这一章中提出的假设,将在第九、第十两章中加以详细验证,并且打算从历史的角度对现在热带地区粮食生产中进行的变革做一些评价。在第九章和第十章中，我们要特别提出日本水稻技术推广对台湾和朝鲜的影响。

扩散模型与世界技术转移

对扩散过程的研究有多种传统方法，可以从人类学、经济学、地理学、社会学及其他学科各个不同的角度进行研究。每种传统的方法都引申出一个稍有不同的[171]扩散模型。② 除了术语方面的不同外，模型之间也存在着差异，因为人们是从扩散现象的不同方面来考虑模型的。

社会学家和地理学家的注意力一直是放在交流（或互相影响）的作用方面，放在社会文化抵制对跨越时空的扩散模型进行改造方面。我们特别注意理解具有不同社会文化特征的模型采用者是如何划分从创新者到落后者的范围的，以及这些社会文化特征如何确定最有效地加快扩散过程的交流方法，③ 经济学家的模型集中考虑如革新的收益、企业资产地位等经济变量是如何影响扩散速度的。④

除了个别例外，这些模型对世界农业技术的转移只有有限的相关性。这些模型主要用来描述和分析一个时期内某一特殊地区的推广情况。假定这些技术的特性和潜在的模型使用者的特性是已知的。⑤ 地区范围内技术的随时可用性和直接可转移性的假设表明，各国的生态条件和要素条件严重制约了农业技术的直接转移这种情况，对运用扩散模型了解国际技术转移过程是极大的限制。

格里利切斯对杂交玉米推广的研究是一种难得的尝试。他试图把地方适应机制[172]引入扩散模型中来。⑥这一研究是适用的，因为通过开发地方适应性品种，在地理位置不同的地区推广杂交玉米，与我们观察到的国际农业技术转移过程是相似的。“杂交玉米是创造方法的发明，是一种为特殊地区培育优良品种的方法。它并不是一种马上就到处可用的独一无二的方法。实际上，培育适宜的杂交品种必须分地区进行。因此，除了农民采用杂交品种的速度有差异外，……我们还必须解释，为什么在某些地区发展适宜的杂交品种速度很慢。”⑦⑧

格里利切斯采用的方法，是利用杂交品种占玉米播种面积的百分数数据，建立一个S形的对数趋势函数，用以概括总结每一杂交玉米成熟区的推广途径。对数趋势函数用三个参数—原点、斜率和坐标高限加以描述。格里利切斯利用S形对数曲线的斜率差计算接受比率，利用不同的坐标高限计算接受百分比以了解杂交品种的利用在什么样的百分比时趋于稳定，通过衡量对杂交品种需求的变化，他指出，各地区接受比率(斜率)[173]与水平(坐标高限)的差异，是杂交玉米授粉变动赢利性的函数。因此，这两个参数在不同地区的差异可用农民追求利润的行为进行解释。在这方面，格里利切斯的模型与其他经济学家采用的扩散模型是相似的。

格里利切斯的研究之所以独特，并与世界技术转移问题有关，是因为他在模型中，结合考虑了把地方适宜性杂交品种推广给农民的公共研究机构和私人农业供给公司的行为。他把原点的数据作为这样一种数据，即一个地区最初最多播种面积为10%的杂交玉米，以此作为商品量的指标。选择10%作为原点数表明，杂交玉米的发展已经经过了实验阶段，而且优良品种可以以商品量提供给农民。技术性利用和商品性利用之间平均时滞大约两年。他试图利用根据玉米生产的规模和密度估计的杂交玉米品种的市场规模和密度来解释原点数据的差异或杂交品种商品性利用的差异。

从上述分析中，格里利切斯得出这样的结论：农业试验站和商业种子公司的研究都是受研究、开发、销售成本的预期收益引导的。尽管缺乏对研究和开发的直接市场检验，但在公共资助（美国农业部或州）的试验站里，“不同试验站的贡献是与玉米在本地区的重要程度有很大关系的。在那些‘适合’种植玉米的地区，试验站在杂交品种方面做了很多工作。在边缘地区，做的工作就少一些”⑨。正如我们在诱导发展模型讨论中所假设的那样（见第三章）。上述情况表明公共研究机构的目的是明确的。实际上，它们是要在支出研究经费上获得最大的社会收益（一个地区的社会收益）。

地区间在开发与市场活动中变动的相似性与商业种子公司追求私人利润最大化的行为是一致的。市场的大规模和高密度意味着公司的销售潜力大，营销费用低。另外，地方杂交品种商品化发展所需要的费用在那些杂交玉米研究力量最强的地区则比较低。⑩

格里利切斯模型的长处之一是在模型中体现了农业技术地区间转移时的地方适应性机制。这种机制是建立在公共研究机构和私人农业供给公司行为[174]基础之上的。然而，如果我们把它用于世界技术转移的研究中，则需要做些改动。

在美国,集聚着大批科技人才,存在着结构良好的联邦政府试验网络,私人农业供给公司中有一批充满活力的企业家,研究和开发导致地方适应性技术的机制在有效地发挥着作用。但如果前面提到的条件达不到,即使某种技术转移的预期收益可能很高,适应性研究的供给也有可能是无弹性的。因此,促进世界技术转移作为农业发展手段的问题,是如何使适应性研究和开发的弹性供给制度化。我们假定,世界农业技术转移最严重的限制是试验站在生物技术方面能力有限,工业在机械技术方面能力有限。科技人才的无弹性供给则表明,在两种情况下存在着临界限制因素。

世界技术转移形势

世界农业技术推广并不是新近发生的事情,索尔与瓦维洛夫的传统研究表明,较好的耕作技术、作物品种、牲畜品种在国家间、洲际间的推广即使在史前期也是生产率提高的一个主要因素。[11]众所周知,发现美洲大陆后,从新大陆传向欧洲的新作物(土豆、玉米、烟草等)对欧洲农业产生了极大的影响。[12]早在农业研究和推广制度化以前,这种推广就作为由于其他目的而进行的旅行和通信的副产品发生了。经过一个长期的酝酿阶段后(几十年或几世纪),外国的作物和技术逐渐适应了当地条件。

这种自然传播在前工业经济时期是农业生产率增长的重要来源。那时,要求农业产出每年以1%的速度增长。这种情况似乎与农业[175]产出每年以3%—6%的速度增长的经济要求是不一致的。

把世界技术转移情况划分为三个阶段看来是有益的:(1)物资转移;(2)设计转移;(3)生产力转移。

第一个阶段的特征是,简单转移或进口新物资,例如种子、植物、牲畜、机器以及与这些物资有关的技术。地方适应性工作并不是以一种有秩序、有系统的方式进行的。动植物的驯化最初趋向于一种由农民的“试验和误差”而产生的结果。⑬

在第二阶段,技术转移主要是通过某些设计转移进行的(如规划、公式、书籍等)。这一时期中也进口一些外国的植物和设备,目的是要得到新的植物品种,或者复制设备的设计,而不是要在直接生产中使用它们。对新的动植物进行有规律的试验,通过系统的繁殖进行增殖。第一阶段进口的机器也开始在国内生产了。通常与公共资助的早期农业研究发展阶段相适应。在这一阶段,试验站主要是进行简单的试验和示范。

第三阶段,技术转移是通过转移能够创造地方适应性技术的科学知识和生产力进行的,这一过程伴随着向国外“原始型”技术的学习。动植物品种逐渐地由地方培育出来,以适应地方的生态条件。进口的机械设计经过修改以适应气候、土壤条件和经济因素状况。生产力转移过程中一个很重要的因素是农业科学家移民。尽管在通信方面有了很大发展,但农业科学思想和技巧的传播还主要依靠扩大个人接触和联系。⑭科学家的转移对缓和欠发达国家科技人才短缺的限制具有极重要的作用。这一步是必要的,可以使这些国家加快进入生产力转移阶段[176]的步伐。国际技术转移的这三个阶段,对生物技术来说,可由甘蔗技术的国际转移事例来说明;对机械技术来说,可由美国对苏联和日本的拖拉机转移来说明。

生物技术转移:甘蔗案例[15]

埃文森关于甘蔗品种发展的研究是重要的。因为它代表了农业生物技术世界性转移的一个重要例子。同时它代表从单纯的植物转移发展到生产力转移的过程。

埃文森划分了甘蔗品种发展的四个阶段。第一阶段——自然选择(野甘蔗)。甘蔗进行无性繁殖再生产。直到19世纪后期,很少有几种野生或者说自然品种用于商业性生产。这些品种显然是自然无性繁殖的结果。这些品种在国家之间推广,但推广速度特别慢。例如,"布尔登"甘蔗是19世纪第一阶段的主要甘蔗,1785年引入英国的西印度群岛,而几乎过了100年之后,才在马达加斯加成为商品性产品。

第二阶段——有性繁殖(贵重甘蔗)。1887年,在拉丁美洲巴巴多斯和印度尼西亚爪哇分别发现了甘蔗植物的繁育性,为培育新品种奠定了基础。在适当条件下,可以促使甘蔗植物开花,长出秧苗。然后每一株新的秧苗就可能是一个新品种,因为秧苗可以进行无性繁殖。早期人工培育的品种是利用现存出售的80-染色体的甘蔗品种 Saccharum officinarum 作为母本培育成的。从1900年到1920年,无数品种都是通过这种研究得到的。这些品种通过爪哇、印度、巴巴多斯、圭亚那和夏威夷的试验站在世界广泛推广;这些品种被引进时,都显示出确实比当地品种优良。接受国宣传推广这些品种,只需要简单的试验与示范。然而,在许多情况下,这些品种易遭病害影响,由此而失去产量优势。

第三阶段——种间杂交[177](优化)。⑯1915年后,设在爪哇的试验站通过在育种规划中引入Saccharum spontaneum品种,在甘蔗育种方面取得了很大进展。通过一系列的杂交与再杂交,新的种间杂交品种得到了发展,这种非商品性品种具有强壮和抗病性的特征。不久,设在印度哥印拜陀的试验站通过引入第三个品种Saccharum Barberi,研究出了一系列三向杂交甘蔗。当地的S.Barberi品种引出了适应当地气候、土壤、病害条件的新品种。第三阶段的品种是高产、抗病品种,特别是爪哇和印度培育的。这些品种传播到世界每一个甘蔗出产国。当然,这种世界范围内的传播,如果没有接受国的努力研究和推广,是不可能顺利进行的。

第四阶段——当地品种培育。印度哥印拜陀试验站开始了现代育种活动阶段。现在这种试验站已经有100个。在多数情况下,它们进行适应较小地区的特殊土壤、气候、病害、经济条件下,母体品种的自花授精与杂交计划的试验。现在,世界性的推广很少,因为大部分地区都使用地区试验站生产的品种生产甘蔗。

看起来似乎可以把埃文森第一阶段与第四阶段的甘蔗品种转移看作分别属于物资转移和生产力转移阶段。第二阶段似乎是由物资转移到设计转移;第三阶段由设计转移到生产力转移。

这一成果的重要意义在于:公共研究在发展和移植甘蔗品种以及从最初在世界范围内传播优良品种到在世界范围内推广"创造"出优于移植品种的地方适应性品种的生产能力方面,正在起着日益增加的重要作用。

机械技术转移:苏联和日本的拖拉机

人们对工业技术在世界范围的推广和转移有不断增长的兴趣。在经济增长与世界竞争中,技术变革的作用不断增强导致了人们对国际贸易理论中对技术变革的看法的日益不满。⑰大多数研究都强调已知技术推广的过程和影响,而[178]不是强调创造新技术的生产力的转移。⑱有些是集中研究国家针对经济增长和经济力量进行技术开发采取不同战略的意义。⑲

在农业领域中,有一个戏剧性的例子,即苏联在1924—1933年间采用美国的机械技术,特别是拖拉机。同样有趣的是,50年代中期,开始向日本进行小规模的机械设备转移。这两种情况与生物技术转移情况相比,试验站只起着一种相对较小的作用。苏联向日本进行农业机械技术转移的一个重要因素是国内具有制造与加工生产的能力。

无论是从理论上还是从实际中看,拖拉机在苏联的农业发展中都起着重要作用。⑳美国机械技术向苏联的转移在D.G.达尔林普尔的著作中有资料加以说明,㉑可以看出,技术转移的演化过程有三个阶段。

物资转移——进口:1924年,苏联仅有大约1,000台拖拉机在使用中。到1934年,数量超过20万台。大约总数的一半都是进口的,而且大部分从美国进口。1931年后,进口量急剧下降。

设计转移——国内生产:1924年,苏联拖拉机的产量为17台,1929年接近5,000台。到1933年,生产超过5万台,而1934年,大约为10万台。这一发展主要取决于美国技术的贡献。早期的苏联拖拉机直接模仿美国的样式，主要是福特森和国际收割机。苏联的拖拉机制造工厂是由美国公司设计的，并在参加过底特律和芝加哥类似开发的美国建筑工程师的指导下建成。苏联的技术[179]代表团访问了底特律和芝加哥，而美国的领班人员到苏联培训工人，帮助管理新工厂。"因此，从30年代初期到中期，苏联人一直是在由美国人设计、美国人监督下建造，并且在最初由美国人监督经营的工厂里仿造生产三种美国拖拉机。用这种方法，苏联人没有付出多少努力就很快获得了要在本国10年才能获得的拖拉机生产技术知识。"㉒

生产力转移：从1922年开始，苏联人同时还向本国迁入了美国农民和美国农场管理专家。让他们到大规模的机械化耕作单位做顾问，指导如何使用拖拉机。然而，美国在适应苏联农业的经济和技术条件下的机械生产中具有的影响，不如在进口和生产拖拉机方面普遍。从一开始就由于对新设备的不适当使用和保养，而使其生产用途的发挥受到了阻碍。不过，苏联人研究出了一种相对于劳动力而言与经济中的资金短缺一致的机器经营方式：

报废的速度大约是美国同类机器的两倍……大农场单位对机器的全力使用导致机器更快地磨损。最近几年，苏联农业中新拖拉机的供给一直比美国大；然而，苏联拖拉机总量的增长却很慢。苏联拖拉机的数字证实，他们在使用人力与机器中是以机器为中心的。这正如在低收入经济中所想象的情况一样。而在美国与西欧，由于人均收入高，增长迅速，机器的使用是围绕人力的使用进行的，目的是通过在许多物力中利用拖拉机和其他重型机器的过剩生产力，使农业生产中使用的劳动力的效用最大化。㉓

苏联引进美国机械技术的引人注目的方面是,一直集中引进大型拖拉机。而且也没有迹象表明机器型号已经减小到与经济中的因素条件相一致的程度。把这种情况解释为苏联在促进机械化农业似乎是讲得通的。苏联在农业机械化方面所做的努力与斯大林的重工业化政策不可分割:

苏联主要的经济目标早已赶上和超过资本主义工业的最高生产指数,……这一过程中的大部分成就是由出口农产品得来的。为了取得出口的农业物资,[180]为了在经济上、政治上从农民地位独立出来,斯大林选择了农业集体化。最初,集体化进行得比较慢,但是斯大林很快就改变了主意,选择了急速推行集体化计划。他可能没有想到,由此而来的代价之一就是大规模地宰杀牲畜。这导致了牵引力的严重损失。为了弥补这种损失,也为了帮助合作农场加入集体单位,苏联感到比预期更快地推行大规模的机械化是必要的。这意味着机械化必须与基础工业的发展同时贯彻执行,而不是让农用工业跟在后面。……斯大林牺牲农业发展基础工业的决策,需要农业实行集体化。但是集体化过程则需要农用工业某种最低限度的发展。㉔

简言之,农业机械化的目的是为工业化获得农业剩余,同时打破农民经济势力——保守主义堡垒。就此目的的意义来讲,人们认为,与农民或家庭农场生产方式一致的有效地、小规模地发展机械的方式是不合乎需要的。大型拖拉机是迫使农民适应社会主义生产方式的工具。

然而,考虑到苏联所具备的生产要素状况就可得知,这种大规模机械化造成苏联农业中资源明显地不合理分配,是不可避免的。

为了使农业适应那些大型拖拉机，迫使它形成一种不合理的两种形式的农场规模结构，即非常大的国家与集体农庄和极小的小块地农场。这两种形式的结构建立在大型拖拉机和许多锄头的基础之上。两种类型的效率都极低。假定大型国营与集体农庄中，只有拖拉机和那些拖拉机配件的费用是必要的，即便这样，如果各种大中小型拖拉机互相补充，而不是只有特大型号拖拉机，也许会更经济一些。……同时，千百万个小块地农场只限于使用锄头和高度密集的劳动力。……假定这些小块地农场的发展不会超过 10 英亩，并且假定小型手扶拖拉机及其配件设备也具备，苏维埃的整个农业生产将会急速发展。㉕

苏联偏重于大型农业机械化的现象，从促进社会主义发展的动力和政策角度来讲，有其本身的理论基础。评价这一总体综合政策不是这一研究的范围。[181] 然而，苏联人似乎在使农业适应进口技术(大型拖拉机)而不是使机械技术适应农业方面付出了代价。

“微型拖拉机化”。战后的日本引进不到 10 马力的小型拖拉机，形成了与苏联经历的鲜明对比。第二次世界大战前，日本的机械化仅限于灌溉、排水、收获后作业；拖拉机仅在试验范围内引进。㉖农场手扶拖拉机的数目从 20 世纪 40 年代的实际水平为零急剧上升到 1955 年的 89,000 台，1960 年达 517,000 台；1965 年达 250 万台。1960 年以前，大型乘坐式拖拉机几乎只在建设工业中使用。㉗

战后日本拖拉机化的骤然发展部分可由农户收入增加来解释。这种收入增加是由战后初期土改和相对高的粮食价格引起的。高收入导致农民使用自动化动力来减轻艰苦的体力劳动。一个更为关键的因素，似乎应该是机械工业的供给压力。从现代经济增长初期到第二次世界大战结束，日本的机械工业主要依赖于军事上获得的条件。第二次世界大战结束后，这一有利的市场消除了，给工业留下了大批闲散力量，特别是一些工程技术人员。工业被迫把一部分力量转向农业。㉘国内手扶拖拉机生产从1945年仅有60台增长到1955年的34,000台，又到1960年的305,000台，1965年的437,000台。

日本由于承受着巨大的机械工业供给压力，因此回避了物资转移进口阶段而很快进入了生产力转移阶段。这些小型拖拉机从国外进口仅限于借鉴一些设计图纸。㉙日本制造的第一台拖拉机（叫作"动力耕作机"）具有几处不足：对拖拉机能够产生的动力来说机身过于沉重，引擎没有防水装置，使它在水稻田作业困难。㉚这些不足之处很快得到了改正。造成20世纪50年代中期拖拉机化迅速发展的两项重大发展是："动力耕作机"的动力由不到5马力[182]增至5—10马力，这就能够使耕作深度与马拉犁深度相比；另一项是3—5马力的小型手扶拖拉机与其可互换附件的发展。这些变化使小型拖拉机全部代替役畜成为可能。㉛

"微型拖拉机化"惊人地飞速发展，使日本许多农业经济学家感到迷惑。一些人怀疑它的效率，根据论证结果和心理因素提出一种"过度机械化"的假设。㉜然而土家圭造最近的研究表明，如果不涉及这些心理因素的话，拖拉机使用的增加，可用农民减少生产费用的努力加以解释，这是他们对相对于农用机械设备价格而言工资率的上涨所做的反应。㉝

与苏联调整农业生产单位使之与机械化条件相一致的经验相

比，日本的经验是改造拖拉机和其他农用机械，使之适应单个生产单位的规模。由于20世纪60年代工业的惊人增长，日本现在步入一种经常性的劳动短缺阶段。为了保持国民经济的增长，必须加速劳动力由农业向其他生产率较高部门的转移。要想转移大量劳动力而不引起农业生产的下降，必须采取措施使小农场联合组织成较大的单位，以便能够实现大规模机械化的效益。日本现在面临着调整农业结构以适应国家资源条件的变化。正是由于一种有效的小规模机械技术系统的存在，才产生一种真正的危险，它或许会对今后几个世纪的结构调整形成障碍。为了避免这种可能，有必要根据经济不断变化的生产因素条件，来不断地开发有效的机械技术。

热带地区的技术转移和新谷物生产潜力的出现㉞

技术转移是与制度发展密切相关的。最近几十年农业技术转移中富有[183]戏剧性的例子，是热带地区水稻、小麦、玉米新高产品种的开发和迅速推广（见表8.1）。㉟㊱新的谷物技术的研究与迅速推广，是由于热带地区的一些欠发达国家在组织管理方面的一系列体制变革及对农业研究实行财政援助而形成的。

这种情况下具有特殊意义的是这样一种事实，即高产品种的开发表明了通过科学知识[184]和生产力的转移而进行的由温带向热带、亚热带的农业技术转移过程。此外，高产品种的研究目的在于提高国内消费的大宗粮食作物的产量，而不是致力于“飞地”热带出口商品产量的提高。后者在殖民政府领导下已经给予重视。使这些高产新品种适应热带生态条件的研究，最初是由国际科学工作者组织进行的，他们采用了早些时候在日本、美国和其他温带发达国家引进的高产品种发展过程中出现的原理。[37]

热带地区从墨西哥（小麦）到菲律宾（水稻）进行的新谷物技术推广的特点，最初是物资转移。巴基斯坦、印度、马来西亚、土耳其、墨西哥及其他一些国家粮食生产新品种推广的最初结果，就是

表 8.1　亚洲西部、南部、东南部水稻与小麦高产品种播种面积估计

	水稻				小麦			
	1966—1967	1967—1968	1968—1969	1969—1970	1966—1967	1967—1968	1968—1969	1969—1970
	千英亩							
土耳其					1	420	1,430	1,540
伊朗							25	222
阿富汗					5	54	302	361
尼泊尔			105	123	16	61	133	186
西巴基斯坦		10	761	1,239	250	2,365	5,900	7,000
东巴基斯坦	1	166	382	652			20	n.a.
印度	2,195	4,408	6,625	10,800	1,270	7,270	11,844	15,100
斯里兰卡			17	65				
缅甸		8	412	356				
马来西亚	104	157	225	316				
老挝	1	3	5	5				
越南		1	100	498				
印度尼西亚			488	1,850				
菲律宾	204	1,733	2,500	3,346				
总计	2,505	6,486	11,620	19,250	1,542	10,170	19,654	24,409

资料来源：戴纳·G.达尔林普尔：《欠发达国家小麦与水稻高产品种的进口与种植》，美国农业部外国经济发展处与国际发展机构联合出版（1971 年 1 月于华盛顿特区），第 35、36 页。

从墨西哥与菲律宾进行新品种种子，从日本、美国与西欧进行化肥、杀虫剂、杀真菌剂的直接转移。其他国家，如泰国，新品种推广的结果一直推迟到设计与生产能力转移阶段。为的是能够保持泰国品种的品质特性，因为泰国品种在泰国水稻出口市场上是很重要的。那些最初从生产力转移获得利益的国家一直迅速地发展地方试验站的生产能力，使它们能够在使品种适应生态条件的发展中转向设计转移和生产力转移阶段。同时，在许多国家中，这也是一种主要根据发达国家的设计而进行的国内化肥和农用化学工业发展的转变。㊳

导致开发高产新品种的适应性研究主要在一批国际农业研究中心进行。这些中心主要由美国的基金团体资助。人员由国际组织中各种农业[185]学科的科学家和在职培训人员组成，研究培训中心与那些方针是为了使某些大宗谷物的产量潜力有重大突破的组织是对等的。这些研究培训中心的建立，可以看作是便利温带发达国家向热带发展中国家进行具有地方特色“生态束缚型”的农业技术转移的体制革新。因此，回顾一下这些机构的发展是很有用的，特别是墨西哥的国际玉米、小麦改良中心和菲律宾国际水稻研究所。最近在哥伦比亚和尼日利亚建立了类似的国际中心。新的国际中心同样也对各国研究系统的组织有很大影响。

当然，国际玉米、小麦改良中心和国际水稻研究所，并不完全代表研究组织的新观念。在英国与荷兰的殖民赞助下，热带地区建立的集中于商品研究的机构，一直负责使诸如橡胶和糖等热带出口作物的实际生产率得到增长。新的国际机构体现了已经建立起的机构形态的扩展与演化。㊴

洛克菲勒基金农业科学规划始于1943年,在墨西哥农业部建立了专门研究办公室。最终导致了国际玉米、小麦改良中心与国际水稻研究所的成立。[40]领域[186]研究规划最初始于小麦与玉米。规划后来发展到包括豆类、土豆、高粱、蔬菜作物领域及牲畜科学。人员配备的一般形式是根据每种商品规划进行的。[41]每种商品规划开始时都聘请一位美国专家。每位专家再组织配备年轻的墨西哥大学毕业生为工作人员,这些毕业生作为研究规划的一部分,进行过研究和实践方法的培训,而不是受过正规的大学教育。

回想起来,洛克菲勒基金会采取的人员配备规划,以及每项商品计划集中于一位规划领导人员,确实有很大的局限性。在进步取决于对品种改良和作物生产实践中出现的一系列互相联系的复杂问题有效解决的情况下,商品专家很难具备取得作物生产进步所需的学科知识和技术方法。这种情况可以通过比较小麦和玉米规划的相对进展加以说明。小麦规划取得技术成功比较早,它对每公顷产量及整个小麦生产的影响都比其他商品规划的影响大。到1948年秋,新的小麦品种已向农民推广。到1956年,生产的结果足以使墨西哥无须再进口小麦。

小麦规划的迅速进展,显然与植物病理和遗传领域中小麦规划初期领导人所具有的特殊能力有关,也与茎锈病是限制小麦产量的主要因素有很大关系。与美国和其他地方有关规划的有效机构联系,也促进了小麦规划的迅速进展。[42]

玉米产量提高发生得比较慢。除了一系列复杂的生物学因素外,有关种子繁殖、分布和推广制度方面的工作也比较难以开展。回顾一下,如果最初的研究就直[187]接用于发展高产综合品种而不是双向杂交品种的话，成功可能会更快一些。

在技术、生产、组织问题相对复杂，要求各类生物学家和社会学家贡献力量的形势下，墨西哥规划初期制定的人员配备类型就不能够完全与迅速解决研究和生产中存在的问题的要求保持一致。在这些更为复杂的情况下，一种多学科人员配备方法，作为比早期单纯商品专家的配备方法更为适当的策略产生了。

洛克菲勒基金计划在墨西哥成功的主要力量来源在于，它能够经济地利用墨西哥稀缺的专业人员，无论是规划开始时期还是在整个规划执行中间都是这样。专业人员和当地教育资源短缺促使发展了一种实习制度，这种制度把专业教育和调查研究密切结合起来。[43]

到 1963 年，农业科学在墨西哥已经成功地体制化。1960 年 12 月 30 日，专门研究处解散了，并入一个墨西哥管理的国家农业研究所。在墨西哥从事洛克菲勒基金计划的人员被重新组织进入了一个新的国际玉米、小麦改良中心。[44]把国家规划转给墨西哥管理引起了严重的感情色彩方面的问题。洛克菲勒基金会的人员在进行这种转变过程中遇到的难题之一是，认识到他们在已经开发的规划中应该起一种[188]边际作用。在技术援助规划中，解散机构时常常比建立机构阶段更困难。

解散的意义在于它标志着，作为一种专业服务，墨西哥的农业取得了成功，而人们可以满怀信心地从事这种专业服务，他们所做的贡献可由金钱和专业被承认得到回报。另一件具有意义的事情是，1963 年 5 月 14 日，第一次在墨西哥授予农业科学高级学位。墨西哥新的培养农业科学专业人才的能力正在发展，以适应由墨西哥农业技术革命最初推动的成功引起的对科技人才的需求。

1962 年菲律宾建立的国际水稻研究所标志着洛克菲勒基金农业科学规划发展的第二个里程碑。国际水稻研究所是由福特与洛克菲勒基金会联合资助的,它作为一个国际研究和培训机构成立,而不是作为美国国家农业部的一部分。它的人员由代表着八个不同国籍的国际科学人员组成。人们认识到,必须认识清楚获得高产潜力问题的复杂性,认识清楚解决由此提出的生物学问题和取得整个国家与地区产量迅速增长所要求的多学科交叉的能力,并认真地列入人员配置计划之中。㊺ 回顾起来,专家研究班的强化训练规划和研究规划,最初目的是集中依靠多国、多学科的努力,以取得发明、采用、推广具有高度生产率的水稻技术过程所必需的几门学科的互补作用。

国际水稻研究所坐落在洛斯巴诺斯,菲律宾大学农学院与之毗连,可以为国际水稻研究中心提供过去墨西哥不能提供的专业人才。菲律宾大学农学院在农业科学的几个领域中已经建立了实力相当雄厚的系。国际水稻研究所工作人员在菲律宾大学研究生院任职,加强了菲律宾大学农学院研究生的研究能力。许多在国际水稻研究所受培训的人员在研究所工作人员[189]的指导下,攻读硕士学位,同时还在研究所从事高度补充性的研究实习。

在国际水稻研究所开始其研究规划的六年里,研究出了一系列具有高产潜力的新水稻品种,产量潜力大约为过去大部分东南亚地区农民所用品种的两倍。到 20 世纪 60 年代末,研究的进展已足以对整个生产产生显著影响。㊻

国际研究组织的工作,无论在拉丁美洲还是在亚洲,由于新的小麦、玉米、水稻技术的影响，或者至少有两方面的影响，使其意义深远。最重要的贡献是发展了科学资源组织的公共机构，这种科学资源组织对于许多品种的作物和产地都可以采用，并且具有很大的成功可能性。现在，有可能组织一支生物、自然、社会科学家组成的多学科队伍。他们能够使作物生产中任何新的生物化学技术适应于当地的生长条件，而且能够把这一技术推广给农民，使农民在5—10年的一个相对短的时期内接受这种技术。

根据韦恩·D.拉斯马森的著作《系统方法》所述，科学家多学科队伍合作问题的解决，标志着美国和其他发达国家现代农业技术发展的特征。它与传统的“合成方法”形成对照，合成方法中，独立的发明家和科学家根据自己的灵感与见识分散工作。[47]国际研究组织的工作显然表明了向欠发达国家传送“系统方法”的可能性。

新的国际研究中心所做的第二项贡献是，发展了一种使国家和地方教育与研究中心建立联系的方法。这一方法包括诸如交换人员、专业会议、资助大学生和研究生的培训、人员咨询、交换遗传资料等活动。一项制度化的基础结构正在发展，它能够，至少部分能够补偿不能进行的经济[190]开发，而规模经济是较大国家研究系统的标志。这种国际研究组织的交流作用，对坐落在小国家的实验站特别重要，因为那些国家开发一种基础广泛的国家系统的能力是有限的。

建立国际研究培训机构的方法显然标志着技术转移过程中有效的体制革新。这种方法在有当地科学人才来源，实验站有能力独立进行研究和开发活动，内在规模经济能够有效实现的情形下更为有效;在自我维持的基础培训结构发展情形下也更为有效,这种基础培训结构能够促进地区研究,有助于农业技术发展。这一方法的下一步骤是加强国家的研究和生产教育制度。[48]在少数国家,这或许意味着要建立新的国家研究制度。在大多数国家中,工作则更为复杂。它牵涉到现行国家研究制度向新技术知识这种生产资源转移的问题。[49]

下一章,我们试图分析诱导新的谷物技术发展的经济力量,包括国际技术转移的体制革新。

注释

① 阿伯特·H.莫斯曼:《在发展中国家建立农业研究制度》〔纽约:农业发展委员会(公司组织),1970年〕,第71页。

② 对这几种传统模型的评价,参阅伊莱休·凯茨、赫伯特·汉密尔顿和马丁·L.莱文:"革新推广研究的惯例方法",载《美国社会学评论》第28卷(1963年4月号),第237—252页;埃弗雷特·M.罗杰斯:《革新推广》(纽约:格伦科自由出版社,1962年);阿伦·普雷德:《作为一种空间过程的革新推广》(芝加哥:芝加哥大学出版社,1967年),第299—324页;戴尔伯特·T.迈伦:《农业发展中的交流书目提要》(墨西哥:洛克菲勒基金会,1965年);劳伦斯·A.布朗:《推广的过程与场所:大纲及评述》(费拉德尔菲亚:地区科学研究会,1968年)。

③ 见乔治·M.比尔和乔·M.鲍伦:《推广过程》(艾奥瓦州农业试验站,1957年3月第18号专门报告);约瑟夫·E.基夫林、普罗迪普透·罗伊、弗雷德里克·E.弗莱格尔和拉利特·K.森:《印度的交流:诱导变革试验》(海得拉巴:国家共同发展委员会,1968年5月)。

④ 兹维·格里利切斯:"杂交玉米技术变革中的经济开发",载《计量经济学》第25卷(1957年10月号),第501—522页;"杂交玉米与革新经济学",载《科学》第132卷(1960年7月29日),第275—280页;埃德温·曼斯菲尔德:"技术变革与仿效速度",载《计量经济学》第29卷(1961年10月号),第

741—766 页;“公司对新技术做出反应的速度”,载《经济学季刊杂志》第 77 卷(1963 年 5 月号),第 291—311 页;“公司规模、市场结构与革新”,载《政治经济学杂志》第 71 卷(1963 年 12 月号),第 556—576 页;“革新推广在公司内部的速度”,载《经济学与统计学评论》第 45 卷(1963 年 11 月号),第 348—359 页。

⑤　这一直是推广研究领域中一些带头人所关切的。哈格斯特拉德在他著作的概述中指出:“在模型中,人们的注意力直接放在变革的过程,放在 gn 分布产生 gn+1 分布上。推广过程的始点位置在假设中给予了说明。然而,我们注意到,当牵涉到农业指标和农业要素时,地区中的同一小区域似乎总是新的革新的发生点……如此集中的根源本身就是一个问题。”哈格斯特拉德:《革新推广》,第 293 页。

⑥　格里利切斯:“杂交玉米的开发”;“杂交玉米与经济学”。格里利切斯的研究是很有意义的,因为随后的讨论有助于阐明推广过程中经济与社会文化因素的作用。见洛厄尔·布兰德纳和默里·A.斯特劳斯:“杂交高粱推广中相对于利益而言的相合性”,载《农村社会学》第 24 卷(1959 年 12 月号),第 381—383 页;兹维·格里利切斯:“相对于利益而言的相合性是一种错误的二分法”,出处同上,第 25 卷(1960 年 9 月号),第 354—356 页;埃弗雷特·M.罗杰斯和 A.尤金·黑温斯:“关于采用杂交玉米的评论”,出处同上,第 27 卷(1962 年 9 月号),第 328—330 页;兹维·格里利切斯:“针对相互作用而言的利益性是另一种错误的二分法”,出处同上,第 27 卷(1962 年 9 月号),第 327—330 页;贾维斯·M.巴布科克:“关于采用杂交玉米的评论”,出处同上,第 27 卷(1962 年 9 月号),第 332—338 页;杰拉尔德·E.克朗格兰和 E.沃尔特·小科沃德:“关于符号采用定义的假定阐述”,出处同上,第 35 卷(1970 年 3 月号),第 77—83 页;肯尼思·J.阿罗:“技术知识生产与传播的分类符号”,载《美国经济学评论,第 59 卷(1969 年 5 月号),第 29—35 页。阿罗指出:“经济学家正在研究潜在的革新家和社会学家对信息的需求及交流渠道的问题。”(第 33 页)

⑦　格里利切斯:“杂交玉米的开发”,第 502 页。

⑧　杂交玉米的育种技术比起通过“杂交”生产新的品种更复杂。杂交玉米是专门精选出的称为“近交系”的亲本,通过有控制的、系统的杂交而成

的产品。这些近交系是在四年或更长的时间内,通过近交亲性繁殖或自授花粉形成的。在近亲繁殖中,进行严格地筛选,去掉那些由于某种原因不能达到要求标准的劣质品种。N.P.尼尔和A.M.斯特罗门:《威斯康星玉米杂交》(麦迪逊:威斯康星农业试验站,第476号公告,1948年2月),第4页。"近交系本身没有多少价值,它们比起自花授粉的品种来,无论在活力还是产量方面都差。然而,一旦把两种无关的近交系进行杂交,活力就产生了。其中一些被证明比起原种要显著地优良。因此,开发杂交玉米就是一种不断自传花粉,选择最有活力、合乎需要的植株的复杂过程。然后把这些优良品系,用来进行品种杂交。"R.W.朱根黑默:《堪萨斯的杂交玉米》(曼哈顿:堪萨斯农业试验站,第196号公告,1939年2月),第3—4页。

⑨ 格里利切斯:"杂交玉米的开发",第511页。

⑩ A.理查德·克雷布:《杂交玉米制造者是一群预言家》(新布仑兹维克:拉特查斯大学出版社,1947年)。

⑪ 贝卡尔·O.索尔:"农业的起源与发展",载《牲畜与粮食的选育》(第二版,剑桥:马萨诸塞技术协会出版社,1969年),第113—134页;N.I.瓦维洛夫:"种植作物的原种、变异、免疫性及繁殖",K.斯塔·切斯特译自俄文《多年生植物》第13卷1—6期(1949—1950年)。并见大卫·K.哈里斯:"关于植物选育与农业原种的评论",载《地理学评论》第57卷(1967年1月号),第90—107页。

⑫ 见福尔克·多夫林:《欧洲农业改造》,《欧洲剑桥经济史》,第Ⅵ部分,《工业革命与后工业革命》第Ⅱ部分,编辑:H.J.哈巴卡克和M.波斯坦(剑桥:剑桥大学出版社,1966年),第604—672页。

⑬ 见R.H.格林和S.H.海默:"金色海岸的可可树——关于非洲农民与农业专家之间关系的研究",载《经济史杂志》第26卷(1966年9月号),第299—319页。引起金色海岸可可生产迅速增长的关键性革新"是19世纪80年代由加纳人进行的。虽然殖民局也做过艰苦的努力,但最终还是加纳人成功了"(第302页)。

⑭ 有兴趣了解思想传播与个体和群体迁移之间关系者,见沃伦·C.斯科维尔:《少数民族移民与技术推广》,出处同上,第11卷(1951年秋),第247—360页;弗里茨·E.雷德里克:"思想传播是空间与时间的移动",《Kyk los》,第6卷(1953年),第301—322页;罗伯特·索洛:“吸收先进技术的能力”,载《美国经济学评论》第56卷,《论文与记录汇编》(1966年5月号),第91—97页。

⑮ 这一部分是根据R.E.埃文森、J.P.霍克和V.W.拉坦:“农业贸易中技术变革的三个实例——甘蔗、香蕉和水稻”,载《国际贸易中的技术因素》,编辑:雷蒙德·弗农(纽约:哥伦比亚大学出版社,1970年),第415—480页;罗伯特·埃文森:《世界甘蔗生产技术的转移》(明尼苏达大学农业试验站科学杂志第6805号论文,1969年);罗伯特·E.埃文森和曼纽尔。L.科多米:《阿根廷吐库曼地区甘蔗生产者对经济刺激的反应》(纽黑文:耶鲁大学经济系,1969年),油印稿。

⑯ 种间杂交应该区别于单向或双向杂交,它是由同一品系中的两个品种杂交而成的。在这种情况下,可采取逆分法把一种容易识别出的特性,如抗病性,从一个品种传到另一个品种。但逆分法除了增加单项有选择的特性外,不会对品种有更多的提高。所以,它与近交系(如玉米)所取得的“杂交优势”不同。

⑰ G.S.马德拉和彼得·T.奈特:“技术变革的国际推广——氧气钢制造过程个案研究”,载《经济学杂志》第77卷(1967年9月号),第531—558页。威廉·格鲁伯、迪莱普·梅塔和雷蒙德·弗农:“美国工业在国际贸易与国际投资中的研发因素”,载《政治经济学杂志》第75卷(1967年2月号),第20—37页。丹尼尔·L.斯潘塞和亚历山大·沃罗尼克等:《向发展中国家转移技术》(纽约:普雷格,1967年);雷蒙德·弗农编:《技术因素》。

⑱ 伍德拉夫提供了有关世界橡胶制造技术发展历史的文章。见W.伍德拉夫:“关于橡胶生产技术的洲际传播和发明来源的研究”,载《经济报告》第38卷(1962年12月号),第479—497页。

⑲ 见罗伯特·吉尔平的评论:“技术战略与国家目标”,载《科学》第169卷(1970年7月号),第441—448页。

⑳ 罗伯特·F.米勒:《百万台拖拉机》(剑桥:哈佛大学出版社1970年),第63—98页。

㉑ 达纳·G.达尔林普尔:“1924—1933年的美国技术与苏联的农业发展”,载《农业史》第40卷(1966年7月号),第187—206页;“美国拖拉机进入

苏联农业:一项技术转移”,载《技术与文化》第5卷(1964年春),第191—214页。

㉒ 达尔林普尔:“美国拖拉机进入苏联农业”,第201页。

㉓ 福克·多夫林:“苏联农业现代化展望”,载《斯拉夫评论》第25卷(1966年6月号),第289—290页。

㉔ 达尔林普尔:“美国技术与苏联农业发展”,第204页。

㉕ 西奥多·舒尔茨:《改造传统农业》(新哈芬:耶鲁大学出版社,1964年),第123页。

㉖ 参阅小仓武一编:《现代日本的农业发展》中,战前农业现代化过程的内容(东京:富士山出版公司,1963年),第410—422页。

㉗ 50年代末,北海道开始在农田耕作中引进坐在上面操作的拖拉机,而且随着农业劳动力向外转移,这种拖拉机数量迅速增多,到1966年时,已达到38,000台。见《1966—1967年农林省年度统计书》(东京:1967年),第67页。

㉘ 户畑圣一和川野重人编:《日本农业经济》第2卷(东京:岩波出版社,1956年),第231—261页。

㉙ 大型乘坐式拖拉机的主要供给来源是从国外进口。关于大型拖拉机和机械的问题,日本现在处于从物资转移到设计转移阶段。

㉚ 加用信文:《日本农业机械化问题》(东京:农政调查委员会,1962年),第41—66页。

㉛ 出处同上。

㉜ 这些观点在上述出处第35—40页可见。

㉝ 土家圭造:“小规模农业现代机械化的经济问题”,载《农业与经济增长——日本经历》,编辑:大川一司、布鲁斯·F.约翰斯顿和金田宏光(东京:东京大学出版社,1969年),第155—172页;土家圭造:“日本农业机械化的作用与意义”,载九州大学《农学院杂志》第16卷(1970年7月31日),第169—177页。

㉞ 这一部分主要参考V·W.拉坦:“国际机构探讨”,载《发展中国家变革专业人材:变革机构》,编辑:盖伊·本维尼斯特和沃伦·F.伊切曼(纽约:普雷格,1969年),第220—228页。

㉟ “‘革命’一词常常被滥用,但这里没有更合适的词来描述贫穷国家使用新种子所带来的影响。谷物生产的迅速增长仅仅是农业飞跃的一个方面……新种子给整个社会的每一个方面都带来深远的变化。这种变化对贫穷国家农业革命的影响就像蒸汽机对欧洲工业革命的影响一样。”莱斯特·R.布朗 1969 年 12 月 5 日在美国众议院关于外交事务会议上的讲话,《关于绿色革命科学与外交政策专题讨论会》(华盛顿:美国政府印刷局,1970 年),第 80 页。

㊱ 关于简明材料,请参阅达纳·G.达尔林普尔:《在欠发达国家进口与种植小麦和水稻高产品种》,美国农业部对外经济开发局与国际开发机构合著(华盛顿特区,1971 年 1 月)。关于这些发展的戏剧性事件,参阅 E.C.斯塔克曼、理查德·布雷德菲尔德和保罗·C.曼格尔斯道夫:《与饥馑做斗争》(剑桥:哈佛大学出版社,1967 年)。关于注释材料,参阅小克利夫顿·R.沃顿:“绿色革命是象征富裕的羊角还是潘多拉的盒子?”,载《国外情况》第 47 卷(1969 年 4 月号),第 464—476 页。

㊲ 彼得·R.詹宁斯:“达到水稻育种目标的作物类型”,载《作物科学》第 4 卷(1964 年 1—2 月号),第 13—15 页;E.A.杰克逊:“寻求高产的热带水稻”,载《农业科学评论》第 4 卷(1966 年第 4 季度),第 21—26 页。詹宁斯的文章利用生物有效植物类型模型,阐述了新作物育种技术的主要方法。

㊳ 物资转移对新谷物品种生产的最初影响编纂在 1969 年春美国援助评论的国别报告中。其中引用的资料在两篇文章中进行了总结:韦恩·A.舒特哲和 E.沃尔特·小科沃德:“计划农业发展的优先问题”,载《发展中地区杂志》,1971 年出版;以及 E.沃尔特·小科沃德和韦恩·A.舒特哲:“绿色革命的最初变革和持续变革”,文章提交给 1970 年农村社会学年会。在韦恩·舒特哲和戴尔·韦格尔的文章“外国援助对农业发展的贡献”中强调了物资投入的贡献,载《美国农业经济学杂志》第 51 卷(1969 年 11 月号),第 788—797 页。舒特哲和科沃德在《美国农业经济学杂志》上的文章没有反映生产力转移的重要性。只有在对物资投入有较强反应的生产功能开始之后,物资转移才能开始获利。

㊴ “……农产品研究站是由英国在热带非洲建立的,后来成为地区性机构。1938 年可可研究站在加纳成立,接着 1939 年在尼日利亚成立了棕榈

研究站。从1957年开始,这些国家级农产品研究站变成地区性机构,而且还成立了西非可可研究协会(狮子山)、西非棕榈研究协会(尼日利亚)、西非玉米研究协会(尼日利亚),西非社会经济研究协会(尼日利亚),及其他五个西非研究机构。随着西非国家赢得了独立,从1957年加纳开始出现了一系列问题,导致了西非所有研究机构的解体。……英国人在开发非洲生物研究站的行动中具有感人的深谋远见……"见卡尔·K.艾切:"热带非洲农村发展区域规划——援助的意义",论文提交给1969年11月14—16日在弗吉尼亚沃伦顿召开的"从区域角度看非洲开发"大会(油印)。关于英国统治下非洲殖民地研究的详细情况,参阅查理斯·杰弗里斯:《1940—1960年殖民地研究评论》(伦敦:皇家出版局,1964年)。关于殖民地研究不协调性的评论,参阅格林和海默:《金色海岸的可可》。

⑩ 引进规划的决策是根据1941年一个调查团的报告做出的,这个调查团的成员有:理查德·布拉德菲尔德(康奈尔大学农学教授、农学系主任)、保罗·C.曼格尔斯多夫(哈佛大学植物遗传学与经济植物学教授)和E.C.斯塔克曼(明尼苏达大学植物病理学教授、植物病理学系主任)。在亨利·华莱士副总统访问墨西哥之后,应墨西哥农业部向洛克菲勒基金会提出的请求,调查团被派往墨西哥。详细背景情况,参阅阿瑟·T.莫舍:《拉丁美洲农业中的技术合作》(芝加哥:芝加哥大学出版社,1957年),第100—126页;L.M.罗伯茨:"农业科学中的洛克菲勒资助规划",载《经济植物学》第15卷(1961年10—12月号),第296—301页;小拉尔夫·W.理查森:"洛克菲勒基金会进行的墨西哥农业规划是实际技术援助的一种类型",载《农业科学评论》第2卷(1964年冬),第12—20页;斯塔克曼、布雷德菲尔德、曼格尔斯多夫:《与饥馑作斗争》;戴尔伯特·T.迈伦:"洛克菲勒基金会在墨西哥的谷物与小麦规划",载《自给农业与经济发展》,编辑:小克利夫顿·R.沃顿(芝加哥:阿尔迪纳出版社,1969年),第438—452页。

⑪ 斯特林·沃特曼:"解决世界粮食问题的道路",向1969年1月19日俄克拉何马州吐尔萨召开的西南部农业讨论会提交的论文。

⑫ "最初培育的品种是从得克萨斯农业试验站工作的美国农业部工作人员麦克法登提供的杂交品种中挑选的。博劳格继续利用从肯尼亚、澳大利亚、美国提供的材料,而且特别与负责美国农业部小麦发展规划的B.B.贝尔

斯博士联系密切。后来，美国农业部在华盛顿普尔曼的工作人员 O.A.沃格尔博士通过提供具有矮秆高产的 Norin 品种性质的杂交品种而做出重大贡献。Norin 品种是 1947 年由美国农业部的 S.C.萨蒙博士从日本引进的。美国与其他地方在经验和物质两方面的密切联系，是小麦规划稳定发展的一个重要因素。另外，矮秆、高产、抗病、适肥性好的品种在墨西哥西北部灌溉区特别适应。”摘自 A.H.莫斯曼 1969 年 1 月 3 日的信件。

㊸ “1943 年，墨西哥农业研究领域中没有一个人具有博士学位，仅为数不多的人具有硕士学位。到 1945 年，‘专门研究机关’雇用了 7 位洛克菲勒基金会的科学家和 25 位墨西哥的‘实习人员’。就是在 50 年代后期的高峰时期，洛克菲勒基金会在墨西哥的工作人员中，科学家也不到 20 位。到 1963 年，已经有 700 多名年轻的墨西哥人在‘专门研究机关’做了一年或几年的实习人员。大约 250 名最好的实习人员获得了美国或其他地方的奖学金。大约有 156 位墨西哥人获得农业科学硕士学位，85 位获得博士学位。到 1963 年，在最初两年参加规划的 27 位实习人员中，几乎只有 4 位仍在墨西哥农业领域从事专业工作。”查尔斯・M.哈丁：“美国高等院校的责任：定义与实现”，论文于 1967 年 12 月 28 日在纽约美国科学促进协会 O 部门宣读。

㊹ “1960 年，预计洛克菲勒基金会的工作人员将在 Chapingo 装备 INIA 的设备，而且会以与国家农业试验站合作规划中不同部门美国农业部工作人员相同的工作方式，继续在各个部门工作。但是要花费大部分时间和精力开发国际领域。……若干年后，做出了建立国际玉米、小麦改良中心的决策。这一决策使基金会在墨西哥资助的人员具有了更专门的重要的身份。”莫斯曼（见注释 42）。

㊺ “科学研究人员一开始就是世界性的……如下所列：农学：穆莫（夏威夷）；植物育种与遗传：比切尔和詹宁斯（美国）；张（中国台湾）；土壤：庞南佩鲁马（斯里兰卡）；植物生理学：田中（日本）、弗加拉（菲律宾）；植物病理学：欧（中国台湾）；昆虫学：波塔克（印度）；化学与生物化学：赤泽（日本）、朱利奥诺（菲律宾）；微生物学：麦克雷（澳大利亚）；统计学：奥纳特（菲律宾）；农业经济学：拉坦（美国）；农业工程：约翰逊（美国）；信息交流（与社会学）：伯恩斯（美国）。”斯塔克曼、布雷德菲尔德和曼格尔斯多夫：《与饥馑作斗争》，第 298

页。另见伦道夫·巴克:“国际水稻研究所对亚洲农业发展的贡献”,载《农业变革》,编辑:A.H.邦廷(伦敦:杰拉尔德·达克沃斯股份有限出版公司,1970年),第207—218页。

㊻ 这些进展在一般出版物中都有报道,而且非常典型的是这些报道都很夸张。比较谨慎的评价,参阅《国际水稻研究所1967年年度报告》;E.A.杰克逊:《热带水稻》,第21—26页;伦道夫·巴克:“新高产水稻品种的经济状况(IRRI报告)”,载《东南亚农业革命对谷物生产和贸易的影响》,第I卷(纽约:亚洲社会,1970年),第29—53页。

㊼ 韦恩·D.拉斯马森:“美国农业发展——西红柿采摘机个案研究”,载《技术与文化》第9卷(1968年10月号),第531—543页。

㊽ 德莱恩·E.韦尔施和欧内斯特·W.斯普拉格:“东南亚谷物生产的技术与经济约束”,载亚洲社会出版的《农业革命》,第13—28页。

㊾ 关于巴西农业研究体制讨论的问题,参阅G.爱德华·舒赫:《巴西农业发展》(纽约:普雷格出版社,1970年),第227—240页。尽管对农业研究的投资很大,但对生产率产生的影响却很小。根据舒赫的观点,巴西农业中大部分生产率的提高“是由于产品组合的变化,而不是由于同一种作物的产量或生产率得到了提高”(第184页)。

第九章　对诱导技术转移的看法①

在前一章中，我们认为，热带地区新的谷物生产技[191]术是不同生态地带之间，通过科学知识转移，地方试验站能力的开发，以及物资投入的转移所进行的农业技术转移的结果。这一过程牵涉到促进生产力转移的体制革新。本章，我们将分析引起国际和国内机构调整发展政策，引起进行热带地区粮食生产新潜势开发的体制革新的经济力量。

我们假设，国际和国内机构从事了大量以高产品种为标志的技术转移方面的研究工作，原因是新技术转移到热带地区已经获得了预期的收益，足以补偿技术转移所花的费用，包括建立新机构的费用。收益的增长主要是由于大多数发展中国家对粮食需求的迅速增长(这种现象反映在食用粮食价格的上升上)，也由于农用投入物资供应的改善和实际价格的下降，特别是化肥，它是实现高产品种增产潜力所必需的。这一过程中的一个关键的因素，是公共机构对经济刺激的合理反应，而不是以盈利最大为目标的企业的反应。传统的诱导革新的观点是建立在这种企业反应的基础之上的。

为了研究这一过程，两次大战期间水稻生产技术由日本向中国台湾和朝鲜转移的经历似乎特别有用。尽管这种技术转移是由于日本殖民主义的野心，[192]但由于对改造传统自给农业给予了很大关注，它代表了通过科学知识转移来进行农业技术转移的重大成功。通过分析日本、台湾、朝鲜产品价格和生产因素价格长期的历史统计资料，我们能够推断出利用科学研究进行的诱导技术转移的价格机制。这种情况似乎与亚洲今天的情况相同。

首先，我们进一步详细阐述第四章中提出的模型，以便比较精确地讨论高产品种与相关的关键性补充投入——化肥有关的特性。然后，我们考察绿色革命以前，亚洲一些国家实行的化肥—水稻价格比率，并与日本的时间序列资料相对照。通过这些考察，我们将提出一种有关诱导革新机制的假设。这一假设将用日本、台湾、朝鲜的经历加以检验。由于日本、台湾、朝鲜农业中水稻占优势，我们将集中讨论水稻情况。[②] 正像推断任何历史事件一样，在本章与下一章中对日本、台湾、朝鲜等国家或地区的历史经验的分析与现代发展中国家的经济政策问题的相关性是很有限的。通过日本、台湾、朝鲜的历史对现代发展问题进行推断，必须注意生产因素变动性及贸易关系的差异，如同今天独立的发展中国家和两次世界大战之间殖民地台湾与朝鲜的情况一样。然而，日本、台湾、朝鲜的经历，对检验我们的诱导发展假设，确实是一种有益的历史试验。

新谷物技术的诱导发展假设

最近在热带亚洲研究出的高产水稻品种，如日本的“原型高产品种”（第三章表3.2的证明），是以高度的喜肥性相区别的。高产品种的化肥反应能力只有施之于良好的管理（如杂草与虫害控制）

及适当的水分控制，才能被充分认识。传统品种能够在不利的环境条件下，包括在不稳定的水源供应和杂草丛生的条件下，不施化肥而[193]长期生存下来。在这种状况下，传统品种表明了一种最适宜的技术。③

在图 9.1 中，分别用 u_0 与 u_1 表示传统品种与高产品种的肥料反应曲线（与图 4.8 相同）。我们假定总生产函数（U）为许多这

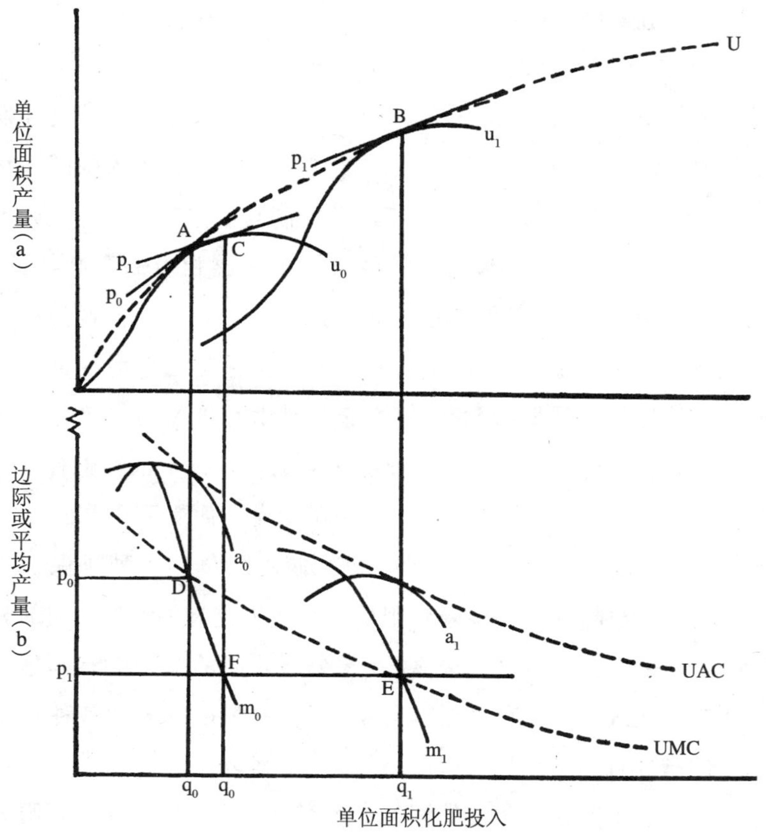

图 9.1　高产水稻品种诱导发展的假设过程

样的反应曲线的包络线,每一种反应曲线代表一种不同程度化肥反应的类别。图 9.1 中的 a_0 与 m_0、a_1 与 m_1,以及 UAC 与 UMC 是分别对应于 u_0、u_1 和 U 的平均和边际[194]产品曲线;u_0 代表了化肥水稻价格比率 p_0 的最佳选择(利润最大化);u_1 代表了 p_1 的最佳选择。然而,即使化肥与水稻的价格比从 p_0 下降到 p_1,个体农民的反应也不能从 A(或 D)移向 B(或 E),除非 u_1 也可使用,不然将停滞在 C(或 F)处。C 代表农民实际所处反应曲线(u_0)的均衡点,而潜在的可供选择的不均衡点,可由总生产函数(u_1)加以描述。假定只有在从 C(或 F)调整到 B(或 E)的收益大于 u_1 的开发费用时,才会进行新品种的开发。这是一幅过分简化的构图。化肥反应曲线的位置与形状取决于水源控制与耕作实践条件。如果水源供给与控制不适当,高产品种将显示不出相应的喜肥特性。从另一方面讲,在具有良好的灌溉排水设施的水田中,高产品种产量比传统品种产量高是很可能的,即便人工施肥水平为零也是这样。在这样的田地里,大量的植物养分是由有机物的有效分解与灌溉水带来的养分供给的。受化肥影响的产量也是依赖于有效的种子控制,因为矮茎的高产品种更易在阳光方面受到由高水平化肥投入的种子生机勃勃生长的竞争。使用除草剂和种子保护措施,如方形点播,在精确检验化肥反应关系中成为关键的组成部分(我们再一次强调,在这一公式中,每公顷化肥的投入应看作是一个代表在实现高产品种产量潜势中,用化肥加以补充的各种投入总量的指数)。④

根据总生产函数所做的调整牵涉到时间与费用。开发喜肥的高产品种要求在研究中投资,而且需要开发和学习良好的耕作实践。可能需要在灌溉与排水方面进行补充投资，以保证适当的水源控制。公共机构在这些方面根据价格的变化重新调整方向还需要一定的时间。建立适当的机构和组织有能力的研究人员是特别费钱、费时间的。

这些过程可以从表 9.1 中推断出来。表 9.1 把日本和亚洲其他所选[195]国家相对于水稻价格的化肥价格以及每公顷稻田水稻单产做了比较。它表明：(1)日本每公顷水稻产量比东南亚国家产量高是因为相对于水稻价格来讲，化肥的价格相当低；(2)日本时间序列数据中每公顷水稻产量和化肥水稻价格比具有高度的[196]倒数关系：(3)在其他亚洲国家，从 1955—1957 年到 1963—1965 年，化肥水稻价格比率实际上下降了，而每公顷水稻产量只有少量增加；(4)目前东南亚国家的化肥水稻价格比率比本世纪初或更早一些时候日本通行的价格比率更有利。

如果我们考虑对表 3.2 中的单产进行比较，似乎有理由做出这样的推断，日本与东南亚国家水稻产量与价格比率的重大差异最好用图 9.1 中 u_0 表示的不同化肥反应曲线来说明。日本历史上每公顷水稻产量的上升，伴随着化肥水稻价格比率的下降，表明了沿着总生产函数变动的过程。日本农业技术发展的历史，包括劳农选择与推广优良品种方面深谋远虑的努力，试验站和其他研究机构的生机勃勃的活动和长期以来水稻品种显著的变化，显然与固定生产反应曲线(u_0)的假定是不一致的。

我们检验东南亚的数据时，一些迷惑人的问题还没有得到答案。为什么从 1955—1957 年到 1963—1965 年，化肥和水稻的价格比率实际上是下降的，但东南亚国家每公顷水稻的产量增长却

表 9.1　1883—1962 年日本和几个所选亚洲国家的化肥水稻价格比和每公顷水稻产量

国　　别	货币名称	化肥价格：每吨氮肥(1)	水稻价格：每吨脱壳稻(2)	化肥与水稻价格比率(1)/(2)	每公顷水稻产量(以吨计算和稻谷)(3)
国家间比较					
1963—1965					
印度	卢比	1,750	595[a]	2.9	1.5
			723[b]	2.4	
巴基斯坦(东部)	卢比	1,632	780	2.1	1.7
菲律宾	比索	1,048	530	2.0	1.3
泰国	美元	229	70	3.3	1.6
日本	1,000 日元	97	99	1.0	5.0
1955—1957					
印度	卢比	1,675	417[a]	4.0	1.3
			505[b]	3.3	
巴基斯坦(东部)	卢比	1,322	511	2.6	1.4
菲律宾	比索	962	352	2.7	1.1
泰国	美元	393	79	5.0	1.4
日本	1,000 日元	119	77	1.5	4.8
日本时间序列					
1958—1962	1,000 日元	100	85	1.2	4.9
1953—1957	1,000 日元	113	75	1.5	4.2
1933—1937	日元	566	208	2.7	3.8
1923—1927	日元	1,021	277	3.7	3.6
1913—1917	日元	803	125	6.4	3.5
1903—1907	日元	815	106	7.7	3.1
1893—1897	日元	670	69	9.7	2.6
1883—1887	日元	450	42	10.7	无资料

[a]桑巴普尔(奥里萨邦)价格。

[b]孟买价格。(1)农民支付价格。各国数据：硫酸铵所含氮的平均单位价格；1963—1965 年的数据是 1962/63—1964/65 年的平均数；1955—1957 年的数据为 1956/57 年的数据；政府 1963—1965 年津贴的 50%和 1955—1957 年的 40%加到巴基斯坦的原始数据中。日本数据：商品化肥中含氮平均单位价格。(2)这是脱壳稻谷的批发价格。日本数据是在褐稻基础上加上 10%的加工费转换成脱壳稻谷价格的。(3)日本数据是在褐稻价格基础上，假定转换因子为 0.8，转换成脱壳稻谷价格。

资料来源：各国数据：粮农组织各年发布的年度生产手册。日本数据：大川一司等编：《日本长期经济统计资料》第 9 卷(东京：东洋经济新报社，1966 年)，第 202—203 页；加用信文编：《日本农业的基础统计资料《(东京：农林省产业科学会议，1958 年)，第 514 页；东洋经济新报社，书籍要览(东京，1967 年)，第 80 页。发展经济学会：《日本百年农业统计资料》(东京，1969 年)，第 136 页。

如此之慢？另外，为什么这些国家的化肥和水稻价格比率在本世纪初比日本的状况有利得多的情况下，水稻产量还停留在低水平上呢？答案必须在总生产函数的时间滞后中寻求。这种时间滞后在缺乏适当的体制和人力资本以产生新技术流的形势下，滞后期是很长的。显然，在1960年以前，东南亚国家尽管其化肥与水稻的价格比率由 p_0 下降到 p_1，但也不能够在图9.1中由A(或D)转向B(或E)，原因是公共机构在产生新技术(u_1)所需的试验站能力投资中的滞后。它们似乎一直停留在C(或F)点。

就此而论，可以用1965年以后高产品种的戏剧性出现加以解释。国际水稻研究所、菲律宾大学农学院、菲律宾种植业局、吉隆坡计划下的马来西亚日本植物育种处、印度农业研究会，以及其他国家的研究组织，都是为努力开发喜肥性高产品种而建立的。到20世纪60年代中期，一些达到了这些要求的品种包括IR—8、C4—63马令加和ADT—27，开始向农民推广。假定这些革新是由作物育种研究投资中的高潜力报酬引起的，因此，可以允许从C(或F)调整到B(或E)。由于在日本、美国和其他温带水稻生产国中，[197]已经有原型高产品种存在，所以有可能从相对有限的研究投资中实现生产率潜力的重大进展。关键的因素是，实现研究中的高报酬取决于社会对研究投资的决策，而不是取决于单个公司做出的决策。除了少数出口商品的情况外，亚洲生产者开办的农场规模太小，不能够取得用来补偿研究投资的报酬。只有当公共机构(或诸如基金会等半公共机构)发现了这一机会，并为这种研究分配资金时，技术转移或开发才是可行的。

20世纪60年代期间，相对于水稻价格的化肥价格的下降是发达国家化肥工业生产率提高的结果。这种现象通过国际贸易和超越生产发展的人口增长所导致的水稻需求的迅速变化传向欠发达国家。在大多数人口密度高的亚洲地区,人口与粮食需求的增加导致了土地压力的增加。似乎有理由假定,作物育种研究的报酬由于高产品种的能力促进了以不断充裕的因素(化肥)来代替不断稀缺的因素(土地)而得到提高。开展喜肥性新品种的农业研究是对与土地和水稻比较的化肥的相对价格下降做出的反应。这种看法似乎是正确的:在化肥的实际价格没有下降时,是不可能从事这样的研究的,⑤就是试图进行,[198]结果与生产因素和产品中的价格关系也是不一致的,这与早年企图在热带水稻生产中诱导机械化的做法是相似的。研究的成功与否,取决于它是否能够产生一种与反映经济中产品需求和生产因素状况的市场价格一致的技术。

水稻生产技术从日本向台湾和朝鲜的转移

这一章中,我们试图对前一章根据 20 世纪 30 年代日本水稻技术向台湾和朝鲜的转移经历为依据提出的假设进行检验。为了更明确地加以说明,我们指出需要检验的假设是:(1)20 世纪 20 年代以前,台湾与朝鲜的化肥水稻价格比率已经足以使开发喜肥性高产品种获得报酬,但由于台湾和朝鲜缺乏当地的研究与开发能力,这一机会一直没有得到利用;(2)只有当殖民地政府受宗主国需求的压力,通过在水稻育种研究中投资来对这一机会做出反应时,适应台湾和朝鲜当地生态条件的高产品种才会实际上得到开发;(3)这些高产品种反映了经济中生产因素的变化即用化肥代替土地的技术变化。如同高产品种最近在热带亚洲的变化情况一样,它表明了通过科学家转移使发达国家(日本)存在的“原型”农业技术向欠发达国家或地区(台湾与朝鲜)的转移。假定导致这种技术转移的体制革新和研究中增加的公共投资,是期望由长期不均衡(图 9.1 中的 C)调整到长期均衡(图 9.1 中的 B)所得到高社会报酬引起的。尽管在这种情况下,社会报酬主要是日本获利,而不是台湾和朝鲜。⑥

背 景

热带地区最近新高产品种的开发,牵涉到为达到[199]促进整个经济增长的最终目标,在自给农业中运用科学解决农业生产中的问题。直到第二次世界大战日本帝国倒台以前,这一直表现为日本、台湾、朝鲜农业发展的过程。这一过程的主要目的是通过提高生产率来生产农业剩余,以此资助日本大城市的工业发展。19世纪末 20 世纪初具有的技术潜力首先在日本国内农业中进行了开发。当这些技术潜力耗竭时,殖民地农业发展政策开始了。

这一过程反映在日本、台湾和朝鲜水稻总产和每公顷单产的变化中(图 9.2 和图 9.3)。⑦为了满足与 20 世纪前 20 年日本以工业化和都市化相联系的消费需求,水稻总产的增加主要来源于 1905 年左右日本西部和 1905—1920 年日本东部国内农业单产的增加。东西部不同的增长速度反映出了向东方推广改良品种和技术中的滞后状况。

如我们在第七章中所表明的,日本在明治时期(1868—1911

年),农业生产率的增长是由技术推广支持、由大多数农民进行的,这种情况由试验站工作人员根据在德国观察到的现代农业科学方法进行了拍摄和剪辑。水稻单产增加的最初阶段,是由推广日本西部包括最先进地区(近畿和九州)劳农选择的优良品种引起的。西部的优良品种为东部农民和试验站工作人员提供了发展适合他们那里生态条件的改良品种的原型。推广劳农品种(第七章图7.3)的地区类型与水稻产量的变动是一致的(图9.3)。

似乎日本明治时期水稻生产率提高的过程——化肥—水稻价格比率明显下降、改良品种的推广、1895—1915年间每公顷化肥投入与水稻产量的增加(表9.2第1—4行)——表明了如图9.1中所示的由A到B的变动,也表明了相应于化肥价格比率下降沿总生产函数的变动。

这些高产品种的开发与推广,伴之以日本水田中设置的较好的水源控制设施[200]提高了高产品种的产出潜力。甚至就是在明治复辟初期,尽管许多情况下水供给并不充足,也缺乏适当的排水系统,但日本几乎百分之百的水田都得到了灌溉。⑧

这些灌溉系统是在长期和平的封建德川时期,在封建主的鼓励下由村社[201]劳力建设的。

如第七章中所叙述的,当面临着由于第一次世界大战而产生的需求增长情况时,当地潜力的开发及供给新潜力的科学研究的落后状况导致水稻供给严重短缺,迫使水稻价格上升到前所未有的水平。这种情况引起了城市的严重动荡,1918年的水稻暴乱使这种动荡达到高峰。

然后,日本一方面面临着在高水稻价格、高生活[204]费用、高

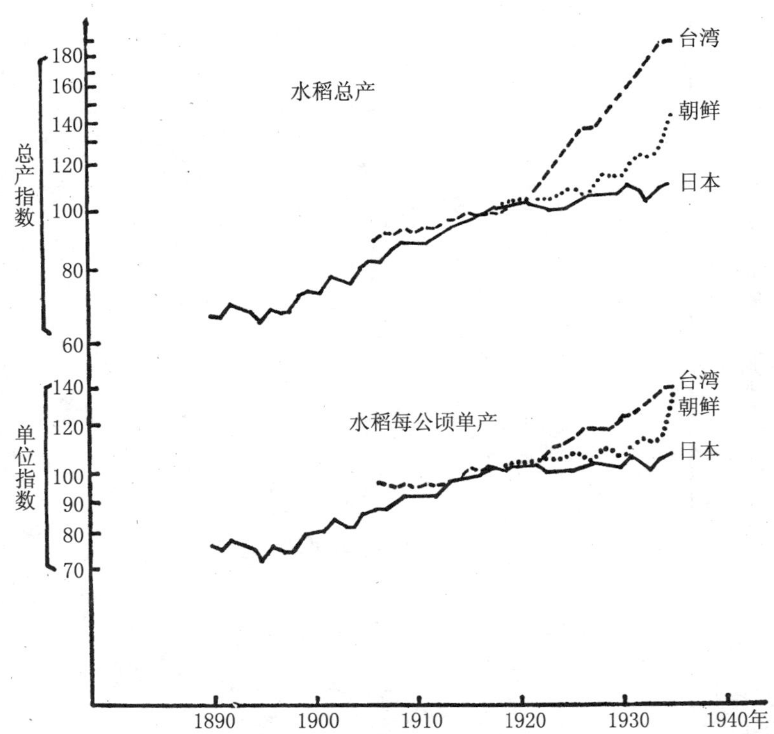

图 9.2　1890—1935 年日本、朝鲜和台湾水稻总产和每公顷单产指数，5 年移动平均数（1917—1922 年＝100）

工资中的选择，另一方面面临着由于大规模进口水稻而造成的外汇不断外流。两者对工业发展都是不利的。政府的反应是组织计划从朝鲜和台湾等海外领地进口水稻。为了节省稻谷向日本出口，朝鲜农民面临着涉及从中国东北向朝鲜进口谷子的短期开发政策，在国内消费中用低质量的粮食代替稻米。台湾也经历了同样的压力，迫使台湾农民在饮食中以红薯代替稻米。这种情况由

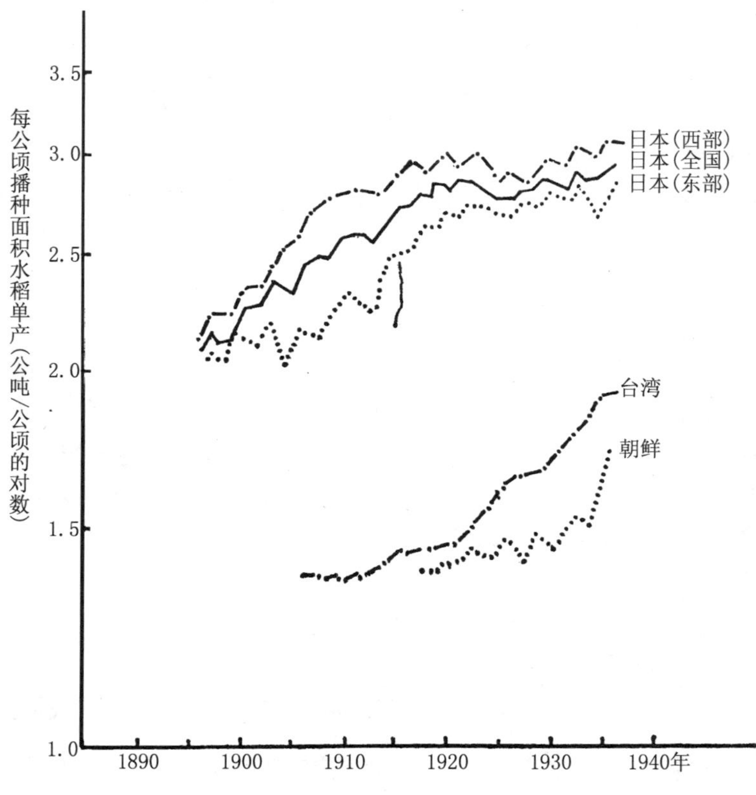

图 9.3　1895—1935 年日本、台湾、朝鲜水稻每公顷播种面积产量,5 年移动平均数

于税收和政府对酒、烟、盐的垄断销售所造成的实际收入的缩减而加剧了。长期规划中试图采用由殖民地增加水稻产量和产出的发展规划。[9]在水稻暴乱以前,"台湾集中力量发展糖类工业,而朝鲜几乎什么也没有发展。有人宣称,应该抑制那些海外领地的水稻生产,因为它会强化与日本农业的竞争"[10]。

表 9.2　选择年份日本、台湾和朝鲜的化肥水稻价格比率、种子改良、每公顷化肥投入和水稻产量情况

	1895	1905	1915	1920	1925	1930	1935
日本							
(1)化肥—水稻价格比率〔用一吨($N+P_2O_5K_2O$)可买到的糙米吨数计〕	7.0	5.2	4.4	3.5	3.0	3.0	2.2
(2)改良品种播种面积与水稻总播种面积的比率	0.04	0.30	0.40	0.42	0.42	0.56	0.56
(3)每公顷化肥投入(按 $N+P_2O_5+K_2O$ 的公斤计)	13	24	49	63	79	96	104
(4)每公顷水稻单产(糙米的吨数)	2.06	2.46	2.79	2.91	2.84	2.89	3.04
台湾							
(5)化肥—水稻价格比率〔用一吨($N+P_2O_5+K_2O$)可购买的糙米吨数计〕					4.5	4.5	4.2
(6)Ponlai 品种播种面积与水稻总播种面积的比率					0.13	0.23	0.46
(7)每公顷化肥投入〔按($N+P_2O_5+K_2O$)的公斤计〕				12	20	33	55
(8)每公顷水稻单产(糙米的吨数)			1.47	1.47	1.63	1.75	1.97
朝鲜							
(9)化肥—水稻价格比率〔用一吨($N+P_2O_5+K_2O$)可购买糙米的吨数计〕				3.3	3.0	3.5	2.5
(10)日本品种播种面积与水稻总播种面积的比率				0.22	0.57	0.72	0.84
(11)每公顷化肥投入〔按($N+P_2O_5+K_2O$)的公斤计〕				1.3	3.4	12	28
(12)每公顷水稻单产(糙米的吨数)				1.43	1.50	1.48	1.82

注：数据为 5 年平均数，以所示年份居中，可耕地面积根据所示年份衡量，因此除外。

(1)用水稻单位价格划分的、以商品化肥计算的植物养分的单位价格。

(2)J10 系列在附录表 C.3 中。

(3)每公顷可耕地面积中商品化肥所含植物养分。

(4)水稻每公顷播种面积单产。

(5)用水稻单位价格划分的、以商品化肥计算的植物养分的单位价格。1932 年以后化肥消费(生产+进口-出口)的商品流量估计,是在各连接年份农村调查基础上乘以 1929—1932 年的平均比率做出的。

(6)各年出版的《台湾农业年鉴》。

(7)每公顷可种植甘蔗土地上种植的全部作物施用的商品肥所含植物营养,而不是减去了甘蔗施用的植物营养。卡耐对全部植物养分消费的估值按甘蔗施用的商品肥价值的比例分摊给甘蔗和其他作物。只有到 1932 年时,才有了可以利用的各种作物施用化肥的数据。1932 年以后的数据,是根据 1929—1932 年作物固定构成比例估计得出的。

(8)水稻每公顷播种单产。

(9)按水稻单位价格划分的商品肥植物营养的单位价格。

(10)各年出版的《朝鲜农业统计资料》。

(11)每公顷可耕地施用的商品肥所含的植物营养。

	鱼粉	骨粉	其他动物物质	大豆饼	其他油籽饼	糠	其他蔬菜物质
N	0.08	0.04	0.08	0.07	0.06	0.02	0.06
P_2O_5	0.07	0.23	0.07	0.01	0.03	0.04	0.02
K_2O	0.03	0	0.03	0.02	0.01	0.02	0.02
	硫酸铵	硝酸钠	石灰过磷酸钙	硫酸钾	其他化肥	混合化肥	
N	0.21	0.15	0	0	0.08	0.08	
P_2O_5	0	0	0.17	0	0.08	0.08	
K_2O	0	0	0	0.50	0.05	0.05	

(12)水稻每公顷播种面积单产。

(资料来源:各年出版的《朝鲜农业统计资料》。)

在题为“水稻生产发展规划书”的规划下,政府在灌溉和水源控制、研究与推广等方面进行了投资,目的是开发和推广适宜于朝鲜和台湾当地生态条件的高产日本水稻品种。水稻生产发展规划执行前后(1920 年),朝鲜政府总的农业开发支出清楚地表明了这一政策的大幅度调整过程。整个农业发展费用从 1915—1919 年总计为 350 万日元上升到 1920—1924 年的总计为 1,860 万日元；试验站费用从 100 万日元上升到 200 万日元；土地改良规划，包括灌溉与排水设施的支出，[205] 从 33.4 万日元上升到 1,200 万日元。⑪台湾和朝鲜水稻产量的迅速增长，以及日本水稻产量的停滞，都是这次政策重新调整的结果。

台湾的情况

台湾最惊人的成就是随着开发 Ponlai 品种取得的。Ponlai 品种是用日本品种杂交或日本与台湾的传统品种杂交培育出来的具有与日本原来品种不同的光敏性(Chailai)的水稻品种。⑫这一品种更喜肥，如果给以适当水源控制和耕作实践，就能高产。它比 Chailai 品种(印度)更适合日本人的口味。

要日本品种适合台湾的热带气候是不容易的。甚至在水稻暴乱后重新调整政策以前，当政府的目标为改良 Chailai 品种，以满足台湾地区内需求时，采用日本品种并使其适合于热带生态条件的研究工作已经开始，尽管当时从事这种研究的规模很小。政府"中央"研究院的石英吉发现，通过减少秧苗在秧田里一半的生长时间，日本品种就可以很好地生长，从而，新品种的培育有了突破口。⑬

有了这个突破口，在日本需求的压力之下，政府把重点由改良 Chailai 品种转向开发和推广 Ponlai 品种了。种植 Ponlai 品种的面积由 1922 年(第一年有统计记录)的 400 公顷上升到 1930 年的 13.1 万公顷，又到 1935 年的 29.6 万公顷(几乎是水田播种面积的一半)。这种迅速的推广是建立在 Ponlai 品种的高收益基础上的。根据政府1926—1927年所做的水稻生产费用调查，种植Ponlai品种的每Chia(0.97公顷)收益(总收入减去总费用)和农民家庭收入(收益加家庭劳动力工资)都比种植Chailai品种高得多(见表9.3)。

在表9.3的费用比较中，差异主要在化肥花费、工资、地租等方面特别明显。Ponlai品种生产所施化肥的大宗花费清楚[206]地反映了它受化肥影响很大。⑭较高的工资费用表明，

表9.3 Ponlai和Chailai水稻生产每Chia* 费用比率

	1926年第二季作物			1927年头季作物		
	Ponlai	Chailai		Ponlai	Chailai	
	(1)	(2)	(1)—(2)	(3)	(4)	(3)—(4)
			日	元		
种子	8.12	3.97	4.15	8.31	4.17	4.14
化肥[a]	51.26	25.50	25.76	63.58	26.90	36.68
工资:	112.38	93.86	18.52	126.20	103.83	22.37
家庭劳动力	73.30	54.57	18.73	81.51	62.75	18.76
雇佣劳动力	39.08	39.29	-0.21	44.69	41.08	3.61
工具与建筑	3.76	4.24	-0.48	4.55	4.83	-0.28
其他支出	2.46	1.01	1.45	9.25	11.73	-2.48
税率	1.41	1.66	-0.25	1.81	1.57	0.24
地租	147.20	121.70	25.50	176.40	133.42	42.98
总费用	326.59	251.94	75.15	390.10	286.45	103.65
总收入[b]	382.04	285.31	96.73	466.76	285.26	181.50
收益[c]	55.45	33.37	22.18	76.66	-1.19	77.85
农场家庭收入[d]	128.75	87.94	40.81	158.17	61.56	96.61

* 1 Chia=0.97公顷。

[a] 包括农家肥。

[b] 包括稻草值。

[c] 收益=总收入-总费用。

[d] 农场家庭收入=收益+家庭劳动力工资。

资料来源:台湾:《主要农产品的经济调查》,第6期,第11、48—49、62—63、82—83、112—113、241、249页;第9期、第11、13、15、17、50—51、64—65、118—119、152—153页(台北,1928年)。数据为佃农数据。

Ponlai 品种要求较多的劳力和较细的耕作，包括方形点播、深耕、加强除草及害虫控制。Ponlai 品种的高地租表明，这些品种是在有良好水源控制的地区生长的。似乎 20 世纪 20 年代台湾 Ponlai 品种[207]的经济意义与今天热带地区“奇迹水稻”的经济意义是相同的。⑮

20 世纪二三十年代，Ponlai 品种迅速推广的引人注目的方面是，它没有像 1920 年以前日本改良品种的情况那样（比较表 9.2 中第一行与第五行），伴之以相对水稻价格而言的化肥价格的下降。如前面所讨论过的，在日本推广改良品种，并伴随着化肥水稻比率的下降，表明了在图 9.1 中由 A 向 B 的移动。相比而言，Ponlai 品种在台湾的迅速普及而没有伴随明显的化肥水稻比率下降，似乎表明了由 C 向 B 的移动。自从台湾被纳入日本帝国的共同市场以来，似乎有理由假定，台湾的化肥价格相对于水稻价格来讲下降了，而且与 1920 年以前日本化肥价格的下降是平行的（从 P_0 到 P_1）。在台湾科技知识的开发没有达到类似水平时，不可能利用这一机会，台湾水稻生产中 Chailai 品种的反应曲线（u_0）停在 C。当外国（日本）农业科学家把注意力转向这种形势时，为了满足宗主国的需求，通过大规模地开发和推广 Ponlai 品种（u_1），进行了潜力开发。

朝鲜的情况

表 9.2（第 9—12 行）总结的朝鲜经验表明：(1)化肥与水稻的价格比率几乎与日本同样低；(2)20 世纪 20 年代对日本品种的推广没有伴随着化肥相对价格的明显下降；(3)20 世纪 20 年代普及

日本品种尽管起步早，但每公顷化肥投入比台湾的投入水平低得多；同时水稻产量直到20世纪20年代后期才增长。

朝鲜位于中国东北附近，直到20世纪20年代，它是以豆饼形式为日本提供氮的[208]最大供应国。20世纪30年代，日本工业家被朝鲜丰富的水、电力所吸引，在那里建立了大规模的现代氮肥厂。因此，朝鲜农业能够取得比台湾低廉的植物养分来源。尽管化肥价格相对来讲很不景气，但日本水稻品种得到迅速推广，产量迅速增加，这些情况可以用图9.1中由C向B的移动来加以解释。这与台湾的情况是相同的。

然而，在朝鲜的经历中有一个明显的矛盾。尽管推广日本品种起步早，但相对于台湾来讲，朝鲜的每公顷化肥投入水平低，产量起飞落后。这一矛盾的关键似乎是灌溉与水源控制水平的差异。表9.4中比较了台湾与朝鲜水田灌溉方面的进步。由于得不到台湾水田灌溉面积的数据，我们假设只在水稻和糖类生产中发展了灌溉（这似乎是非常接近的近似值），以此来计算水田灌溉面积与总水田面积的比率。这样计算的比率与双季水稻水田面积的比率很一致。在台湾，要求为两季水稻进行灌溉。

从表9.4中可明显看出，朝鲜与台湾相比，它的灌溉设施落后。从水稻田灌溉面积与总水稻面积比率来看，1925年朝鲜的水平也没有赶上1915年台湾的水平。从双季比率的变动来看（由于气候条件不同，不能以绝对水平与台湾相比较），似乎有理由假定，朝鲜水源控制的发展在1925—1935年间大大加速了。这如同早些时候看到的情况一样，它与政府土地改良规划的费用形式是同样的。在[209]关于朝鲜农业的文献中，常常把灌溉的缺乏认为是生

表 9.4 朝鲜和台湾选择年份水稻田的灌溉与双季种植的比率

	年份	1915	1920	1925	1930	1935
台湾						
(1)水稻面积	1,000 公顷	343	367	374	396	479
(2)甘蔗面积	1,000 公顷	83	105	127	106	118
(3)灌溉面积	1,000 公顷	239	268	350	442	466
(4)双季水稻面积	1,000 公顷		246	266	292	313
(5)灌溉面积比率	(3)÷〔(1)+(2)〕	0.56	0.57	0.70	0.88	0.78
(6)双季水稻面积比率	(4)÷(1)		0.67	0.71	0.74	0.65
朝鲜						
(7)水稻面积	1,000 公顷	1,168	1,531	1,551	1,605	1,668
(8)水稻灌溉面积	1,000 公顷			758	953	1 152
(9)双季水稻面积	1,000 公顷	160	240	266	353	429
(10)灌溉面积比率	(8)÷(7)			0.49	0.59	0.69
(11)双季作物面积比率	(9)÷(7)	0.14	0.16	0.17	0.22	0.26

注:(1)水稻田面积; (2)甘蔗收获面积;(3)可耕地灌溉面积; (7)水稻田面积;(8)水稻田灌溉面积。

资料来源:台湾:各年出版的《台湾农业年鉴》。朝鲜政府:各年出版的《农业统计资料》和《朝鲜土地改良计划总结报告》。

产率低的关键原因。1935 年户畑与大川[16]写道:水稻生产的首要技术条件不是别的,而是水源控制。但是,朝鲜的水稻田却是所谓的雨养稻田……因此,在日本认为是低质量的排水困难的沼泽稻田,朝鲜却认为是好稻田。……在这样的条件下,谁敢施用化肥?因此,1920 年开始水稻生产发展规划时,在灌溉方面进行重点投资是很自然的。

与台湾比,朝鲜的气候和日本的气候更相像。日本北部的水稻品种可直接转移到朝鲜。但由于水源供给不稳定,甚至在大多数所谓的“灌溉水稻田”面积中,引进朝鲜的日本品种也不是受化肥影响很大的品种。朝鲜农业试验站站长加藤伊持 1926 年讲过:[17]"我们的试验站从建立起,一直在许多日本品种中选择那些低水平化肥投入下能够获得好结果的品种,这是很自然的……但是,随着最近水源控制的发展,农民们增加了化肥施用量,对结果不满意了。为了满足对受化肥影响的品种的需求,农业试验站朝鲜分站于1930年建立,主要目的是发展受化肥影响的高产品种,在20世纪30年代,受化肥影响程度大的品种,如Ginbozu和132号Rijuu迅速代替了受化肥影响不大的日本品种,如Tamanishiki和Kokurato。[18]

总之,在大约10年中,与Ponlai品种相比,朝鲜高产品种的发展相对于台湾的发展来讲,是落后的。原因是水源控制的限制,它降低了高产品种发展中的投资报酬。那么我们可能会问,为什么灌溉在台湾发展得比较早?这牵涉到许多因素:(1)朝鲜被日本吞并要比台湾晚10年,因此,总的来说,对基础设施的投资起步较晚;[19](2)台湾在殖民化早期就发展了灌溉,用以促进甘蔗生产。而那些设施也可用来进行水稻生产;(3)朝鲜水稻(日本型)生产一直对日本水稻生产者形成直接威胁,因此受到限制,而台湾Chailai水稻(印度型)却不是直接的竞争者;[210](4)台湾在1910年以前的五年中,享受到收入剩余(称作台湾财政的"黄金时期")。因此能够负担得起自然基础的大规模建设中所需的投资,包括铁路、港口和水利。[20]

生产函数移动:有偏技术变化过程

似乎20世纪二三十年代台湾和朝鲜高产品种的出现与推广,可由图9.1中C向B的移动表明。这种变动由于日本农业科学家组织的研究和殖民政府对灌溉的投资而成为可能。这一技术转移过程通过合作进行的适应性研究,涉及"原型"日本水稻生产技术向台湾和朝鲜的转移。

表 9.5 中表明了这一过程,并比较了日本水稻生产费用中生产因素份额与台湾 Ponlai 和 Chailai 品种生产费用中的生产因素份额。Ponlai 品种的生产因素份额与日本品种的生产因素份额非常相似。如果我们假定一个柯布—道格拉斯型生产函数及存在竞争性生产因素市场均衡,生产因素份额就代表了各种投入的生产弹性。在 Ponlai 品种的普及中,日本水稻生产技术被台湾吸收了。

无论是日本的情况还是台湾 Ponlai 品种的情况,以化肥计算所占份[211]额比 Chailai 品种大,以地租计算所占份额却比 Chailai 品种小。这就清楚地反映出体现在受化肥影响的高产品种中新技术使用化肥、节省土地的特性。这种技术变化中的偏向是与台湾经

表 9.5　日本和台湾水稻生产费用中生产因素份额情况

生产因素	日本 1925—1927 年平均	台湾			
		Ponlai		Chailai	
		1926 年第二季作物	1927 年头季作物	1926 年第二季作物	1927 年头季作物
化肥[a]	15.9	15.7	16.3	10.0	9.4
工资	35.8[b]	34.4	32.2	37.3	36.2
地租	41.5	45.1	45.2	48.3	46.6
其他	6.8	4.8	6.3	4.3	7.2
总费用	100.0	100.0	100.0	100.0	100.0

[a] 包括农家肥。

[b] 包括畜力。

注：日本数据根据帝国农学会水稻生产费用调查资料计算(东京:国内农业研究所,1961 年),第 82—95 页。是关于佃农的数据。台湾数据根据表 9.3 计算。

济中节省土地的要求一致的。台湾经济中,由于土地引起的人口压力增大,相对于其他生产因素价格而言,土地价格提高了。[21]

图9.4表明了日本、台湾、朝鲜总产出中化肥份额的变化。由于数据的限制,农家肥,如粪肥和堆肥没有计入肥料总数中。在台

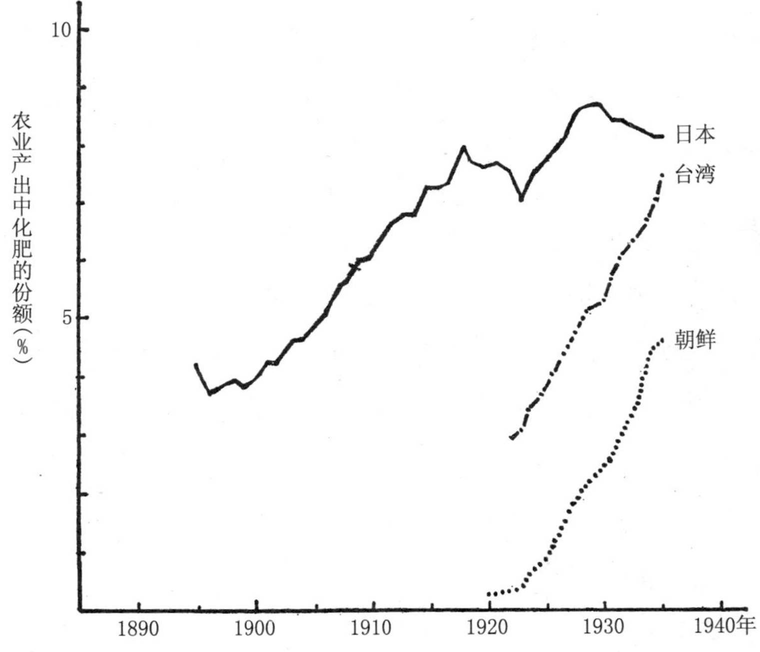

图9.4 1895—1935年日本、台湾和朝鲜农业产出中的化肥份额,五年移动平均数

注:化肥份额用总产品总值除以商品肥消费总值(两者均为现价)。台湾甘蔗所用化肥和甘蔗产量分别从化肥消费和总产量中减掉了(参阅表9.4脚注中的计算方法)。

资料来源:大川一司等编:《1968—1969年度以来长期经济统计资料》(东京:东洋经济新报社,1966年),第146—147、194—195页;台湾:《台湾农业年鉴》,各年出版;朝鲜:《农业统计资料》,各年出版。

湾，由于甘蔗的特点，甘蔗部门不包括在计算中（甘蔗的肥料投入由总化肥投入推算，甘蔗的产出根据总农业产出推算）。[22]日本、台湾和朝鲜化肥份额的变动与每公顷水稻产量（图 9.3）是显著相关的。这种情况明确地表明，这三个地区水稻产量的增长体现了受化肥影响的高产品种代替传统品种的过程（如，Ponlai 代替 Chailai）。它还表明了台湾与朝鲜同化日本技术的过程。另言之，它还表明了日本农业生产函数向台湾与朝鲜生产函数的变动。

日本产出的化肥份额直到 20 世纪 10 年代末都增长迅速，从那以后，开始减慢了速度。这种情况与建立在技术潜力开发基础上的高产品种的出现和推广是一致的，技术潜力的开发表现为农民的试验和科学研究的辩证影响过程。正如前面所讨论过的，是在劳农品种产量潜力耗竭情况下出现的。这种化肥份额的变动可能似乎与本特·汉森所称的关于埃及和美国农业的学习过程是相似的，在这一过程中，农民学习如何使用新的投入物，即化肥。[23]我们对日本、台湾和朝鲜的经历所做的解释有些不同。尽管农民们都很好地了解了新化肥的特性，但对个体农民来讲，转向新的生产函数也是困难的，除非可得到更多的喜肥高产品种。图 9.4 中日本、台湾和朝鲜化肥份额的增长不仅涉及农民的研究，而且还涉及通过农民的经验与科学研究的辩证[212]相互影响而产生的新技术，以及新技术通过适应性研究的转移。

热带地区近代高产品种发展的结论

我们已经假定，“绿色革命”的技术基础涉及从一种具有前现代社会中流行的生产要素和产品价格的最佳生产函数,向另一种具有现在流行[213]价格的最佳生产函数变动。这种调整过程直到20世纪60年代中期,在亚洲大部分国家还是迟缓的,因为缺乏对地方研究和开发能力的投资,而这种投资又是进行调整所需要的。把由总生产函数解释的不平衡因素积聚起来,导致了科学研究能力向亚洲热带和亚热带地区的转移。当国际科学家小组的合作研究应用于这一很大的技术缺口时,调整采取了一种革命的形式。

日本明治时期的经验表明,在开发和推广喜肥高产品种时,劳农的革新与农业科学的出现之间互相有效的影响,带来了相对于化肥价格而言,水稻价格比率下降的不断调整。这一日本经验表明,随着总生产函数的变动,这种情况可以相对顺利地实现,只要有当地人才及适当的体制和自然基础设施的配合。

由于没有上述这两个因素,不均衡现象在台湾一直在上升,一直到1920年,日本为了缓和其粮食问题,向台湾转移体现在日本农业科学家中的技术知识为止。这种情况导致了Ponlai品种取得了戏剧性的成功。台湾的经验与它所涉及的把技术转移到不同气候条件下的问题有特别关系。在不同的气候条件下,种子与技术的直接转移是不可行的。朝鲜的调整比台湾的调整落后,主要原因是自然基础设施建设缓慢,特别是灌溉设施。朝鲜的经验与东南亚许多地区是特别相关的,因为在那些地区,通过推广高产品种向最佳条件调整,可能严重地受到有限的人才和不适当的基础设施,特别是水源控制设施的限制。似乎有可能这样解释台湾与朝鲜的经历,即这一过程是公共机构(殖民地政府)对研究投资的潜在的高产出引起的对当时执行的化肥水稻价格比率从长期不均衡向均衡调整的一种反应。

从日本、台湾、朝鲜农业发展的历史角度来看，近代亚洲高产品种的发展表明了国家和国际机构对产品和生产因素价格，特别是水稻和化肥价格变化的反应，这些变化是由20世纪五六十年代早期水稻需求和化肥生产技术的变化引起的。而且这种情况看起来似乎是，体现为新高产谷物品种中的技术变化，偏向于在经济中节省不断缺乏的生产因素（土地）和利用不断丰裕的生产因素（化肥）。这清楚地表明了公共机构对经济力量的合理反应。尽管取得了初步的成功，但调整[214]还没有完成。如果对研究和灌溉的投资充足的话，这种成功能够持续一段时间。预计当调整过程继续进行时，持续的进展会变得更加困难和昂贵。有良好水源控制的土地供给和有良好知识与技术水平的农民将逐渐耗竭。大面积的高产品种将要求更多的研究来解决不受昆虫与害虫的侵害，并防止高产特性的遗传退化。首要的问题是，当欠发达国家的技术接近发达国家的原型技术时，进一步发展的突破将变得更为昂贵。㉔

现在正在经历着“绿色革命”的国家继续面临的问题是，新的生物技术挖掘出的商品剩余潜力是否将用来创造整个经济中的可行性经济增长，或者被更高水平的人口增长所吸收。大多数发展中经济面临着在爪哇和日本两种历史经验中进行抉择，即在复古和发展中做出抉择。㉕从很大程度上讲，它们的成功取决于在对赋予它们的经济机会做出反应时，公共机构的灵活性和有效性。为了认识这些可供选择的道路，有必要在下一章中回顾早期高产谷物技术向台湾和朝鲜转移时，对日本农业发展产生的影响。

注 释

① 本章主要参考速水佑次郎:“诱导技术原理:从历史角度观察绿色革命”,载《经济史研究》,即将出版,1971年。

② 所采用的有关日本、台湾、朝鲜的数据,时间从地籍调查结束后算起(日本的地籍调查完成于1890年;台湾完成于1906年;朝鲜完成于1918年)。但地籍调查结束后的数据,其可靠性也需要鉴定。见詹姆斯·I.南卡缪勒:《1873—1922年日本的农业生产与经济发展》(普林斯顿:普林斯顿大学出版社,1966年);《日本、台湾和朝鲜的诱导因素、生产力缺口及农业发展》(纽约:哥伦比亚大学经济系,1969年)。有关南卡缪勒提出的日本官方统计问题,曾由日本和其他国家的学者广泛讨论(见第六章注释①)。虽然对台湾和朝鲜的数据需要进一步核实,但在这一研究中,我们将采用官方统计数字。

③ 渡边忠世和川口启三郎:“提高南亚和东南亚水稻产量”,载《亚洲述评》,第8卷(1968年10月),第820—828页。

④ 品种的选择(U_0 或 U_1)不仅取决于化肥与水稻的价格,而且取决于花费在水源控制和栽培方法方面的费用。然而,完全可以这样认为:开发高产品种所引起的化肥边际生产率的提高,也会使投入的边际生产率提高。因此,化肥价格下降对开发高产品种的投资的经济利润的变化起着关键作用。而且,开发高产品种可使灌溉与植物保护方面的投资的利润迅速增长。

⑤ “独立前印度就建立了有组织的农业研究,但直到最近也没有采取什么方法进行水稻和小麦高产品种的开发。使人迷惑的是,为什么这么长时间都忽视了开发促进关于新的更好品种的生物信息?这并不是说印度缺乏专攻水稻和小麦品种的胜任的农业科学家。我的观点是:这些农业科学家把农民对能够很好起作用的品种的需求,看作是引起在很大程度上体现印度特色的土壤耗竭、气候不稳定、水源控制受到限制、农业没有落后的原因。他们无疑是正确的。在这种情况下,从研究中得到的农业生产率提高是微乎其微的。另外,我们也清楚,新的小麦、水稻高产品种在很大程度上依赖于化肥,而印度的研究人员却在一个实际上没有商品性化肥的国度里工作。如果有人说印度农业科学家本来应该预计到最近向印度农民供给的化肥会显著增

加，我以为这是很牵强的……既然已经意识到了这些新的可能性，政府和农民就可以利用自己的影响促进变化。”T. W. 舒尔茨：“关于研究资源的配置”，载《农业研究中的资源配置》，沃尔特·L. 费希尔编（明尼阿波利斯：明尼苏达大学出版社，1971 年）。舒尔茨的这一观点只强调了现象的一个方面。印度科学家调整的另一个重要研究方向是由国际水稻研究所和国际玉米和小麦改良中心开发的新品种。由于产生了新的可能性和新的概念（“植物类型”概念等），这些品种为印度植物育种学家提供了典型。看来如果不是这类典型的产生，印度科学家（及东南亚其他国家的科学家）对广泛使用化肥、降低化肥价格的反应还要继续延误。

⑥　这种技术转移花费的费用相对较少，因为它不引起农业结构的重大变化。以家庭劳力为基础的自耕农和小规模农场仍然是生产基本单位。绿色革命所带来的是不是这种情况，还是一个没有得到解决的问题。见布鲁斯·F. 约翰斯顿和约翰·科尼：“种子——化肥革命与劳动力吸收”，载《美国经济评论》第 59 卷（1969 年 9 月号），第 569—582 页；约翰·科尼、布鲁斯·F. 约翰斯顿和巴特·达夫：“关于西巴基斯坦种子——化肥革命数量影响的探索研究”，载《食品研究所在农业经济、贸易和开发中的研究》第 9 卷，第 1 期（1970 年），第 57—95 页。关于技术变化对劳动力需求的影响，参阅理查德·H. 戴：“技术变革经济学与佃农的让位”，载《美国经济评论》第 57 卷（1967 年 6 月号），第 427—449 页；另阅安德鲁·施米茨和大卫·塞克勒：“机械化农业与社会福利——西红柿采摘机个案研究”，载《美国农业经济学杂志》第 52 卷（1970 年 11 月号），第 569—577 页。

⑦　应该记住：在台湾普遍种植双季稻，而在日本和朝鲜实际上根本就不种。因此与日本和朝鲜相比，台湾的土地生产率比每公顷播种水稻所表明的产量要高。

⑧　在日本，从来没有进行过灌溉面积的统计，而且人们把“水稻田”与“灌溉田”视为同一种东西。因此，修建排水设施一直是日本土地改良规划中的主要目标。

⑨　户畑和大川通过与朝鲜对比，清楚地描述了针对日本水稻短缺情况进行的殖民地农业发展政策的调整：“自从水稻暴乱以后，日本面临着所谓的‘人口—粮食问题’。由于工业发展带来的人口迅速增长，尤其是非农业人口

的迅速增长，迫切需要水稻生产的增长。然而，日本水稻生产已经在技术强化方面受到限制。所以从经济的角度讲，水稻生产增长的可能性几乎没有。因此，为了解决人口—粮食问题，人们寻求一种扩大水稻生产面积的办法。从这一点来看，寄予朝鲜的希望最大，因为它实行了几千年粗放落后的农业而没有什么进展。人们期望，如果利用现代科学武器开发朝鲜农业，它应该能够提高集约化程度，并扩大水稻田面积。”户畑圣一和大川一司：《朝鲜水稻经济论文》(东京：日本学术振兴会，1935 年)，第 7 页。

⑩　《日本农业发展史》，第 10 卷(东京：中央公论社，1953—1958 年)，今后简略为：NNHS，第 9 卷，第 597 页。

⑪　小早川九郎编：《朝鲜农业史政策卷》(东京：Yuhokyokai，1959 年)，第 117—118 页。

⑫　矶永吉：《谈台湾大米》。

⑬　在第一季中从 50 天到 60 天、到 20 天、到 40 天，在第二季中从 30 天到 40 天、到 15 天、到 20 天。出处同上，第 76—77 页。

⑭　相对于 Chailai 品种而言，Ponlai 品种是从喜肥的日本品种发展而来的。下述试验结果可以说明这种情况(这些试验比较了四个日本品种和四个 Chailai 品种的平均喜肥程度)。

	不施肥	普通施肥水平	比普通施肥水平多一倍
		吨/公顷[a]	
台湾　Chailai	2.024	2.701	2.815
日本　Ponlai	1.587	2.713	3.081

[a]按糙米计算。

资料来源：《日本农业的发展》，第 9 卷，第 22 页。

⑮　伦道夫·巴克和 E. V. 昆塔纳：“地方水稻品种与高产水稻品种的收益与成本”，载《菲律宾经济杂志》第 7 卷(1968 年第 2 号)，第 145—161 页。全部问题已包括在向国际水稻研究所 1967 年 12 月 8—9 日举行的“关于水稻生产经济学专题讨论会”提交的论文中。

⑯　户畑和大川：《台湾水稻经济论文选》，第 2—3 页。

⑰　NNHS。第 9 卷，第 176—177 页。

⑱　20 年代末期，朝鲜播种 Tamanishiki 和 kokurato 品种占水稻播种

面积的30%之多,大约近50%的播种面积种植日本品种。根据1927—1929年朝鲜政府农业试验站进行的试验表明:这两个品种在高化肥投入土地上产量不高,而诸如Ginbozu的品种在高化肥投入土地上产量却比较高。NNHS,第9卷,第177—178页。

⑲　1895年,由于中日战争,中国把台湾割让给日本。1905年,朝鲜成为日本的保护国,1910年,成为日本领地。

⑳　川野重人:《台湾水稻经济论文》(东京:有斐阁出版社,1941年),第11页;柳井原忠夫:《帝国主义统治下的台湾》(东京:岩波出版社,1929年),第91—117页。

㉑　1921—1935年期间,可耕地面积增加了11%,农业人口增加了21%,使台湾人地比率下降了10%。同期,朝鲜可耕地面积增加了3%,农业人口增加了11%,使人地比率下降了8%。尽管台湾和朝鲜没有可比较的材料,日本却有1880—1960年间可耕地价格与其他投入物资价格相比有所上涨的记录(第六章,表6.1)。

㉒　甘蔗或由糖业公司所属的种植园生产,或由农民根据合同,在糖业公司的管理与指导下进行生产。甚至在20世纪10年代以前,甘蔗的化肥投入也是很高的。

㉓　本特·汉森:"1897—1961年埃及农业的分配份额",载《国际经济评论》第9卷(1968年6月号),第175—194页。

㉔　阿伯特·H.莫斯曼:《在发展中国家建立农业研究体制》(纽约:农业发展委员会(法人团体),1970年),第95—115页。

㉕　克利福德·格尔茨:《印度尼西亚生态变化过程》(伯克利:加利福尼亚大学出版社,1966年);约翰斯顿和考利:《种子—化肥革命》。

第十章　技术转移、贸易与农业改造

农业技术转移与推广的成功，表明了它是农业和经[215]济发展的必要条件。在欠发达国家中引入导致生产率和产量迅速增长的先进技术，往往产生一种不平衡状态，而这种不平衡状态要求经济和社会两方面进行重大的调整。这些调整的作用或许不仅限于通过国内产品和生产因素市场产生影响，它还常常通过经历了生产率迅速增长的商品在市场上的价格和贸易关系的影响出现在国际经济体系中。

本章，我们集中讨论农业改造与贸易的变化。这两者是技术从一个经济部门的成功转向整个发展过程成功所要求的。我们首先参照与20世纪60年代末70年代初“绿色革命”有关的情况，来讨论一些疑难问题。其次，分析水稻生产技术由日本转移到台湾和朝鲜的经济结果。这一经历可看作是小规模的“历史经验”。它与前一章中分析的目前亚洲的发展情况很有关系。从日本、台湾、朝鲜的经验，我们可以得出有关技术转移的可能后果以及把潜在粮食生产率转变成为保持农业与经济发展所需的经济政策的推论。

技术转移：第二代的问题

引起“绿色革命”的戏剧性的技术转移，几乎不可避免地会在那些发生这[216]种革命的热带相对不发达国家导致严重的不平衡。① 不平衡的形式是，在生产、分配、贸易中出现一些瓶颈。如第九章所论述，在地方试验站创造生产能力和维持发展水利设施方面进行的不适当投资，造成了全面实现新种子—化肥技术生产潜力的严重瓶颈。

由于许多地区控制商品过剩急剧增长的市场机制不适当，正在出现直接的瓶颈。1968 年春，北印度发现，现行的运销设施对处理小麦产量的增长是不适当的。大量的粮食存放在学校，或者甚至不经遮盖堆放在地上。在菲律宾，由于缺乏雨季收获水稻的人工烘干设施，出现了双季稻增产引起的瓶颈。

缺乏有效的生产投入和贷款市场，同样显示出对农业生产发展的限制。为了挖掘高产品种的生产潜力，必须在适当的时间和地点供应化肥及其他技术投入物资。农民需要贷款来应付获得大量技术投入物资所需的不断增加的现金支付。

这些瓶颈阻碍了新技术生产潜力的实现。然而，从赫希曼的观点来讲，这些瓶颈又是影响农业生产新技术向其他经济部门传播的原因。② 例如，由生产迅速增长引起的运销瓶颈，意味着农业市场投资的收益由于高产品种的发展得到增加。如果收益增加引起投资，那么运销瓶颈不仅会放宽，而且会产生另外的非农就业机会和收入。

如果这一机制适度运转,新种子—化肥技术就可以实现其生产潜力。同时,有助于经济中非农部门的持续增长。相对于需求而言,农业产出迅速增长的长期后果是主要粮食生产的总成本和供应的计划性下降。所起的[217]作用至少是把农民创造的农业生产率中的一部分收益转到其他经济部门。特征为无弹性需求的商品(如主要谷物产品)总供给下降时,价格的下降可能超过产出的增加,由此而导致农民收入的下降。③

更严重的是,可能扩大农民收入的悬殊程度。那些无法采用新技术(例如,缺乏水利设施)的农民,他们的收入状况在总供给曲线向右移动时,会变得更糟糕。价格和农业生产者收入悬殊加大,可能会引起农村地区严重的社会压力和混乱,以及整个国家严重的政治不稳定。④

这些问题可以在国际范围内扩大。当历史上的缺粮国,如菲律宾和巴基斯坦,由粮食进口转入粮食出口状态,而另一些国家,如印度和印度尼西亚,减小了生产与消费之间的缺口时,国际市场上的实际价格混乱是可能出现的。这种情况对粮食出口国,如泰国和缅甸的外汇收入有很大影响,很可能会导致亚洲国家贸易额的严重下降。⑤

这些情况可能出现,当然,它不是"绿色革命"的必然结果。如果对资源重新有效地加以配置,任何一种商品成本表中由市场内部因素引起的上升或下降,都会带来所有经济资源的高水平收益。当高产品种得到推广时,如果土地、劳力和其他资源由谷物生产转向为国内和出口市场生产更具弹性需求的商品,如畜产品,无论农民收入还是消费者福利都会得到增加。由谷物生产中技术进步促进的农业部门的改造是由资源重新配置引起的，它体现了整个农业经济发展的关键过程。

然而，这是一件困难很大的工作。在许多情况下，农业部门中人们的技术、[218]资金和文化形式不可分割地与传统作物生产方式联系在一起，由此阻碍了资源的重新配置。例如，很难在潮湿的水稻田里不种水稻而种其他作物，也很难为更换的作物寻找有利的市场。习惯于水稻或小麦单一种植系统的农民不会很容易转成牲畜或蔬菜的有效生产者。发展热带地区现代饲养牲畜业的技术和经济基础，将涉及比发展高产谷物品种更为困难、更为复杂的研究。农业劳动力与商品和地理区域的农业资源的重新配置有关，它在地区之间和产业之间的重新配置，是许多发达国家至今未能解决的问题。

然而，针对产品与生产因素价格的变化和地区与国家之间比较利益的变化所进行的农业改造，从长期来看，是取得由于新技术成功地转移到谷物部门而引起的整个经济增长成功的关键。如果不能达到这样的改造，整个经济发展过程就会受到阻碍。这种情况可由第一次世界大战后，日本成功地向台湾和朝鲜推广水稻生产技术得到说明。

台湾、朝鲜的水稻生产和日本的农业萧条⑥

第九章中，我们追溯了20世纪60年代末70年代初，水稻生产技术向热带亚洲水稻生产地区转移的相似之处，以及日本对台湾和朝鲜进行的殖民发展。这一部分，我们分析了日本通过成功地向两个殖民地区转移水稻技术所产生的经济增长带来的影响。分析的结果表明,从实际角度来看,由于殖民地农业的发展,日本从台湾和朝鲜进口水稻,这是造成两次大战之间日本农业停滞的原因。但同时,只要使工业工资低而资金返还率高,日本从台湾和朝鲜进口水稻也有助于工业增长,并且[219]不会引起严重的外汇耗竭。殖民地水稻不断增长的供给,并没有带来像19世纪英国所发生的农业变革,而是导致了农业萧条和农民的低水平收入。这两者是两次世界大战期间,整个经济和政治不稳定的主要原因。

日本农业萧条:一种假设

第一次世界大战后,台湾和朝鲜水稻生产的迅速发展是由于日本水稻生产技术向两个殖民地区的成功转移。这种增长,联系到通过税收和政府的垄断销售从台湾和朝鲜农民身上吸取潜在的收入增长政策,产生了大量的剩余水稻,并像潮水般地涌入日本市场。如同表10.1所示,在1915—1935年的20年间,每年日本从朝鲜净进口水稻由17万吨上升到121.2万吨,从台湾净进口水稻由11.3万吨上升到70.5万吨。由于殖民地水稻的流入,使水稻净进口由占国内生产的5%上升到20%。⑦

如此大规模地进口水稻这种相对无弹性的商品,本来预料价格会下降,并且鼓励日本本国进行水稻生产。而实际上,如表10.2所示,正如用总价格指数而降低了的水稻价格所计算的那样,水稻价格和国内贸易条件从1920年直到1929—1932年的农业大萧条,一直在下降。⑧

这种情况与1890—1920年间的价格变动形成对照。1890年

表 10.1　1890—1935 年日本水稻总产、进口和供给情况*

年份	供给 Q=Z+K	生产 Z	净进口			生产	净进口		
			总量 K	朝鲜 K_k	台湾 K_f		总量 K=K/Z	朝鲜 $K_k=K_k/Z$	台湾 $K_f=K_f/Z$
	1,000 吨					百分比			
1890	5,813	5,861	-48			100	-0.8		
1895	5,700	5,651	49			100	0.9		
1900	6,578	6,372	206			100	3.2		
1905	7,539	6,943	596			100	8.6		
1910	7,923	7,588	335			100	4.4		
1915	8,692	8,286	406	170	113	100	4.9	2.1	1.4
1920	9,720	8,838	882	360	132	100	10.9	4.1	1.5
1925	10,043	8,700	1,343	640	278	100	15.4	7.3	3.2
1930	10,483	9,070	1,413	974	389	100	15.6	10.7	4.3
1935	11,290	9,414	1,876	1212	705	100	19.9	12.9	7.5

*　表中所示年份以每五年的平均数列出，糙米为水稻计算标准(去壳米但不是精米)。

资料来源：Z：大川一司等编：《日本长期经济统计资料》第 9 卷(日本：东洋经济新报社，1966 年)，第 166—168 页。K：同上，第 6 卷(1967 年)，第 150—152 页。K_k 和 K_f：统计局，总理办公室：《日本统计年鉴》(东京，1949 年)，第 630—631 页。

刚刚结束时，水稻价格持续上涨，贸易条件也有利于水稻，而且整个 1895—1915 年期间都相对稳定。在 1900—1915 年水稻[221]进口没有明显增加的情况下，国内贸易条件保持稳定的事实表明，从日俄战争(1904—1905 年)到第一次世界大战的日本工业化“大起飞”期间，工农业增长相对平衡。[9]农民从水稻得到的实际收入(用农场水稻生产总价值衡量，并用总价格指数调整)在迅速增长，这主要是实际生产增长的结果。第一次世界大战引起的水稻价格的急剧增长到1918年“水稻暴乱”时达到顶点。

水稻的生产和生产率增长速度的急剧变化与水稻价格的变化趋势有关。从1890年到1920年,水稻播种面积和每公顷播种面积的产量每年分别增长0.44%和0.94%,而总产每年增加1.38%。与此相比,在1920—1935年间,面积增长比率下降到0.16%,产量下降到0.24%,生产下降到0.40%。

第七章中我们已经认识到,对明治时期就存在的技术储备的开发和继而的耗竭,是19世纪末期前后日本农业增长和萧条出现的主要原因。在表10.2中,我们计算出了种子改良指数,试图将具有国家级平均产量水平的改良种子的推广作用数量化。这一指数基于各品种播种面积的加权平均数,用来衡量各品种的标准产量(见附录D)。各地区定的标准产量是根据各种试验站所做的比较产量检验报告定出的。从1890—1920年到1920—1935年,这一指数的年增长率急剧下降,反映出了改良品种推广过程中的饱和状态。

然而,下述假设似乎是合理的,即如果没有从台湾和朝鲜进行大规模的水稻进口,20世纪20年代和30年代的农业停滞状况就不会如此明显,而且农业萧条也不会如此惨重。

日本农业萧条的假设分析

为了评价向台湾和朝鲜转移水稻技术而对其农业产业的影响,以及随后从两个殖民地国家增加水稻进口的现象;我们提出两项假设,或“假想”结论,用以说明1920年以后,生产和价格如何发生变动。[10]

表 10.2 1890—1935 年日本水稻的面积、单产、总产、价格及种子改良指数*

年份	播种面积 A	单位面积产量 Y=Z/A	总产 Z	价格 P=V/Z	农业产值 V	总价格指数 I	通货膨胀价格 P/A	通货膨胀产值 V/I	种子改良指数 S
	(1,000 公顷)	(吨/公顷)	(1,000 吨)	(日元/吨)	(百万日元)	(1934—1936=100)	(日元/吨)	(百万日元)	(1890=100)
1890	2,717	2.16	5,861	42	243	31.7	131	767	100.0
1895	2,752	2.05	5,651	57	323	35.8	160	902	100.8
1900	2,813	2.27	6,372	79	501	47.4	166	1,057	101.6
1905	2,862	2.43	6,943	91	633	55.7	164	1,136	104.3
1910	2,933	2.59	7,588	104	790	60.3	173	1,310	105.1
1915	3,029	2.74	8,286	106	882	66.4	160	1,328	105.8
1920	3,094	2.86	8,836	242	2,140	131.3	184	1,630	106.2
1925	3,129	2.78	8,700	224	1,944	128.3	174	1,515	105.8
1930	3,203	2.83	9,070	143	1,297	104.5	137	1,241	105.8
1935	3,169	2.97	9,414	179	1,673	101.9	173	1,642	107.4
	年增长复合比率(%)								
1890—1920	0.44	0.94	1.38	6.09	7.47	4.95	1.14	2.52	0.20
1920—1935	0.16	0.24	0.40	−2.05	−1.65	−1.70	−0.35	0.05	0.07

* 表中所示年份以每 5 年的平均数列出,糙米为计算标准(去壳米但不是精米)。

资料来源:A:农林省:《农林省历史统计资料》(东京,1955 年),第 24 页;Z:大川一司等编:《日本长期经济统计资料》第 9 卷(东京:东洋经济新报社,1966 年),第 166—168 页;V:出处同上,第 9 卷,第 146—147 页。I:出处同上,第 8 卷(1967 年),第一部分,表 1,第 134 页;S:参阅附录 D。

在第一种情况下,我们假定国内生产与净进口的水[223]稻比率保持 1913—1917 年的水平不变;在第二种情况下,除了假定一个不变的进口比率外,我们假定种子改良指数以 1890—1920 年的比率继续增加。假想结论中所采用的方法在本章补充部分加以解释。其结果由表 10.3 做出总结。为了比较日本水稻经济实际的和假想的两种增长道路，表 10.3 中的结果又绘制成图 10.1 和 10.2。

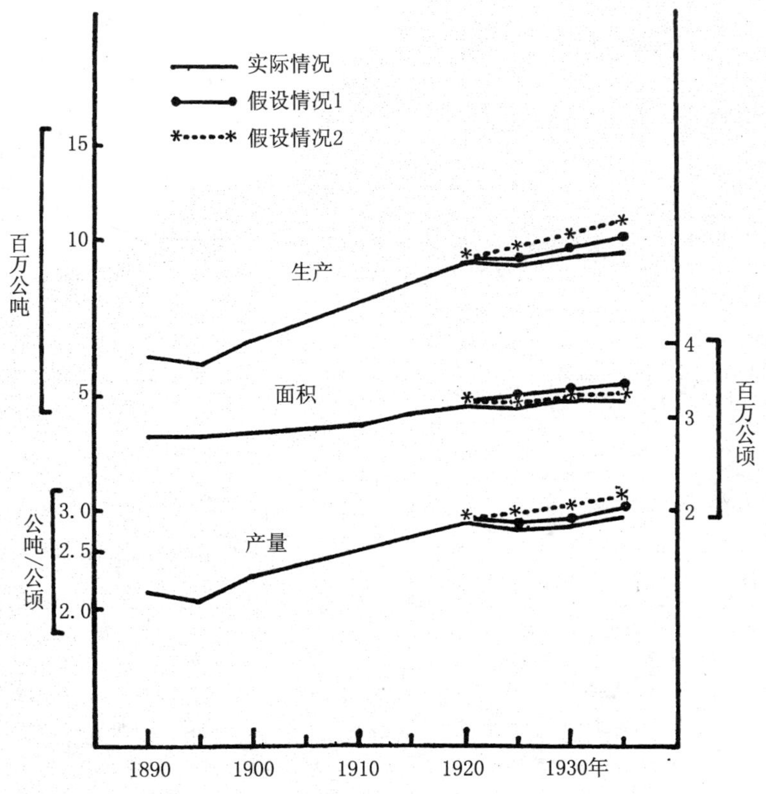

图 10.1　1890—1935 年日本水稻面积、单产和总产（根据记录）

图 10.1 表明，种子改良指数增长比率的下降和殖民地水稻进口的增加把两次战争之间水稻产量和生产增长比率下降的大部分

表 10.3 1920—1935 年日本水稻面积、单产、总产和价格的实际增长途径和假设增长途径*

年份	播种面积 A	单位面积产量 Y	总产 Z	价格 P	农产品总值 V	由总价格指数调节的价格 P/I	由总价格指数调节的总产值 V/I
	(1,000 公顷)	(公吨/公顷)	(1,000 公吨)	(日元/公吨)	(百万日元)	(百元/公吨)	(百万日元)
—— 实际情况 ——							
1920	3,094	2.86	8,838	242	2,140	184	1,630
1925	3,129	2.78	8,700	224	1,944	174	1,515
1930	3,203	2.83	9,070	143	1,297	137	1,241
1935	3,169	2.97	9,414	179	1,673	174	1,624
—— 假设情况 1 ——							
1920	3,116	2.87	8,954	257	2307	196	1,757
1925	3,204	2.85	9,126	284	2,587	221	2,016
1930	3,280	2.90	9,514	181	1,726	173	1,652
1935	3,277	3.07	10,064	250	2,496	244	2,450
—— 假设情况 2 ——							
1920	3,116	2.87	8,954	257	2,307	196	1,757
1925	3,170	3.02	9,335	254	2,366	197	1,844
1930	3,219	3.10	9,886	150	1,480	143	1,416
1935	3,223	3.23	10,402	212	2,195	207	2,164
——1920—1935 年每年增长的复合比率(%)——							
实际	0.16	0.24	0.40	−2.05	−1.65	−0.35	0.05
假设 1	0.34	0.44	0.78	−0.18	0.51	1.88	2.21
假设 2	0.21	0.79	1.00	−1.30	−0.30	0.40	1.40

* 用 5 年平均数的中心年表示。水稻以糙米为基础计算(去壳后的米但不是精米)。

第一种情况:假设水稻净进口相对于国内生产来说,停留在 1913—1917 年的水平。

第二种情况:除了第一种情况的假设外,还假定种子改良指数继续以 1880—1920 年的速度增长。

参阅原书第 230—235 页的计算方法。

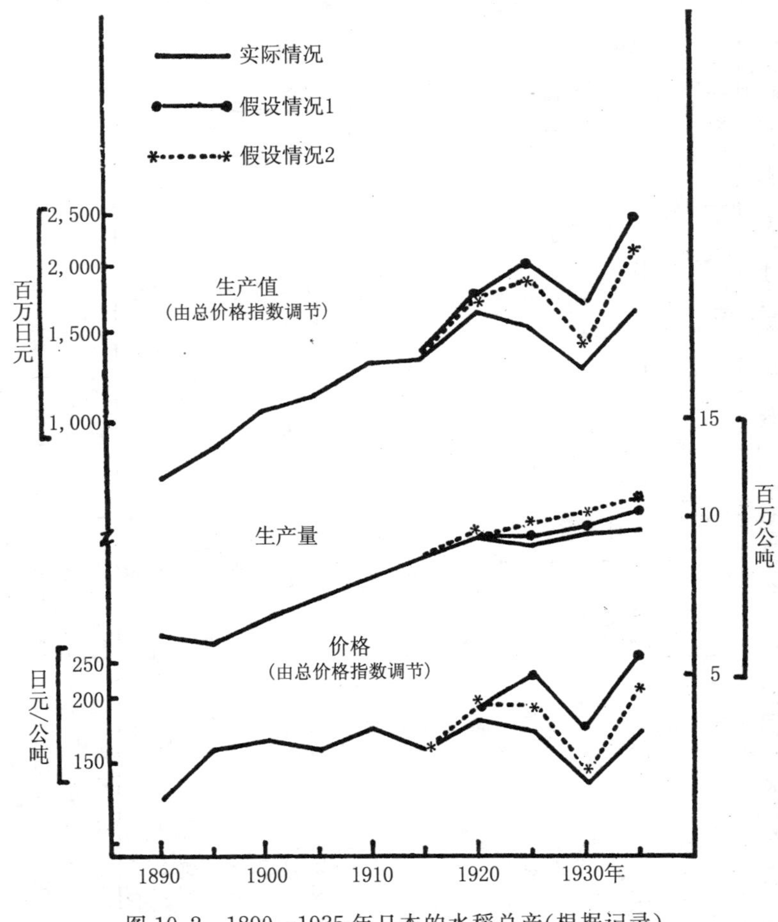

图 10.2　1890—1935 年日本的水稻总产(根据记录)

情况都说明了。[225]假设产量和生产的增长比率，从 1890—1920 年到 1920—1935 年稍有下降，但如果进口相对于生产来讲以 1913—1917 年的水平进行，种子改良指数一直以 1820—1920 年的比率(情况 2)上升，发生任何类似实际水稻生产增长比率中的

“划时代”变化都是不可能的。同样也很清楚，从殖民地区进口水稻（情况 1），就其本身来讲，也不是对两次战争之间水稻生产增长速度下降的恰当解释。推广由农民选择的优良[226]品种而开发产量收益与引进试验站品种之间存在着“技术缺口”，这是导致两次战争之间日本水稻生产增长比率受阻碍的主要原因。⑪

水稻进口的影响确实也对日本水稻价格和水稻生产者产生了相当大的影响。在假设 1 的情况下，生产上涨不如 1890—1920 年时迅速，与此同时，国内水稻贸易条件得到改善，而且从 1920 年以后，农民由水稻得到的实际收入如同 1926 年以前一样迅速。甚至在情况 2 下，进口以 1913—1917 年的比率进行，由种子改良代表的产量技术假定以早些时候的比率进行。除了萧条时期外，贸易条件逐步改善，1920—1935 年期间，水稻生产者的实际收入是明显上升的。与此相比，实际情况中却几乎没有什么变化。

在封闭经济条件下，假定不存在国际贸易，不存在农业中的技术进步和资金积累，工业化与经济增长会最终导致这样一种情况，即对工业来说，贸易条件变化，农业向工业供给劳动力的价格相对于工业产品是上升的，即出现费和拉尼斯的“短缺点”。⑫直到第一次世界大战时，日本才能够通过开发传统自给农业中的技术潜力，而延长达到这一点的过程。工业的发展是由农业非常有弹性的劳动力供给支持的。⑬殖民地政策似乎是计划进一步延长“短缺点”的到来。通过从殖民地国家进口而扩大国内市场的水稻供给，来使工业化贸易容易进行一些。这一政策的成功保持了工业的低工资水平和工业产品在国际市场[227]上坚挺的竞争地位。如果同样数量的水稻由外国供给，那么一定会消耗大量外汇，而且资本货物的进口也会削减。

这一成功对日本来说是一件祸福相倚的事。它压低了农民的价格与收入，引起了农业部门严重的社会混乱。所谓的军事改良主义者在农民中造成不安定与混乱，以此作为1931年入侵中国东北及后来其他军事冒险活动的借口。因此有关1918年水稻骚乱后水稻供给的决策不仅有其经济意义，还有其深刻的社会和政治意义。⑭

为什么日本殖民发展政策没有产生像19世纪英国从殖民地和新殖民区进口廉价粮食后产生的那种“传统”的经济作用？答案似乎是，至少从部分来讲，这与两个国家最初开始执行依赖国外粮食供给资源的政策时，存在不同的农业结构及不同的工业发展模式有关。

1846年废除粮食法后，粮食涌入英国，随之而来的是工业部门持续吸收劳动力和农业部门由粮食生产向更广泛的畜牧农业的改革。⑮工业部门[228]增长的收入促进了改革，也刺激了对家畜农产品的需求。

有几个障碍使日本没有能够在两次战争之间相应于粮食进口的增长和价格的下降，取得类似的农业改革。日本农业严格地锁闭在一种精细的劳动力密集型作物生产制度中，高度依赖灌溉和化肥作为主要投入物资。⑯无论是在农业研究还是工业基础中，迅速把粮食生产改造成一种更为多种经营的农业制度还没有完全适当的基础。另外，在日本，粮食进口的增长并没有伴之以工业部门对劳动力需求的迅速增长。1920年以后，工业部门对劳动力的需求成倍下降，原因是：(1)第一次世界大战后，世界对日本工业品的需求收缩；(2)由于用来允许恢复战前平价水平的金本位制的紧缩通货政策，产生了国内需求收缩；(3)为了在世界市场上保持竞争地位而采取的工业合理化政策。这一合理化政策主要强调要通过生产的更加资金集约化达到提高生产率、节省劳动力的目的。⑰最后，由于日本经济中城市工业部门的收入水平一直太低，而不能使更加多样化的农产品需求发生增长。

日本目前的发展与经历

前面对日本农业在两次战争之间萧条的分析可使人联想到这样的问题，那些由于采用新的谷物技术而经历了粮食生产迅速增长的国家，在 20 世纪 70 年代会面临萧条。把现行的或潜在的粮食剩余转化成经济持续增长的基础，为下十年南亚和东南亚的大多数国家提出了极其困难的问题。预计出口机会与价格会不断下降，限制了利用粮食生产剩余挣外汇的机会，而这些外汇需要用来资助国内发展。另外，从事农业生产的相对大量的人口和非农就业机会的缓慢(绝对)增长，限制了经济收益。如果剩余的转化伴之以低廉的粮食价格，那么[229]利用主要用来支持城市工业部门就业的剩余就可获得经济利益。

因此，如果发达国家不对国内农业采取一些保护主义政策，东南亚的经济有可能在 20 世纪 70 年代面临类似于日本经济在两次战争之间所面临的问题。主要的区别在于这些国家水稻价格下降的压力将由从内部而不是殖民地国家产生的供给增加而来。

日本的经历表明，亚洲农业的经济与社会条件使它要取得像

19 世纪英国农业改革那样的结构改革，是极其困难的。将来一定会找到在亚洲条件下可行的独一无二的农业改革形式和过程。

与两次战争之间时期相对照，全世界贸易情况即便在粮食贸易可能会下降的时期，也是扩大的。对饲料粮食和奢侈品粮食项目的需求增长发展迅速。泰国的玉米和台湾的芦笋、蘑菇是把资源由生产粮食转化为生产世界需求增长商品的成功例子。它使人联想到，这些成功是在亚洲传统粮食剩余国取得的。

另一种可能性是，当大宗粮食的成本与价格真正降低，并反映在工资比率中时，橡胶、椰子仁干、三合板和其他热带出口商品的成本线会向下移动。如果这样会有效地参与合成产品和温带地区农产品的竞争，传统的出口作物部门会又一次作为热带经济中的主要部门出现。

无论这些可能能否实现，从很大程度上看，都取决于农业研究有效的分布。研究对发现和发展新的可获利作物是很关键的。应该通过技术的不断改进，保持和加强传统出口作物的竞争地位。如果科学知识与生产力转移带来的技术进步局限于谷物粮食部门，南亚和东南亚的国家就不可能取得成功的农业改革。

资源(包括研究资源)重新有效配置的关键，是有效的价格体系，它精确地反映了经济中投入与产出物的供给与需求的变化。如果南亚和东南亚国家的政府把物资资源转化到保持 20 世纪 30 年代末通用的谷物粮食价格水平，那么农民、农业科学家和农业供给公司都会进行不适当的资源配置。因此，这些剩余商品的成本线将相对更迅速地向下移动，扩大了不平衡。

过去 20 年中，发达国家的农业商品政策是一种代价[230]很高的计划，发展中国家缺乏能够模仿这种计划的资源。发达国家由于农业支持价格高，而能够承担起很大的直接成本和资源浪费。在大多数发达国家中，农业创造了不到10%的国民收入。支持价格对缓和与农业人口中进行农业改革有关的社会紧张局势是有效的。热带地区的发展中国家，农业部门创造的收入相对较大，它们既没有行政方面的能力，也没有资源来执行很高的支持价格政策。尽管很痛苦，但它们不得不遵循一条有效价格指导下进行农业改革的道路。支持价格规划如果不被过分追求收入变化的目的所曲解的话，可用来达到稳定的目的，也可导向有效的资源利用决策。⑱

取得农业资源的重新有效配置，同时，在农村人口和农村与城市部门之间保持福利的有效平衡，要求特别的技术。因为它会导致比许多发展中国家似乎能够接受的政策结构更为紧张的社会紧张状态。

补充：假设的计算方法

在补充部分，我们详细解释1920年以后对农业总产和价格假想的计算方法。

模式

这些假想的计算方法的基本模式是供需平衡。我们将使用在表10.1和表10.2中规[281]定的符号来计算变量的实际值，对假设

* 对详细方法不感兴趣的读者可以略过这一节。

值用撇号(′)识别。

由于水稻实际总供给又可看作与总需求是相等的，所以供需平衡可写作：

(1)　$Q=(1+K)Z$

式中，Q是总消费，Z是国内总产，K是对生产的净进口(及存货变化)比率。假设上述平衡关系在某一实际价格P点上实现，消费、进口、生产的平衡水平在某一假定价格P'情况下规定为：

(2)　$Q'=(1+K')Z'$

如果假设一个典型的不变弹性需求函数为：

(3)　$Q=Q_0P^{\eta}$

式中，收入和其他需求变化包括在Q_0中，Q和Q'的关系是：

(4)　$Q'=Q(\frac{P'}{P})^{\eta}$

式中，η是水稻需求的价格弹性。

如果假定一个不变弹性供给函数为：

(5)　$Z=Z_0P^{\gamma}S^{\delta}$

这里供给变动除S外已包括在Z_0中，Z与Z'的关系是：

(6)　$Z'=Z(\frac{P'}{P})^{\gamma}(\frac{S'}{S})^{\delta}$

式中，γ为供给的价格弹性，S是种子改良指数，δ是与种子改良指数有关的供给弹性。下列等式中包含着：

(7)　$Z=AY$

式中，A是播种面积(以公顷计算)，Y是每公顷产量(以吨计算)。如果我们假定相应的面积函数为：

(8)　$A = A_0 P^{\alpha}$

相应的产量函数为：

(9)　$Y = Y_0 P^{\beta} S^{\delta}$

式中，α 和 β 分别为面积与产量反应弹性（$\gamma = \alpha + \beta$，$Z_0 = A_0 Y_0$），A 与 A′之间和 Y 与 Y′之间的关系是：

(10)　$A' = A(\frac{P'}{P})^{\alpha}$

(11)　$Y' = Y(\frac{P'}{P})^{\beta}(\frac{S'}{S})^{\delta}$[232]

用公式(4)和(6)替换公式(2)中的 Q 和 Z，我们得到：

(12)　$Q(\frac{P'}{P})^{\eta} = (1 + K')Z(\frac{P'}{P})^{\gamma}(\frac{S'}{S})^{\delta}$

从公式(1)和(12)，我们得到了用来计算在假设条件下，日本水稻平衡价格的公式：

(13)　$P' = P\left(\frac{1 + K'}{1 + K}\right)^{\frac{1}{\eta - \gamma}}\left(\frac{S'}{S}\right)^{\frac{\delta}{\eta - \gamma}}$

假定的面积、单产、总产分别可由公式(10)、(11)、(7)计算出 P′。

参数估计

现在的问题是取得五个参数的经验估值：相对于价格的面积弹性(α)；相对于价格的产量弹性(β)；相对于价格的供给弹性(γ)；相对于种子改良指数的供给弹性(δ)；水稻需求的价格弹性(η)。

需求的价格弹性估值(η)可从大川关于战前日本粮食经济的经典研究中得到。[19]他对水稻需求的价格弹性估值是建立在 1931/

32—1938/39年对城市人口家庭调查数据和1920—1938年对农村人口市场调查数据基础上的。这些估值在不同职业、地区和收入水平组中都是不同的，但都围绕着众数-0.2。我们将把-0.2作为相对于价格的需求弹性(η)，因为这个数字同样也和各种水稻的收入弹性估值是一致的。

供给参数代表了我们的估值。显然，日本还没有进行过对水稻供给的研究。我们选择分别估计相应面积与相应产量，并通过把面积与产量弹性相加来取得对总供给弹性的估值。使用这一方法时的一个重要的考虑是，对面积和单产反应中的价格变化进行调整所需时滞的差异。产量反应基本是短期现象，主要取决于它用来调整各种投入物资(如化肥)以适应价格变化的时间。面积反应却涉及长期的调整。在日本，旱稻播种面积是微不足道的(占全部稻田播种面积不到5%)，[233]在夏季作物季节，对水田水稻来讲，没有什么竞争作物。因此，水稻播种面积几乎完全取决于可供的水田面积。必须有必要的投资来扩大水田面积，例如，把旱地改造为水田，因为这种土地利用变化一定要伴随着灌溉系统的发展。由于在水田发展中涉及大量资本投资，水稻播种面积短期对价格变化的反应是有限的。然而，长期反应可能是明显的。由于面积对价格反应滞后的意义，我们利用科伊克—纳尔弗的分布滞后模型分析面积反应。使用的基础模型是：

(14)　$a_t^* = \alpha_0 + \alpha p_{t-1} + \alpha_c p_{c(t-1)}$

和

(15)　$a_t \times a_{t-1} = \lambda(a_t^* - a_{t-1})$

式中，a_t、p_t和p_{ct}分别是水稻播种面积、水稻价格、竞争作物价格的对数变化。a_t^* 为 p_t 和 p_{ct} 特定水平的长期均衡面积(以对数计算)。等式(10)与(11)简化为：

(16)　$$at = \lambda\alpha_0 + \lambda\alpha p_{t-1} + \lambda\alpha_c p_{c(t-1)} c(t-c) + (1-\lambda)\alpha_{t-1}$$

这一公式我们将用来做回归分析。[20]在估计模型中，研究的水稻价格由总价格指数调节，而总价格指数从某种程度上来说，反映了开垦新水田费用的变化。我们模型中遗失掉的一个重要变量是治河与灌溉工程的公共投资。假定这样的投资在长期情况下由价格趋势引起，从那个意义上说，它已体现在我们的分布滞后模型中了。[21]

产量反应模型规定为：

(17)　$$y_t = \beta_0 + \beta p_t + \delta s_t$$

式中，y_t、p_t 和 s_t 分别为每公顷水稻产量、水[234]稻价格和种子的改良指数的对数变化。为了估计的目的，我们通过化肥价格指数调整水稻价格，以便反映现行主要投入项目的价格变化。

通过最小二乘法估计等式(16)和(17)得出的结果，在表 10.4 中进行了概括。在面积反应中，竞争产品的价格系数是不显著的，去掉那个变量后，估值又重复了。与水稻价格有关的水稻面积反应估值在 5%或接近 5%水平是显著的。价格系数值小，滞后独立变量的系数接近 1，表明短期内对水稻播种面积的价格反应非常小；但长期反应相对较大。考虑到调整水田面积需要一个较长的时间，这是一个预期的结果。允许不限定时间的调整的长期弹性为 0.4—0.6。这些估值与其他亚洲国家面积反应弹性的估值结果是不一致的。[22]

产量反应回归中的价格系数为正，在 5%或接近 5%的水平时

表 10.4 根据 1890—1937 年度时间序列数据对水稻生产中面积与产量的价格反应所做的最小二乘估计*

回归编号	估计方程	可决系数（经过调整）	估计标准误（经过调整）	杜宾—沃特森检验	长期价格弹性	
					无时间限定调整[a]	10 年调整[b]
	面积反应					
A－1	$a_t = 0.0529 + 0.0083p_{1(t-1)} + 0.0034p_{c(t-1)} + 0.9833_{at-1}$ (0.0069) (0.0107) (0.0223)	0.9872	0.00654	2.35	0.497	0.071
A－2	$a_t = 0.0691 + 0.0092p_{1(t-1)} + 0.9785_{at-1}$ (0.0058) (0.0163)	0.9874	0.00641	2.34	0.428	0.077
A－3	$a_t = 0.0719 + 0.0138p_{2(t-1)} + 0.002p_{c(t-1)} + 0.9787_{at-1}$ (0.0076) (0.010) (0.0219)	0.9876	0.00643	2.39	0.648	0.113
A－4	$a_t = 0.0848 + 0.0150p_{2(t-1)} + 0.9749_{at-1}$ (0.0070) (0.0162)	0.9878	0.00273	2.39	0.598	0.122
	产量反应					
Y－1	$Y_t = -6.6713 + 0.1287p_{3t} + 2.8219_{st}$ (0.0626) (1.1903)	0.6356	0.08731	2.28		

（续表）

Y－2	$Y_t = -8.0034 + 0.0673p_{4t} + 4.2878_{st}$ (0.0395)　(0.8052)	0.7490	0.03112	2.18		
Y－3	$Y_t = -6.6695 + 0.0911p_{5t} + 3.5058_{st}$ (0.0615)　(1.1485)	0.6199	0.03872	2.32		
Y－4	$Y_t = -14.6023 + 0.0831p_{6t} + 3.6244_{st}$ (0.0606)　(1.1672)	0.6173	0.08346	2.34		

*　变量 a——Log A：水稻播种面积（1,000 公顷）；Y——Log Y：水稻每公顷播种面积产量（公吨）；p_1——Log（p/I）：由总价格指数调节的水稻单位产品价格（日元/公吨）；p_2——总价格指数调节的水稻日历年平均批发价格对数（日元/公吨）；p_3——由当年化肥价格指数调节的前一年水稻单位产品价格对数（日元/公吨）；P_4——当年化肥价格指数调节的前一年水稻批发价格的日历年平均对数（日元/公吨）；P_5——当年化肥价格指数调节的水稻批发价格（前一年 9 月到当年 10 月）的水稻年平均对数（日元/公吨）；p_6——当年化肥价格指数调节的水稻批发价格在 1—7 月的平均对数（日元/公吨）；p_c——总价格指数调节的除水稻以外其他农产品的价格指数对数；s——种子改良指数。

[a]（p_{t-1}的系数）÷（a_{t-1}的系数）。

[b]（P_{t-1}的系数）×〔1－（a_{t-1}的系数）〕÷（a_{t-1}的系数）。

资料来源：表 1 不包括：水稻补发价格（东京深川水稻市场的月价格）。加用信文编：《日本农业的基础统计资料》（东京：农林省产业科学会议，1958 年），第 514 页。化肥价格指数：大川一司等编：《日本长期经济统计资料》第 9 卷（东京：东洋经济新报社，1966 年），第 192—193 页。不包括水稻的农产品价格指数：*LTES* 中主要商品分组的价格指数，第 8 卷（1967 年），第 168—170 页，在 *LTES* 第 8 卷，第 78 页中，用 1934—1936 年价格权数加总计算。

显著。种子改良指数变量同样相当显著。价格系数,特别是在(Y-1)的情况下,与速水佑次郎㉓早期研究取得的化肥需求研究结果是一致的。在那项研究中,相对于化肥价格与农产品价格的化肥需求弹性估值集中在1.5,水稻总产对化肥的弹性估值集中在0.15。考虑到以价值计算的水稻总产与农业总产的比率大约为0.55,这些估值意味着水稻单产对水稻价格的价格反应弹性大约为0.12(=1.5×0.15×0.55),这与表10.4中的直接估值结果是一致的。

根据产量反应估值结果,我们决定采用0.1为产量反应弹性(β),3.0为种子改良弹性(δ)。从分布滞后面积反应模型的估值结果可以看出,决定一个适应的面积反应参数是很困难的。模型为我们提供了短期弹性(允许一年调整期)和长期弹性(允许无时间限定的调整),[235]但两者中没有一个符合我们的分析目的。我们考虑的时间阶段是1915—1935年这20年。我们选择10年为平均调整期,并且选择0.1为面积反应弹性(α),这些都是以表10.4最后一列所示的结果为根据的。应该认识到,这里为了计算方便采用的是常规方法。它具有直观性,但缺乏理论判断。

对前述模型应用指定参数得到的结果列在表10.3中。

注 释

① 关于绿色革命第二代问题的讨论,参阅小克利夫顿·R.沃顿:“绿色革命是象征富裕的羊角还是潘多拉的盒子?”,载《国外情况》,第47卷(1969年4月号),第464—476页;《关于绿色革命的科学与外交政策专题论文集》(华盛顿特区:美国政府印刷局,1970年);莱斯特·R.布朗:《种子改良:70年代的绿色革命及其发展》(纽约:普雷格出版社,1970年);沃尔特·

P.福尔肯："关于绿色革命的各种问题"，载《美国农业经济学杂志》第52卷(1970年12月号)，第698—710页；金田宏光："绿色革命的经济意义与巴基斯坦西部农业发展战略"，载《巴基斯坦发展评论》第9卷(1969年夏)，第112—143页。

② 艾伯特·O.赫希曼：《经济发展战略》(纽黑文：耶鲁大学出版社，1985年)。

③ 威拉德·W.科克伦对美国农业的这种过程进行了阐述：《农场价格的现实与神话》(明尼阿波利斯：明尼苏达大学出版社，1958年)。

④ 弗朗辛·R.弗兰克尔："印度农业发展的新战略——农业现代化的政治代价"，载《亚洲研究杂志》第28卷(1969年8月号)，第693—710页；盖伊·J.波克尔："印度尼西亚农业发展规划的政治结果"，载《太平洋各国概况》第41卷(1968年秋)，第386—402页。

⑤ 1969年6月，东南亚开发咨询小组在檀香山召开的农村发展学术会议上，讨论了绿色革命在贸易方面的意义。主要参阅马丁·E.艾贝尔："70年代水稻与谷物生产及贸易展望"，载《西南亚农业革命》第1卷，(纽约：亚洲协会，1970年)，第105—122页；昆廷·W.韦斯特："世界谷物生产展望与东南亚贸易平衡措施"，出处同上，第148—165页。

⑥ 本章下面的材料主要参考两篇文章：速水佑次郎和V.W.拉坦："朝鲜水稻、台湾水稻与日本农业的萧条是殖民主义带来的经济结果"，载《经济学季刊》第84卷(1970年11月号)，第562—589页；R.E.埃文森、小J.P.霍克和V.W.拉坦："技术变革与国际贸易的三个例子：甘蔗、香蕉和水稻"，摘自《国际贸易中的技术因素》，雷蒙德·弗农编(纽约：哥伦比亚大学出版社，1970年)，第415—480页。

⑦ 1890—1905年间，也出现过类似现象。水稻供给(加上可推测出的消费)增加超过了国内生产量，1905年(1903—1907年的平均数)的观察值包括日俄战争期间(1904—1905年)的非正常情况。19世纪最后10年，日本由一个净出口国变成净进口国，迫使政府不得不采取措施鼓励农业生产，包括建立国家农业试验站(1896年)、制定对地区农业试验站实行补助的政策(1899年)和制定重新划分可耕地的法令(1899年)。由于当地技术潜力还没有完全开发，所以政府的努力很有成效，而且在20世纪头20年中，使每公顷

水稻产量有所提高。结果在这一时期,尽管国内水稻消费不断上涨,日本农业仍能提供大约95%的消费量。

⑧ 水稻价格的下降部分归因于不利于水稻需求的变动。食物需求和其他消费品的需求由于消费者收入的下降而下降,而消费者收入的下降是由于日本在战前相崎阶段,为了恢复到金本位制所采取的紧缩通货政策而引起的。水稻和主要食品需求收入弹性,由于城市化和劳动力职业分布的变化而下降了。而且,收入中的劳动部分也趋于下降,见原书第79页表4和第85页表7。梅村又次:《工资、就业与农业》(东京:大明堂,1961年)。

⑨ 大川一司和亨利・罗索夫斯基:"现代日本经济发展中农业的作用",载《经济发展与文化变革》第9卷,第2部分(1960年10月号),第43—67页。

⑩ 若见经济史研究中违反实际模型的讨论,参阅罗伯特・威廉・福格尔:"经济史中的鉴定问题",载《经济史杂志》第27卷(1967年9月号),第283—308页。

⑪ 表10.1提供的数据表明,1920年后,水稻储备(大概的消费量)增长速度下降了(从1890—1920年的1.7%的混合速度下降到1920—1935年的1.0%)。在这两个时期,人口仍以每年大约1.0%的速度增长。如果因为需求的下降引起人均水稻消费的停滞,那么,也许能够期望这种停滞对生产和生产率趋向有重大影响,尽管在开放经济中,国内消费并不能直接限制国内生产。现在的分析表明,日本国内的水稻生产和水稻生产率的停滞始终可用两个主要因素加以解释:地方技术潜力的耗竭和殖民地水稻的进口。然而,这并不是说我们否认需求收缩也可以导致停滞。关于这一时期影响国内水稻生产需求收缩因素的数量方面,需要进一步的分析。

⑫ 古斯塔夫・拉尼斯和J.C.H.费:"经济发展理论",载《美国经济评论》第51卷(1961年9月号),第533—565页。

⑬ 按拉尼斯和费的观点,劳动力的无限供给还是个问题。但最近南亮进的研究表明,确实存在劳动力从农业向工业的无限供给的情况。见南亮进:"日本经济的转折点",载《经济学季刊杂志》第82(1968年8月号),第380—402页。

⑭ 考虑这个问题是饶有趣味的,即如果殖民发展政策伴之以在日本进

行土地改革和其他类似于第二次世界大战后美国占领期间执行的经济民主化措施，将会发生些什么情况？土地改革可以：(1)通过增加对农民的刺激来提高农业生产的发展速度；(2)提高农民的收入水平和生活水平，有利于农业部门的社会与政治稳定；(3)通过增加农民消费，抑制对海外市场进行帝国主义扩张的刺激来扩大工业品的国内市场。另一方面，农民收入与消费水平的提高也可以通过：(1)减少储蓄由农业向工业的净流出；(2)工业劳动力供给向上移动，当然这取决于农业部门生活水平的提高和工业部门工资的提高。需要进行广泛的分析来评价不同土地占有权政策对经济增长和社会政治发展的全面影响。

⑮　菲利斯·迪恩和 W.A.科尔：《1688—1959 年英国经济发展的趋势与结构》(剑桥：剑桥大学出版社，1962 年)，第 154—181 页。

⑯　石川滋：《亚洲经济发展展望》(东京：纪国屋书店，1967 年)，第 84—122 页。

⑰　大川和罗索夫斯基："农业的作用"，第 68—83 页。

⑱　"许多发展中国家在寻求更大的社会公平，或者更平等的社会时，忘记了价格与工资具有资源配置和收入形成的作用。……这意味着，对于管理机构薄弱的发展中国家，不能期望它们通过价格和工资控制取得平等这种社会目标……这种情况的典型例子发生在 20 世纪 60 年代早期的印度。当粮食生产落后时，为了使粮食价格对城市消费者保持"公平"，农产品就要受到政府调拨计划的抑制。……而想取得公平的努力，即对城市消费者实行低价政策，却在特别需要促进发展时抑制着粮食生产。"威拉德·W.科克伦："世界粮食问题"，载《谨慎的乐观评论》(纽约：克罗韦尔出版社，1969 年)，第 287—288 页。最近，有些发展中国家，特别是菲律宾和巴基斯坦，已经不能够保持宣布的支持价格水平。总的来说，价格支持行动在大多数发展中经济体中，对价格不稳定所引起的作用比价格稳定还大。

⑲　大川一司：《食品经济的理论与方法》(东京：日本评论社，1945 年)，第 9—34、77—96 页。

⑳　检验了几个地区反应模型的差异，例如，用纯收入或利润代替价格。对这类模型的评价不如现行模型。

㉑　这一假设基于下述理由：政府，无论它是民主政府还是其他，应该努

力抓住政府经济机会，并做出反应。如果农产品价格上升，灌溉与水源控制投资中的利得成本比率就应该提高。在这种情况下，农民、土地所有者都应该坚持对此类设施进行更多的投资。政府针对这种要求，应该分配大量资金用于灌溉和水源控制。这样做能够增加国民财富，而且在适当的税收制度下，可以增加政府收入。当然，现在几何收敛分布滞后模型的说明是否适合对这一过程进行描述，还是一个问题。

㉒ R.克里施纳："经济发展中的农业价格政策"，载《农业发展与经济增长》，赫尔曼·M.索思沃斯和布鲁斯·F.约翰斯顿编（伊萨卡：康奈尔大学出版社，1967 年），第 497—540 页；玛哈·曼格汉斯、艾达·E.雷克托、V.W.拉坦："菲律宾水稻与谷物的市场关系"，载《菲律宾经济杂志》第 5 卷（1966 年上半年），第 1—2 页。

㉓ 速水佑次郎："作为农业生产率基础的非农部门"，载《经济增长理论展望》，津久井仁吉和村上泰亮编（东京：岩波出版社，1968 年），第 218—233 页。

第五部分

回顾与展望

第十一章　不均衡的世界农业

19 世纪末呈现的国际经济体系是，农产品与原料由[241]温带的新大陆国家和热带殖民地区输向发达国家，工业品则由发达国家输向欠发达国家。人们相信，对每一个追求比较“地理位置优势”的国家来说，这既符合发达国家的经济利益，也符合欠发达国家的经济利益。第一次世界大战后，这样的体系逐步被打破了。①

第二次世界大战末，世界农业出现了很大的不均衡。在大战结束后的最初 20 年间，发达国家和发展中国家各自实行的政策加剧了发达国家和欠发达国家之间在农业生产和农业生产率以及农民福利方面的不均衡，②扩大了发达国家和欠发达国家之间农业生产率的差距（参阅第四章），基本重建了农业贸易关系，总的来说，发展中国家成了粮食净输入国而不是净输出国。

从发达国家和欠发达国家所采取的政策清楚地看出，这些变化反映了世界农业[242]的不均衡在加剧，而不是一个动态均衡的调整过程。采取的政策导致了国际和国内贸易中生产要素和产品市场价格的极度扭曲。各国之间生产要素和产品的流动受到发达国家和欠发达国家采取的国家主义的贸易和发展政策的阻碍。当前生产、资本投资和技术开发中，资源分配的市场和非市场刺激均被扭曲。在这一章中，我们将在前面各章分析的基础上，探讨战后这种不均衡是如何形成的。首先,我们要区分导致不均衡的基本力量及其本质和来源。我们同时也要考察为改变这种不均衡趋势所做的努力以及这些努力为何取得如此微小成效的原因。

这一部分所用的方法与前几章不同,不是以我们自己的研究成果为依据,而是试图采用在前面章节提出并检验过的诱导发展模式,阐明为提出有效的农业发展战略而需要考虑的许多重要因素。

不均衡的根源

加剧世界农业不均衡的基本原因,是欠发达国家由自然资源型农业向科学型农业转变方面的落后状况。发达国家的农业,在现代经济增长的过程中,已经由资源型产业转变为科学型产业。

在发达国家中,人力资本和技术投入——正如各国生产函数分析所表明的那样(参阅第五章)——成为农业产出增加的主要源泉。比较利益的基础由自然资源优势转向科学和工业生产能力优势。第二次世界大战后,农业生产的比较利益由欠发达国家向发达国家转移的过程加快了。

第二次世界大战后的头 20 年,发达国家和欠发达国家之间每公顷产出和每劳动力产出的差距逐渐扩大(参阅第四章)。例如,1960—1964 年(平均数)和 1968 年之间,发达国家谷物产量增加了 12,300 万吨。而发展中国家人口比发达国家多一倍并且有高得多的人口增长率,[243]谷物只增产了 5,200 万吨。③一个未被回答的主要问题是第二次世界大战后的大部分时期,发展中国家和发达国家之间的技术差距为什么会继续扩大，尽管国际援助机构推行了技术援助项目，发展中国家也采用了农业规划。

通过回顾，我们可以清楚地看到，第一次世界大战后和大萧条时期国际经济体系的打破，以及第二次世界大战后发达国家和欠发达国家各自采取的国内经济政策，继续加剧而不是缩小了世界农业的不均衡。典型的是，发达国家通过农产品价格支持和在农产品进口方面设置诸如农产品进口关税、进口定额和征税等障碍，以实行保护国内农业的政策。此外，欠发达国家采取强制农业部门承受国内工业发展的负担的政策，这些政策包括为工业化积累资金，诸如采取国家销售垄断使农产品价格稳定在比较低的水平，为了维持产业工人低价粮食供给，征收农产品出口税。为保护国内的低效生产者，农业投入（如化肥）的价格常常比世界价格水平高得多。[④]结果，发达国家的农产品价格显著过高，而欠发达国家的却过低。发达国家的农产品通过商业的和特许贸易的渠道倾销到国际市场，进一步加剧了不均衡。

生产要素和产品市场价格引起的扭曲，导致农业发展所需资源分配上的严重不合理。我们对美国和日本历史经验的分析（第六、第七章）以及对国际技术转移的分析（第八章至第十章）表明，市场价格不仅对私人生产者而且对科学家和公共管理者的资源分配决策，是一种强有力的协调力量。

第九章的分析指出，预料粮食价格提高和化肥价格降低，是引起研究的组织体制变革和对研究投资的关键因素，它们导致 20 世纪 60 年代中期以来热带地区粮食生产的革命。我们的分析指出，假如战后大部分时期农业、工业、贸易政策不是如此有效地扭曲了价格关系,技术开发,如引用谷物新品种而使世界农业趋于恢复均衡的运动,本会开始得早得多,规模也宏大得多。

此外,即使我们考虑了由于价格扭曲造成的资金的[244]不合理分配,对本国和国际机构为欠发达国家农业发展提供的资金的分配,也并不是很有效的。对于农业发展,应该优先考虑的问题在于:(1)土地占有、销售和信贷组织领域的制度改革;(2)推广和生产教育制度的发展;(3)物质性基础结构的投资,尤其是大规模的土地和水资源开发。在农业研究中存在着严重的投资不足,这种不均衡导致了:(1)生产力差距扩大;(2)未能建立起可行的农业制度;(3)土地投资收益低下。

在以下各节我们将更为详细地对导致世界农业不均衡加剧的经济政策进行评论。

发达国家的农业保护主义

发达国家的农业保护主义,已成为造成世界农业不均衡的主要因素。发展中国家在试图提高生产要素的生产率、获得更快的生产增长率和扩大农产品出口时面临的主要障碍之一,是具有价格优势的发达国家的过剩生产能力。

在美国,生产能力如此之大,以至在1970年几乎有5,500万英亩耕地撤出生产10年以上。政府通过优惠的销售条件,鼓励农业出口商品在国际市场上倾销,例如对创汇农产品的销售,实施480号公法和两价制。在两价制下,农户从在国内市场上出售的农产品部分中获得相对较高的价格,同时从出口农产品部分中获得反映国际销售条件的价格。

在西欧,欧洲经济共同体国家的谷物价格在许多情况下为世界价格的两倍。出口津贴很多,使它们可以削价与远至东南亚的出口者抢生意。1969 年欧洲经济共同体国家花费几乎 10 亿美元加工处理、贮藏、处置"剩余乳产品"。就连英国也实行了提高农业自给能力的长远政策。日本同样是有力的保护主义者。在 60 年代后期,日本从长期的主要产品[245]大米的进口国变成大米出口国。日本水稻生产者得到的价格高于世界价格一倍以上。稻田开发的补贴费也促进了生产。牛肉和热带水果这类产品的进口,受到了严格的限制。

第二次世界大战后,发达国家不断滋生的农业保护主义与工业革命后早期保护主义的不同之处,主要在于理论基础,而不在于其对外贸的影响。历史上,农业保护主义的需要出于:(1)农业和工业部门之间劳动者的生产率和收入有很大差别;(2)相对于那些在现代化过程中,资源不断从农业转向工业的国家的外国农业生产者来说,农业缺乏比较利益。第二次世界大战后,发达国家农业生产者对实行农业保护的需要,是基于不同的原因的。随着发达国家农业从资源型产业转向科学型产业,农业生产率的增长常常超过工业部门生产率的增长。⑥工业国的农业生产者面临农产品需求在国内市场相对缺乏弹性的情况,要求实行价格保护以免国内价格下降。

发达国家政府对农业生产者需要的反应,就是制定日益复杂的国内农业保护政策体系。这个体系主要包括下面一些组成部分:(1)直接阻碍进口的政策(进口税、进口限额、国家贸易和多元汇率);(2)直接鼓励出口的政策(出口津贴和多元汇率);(3)直接鼓励国内生产(价格支持和亏损补贴)。其产生的净效应是保护主义的日益强化。尽管“新保护主义”政策的复杂性造成了比较上的困难,但根据60年代早期的资料所做的估计表明,第二次世界大战以来,大部分发达国家加强了农业保护。⑦

国家经济政策对“老的”或“新的”保护主义的反应,各国之间有很大差别。在19世纪,大不列颠的比较利益显然取决于工业,而且工业品在外国市场弹性很大,迫使农业保护主义让位于自由贸易。1846年废除了[246]谷物法,工业革命后半个多世纪,比较利益明显地由农业(特别是谷物生产)转到了制造业。就是在英国,导致废除谷物法的条件也是独特的。唐纳德·格罗夫·巴恩斯指出:“英国只在一个短暂的时期,制造商的利益和消费者的利益是一致的。尽管出于不同的原因,他们都需要便宜的食物,因而他们联合起来,反对他们共同的敌人——农学家,并带来了自由贸易。但没有任何其他国家贸易和制造业的利益与消费者利益如此融洽,因为他们的利益绝没有一致过。”⑧

很明显,19世纪后半期,没有其他发达国家步英国之后尘,这种情况反映出工业部门的比较利益不明显,认为工业品的外贸市场缺乏弹性。德国和法国对从新大陆大规模输入谷物的反应,就是实行保护主义。谷物输入与19世纪七八十年代的世界萧条恰好处于同一时期。1879年,德国的俾斯麦采用谷物进口关税,是容克地主和钢铁产业主保护农产品和工业品联合运动的结果。后来,在1890年,随着政策转向扩大贸易,关税率有所下降,但保护政策从未完全放弃过。1892年,法国的梅莱恩重新恢复了农产品关税,1895年加强了关税,第一次世界大战后再次提高了关税,20

世纪30年代大萧条时期又一次提高了关税。支持保护主义政策是出于法国工业薄弱的竞争地位和恐惧俄国、澳洲、美洲低价谷物的倾销。[9]在那些农业关税保护盛行最久的几个国家,保护主义使农业的竞争地位更弱。它维持了一个无效率的农业结构,并使生产率的差距日益扩大,对农业保护的要求有增无减。法国的"保护主义像以往一样,趋于维持农业的现状、现存的资源配置、自耕[247]农业、分配制度,以及所有其他的一切"[10]。从贵族的、共和的到社会主义的政府都发现,农民经济需要比经济理论更有力量。[11]

20世纪30年代的大萧条,是对贸易自由主义的最终打击。世界上所有的国家高筑关税壁垒。正是在这个时期,农业价格支持作为美国农业政策的永久性特征而出现。采取关税、价格支持和生产限额,最初是在30年代萧条时期,作为应急措施用来缓解农产品供给缺乏弹性而需求迅速减少造成的农产品价格和农业收入的暴跌。[12]战后时期工业国家长期实行和进一步加强保护主义政策,在很大程度上是由于发达国家由资源型农业迅速变为科学农业,使产出迅速增长而消费者的食品需求收入弹性持续减小。结果,国内贸易条件变得不利于农业了。

迫于农产品需求无弹性而劳动生产率迅速增长的影响,产生了资源调整这一极为困难的问题。例如美国,从1925年到1950年,劳动生产率每年提高3%。在50年代和60年代,每年提高6%以上。而需求增长每年不到2%。农产品需求的缓慢扩大和农业劳动生产率的飞速增长,要求各部门的劳动力市场承担起调整不利于农业的国内贸易条件变化的重担。劳动力市场的这种大规模调整,涉及农业劳动力以每年超过4%的速度向非农部门转移,即使在高速发展的城市经济中,也是极难做到的。在那些当地非农就业扩大缓慢的地区以及对那些文化不高的老年农民、少数民族来说,调整起来是特别困难的。⑬在这种情况下,为减轻调整的负担,农业生产者迫切需要加强农业保护,同样也需要更有效的国内价格支持和土地使用管制。⑭

保护主义政策的经济理论基础因许多社会政治因素[248]得以强化。法国、日本和美国为防止市场力量充分发挥作用而采取的保护政策,具有广泛的农民公众支持基础。农业"原教旨主义"认为,生产的基本单位是由耕种者占有和经营的家庭农场这种农业制度,代表了社会统一和政治稳定的唯一稳固基础——仍然需要坚持。西欧农民党和反对"左"派的温和的保守党之间的政治联盟,加强了农民的经济地位。

或许对解释保护主义措施、价格支持及管理农产品价格和产出的土地使用管制政策具有同等重要性的,是政府的行政管理和控制能力得到大幅提高,这开始于第一次世界大战中,并在第二次世界大战后迅速加快——这被希克斯称为"政府的管理革命"⑮。在这种革命之前,关税仅是一种政治手段,政府可以用它来操纵价格,管理生产和改变收入流向,使其有利于或不利于农业。当今发达国家的政府,有能力管理一套更为复杂和缜密的政策措施体系,并实行直接控制。此外,整个经济增长和农业部门的相对缩小,使得发达国家的政府和广大公众对由于采取保护政策使农业免遭市场冲击所引起的资源使用和社会成本的扭曲很不敏感。

在发达国家和发展中国家的相互利益中,发达国家不能有效管理价格和贸易政策的情况，可以以糖业政策这种极端形式为例加以说明。⑯

世界糖类贸易，以出口国和进口国之间的专门销售协定为特征。总出口量中不足50%的部分，是不采取任何优惠协定而进入国际贸易渠道的。[249]几乎每个产糖国的政府对糖的生产、提炼和销售都实行某种程度的管制。大部分进口国都与政治上有紧密关系的海外属地和独立国家签有优惠协定。而且，大部分进口国都征收关税并实行贸易限额以保护本国生产者。

美国的糖业在1934年以前仅受关税的保护和调节。在1934年，美国在贯彻《琼斯—科斯蒂根法》的情况下，制定了更为严格的限制进口政策，目的是保护本国生产者和传统的外贸供给者免受伴随大萧条而来的世界贸易经济组织混乱的冲击。1934年以来，美国糖类政策的基本结构包括：(1)根据消费需要量的估计制定每年国内糖的销售定额；(2)这个定额在本国和国外生产者间分配；(3)国内定额在本土和海岛（夏威夷和波多黎各）的甜菜和甘蔗生产者间分配，国外定额在供给国间分配。

《琼斯—科斯蒂根法》自1934年以来已修改了八次，但基本结构依旧未变。20世纪50年代的修改，总额中增加了国内生产者份额而减少了国外生产者的份额。

对国外供给者来讲，为他们制定的销售定额是特别有利的，因为他们可以得到美国的定额价格，只支付低廉的运输费用和每磅0.62美分（以前是0.50美分）的进口税。这是两到三倍于近年国际市场上能得到的糖价（见图11.1）。结果是，国内生产者、国外供给者和糖的加工提纯组织进行广泛的社会接触和疏通活动，以图影响定额分配量。一部分定额分配给一些生产效率非常低下的国家，以致这些国家向美国出口了定额数后再到公开市场上买得本国的部分需求量。

美国的食糖政策，在使国内生产者得到高而相对稳定的价格方面，取得了显著的成功。国外定额占有者的价格也是大大高于没有定额体制的世界上的一般水平。“自由市场”的价格一直是较低的。同时，显而易见的是，这对美国消费者和纳税人来说，是一项昂贵的计划，并且使热带的出口国家长期处于不利地位。各国供给者参与这种奖励制度，可以使美国生产者在不增加大量规划费用的情况下，不断提高总额中的国内份额。

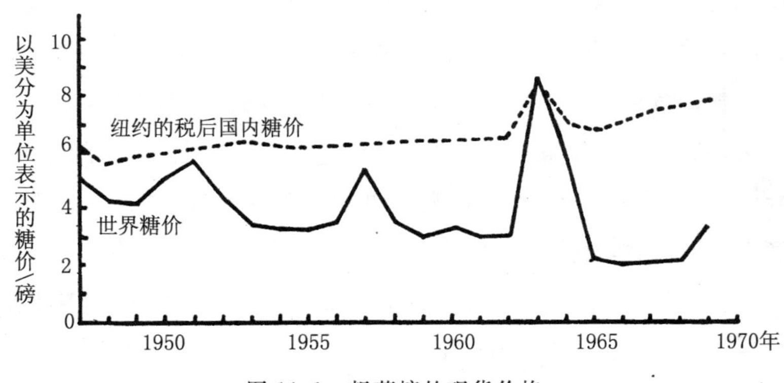

图 11.1　粗蔗糖的现货价格

注：“世界糖价”指的是古巴 96 粗糖出口价；目的港不是在美国（第四号契约）。从 1961 年起根据第八号契约为离岸价格，成袋包装，离岸价，堆放在加勒比港，包括巴西。

资料来源：世界食糖—粮农组织生产年鉴 1947—1966 年的资料；美国农业部食糖报告 1967—1969 年的资料。国内食糖——美国农业部食糖形势与食糖报告。

对欠发达国家可利用资源的估计表明，如果对糖实行保护的国家以完全自由[250]的贸易政策来代替当前的限制政策，可以预料自由贸易可以使发展中国家糖的出口净值每年增长10亿美元。⑰

这些估计并没有包括发展中国家或发达国家从糖的自由贸易中得到的所有利益。显然，糖价的扭曲引起了为农业服务的基础结构中非生产性资源的转移。对甜菜生产研究进行投资，就是一个明显的例子。在自由市场情况下，美国和其他自由进口国不可能把对甜菜研究的投资看作比对次要作物如燕麦研究的投资有更大的益处，因为如果糖能以每磅低于4美分的价格进口，在任何情况下，生产甜菜都不可能是有利可图的。

发达国家的保护主义政策也影响到甘蔗研究的地位和收益。⑱在与大萧条有关[251]的加强外贸保护之前，欠发达国家对甘蔗研究投资，是可能取得高报酬的。爪哇在19世纪后期和20世纪30年代早期，糖的生产和出口迅速增长，是以爪哇建有世界上主要的糖类研究站，产生了明显技术效益为基础的。爪哇到20世纪20年代后期，甘蔗产量在世界上最高。作为糖出口国，爪哇名列第二，仅次于古巴。1933年谈判产生的第一个国际糖协议和其他由于大萧条而采取的贸易限制政策，对爪哇糖业生产是灾难性的打击。第二次世界大战后，甘蔗研究投资基本上转向进口国家和在进口国家有保护市场的国家。

曾有许多人试图估计，因保护主义贸易而使资源利用扭曲造成的损失。估计的数字如以糖的情况来讲，是很大的，但未引起注意。据我们判断，在国际贸易中因没有采用高效的价格体系而对发展刺激动力的扭曲，比已经计算的短期损失更为严重。

欠发达国家资源的不合理分配

造成世界农业在第二次世界大战后的头20年不均衡扩大的第二个因素，是发展中国家采取的国内发展政策引起了资源的不合理分配。采取的农业和工业发展政策，几乎完全不顾生产要素的资源条件。各种政策反映了部分政治领导的理想倾向和部分发展规划者分析失误的共同影响。

采取这些政策是为了努力消除由宗主国在政治和经济统治方面带来的限制。宗主国的贸易政策，在发达国家工业部门生产率的支持下，导致附属地手工业和制造业生产下降，加强了原料商品生产的专业化。[19]商品和原料生产部门通常由外国资本和外国人员支配管理。

大部分发展中国家政治领导的主要目标，或由国家主义或由社会主义思想所支配，一直试图用新的经济组织形式代替从殖民统治或经济依靠时期继[252]承下来的"资本主义"，用可以减少对宗主国经济"依靠"的工业结构代替传统的"受剥削"的原料和商品生产部门。[20]

即使主要出于国家主义的动机，一般也总是偏爱公共企业甚于私有企业，怀疑市场机制对分配资源和决定收入流向的作用。国家主义发展政策的内容主要包括由外国资本控制并由外国人员管理的产业公有制，特别是诸如公共设施这样的产业部门，在国内市场一般拥有垄断地位。在其他部门，国家主义经济政策的引入，通常强调发展国内"企业的地位"和沿着以"国家一体化"和"现代化"精神作为信仰而选择的路线确定工业发展方向。这种政策主要包括:采用税收、关税、外汇、价格政策和对资源流向实行直接控制。社会主义思想强化了国家主义的倾向,公有制趋向更加普遍,且范围可能更广。比如突尼斯,在20世纪60年代后期,公有制扩大到了小规模的工业、分配领域和农业。

同时,普遍疏忽采用与农业部门产出飞速增长相一致的政策。在某些情况下,这些政策的目的,是把收入源泉从以农业和种植园为经济基础的传统政治集团中转移出来。在另外一些情况下,政策又以农业部门增长潜力较低的假定为根据,因为农民对经济刺激的反应存在着制度上的压制因素。工业化被当作打破经济体系中阻碍经济增长因素的有效手段,在这个经济体系中,“农民太多”被认为是经济增长的一个主要障碍。㉑

意识形态的影响和对发展方向的分析选择,主要是为了使收入从传统集团和[253]农民流向中产阶级,特别是受教育的中产阶级和组织起来的劳动力。当然,这些政策不可能仅仅或主要就经济方面进行评价。“尽管国有化涉及把实际收入向中产阶级进行必要的再分配而以损害大众利益为代价,但这种再分配在建国的早期阶段起了必要的作用,大量中产阶级的存在是社会稳定、政治民主的先决条件。……产生中产阶级的投资,来自于采用国家主义政策从大众中吸取财源,这是建立一个有活力的国家政权必需的开端。”㉒然而,探求这种政策对国家经济增长的代价是有益的。

撇开动机不讲,这种政策造成了世界农业不均衡的扩大。在生产要素和产品市场上歧视农业,抑制了农业生产的积极性。为促进国家主义的经济目标而发展的新产业,通常没能获得为农业发展提供必需的新的生物、化学和机械投入的生产能力。价格政策的目的，是为了从农民和种植园主中吸取经济剩余，而不是对农场的生产决策和部门间资源分配决策进行有效协调。最后，工业化进程中没有伴随对提高农业生产率和产量必需的研究进行投资。

对欠发达国家执行的经济政策的特征进行表述必然是相当概括的。因此，考察这些政策在特定经济中的执行情况是有益的。菲律宾是一个有用的实例，因为它所执行的国家发展政策比较成功，同时也由于这些政策使发展受到了限制。独立后这段时期，菲律宾国民经济发展的目标是“相对地和绝对地增加菲律宾的人均实际收入，增加总收入中制造业的相对份额而减少总收入中初级产品的专门化生产和对外贸易的相对份额，同样重要的是，提高菲律宾人在经济中对生产性资产的占有和管理的绝对量和相对份额”㉓。

贯彻以上目标采用的政策，是以这样的想法为依据[254]的，即菲律宾传统初级产品糖、干椰肉、马尼拉麻的出口前景惨淡。结论是，增长的前途在于有效发展进口替代产业。为了取得工业增长而采取的法律和管理措施包括：(1)对外汇交易发放许可证；(2)对大量信贷资金实行政府管理；(3)政府行使立法权来决定投资方向。采取保护性管制，廉价得到外汇和运用政府立法权，使资源流向制造业部门和菲律宾企业家这个新生阶级手中。工业产出获得了飞速增长。“1949—1960 年间，制造业带来的收入每年以 29% 的速度增长。相对来说，比其他部门要快。……1949 年占国民收入的 8.1%，1960 年提高到了 17.7%。”㉔

尽管取得了令人印象深刻的工业增长，但在 20 世纪 50 年代后期,菲律宾经济开始经历严重的困难。支付均衡状态严重恶化。外汇率(P2/＄1)极其不利。从1960年到1962年,菲律宾实行了一系列"解除管制"的措施,并实行了外汇改革。按照贝尼托·莱加达的说法,"整个改革的宏伟计划"是"在宏观开放许可的情况下,与解除对贸易和支付的许多限制同步进行的。同时……通过信贷限制和确保财政支持防止汇率失控,并通过提高某些项目的关税提供了保护主义的新形式……"㉕解除管制的后果,是比索大幅度贬值(约P4/＄1),贸易的国内条件转向了不利于新兴的工业部门,收入重新流向传统商品和原材料生产部门。

整个60年代,就50年代经济政策的效果和60年代经济政策的变革展开了大量的专门性争论。争论得出的一个主要结论是,50年代的管制政策导致了刺激力量的严重扭曲,并成为工业产出结构和国内的生产要素条件不一致的一个因素。新兴企业家"在他们的生产函数允许的情况下,就以资本代替劳动力,这是受由于比索升值政策而导致的进口资本品价格低廉、支持工业的难以置信的低利息率……,以及由……最低[255]工资限额政策促成的高工资的激励"㉖。信奉进口替代型工业化,为工业增长设置了一个相对较低的上限,因为工业化要依靠国内消费品需求的增长。此外,在企业一级挖掘资本的结果,严重阻碍了工业部门取得总生产要素生产率的能力。在这些方面,菲律宾实行国家主义进口替代政策的经历,与拉丁美洲的经历非常相似。㉗

对菲律宾50年代的经济政策提出较为肯定的看法是有可能的。它建立了庞大的工业基础,营造了一个新型的企业家阶级。然而,50年代的政策严重地低估了工业部门中资本和劳动力之间的替代弹性㉘和农业生产对生产要素和产品价格变化的反应。㉙由于60年代早期解除管制引起收入流向的改变，实际上减少了工业部门的收益，但这并没有显著地阻碍工业产出的增长。㉚解除管制导致商品性出口作物的价格与国内消费的粮食作物的价格相比，迅速上涨。两者之间贸易方面的转变，与资源明显地转向出口生产以及出口作物的生产量和出口收入迅速增[256]加有关（见图11.2）。这种反应显然出乎设计50年代政策和60年代改革的分析家和规划者的意料。㉛结果，他们为工业部门实际得到的有限收

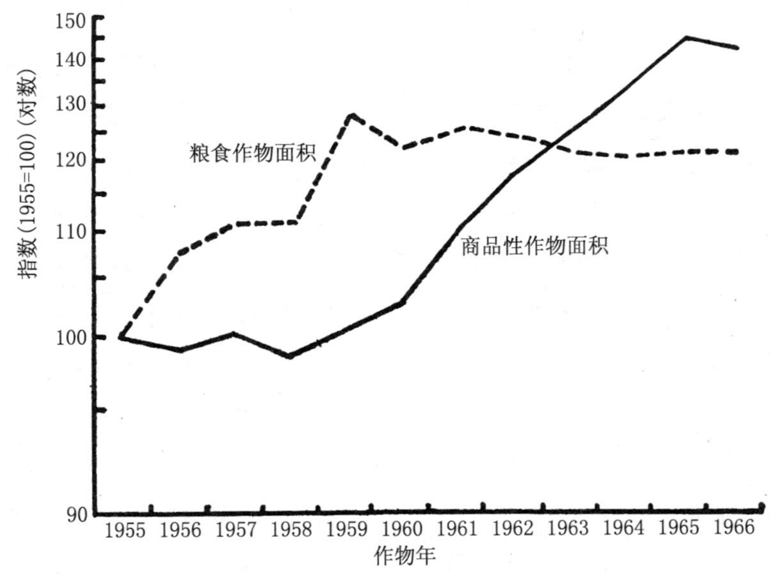

图11.2　土地利用指数：1955—1966年粮食作物和商品性作物

注：作物面积指收获面积（果树除外）。数据以1930年6月底的数字为作物年基数。数据来自农业与自然资源部农业经济局的报告。

资料来源：M.特里德高尔德和R.W.胡利："解除管制与收入流向的改变，第二次考察"，载《菲律宾经济杂志》第7卷（1967年下半年），第118与119页。

入付出了较高代价，也未能在农村为维持有效的进口替代工业化政策创造出需求的必要增长。

尽管出口部门在不断增长，出口产品也在扩大，但解除管制并不是完全成功的。其中的一种结果是国内消费供不应求，“主要集中于粮食，因为对扩大出口作物的生产有较高的价格刺激，使粮食生产在解除管制后没能更快增长”㉜。结果 60 年代中期粮食被迫涨价。生活费用指数膨胀，粮食商品特别是大米进口增加。出口产业购买劳动力的成本上涨以及用外汇进口粮食花掉了一部分收入形成的通货膨胀，减少了解除管制的益处。

60 年代期间，面对需求增长而无力扩大粮食生产这一问题，本身反映了在[257]殖民地时期和 50 年代，没能在维持农业生产率必需的土地和水源开发方面进行投资，没能对提高实验站能力和工业性投入生产的能力进行投资。整个这段时期，农业生产率变化很少。产出的增加主要是由于传统投入的扩大。每劳动力产出稍有增长，每单位土地产出下降。总的生产率几乎维持不变。㉝

回顾可见，作为 50 年代和 60 年代所采取政策的结果，菲律宾为经济发展付出了较高的代价。工业部门资本投资创造的新的就业太少。不在农业试验站能力和为取得农业生产率增长必需的工业品投入方面进行投资，使农业部门对需求增长做出反应的能力受到严重的限制。50 年代粮食作物生产的增长是以出口生产为代价的。生产率增长不足以缓解资源有限的阻碍，无法使商品性出口作物和本国粮食作物的生产都迅速增长。

到了 60 年代后期，主要来自于国际水稻研究所、菲律宾大学农学院和菲律宾种植业局研究的一种新的水稻生产技术，开始消除对粮食作物生产率增长的限制。这多少可以说明,50 年代和 60 年代的经验现在可以引导出一套新的经济政策,即重新对农业和工业部门进行经济刺激,以此减少经济增长的代价。

在过去几十年中,发达国家形成了一套逐渐趋于复杂的农产品和贸易政策。政策是有倾向的,对欠发达国家在生产中有明显比较利益的产品设置了最大的障碍。反过来,欠发达国家对农业采用的经济政策,其净效应是使经济效率下降,经济增长受到阻碍。

这些政策的结果是,无法实现农业所具有的对发展中国家经济增长的潜在贡献。发达国家从生物和机械技术进步带来的新生产可能性中获得增长效益,[258]同时为农业保护花费了昂贵的代价。欠发达国家"在利用现代农业投入上严重地落后了,而且强制实行无效率的价格。因而掩盖了真正在农业上有利的投资机会,总的来说,使农业受到了挫折"㉞。

为消除世界农业不均衡的趋势,曾经做过许多尝试。结果大多集中在体制改革以及对为农业服务的组织或物质的基础结构方面进行投资这些观点上。在下一节,我们将对为消除农业发展过程中体制上的制约所做的各种尝试进行考察。

体　制　改　革

40 年代后期和 50 年代初期,农业发展和技术援助项目需要考虑的前提条件之一,是体制阻碍成为技术改进和农业现代化的主要障碍。㉟土地占有、销售和信贷体制的改革,是应优先考虑的主要项目。根据分析,我们认为,提高农业生产中人力和物力资源的生产率潜力的变革,是社会为改造传统农业对农业生产者提供的最有效的刺激因素。

根据我们的观点,把体制改革看成是对由技术进步为人力和物质资源的生产性使用开辟的新机会的反应,比看成是农业发展的前提更恰当。适于某一经济的体制改革,取决于其特殊的历史传统和它得到的经济机会。如果这个看法正确,不依靠特定经济中农业部门得到的增长机会,那么,从制度改革带来的资源中得到的社会收益是极低的,在某些情况下,也许是负的。

土地占有制度的改革㊱[259]

无论是自由放任主义还是马克思主义的发展观点,都认为,占有制度改革是劳动力资源转移和生产率增长的基础。西方经济学家在其学说中,在经济历史和经济逻辑结合方面达到了高度的统一,主张农业部门按所有者自耕形式进行组织比在其他可供选择的体制下可以更有效地分配资源并对国民经济的增长做出更大贡献,这一观点使许多国家和国际援助机构在技术和经济援助中,特别强调土地改革。㊲结果,发展中国家土地改革的立法层出不穷,尤其在亚洲和拉丁美洲,但分配给自耕农的土地几乎没有。㊳

用新古典的企业理论对占有权和生产率的关系进行的分析,得出的主要结论是,“纯粹从生产率的观点出发,而不考虑社会问题,就不能对所有者自耕的农业体制进行替代”㊴。这个概括,是在新古典的企业理论的范围内以对可选择的“理想型”占有形式进行投入产出均衡水平[260]的正规分析为依据。推论指出,如果农场按大小、占有形式和生产率在相同规模组中的排列是，所有者自耕最高，分成租佃最低，部分自己所有部分租佃的居中。

基本上可以认为，分析的推论与历史经历是一致的。㊵普遍认为，日本和台湾最近的经验，证实了这样的主张，即由规模很小的自耕农家庭农场组成的农业结构，是有生命力的、合理和有效的，能够保证农业生产率的迅速提高。对日本早期占有形式变化的分析，也证实了这样的看法，有效改善经济刺激会提高耕作中引进新品种、高水平地施用化肥和其他变革的积极性。㊶日本这种占有形式的改变，始于废除封建特权和土地税变商品税为现金税的明治维新早期。

但是对其他发展中国家的土地占有资料和土地改革经历的分析，并不能同样程度地证实这种逻辑推理或对历史的概括。对农场规模、占有形式和生产率之间关系进行的大量增多的经验论证经常是与逻辑推理提出的排列顺序不一致的。在较小经营规模的情况下，分成制佃农常能取得比所有者自耕更高的产量。即使在大规模的分组中，所有者自耕通常也并不显示与其他占有形式的组有显著不同的生产率。㊷给我们的印象是，比如说，在仔细地考察除日本、台湾和东南亚的土地改革所做的努力时，评价其对生产率和生产增长的贡献，没有发现一个成功的土地改革实例。显然，这个结论也适用于东欧和第二次世界大战后按照社会主义土地改革模式进行土地改革工作的发展中国家。㊸

显而易见，无论是以新古典的企业理论为依据进行逻[261]辑推理得出的经验论断，还是以西欧、北美、日本和台湾土地占有制度的变革为根据进行的历史概括，都无法正确指导发展中国家的现代土地占有政策。

要更确切地理解改变土地占有制度和制定的土地占有政策对生产率的影响，第一步就要摒弃存在一种最佳的土地占有制这种主观假定。土地占有形式和农业发展之间的关系是互相作用而不是单向的——“某些土地改革是经济发展所必需的，同时经济发展又是许多土地改革成功之基础”㊹。

现在普遍认为，与资源分配的有效性和社会公平不一致的分成租佃制的发展，主要是对为榨取比在封建或前殖民制度的经济结构条件下更多的商品剩余而提供的经济刺激的反应。殖民地管理者和重商的本国领导集团，不时把租佃制作为在许多地区的经济行为普遍货币化之前的一种有效的措施，以促进农业生产的提高。财产和庄园的所有者，在水稻、棉花和椰子等商品生产中，利用分成租佃制作为比利用直接的工资劳动力更有效的劳动力管理方法，因为它们需要耕作者仔细的个人护理和高水平的耕作技术。而且，在缺乏有效的信用和销售制度下，农民不时发现，分成租佃制与受债务拖累的所有者经营条件下的固定地租出租制相比，减少了由于价格和产量波动引起的收入不稳定。

结合以静态的农业技术与资本、劳动力和生产市场的极大不完善为特征的环境下农业生产货币化和商品化的动态影响，修正新古典理论的分析意味着，分成租佃制比固定地租租佃制或所有者经营的制度有更高的农业生产增长速度。这一结论符合 19 世纪后半叶许多热带国家和殖民地附属国分成租佃制和农产品出口同时迅速增长的情况。㊺

在发达的城市工业经济中，土地制度和生产率增长[262]之间的关系，显然不如新古典分析和历史概括中那样直接。[46]在以农业中技术迅速进步和劳动力、土地、资本和产品市场有效运转为特征的进步的城市工业经济中，技术效率和生产率的迅速增长，似乎与众多的土地占有形式都是一致的。在这样的经济中，无论是分成租佃还是固定地租租佃，都使农民针对技术变化调整农场经营规模变得更为容易。强大的部门间劳动力和资本市场，刺激了佃户和土地所有者去改变租佃契约以适应生产和生产要素生产率的迅速增长。在过去的几十年中，美国农业经营在这种动态环境中，土地租金对促进农场规模的迅速变化起了很大作用。[47]在中西部技术进步的谷物和家畜生产地区，它们差不多生产国内一半的农产品，出租和佃户经营的土地比例比其他地区高得多并在继续提高。

土地占有制度和农业生产率增长最直接的关系，可以在那些从比较静态的自给型结构向技术进步和小规模的商品型结构转化的过渡时期的农村经济中发现。在这种经济中，城市工业部门就业的增长速度不足以高到允许减少农业劳动力的程度。在这些条件下，佃户向小规模的所有者经营单位转变，就像 20 年代南斯拉夫的西部和南部、40 年代后期的日本、50 年代初期的中国台湾和 60 年代的伊朗那样，显然，与生产率和公平的目标是相符的。这种小土地占有改革成功的根本原因，是消除了[268]分成租佃和其他阻碍个人决策的因素而增加了对生产的刺激。在劳动力市场选择有限，且现存的分成租佃契约实际上代表了对经营者的劳动力投入和从工业部门购入的投入的一种税收的地方，刺激的效果变得特别重要。[48]

根据我们对土地占有制度改革经验的评论得出的根本结论

是，当迅速变化的技术开辟了新的生产可能性而这种可能又被现存的土地占有关系所制约时，土地占有形式的彻底变革将会产生最大的经济效果。伴随着18世纪早期的英国农民革命，把公地圈作私有，便是一例。从分成租佃到更可靠的租地制或完全的所有者经营制的变化，与西欧、北美和东亚引进体现在工业品投入中的技术变化相联系，是第二个例子。社会主义国家寻找一种把利用机械动力和集中管理与高水平的劳动力集约结合起来的土地占有制度，却是为利用新技术机会而改变土地占有制度相对不成功的尝试。㊾

我们断定，当前谷物生产中的技术革命和农业劳动力增长率剧增的共同影响，开辟了从土地占有关系改革中得到经济效果的可能性，在许多发展中国家，这种效果比50年代和60年代要大得多。新的作物品种和工业品投入体现了新技术的潜力，这意味着可能削弱利用新技术的经济刺激的土地占有制会减少新的生物技术对生产的影响和从中获得社会效益。阻碍作物和畜牧生产中劳动集约化发展的土地所有制，也加剧了劳动力吸收问题。

50年代和60年代土地占有制度改革的作用有限，反映了这样的事实，许多欠发达国家从技术和经济机会的变化中得到的经济效果不够大，从而没能引起必要的政治努力使改革卓见成效。涉及从分成租佃制、种植园、[264]集体占有制向小土地所有者经营制转变的占有制度改革的报偿，对许多欠发达国家来讲，作为新产生的粮食生产潜力和未来十年中农业劳动力加速增长的共同作用结果，可能会极大地增加。

市场结构改革

市场结构改革被公认为是农业成功发展的第二个先决条件。[50]随着传统经济向现代化转变，经济资源用于农产品销售方面的份额在增加。粮食经过商业渠道的比例在提高，从工业中心流向农业生产者的投入也在增加。

随着生产者和消费者之间市场联系的日益复杂化，会逐渐提出市场作用对资源生产率贡献的问题。生产者和消费者认为，商人是缺乏同情心的阶层，中间人通过二重或三重地位，即批发商—货币出租人—零售商来剥削农民。[51]传统的销售结构被看作销售制度中获得定价和经营有效性的障碍。

许多发展中国家已开始努力通过建立销售组织、促进发展合作、把专门销售功能由私人部门向公有部门转变来调整或替代传统市场结构。例如，1958 年印度采取了一项政策，开始由国家从事贸易以减少生产者和消费者之间价格差的扩大。国家贸易本身被看作是一种临时性措施，随之而行的是从生产者到消费者完全的合作性销售组织。国家贸易政策起初[265]只局限于小麦和稻谷范围，后来逐渐扩大到了其他谷物。国家贸易与开始于 1957 年的稻谷和小麦分配的分区制是相联系的。不同区域是把产品过剩的邦与产品短缺的邦配对形成的，试图达到区内自给。……区内的剩余由邦进行收购并以邦间关系销售到区外其他地区。[52]肯尼亚提供了更为极端的州干涉的例子。从 1960 年起，全部销售由 27 个农业销售组织控制。运出区界的玉米超过 60 磅，就是非法的。即使在区内，农民只能把玉米和大豆卖给消费者和发放了执照的代理收购机构。[53]

市场改革和制度发展的深入进行依赖于三方面的基础。第一，是以新古典的不完全竞争和市场结构理论对市场行为进行深入的分析。第二，是在货物从生产者向消费者的运动中关心得到技术或逻辑上的效率。第三，是要关心公平性或收入分配的影响，这是指农民出售产品获取收入和消费者为产品而支付价格的市场不完全性和经营无效性。[54]

关于这些方面的销售文献多半是描述性的。许多资料是关于销售成本、销售利润和农民市场的社会经济特征的。也有大量正式的或具有政策倾向的文献，其中许多与消除市场体系的不公平有关。销售文献中显然很少有关于价格效率、收入分配或农业发展的市场改革方面的实际论证。生产要素市场几乎全被忽视。战略方面的考虑——市场发展与其他发展活动有关的市场改革的顺序——通常被忽视了。

可以得到的论证表明，在以技术和需求逐渐变化为特征的经济中，由市场改革实现的经济收益是很少的。然而，在以国内和国际需求迅速增长或者[266]存在使潜在的产出迅速增长的技术变化为特征的情形下，把资源用于市场改革以获得必要的经济收益，这种可能性就很大了。

定量研究补充了发展中国家销售研究中常被忽视的零星材料，有不断增加的论证说明，传统市场体制在传递该系统中不同的市场(生产者、批发和零售)之间的销售信息方面，是有效的。[55]

对销售体制在不同市场间传送信息的效率进行实际检验，是有可能的。在东南亚，预料水稻和玉米销售服务的供给较有弹性，这似乎是合理的，这源于这样的事实，即物质贮藏设施相对来说没有实现专业化和销售是一种劳动密集型活动。商品流通中，稻谷和玉米普遍装于麻袋放在露天仓库，而不是放在高度专业化的贮藏设施中。收获的很大一部分是贮藏在农场和乡村这些更无专业化设施的一级。规模经济可能相当有限，并且提供销售服务的边际成本超过相关区域后几乎是水平的。所以，我们假定这样一个模型，其中销售服务的供给函数是高度有弹性的；对销售服务的需求曲线则是高度无弹性的；而随着销售剩余的长期增长，两条曲线都向右移动。

在这些条件下，表示生产者价格与零售价关系的线性回归方程的斜率并非显著地不同于1，这意味着销售边际为价格的独立变量，销售服务的供给几乎是完全弹性的。这与中间商在零售价较高期间，通过扩大农民和消费者之间的价格差额来获利的假设不一致。由于难以形象地建立一个与生产者价格、批发价和零售价之间的绝对不变的销售边际相一致的中间人独家垄断行为模型，而且由于绝对不变的销售边际与在规模经济有限和提供销售服务的边际成本超过相关区域后呈水平状态情况下的竞争市场模型相一致，所以，产品超过必然价格范围后存在不变的或几乎绝对的销售边际表明，可以极其有力地拒绝中间买主独家垄断这个假设。[56]

对菲律宾20世纪50年代后期和60年代初期全国性与地区性[267]的稻谷和玉米资料进行的分析表明，生产者和各级零售之间以及批发商和零售商之间销售服务的提供，是完全具有弹性的。[57]杰弗里·谢泼德未公开发表的研究结果基本表明，越南

(1964 年前)稻谷的销售服务具有同样的结果。用同样的方法，G.R.艾伦在对巴基斯坦东部果类和蔬菜的研究中，得出了相同的结果。[58]杰里·R.贝尔曼对泰国[59]稻谷的研究和尤马·J.勒利对印度[60]高粱的研究表明，产品市场在地区间传播价格信息，是比较有效的。

因此，有限的实际检验的结果表明，在五个主要的亚洲国家中，几种主要商品的产品市场在生产者和消费者之间传递价格信息和提供经济刺激方面是比较有效的，并且表明，任何改变价格行为的专断力量只能在短期起作用或具有地区性。在这些市场交易的商品以生产和需求增长相当缓慢为特征。威廉·琼斯[61]在对非洲销售研究结果的评论中也提出了类似的结论，可以预见，在生产技术飞速进步和市场需求迅速扩大的情况下，传统的销售体制将无力对市场上的需求做出反应。他们可能会发现，必须运输、贮藏和销售比以前大几倍的产品量。在这种情况下，销售服务供给缺乏弹性，对农业生产者对新的生产和销售机会的反应，是一种严厉的制约。

罗伯特·D.史蒂文斯对产品市场的分析，阐明了与人[268]口从农村转移到城市有关的结构转变对市场体系中不同层次销售服务需求增长的影响。[62]随着经济的不断发展，越来越多的粮食要通过批发和零售渠道进行流通。对那些开始只是较低比例的粮食经过批发和零售渠道的国家，随着人均收入从 50 美元增加到 200 美元，伴随着城市人口的剧增，粮食经过这些渠道的增长率将迅猛地增长。即使销售价差为常数，这仍意味着国内资源将有很大一部分“泄漏”到销售环节。任何对销售服务需求增长做出反应而使销售边际向上移动的趋势，都会进一步扩大经济发展过程中必须用于销售部门的资源量。

在这种情况下，大量的收益将通过销售部门的技术和制度变革来实现。对哥伦比亚考卡流域地区[63]的研究，说明了这一点。这一地区经历了飞速的城市工业化发展。该项研究估计，即使在社会或私人的粮食销售设施的投资的内部收益率达到较高水平后，通过技术援助项目，也是能够在10—15年内使消费者的粮食消费费用几乎下降10%。

如果技术变化以足够快的速度发生并提供足够的农产品剩余以满足城市工业部门需求的飞速增长，必须向生产要素市场分配大量的资源。为提高每公顷和每人的生产率需要的许多新技术，是以机械和生物投入的形式出现的，这些由非农经济部门生产并出售。这就要求向生产要素市场组织分配资源。

大多数发展中国家的生产要素市场——由非农部门提供的投入品市场——的问题，与产品市场结构问题是完全不同的。产品市场有长期的发展历史，与其相对照，为生活和为农民生产提供现代技术投入的生产要素组织，在大部分地区是新兴的组织，在许多地区只见雏形甚至不存在。然而，“绿色革命的本质是，农业和非农之间的劳动力分配本身要深入到农业生产过程的内部。以往农户着手自我提供种植的种子，以堆肥、[269]粪肥、肥田植物和轮作来保持土壤肥力，他自己尽量控制杂草、虫害和病害，而现在建议他使用由植物育种家‘预先设计’的或经别人繁育的改良种子，购买由工业部门生产的化肥、除草剂和杀虫剂以获得这些重要的投入”[64]。如果农户使用了新的生物和化学投入，他一定相信在需要的任何时候，都能得到足够的数量。为了可靠地进行计划决策，把新型投入的价格限制在足够小的范围内变化，这同样是重要的。

针对热带地区谷物新生产潜力的出现，销售体制的现代化又已提到农业和经济发展的重要议事日程上。在现代化过程中，从提高技术和服务效率得到的收益，至少在最初，比从结构改革的尝试中得到的要大一些。

信用制度

现代农业信用制度的发展作为农业发展的前提条件，在专门的文献和官方政策中得到了比土地占有制度和市场结构更多的重视。

强调信贷作为农业发展手段主要基于四个观点。第一个是熊彼特的观点，他认为创新是经济发展的关键因素，而信贷作为主要的组织手段，使创新者从其他活动部门中获得资源。第二个观点是以与市场改革的观点相同的看法为基础的。农户得到贷款并出售产品给同一个中间人，而在每一次交易中受到剥削。第三种观点与第二种紧密相关，把公共信用制度看成是促使传统农户使用现代投入而实行指导性教育和信贷业务的一部分。第四种观点把信贷看作改变农村收入分配不平等的收入转移机制。中介信用机构在特许条件下从外国机构得到基金，通常人们认为，这些机构在它们自己的借贷经营中控制较高的“市场”税率，从平等的角度来考虑是不公平的。50 年代和 60 年代农业发展所做的努力中，着重强调公共或半公共信用组织，已经包含了这几种观点。每种观[270]点强调的程度因项目而有所变化，但所有这四种观点在大多数项目中都得到了某种程度的反映。[65]

信贷项目支持,对国际援助机构特别有吸引力。在有些地区,如拉丁美洲,信贷活动的财源,在国外长期贷款的农业项目中占有很大部分。"在1960年到1968年的九年中,国际开发署、泛美开发银行和世界银行,在拉丁美洲为农业信贷援助了超过9.15亿美元的资金。……就国际开发署来讲,在拉美对农业直接援助的一半以上进入了信贷领域。除了这种直接援助,国际开发署在某些国家以按项目贷款和按480号公法出售商品得到的大量"对等基金"和"当地通货"来开辟"农业信贷渠道"。[66]世界银行强调畜牧项目贷款。泛美开发银行趋向于支持移民开垦和农场安置项目。国际开发署着重对信贷制度的技术援助、对家庭农场的监督性信贷和从总体上扩大对农业的贷款。

开始做这些努力时,通常没有对农村储蓄和投资行为进行认真的分析,或者对信贷在农业发展过程中的作用进行理论分析。然而在60年代中期和后期,开始得到根据50年代和60年代信贷项目中的假设提出重要疑问的资料和分析结果。[67]

亚洲的信用市场结构显然不同于拉丁美洲。对亚洲信[271]用市场的研究结果表明,非正式信用系统(私人个体、货币出贷者和商人)提供了农村信贷的大部分,在大多数地区或许超过80%。有关拉丁美洲的材料指出,非正式信贷系统的作用小得多。非制度化信用相对说来不重要。

尽管信用市场结构不同,但过分暴露的"高利率问题"却是一致的。朗很好地概括了这种观点:"南亚和东南亚农业贷款的高利率,也许是由于信用市场上存在某种垄断,但根本原因是资本缺乏。由于农业生产的不确定性出现的违约现象会导致大量损失，以及由于农业对信贷需求的季节性，农业贷款对管理人来说代价很大。”⑱对拉美的论证表明，由于维持低利率，“政府阻碍了私人金融系统和信用市场向农业提供大量贷款”⑲。

这也明显地看出存在着这样一种趋势，总的低估了农村提供储蓄的弹性。事实越来越表明这样的结果，作为对有利的投资机会的反应，农民的储蓄和资本形成在地区间和整个时期有很大的变化。例如在菲律宾，新的居住地区或进行商品生产的农场可以很快提高生产率，⑳在这些地区资本形成得更快。㉑50年代初期，台湾靠提高利率相当成功地动员了私人储蓄。60年代后期，朝鲜重复了这样的经历。㉒

信贷市场不能有效地利用价格最明显的后果，是信用需求的夸大和信贷资源的损失。也许更为严重的后果是，没有把利息率用于反映机会成本的水平而造成农业生产中资源利用方式的扭曲。这一点可以引用巴西农村信贷与援助协会（ACAR）项目的经历加以说明。㉓

农村信贷与援助协会是在米纳斯吉拉斯[272]州和美国国际协会联合发起下于1948年成立的。㉔1960年农村信贷与援助协会成为巴西特有的独立机构。ACAR项目开始作为一项试验性研究，以证实类似于美国农业安全署所采取的控制性信贷项目能否导致农村生活条件的改善和农业生产的增长。这个项目在最初几年的发展过程中包括三个内容：控制性信贷、农场和家庭全面的普及推广教育、物资分配。在开始几年，控制性信贷和全面推广普及占了所有项目的约80%。

1957年莫舍的评价指出，就它对家庭福利的影响而言，ACAR项目在拉丁美洲是出类拔萃的。它对其涉及的家庭生活水平和农业资源产生了巨大的影响。这个项目未曾对整个巴西、米纳斯吉拉斯州或者“在其执行的市(县)”的农业生产起很大的作用。[75]

在评价ACAR的增长潜力时，莫舍强调，ACAR的生产建议所依据的技术基础相当薄弱，该项目实施的前景是很快丧失这一项目在初期研究中做出的贡献。ACAR难以竞争到信贷资源，也被认为是潜在的限制因素。以后进行的分析支持了莫舍的见解。

沃顿[76]、埃利苏·阿尔维斯[77]和里拜罗与沃顿[78]最近的估价证实了ACAR项目对参加这个项目的单个家庭的福利作用。到1964年，ACAR扩大了服务对象，包括了米纳斯吉拉斯州几乎30%的农户。这个项目对小规模农户显得特别有效，针对它对服务的农户的需求变化进行反应的有效管理和灵活性方面，它创造了令人羡慕的记录。作为控制性信[273]贷和推广相结合的实例，ACAR项目显然是发展中国家所有地方的典范项目之一。

然而，作为农业发展的手段，ACAR项目的执行却是令人失望的。提高生产率或获得发展效果的部分困难，集中在补助信贷的发放上，ACAR的贷款利率在6%—8%。巴西的年通货膨胀率20世纪50年代在15%和25%之间波动。60年代平均略微高于30%。在这个通货膨胀率水平下，得到ACAR贷款的人，事实上通过信贷市场获得了很大一笔转移收入。[79]利率补贴有助于解释阿尔维斯的发现——没有得到ACAR服务的农户的技术效率水平，高于ACAR服务的农户。利率补贴的结果，ACAR服务的农户在资产方面“过度投资”。从 ACAR 借到贷款的农户大概遵循的合理策略是资本净值最大化而不是净收入最大化或生产率最大化。利率补贴也有助于解释沃顿早期的发现，即在自给自足地区(科维洛)的农户比在商品性生产地区(乌巴)的农户生产率提高得更快。在遵循最大资本净值策略方面，从事商品生产的农户总是处在比从事自给自足的农户更有利的地位。

最近几十年农业发展的经历，确实使我们看到了信贷制度在农业发展过程中的作用。“扩大对农民的生产信贷这种有效的方法可能是农业发展的一个重要加速器。要生产得更多，农户就得在良种、农药、肥料和农具上开支更多。这些资金要么来自于储蓄，要么来自于借款。”[80]但是在缺乏有利的投资机会的情况下，信贷对发展几乎没有作用。传统农业通常缺少农户需要的新出现的和有利的投资机会，缺少能带来更高收入的追加投入的形式。在技术变革开发了能获利的新投资机会时，信贷瓶颈就会真正作为阻碍农业生产增加的因素而起作用。在这种情况下，发展信贷体系的资源就能产生比较高的收益，而信贷体系能够动员来源于新收入的储蓄，并把这些储蓄投入到农业生产中去。

发展基础结构

农业生产者对他们面临的技术和经济机会的应变能[274]力，明显地依靠农村基础结构的发展水平。虽然基础结构这个概念用起来很不严格，但它主要用于指由公共而不是由生产者个人组织和控制的投入和服务。[81]通常也使用外在条件和群体控制的概念。

控制群体可以是基础结构，如公共灌溉系统服务的农户团体，或一个政府机构如农业试验站。通常也存在着物质性基础结构和组织或体制性基础结构的区分。前者如道路、农村电气化和灌溉网，后者如推广教育体制、病虫害防治组织或质量控制和证明活动。

随着制度改革，发展基础结构在国家发展政策和国际援助机构努力改变世界农业不平衡趋势的项目中占据重要的作用。在这一节我们特别关注对农户的推广教育和土地、水资源的开发。当然，我们知道，前面几节讨论的某些题目也可以列在基础结构范围内。

对农户的推广教育

发展一种向农业生产者传播信息和提供生产教育的有效体制，在欠发达国家农业发展的各项先决条件中，一般说来，已经给予了优先考虑。这种关注以讨论强调生产教育对克服农业现代化中的主要阻碍的作用为特征，包括固有的守旧性或缺乏对经济刺激的反应与农民不善于从事生产[275]和分配资源这两方面。⑧推广的目的，就是改变对现代化的态度、农业生产技术熟练程度和分配可利用资源的有效性。

有关农民行为的大量文献可分成两类。第一种观点把农民缺乏对经济机会的反应看作是对他所生活的环境的合情合理的反应。在一个贫穷、机会有限和缺乏对物质环境控制的环境中，厌恶风险、自给自足而不面向市场，是对生存要求的本能反应。第二种观点不重视其合理性而更重视农民行为的传统或文化心理决定因素。这两种观点都认为在传统社会中所做的推广工作，能够激发农民利用已得到的经济机会或能够利用可得到的新机会。

这些观点证实了这样的看法:农民的动力问题,与能否取得技术和经济机会相比,是现代化中的一个更严重的阻碍。农村社会中生产者的土地生产率和劳动生产率存在很大差距的情况,加强了这种解释。表 11.1 的资料表明,同一地区的生产者获得的产量差距很大,把这种情况与农业发展"扩散模式"的观点(参阅第三章)结合起来,证实了这样的看法,应该给予强调的是要缩小主导农户与生产率阶梯中最低一档农户之间在生产率方面的差距,由于缩小生产率差距所需要的资源和技术假定可以得到并且是已知的,通常主要的问题被认为是取得成就的动力问题。

最近几十年,这种观点受到了冲击。以有效的推广教育为特征的发达国家农户之间的产量差距表现出与推广薄弱的发展中国家的耕作者之间观察到的产量差距同样大(比较表 11.2 和表 11.1)。

同时,已经积累的大量论证表明,在种植竞争作物的地区,农业生产者对相对价格变化的反应是合理的。[83] 农业生产者不能成功地通过价格变化掌握产量的变化并不表明他们的动力有限,而应指出,他们几乎没有做出反应的手段(例如,吸肥性有限的传统作物品种)。[84] 也有不断增多的论证表明,许多地区的农业生产者是合理有效的资源分配者。数字资料趋于证实了这样的论点,传统农业中农[276]民的贫穷不是因为他们没有理性没有能力,而是因为他们缺少机会来改善他们的状况。[85]

20 世纪 60 年代中期出现了新的正统观念,主要是认为,"作物产量迅速和大幅度增长更有可能是技术和经济变化刺激了贫穷的农民也刺激了富裕的农民增加产量,而不是推广措施使低产农户向高产迈进的结果"[86]。

表 11.1　印度所选地区水稻、小麦和玉米最高和最低各两个十分位数每英亩平均产量指数，1962—1964 作物年*（全部农场产量的中位数＝100）

	平均产量指数			平均产量指数	
	第一个十分位数	第二个十分位数	地区平均产量指数	第九个十分位数	第十个十分位数
坦焦尔—水稻					
桑巴稻	173	140	100	70	42
库路瓦稻	167	131	100	70	49
太拉底稻	170	133	100	58	41
西康德伐—水稻					
早稻	173	145	100	57	27
晚稻	168	140	100	66	41
希哈巴德—水稻	185	152	100	60	34
赖普尔—水稻	213	160	100	49	24
卢迪阿纳—小麦	175	142	100	70	43
希哈巴德—小麦	219	141	100	43	30
卢迪阿纳—玉米	195	143	100	53	33

*　以福特基金会的 W. 大卫·霍珀博士在新德里对 1961/1962 到 1963/1964 两个作物年平均产量的未公布的计算数字为依据，利用了集约农业区的作物收获数据。桑巴稻在 1 月份收获，是坦焦尔地区水稻的主要品种。库路瓦稻接着在 1 月份种植，4 月或 5 月份收获。太拉底稻接着库路瓦稻之后。

资料来源：F. E. 希尔：《关于农业发展的若干观点》，提交给美国农业经济学会参加社会科学联合会的论文。纽约，1965 年 12 月 28 日，第 7 页。

60 年代中期出现的观点在总统科学顾问委员会关于[277]世界粮食问题的报告中进行了概括。“一般的文化因素主要影响每个农户自由活动的程度。这些文化因素决定农户是沿袭传统还是自由地进行革新。总的来讲，传统习惯和社会价值观不可直接控制；而是在新机会、新压力下自行改变。”[87]根据顾问小组的意见，农业

表 11.2　纽约州所选作物最高和最低各两个十分位数的商品性农场的估计产量中位数指数，1948 和 1964 年*（全部农场产量的中位数＝100）

作物及手段	产量中位数 第一个十分位数	产量中位数 第二个十分位数	所有农业产量中位数	产量中位数 第九个十分位数	产量中位数 第十个十分位数
小麦					
1948	154	135	100	69	46
1964	148	128	100	74	57
玉米					
1948	180	145	100	50	30
1964	176	138	100	72	50
干草					
1948	187	147	100	67	53
1964	176	138	100	71	57
马铃薯					
1948	166	141	100	62	43
1964	139	124	100	76	61
卷心菜					
1948	200	167	100	56	22
1964	188	156	100	59	44
苹果					
1948	191	154	100	59	37
1964	159	141	100	65	53

*　来自康奈尔大学 S.W.沃伦教授 1948 年 12 月和 1964 年 2 月为课堂教学和辅导准备的《农场经营图表》。准备这些图表是为了收集资料，未做专门研究。利用了从许多渠道获得的资料，包括从农场调查、纽约农场成本账户、会计推广俱乐部的档案、纽约农作物报告局、美国农业普查等方面得到的资料。当各种来源的资料不是严格一致时，根据判断确定哪一数字最能代表纽约商品性农场。这些数字代表在目前生产技术和正常气候条件下，对 1948 年和 1964 年前两三年商品性农场的单产估值。

资料来源：F.E.希尔：《关于农业发展的若干观点》，提交给美国农业经济学会参加社会科学联合会的论文。纽约，1965 年 12 月 28 日，第 8 页。

发展项目必须对以创造各种机会使[278]农民能采用更多的生产方法为目标的活动给予注意。新的获利机会被认为是更直接成功地影响农户决策的先决条件。

因而,从整个教育过程的作用这一广阔范围看待推广教育对农业发展的贡献,似乎是合适的。可以产生对农业生产教育需求增长的农业发展特征是什么?对推广教育的需要增加意味着什么?

作业能力——农户进行单独作业如移栽稻秧或驾驶拖拉机的能力——和配置能力——挑选种植哪个稻种或生产哪种商品的能力;用或不用和用多少肥料的决策;使用畜力转变成使用机械动力的决策——分别考虑生产教育对两种能力的影响显然是有用的。

在以静态技术为特征的自给自足或传统农业中,农户通过经验获得了世代相传的作业能力和资源配置能力。在一个技术机会增长缓慢、农村产品需求增长并不剧烈的环境中,假定生产教育对农业生产者的作业能力和配置能力影响甚微,是合理的。此外,在以新技术和经济机会不断出现为特征的完全动态农业中,可以假定,提高配置决策能力的效益是很高的。

这个看法得到了最近对美国农业全部教育的投资效益[88]和推广教育投资分析结果的证实。[89]费尼斯·韦尔奇发现,提高产生新投入的研究活动的水平会扩大大学毕业生和低等教育劳动者的劳动率差距。同时传播新投入信息的推广活动水平的提高,会缩小这个大学毕业生占优势的生产率差距。在解释他的定量结论时,韦尔奇提出教育对生产的主要作用是提高生产者获得或消化新投入生产性特性的能力。所以,新投入产生得越快,与追加教育有关的生产率差距就会越大。相反,信息传播活动,如[279]推广,减少了得到信息和理解信息必需的文化水平代价。所以,在技术的迅速发展提高了个体生产者的作业能力和配置能力的情况下，推广教育是一种克服与教育不足有关的劣势的方式。

土地和水资源开发

大多数发展中国家公共投资的主要项目，总是发展物质基础结构。物质基础结构投资的增加有几方面的原因。

对社会超前资本进行公共投资的基本经济理论是，社会边际效益大大超过私人边际效益，只有公共部门愿意承担从事这种活动的投资。溢出效应或开发的不良外部影响并不偿付价格，使用者也不因得到服务而支付费用，这使公共效益大大超过私人效益。欠发达国家的社会超前资本显然是稀缺的。为此可以认为，物质基础结构投资的收益是很高的。

可以断定，在运输、通信、动力、灌溉和有关设施建设到一个“最小临界”水平时，私人经济活动收益足够大才能刺激维持增长的必要投资。这个论点带有政治上要求对“永久性”基础结构的大坝、高速公路投资的色彩。

外部发展资金大部分分配到物质基础结构投资上的深一层原因是，诸如公路、铁路和灌溉系统能以“项目单位”来计划和发展，这就易于进行常规的成本—效益计算。这与科研和教育活动中的投资形成了对比，这些投资当前无论在理论中还是在实际中，都难于进行成本—效益计算。

在上一节，我们认为不能正确地对体制和技术间的联系进行分析，是体制改革地区许多技术援助工作的结果令人失望的原因。显然，物质基础结构发展中也存在同样的失误。促进农业技术进步和建设物质基础结构的主要[280]是土地和水资源开发，这两方面投资的不平衡导致了物质基础结构投资的低效益。而且不在基础结构发展方面进行投资也经常限制开发新的作物品种和农民生产教育的投资效益。

劳动力密集型的土地和水资源开发工作，在过去是土地生产率提高和农业产出增长最主要的源泉之一(参阅第三章)。体现在新的生物、化学和机械投入中的技术进步与通过土地平整、排水和灌溉系统的投资而可能对环境控制精确程度的改善之间总是存在着高度的互补关系。这种互补关系在亚洲水稻栽培地区特别显著。[90]

自上世纪以来，机械工程方面的进步使土地开垦、平整和排水、蓄水、分水以及抽水成本急剧下降。[91]结果相对于其他农业生产地区而言，提高了在技术上和经济上更适宜从事这种作业的土地的经济优势。土地和水资源开发项目导致了地域性农业生产中心区的大移动，如美国棉花生产从东南迁向西南。排灌技术的进步使新垦区，如泰国和缅甸的三角洲地区、苏丹的杰济拉地区能形成耕作集约化体系。这也对发展集约种植体系做出了主要贡献，在台湾就是如此。

50年代和60年代的土地、水资源开发项目，吸收了很大一部分国际援助机构向欠发达国家提供农业发展的财源。例如，到1967年年底，世界银行大约为50个灌溉项目提供了资金。[92]这些开发内容主要有三种类型。最引人注目的开发是“大坝”自流灌溉工程。其中得到了很大关注、吸收了大量资金的项目包括：苏丹的杰济拉计划，埃及的阿斯旺高坝工程，巴基斯坦的印度河平原盐化问题，包括泰国、柬埔寨、老挝和[281]越南的湄公河下游计划，印度旁遮普的巴克拉—楠加尔工程。

对为迁移而开拓新的土地也有很大兴趣和大量投资。这种项目是一种为了减少居住区人口压力、使农民迁向边疆地区的措施。秘鲁着手开发东坡的内地以减少安第斯高地的人口压力。印尼人口开始向外围岛屿迁移以减轻爪哇岛的人口压力。这样的项目也通常涉及大量外国援助和贷款、技术帮助。

土地和水资源开发的第三种类型包括对已耕地的生产实行集约化。这意味着对个别农场或当地整个社会的土地平整、排水、抽灌和其他使土壤和水资源管理更有效的改良措施进行投资。这种类型在许多方面体现了由运土、抽水、排水和其他设备技术进步引起的土地和水资源传统开发形式的扩展。这种开发类型在某些经济系统中高度资本集约而在其他经济系统中高度劳动力集约。

在一些国家，发展“大坝”自流灌溉系统，是农业产出增长的最主要源泉。[93]比如：墨西哥的灌溉面积从1926年的150万公顷增加到20世纪60年代后期的近350万公顷，这一阶段是小麦和玉米生产技术变革迅速传播的阶段。里德·赫特福德估计，如果没有灌溉，墨西哥农户对商品性投入需求的年增长率将低于3.5%而不是9.2%。[94]

然而，主要的自流灌溉工程的经历是令人失望的，其追加利用的每人年成本和每单位产出增加的成本都提高了。近来对八个正在进行的灌溉工程的考察表明，项目的实施比原来研究中期望的花费要大。但在大多数情况下，收益率的改变仍是正数。即使修正后，还有四个工程的收益[282]率在15%—20%之间，其他两个还略高些。[95]可是，近年来，日益难以找到符合国际信贷机构和全国开发援助纲要使用的“软”成本—效益标准的工程项目。[96]

新的迁移项目的经历也是令人很不满意的。对于拉丁美洲24个新垦区开发计划实施情况分析得出的结论是：“没有哪个经济开发领域能够比得过政府倡导的在湿润热带开垦新的土地这个项目的失败历史或失败名声。”[97]最初规划与最终结果历来都存在脱节的情况。内部报酬率总是被过高估计。在非洲，通常与拖拉机机械化计划配套的土地垦殖计划，也总是失败。[98]

开发的第三种类型，包括已耕地生产集约化和充分发挥地区和农场规划和决策的作用，相对说来比较成功。这种开发类型特别有意义的例子，是东（印度）西（巴基斯坦）旁遮普管井灌溉的迅速扩大。[99]起初，由于在运河控制区管井钻挖的障碍，东旁遮普管井比西旁遮普发展得慢。当排除了制约因素并制定了系统的协调地下水—地面水开发的政策后，在东旁遮普管井就有了很快的增长。沃尔特·P.福尔肯和考·H.戈奇估计，在1953/1954和1965/1966年间，西旁遮普增产的一半和东旁遮普作物增产的三分之一，是补充了灌水的作用。1966年以来，由于引进了新的喜肥小麦和玉米品种，产量增加得更快。

从旁遮普的经验中可以总结出两个重要的结论：“首[283]要的教益是，边界双方东西旁遮普耕作者表现出来的对经济刺激的反应。当成本价格关系改善而有利于投入时，他们就使用了更多的投入；当一种新的能带来利润的技术可利用时，他们就进行了革新。”[100]第二个结论集中围绕相同的投入而东西旁遮普使用不同的政策这种情况。尽管存在政策方面的差别，但作物产出的增长速度基本上是相同的。“然而，就所涉及的投入而言，存在很大的相同点：化肥、水供给控制和良种。……这些成功的经验也支持了最近强调的发展途径，它注重表现为新投入的技术的作用，而相对不注重直接对个别农户进行技术援助的作用。”[101]

我们或许比福尔肯和戈奇还要有力强调的结论就是，要注重对旁遮普农民来讲能获利的新投入利用过程中技术发展的战略性作用。管井灌溉技术和化肥制造技术的进步，大幅度降低了这两个战略性投入的成本。而且，近来喜肥作物品种的引入，进一步提高了灌溉投资和化肥施用的收益率。

争取世界农业均衡

在本章中，我们考察了造成世界农业不均衡加剧的力量及发展中国家和国际援助机构为扭转不均衡加剧趋势所做的努力。我们指出，这些项目之所以成效有限，是出于四方面分析上的失误。

首要的失误是，没有预计到与国家主义经济政策有关的经济刺激的扭曲对本国生产和革新行为的影响。新兴国家中本国政治集团的国家主义目标，从发达国家传输到发展中国家的经济计划和管理方法以及由双边援助项目和国际贷款制度造成的对资源利用的制约，导致了自给自足的发展倾向。这些政策与发达国家的保护主义政策一起增加了贫穷国家经济增长的代价。

第二个失误是，在设计体制革新和改革中强调公平而[284]不考虑生产率。这导致一系列体制改革不能产生足够高的收益率以取得一定的经济可行性，而这是保证改革计划公平性目标所必需的。

第三个分析上的失误是，没有认识到经济刺激对引导公共和私人经济行为的作用。自给自足的发展政策和为改变不公平而对传统土地占有制市场组织和信贷制度的改革通常不能在项目的管理层和生产者中产生刺激以使新项目经济可行。经济体制的变革之所以发生，显然是由于它有利于从事这种变革的社会中的个人或群众。

第四个失误是，没有为体制变革规划一个全面考虑体制、技术和经济变革之间的紧密连接的战略。即使在以生产率为目的的推广项目中，也常常不考虑在新技术知识产生和新投入发展上同时投资的重要性。

这并不意味着 20 世纪 50 年代和 60 年代进行的项目不会对 70 年代和 80 年代农业产出的增长有重大的作用。作为热带地区谷物生产技术近来发展的结果，有些项目在国家目前的发展战略中应给予优先考虑。似乎应该日益重视新技术普及和利用中对公平的考虑和对生产率的考虑相一致的政策。但是，我们在回顾中看到，对促进农业科技所需投资有关的项目，认真注重它们的发展顺序和时期，可能会使农业部门对整个发展过程做出更大的贡献。其他方面，始于 50 年代和 60 年代而作用又十分有限的项目，可以运用评论 19 世纪美国对发展赠地学院和联邦—州试验站的投资的观点予以评论（参阅第七章）；制度变革需要一个相当长的孕育时期才开始产生经济效益。

注　　释

①　哈里·G.约翰逊:《对欠发达国家的经济政策》(华盛顿:布鲁金斯研究所,1967 年),第 48—52 页;W.阿瑟·刘易斯:《热带地区贸易问题:1883—1965 年》(斯德哥尔摩:奥奎斯特和威克塞尔,1969 年);亚力克斯·F.麦卡拉:"国际农业贸易中的保护主义:1850—1968 年",载《农业史》第 43 卷(1969 年 7 月号),第 329—343 页。

②　欠发达国家和发达国家是极其不同的。它们推行极不相同的农业发展和贸易政策。这一节主要讨论两类不同国家实行的典型的政策;而不是对这两类中所有国家的政策进行理论描述。

③　L.P.舍尔茨:"绿色革命:生产与世界贸易",载《哥伦比亚世界商业杂志》第 5 卷(1970 年 3—4 月号),第 53—59 页。

④　参阅西奥多·W.舒尔茨对文献的总结:《经济增长与农业》(纽约:麦格劳—希尔,1968 年),第 17—41 页。

⑤　舍尔茨:"绿色革命",第 56 页。

⑥　例如,钱德勒估计,1946—1958 年间农业部门的劳动力人时产出和技术进步率(根据索洛公式)分别增长了 90.4%和 79.1%,而同期非农部门只分别增长了 25.1%和 12.1%。参阅克利夫兰·A.钱德勒:"美国经济中资本密集和生产率对农业和非农业部门产出和收入变化的相对贡献",载《农业经济学杂志》第 44 卷(1962 年 5 月号),第 335—348 页。

⑦　雷切尔·达迪斯和埃尔姆·W.勒恩:《某些国家实行农业经济保护的程度和代价的衡量》(华盛顿:美国农业部,经济研究所,技术公报第 1384 号,1967 年)。

⑧　D.G.巴恩斯:《1660—1846 年英国谷物法的历史》(纽约:奥克斯塔斯·M.凯利,1961 年根据 1930 年原版重印),第 239 页。

⑨　对英国、德国、法国、意大利和丹麦对 1870 年后世界小麦价格下降的反应的比较,参阅 C.P.金德尔伯格:"群体行为与国际贸易",载《政治经济杂志》第 50 卷(1951 年 2 月号),第 30—46 页。同时参阅戈登·赖特:《法国乡村革命:20 世纪农民状况》(斯坦福:斯坦福大学出版社,1964 年),第 6—18 页;《农业百科全书》第 6 卷(东京:农政调查委员会书店,1967 年),第

126—128、140—141 页。

⑩　A.惠特尼·格里斯沃尔德:《耕作与自由》(纽约:哈考特、布雷斯公司,1948 年),第 120 页。

⑪　出处同上,第 117 页。

⑫　D.盖尔·约翰逊:"农产品供给函数的性质",载《美国经济评论》第 40 卷(1950 年 9 月号),第 539—564 页。

⑬　V.W.拉坦:"富饶社会的农业政策",载《农业经济学杂志》第 46 卷(1968 年 12 月号),第 1100—1120 页。

⑭　"……发达国家的国家主义证明,保护主义是一种以牺牲消费者和外国人的利益维持落后产业的工具,特别是牺牲以供应便宜产品为生的贫穷的外国人的利益。"哈里·G.约翰逊:《经济政策》,第 79 页。

⑮　"不为……支付,也就不能有力地管理……但在一定费用条件下,所能'购买'的控制'量'可大可小;不容置疑,在现代阶段,所能'购买'的控制量急剧增长了。接踵而至的变化是那么重要,那么有影响,以至于只能称这种变化为管理革命我们才能心安理得。管理革命部分是组织的问题……组织部分也是资本设备运用的问题。人们可能会猜测,现代政府过度使用了飞机;但若没有电话和打字机,它们会被置于何种境地呢?计算机的贡献……目前只是初见端倪。从伦敦控制新西兰事实上已比在 18 世纪从伦敦控制苏格兰更容易(技术上而言)"。约翰·希克斯:《经济史理论》(伦敦:牛津大学出版社,1969 年),第 99、162 页。

⑯　有关食糖政策的历史,参阅 V.P.铁木辛哥和 B.C.斯沃令:《世界食糖的发展与政策》(斯坦福:斯坦福大学出版社,1957 年)。同时参阅唐纳德·C.霍顿:"美国食糖计划的政策方向",载《美国农业经济杂志》第 52 卷(1970 年 5 月号),第 185—196 页。有关当前的数据和政策评论,参阅美国农业部:《食糖报告》。

⑰　C.奥格:《约翰逊与约翰逊的食糖政策》(圣保罗:明尼苏达大学农业经济系,1971 年 1 月),油印本。奥格的估计修正了早期由哈里·G.约翰逊得出的估值:《经济政策》,第 87、88、257—266 页。D.盖尔·约翰逊:"食糖计划:成本和效益",载《国家食物和纤维顾问委员会外贸与农业政策技术论文集》第 6 卷(华盛顿:美国政府印刷局,1967 年 8 月),第 37—47 页。同时

参阅 R.H.斯纳珀:“世界糖业保护的若干问题”,载《经济学》第 30 卷(1963 年 2 月号),第 63—73 页。

⑱　罗伯特·埃文森:《甘蔗生产技术的国际传播》(明尼苏达大学,农业试验站科学杂志论文第 6805 号,1969 年)。

⑲　理论公式参阅斯蒂芬·海默和斯蒂芬·雷斯尼克:“具有非农活动的农业经济模型”,载《美国经济评论》第 59 卷(1969 年 9 月号),第 439—506 页。对殖民地发展政策对东南亚国家经济结构的影响,参阅斯蒂芬·A.雷斯尼克:“出口膨胀条件下乡村工业的减退:缅甸、菲律宾和泰国间的比较,1870—1938 年”,载《经济史杂志》第 30 卷(1970 年 3 月号),第 51—73 页。

⑳　哈里·G.约翰逊:“新兴发展中国家民族经济主义的理论模型”,载《政治科学季刊》第 80 卷(1965 年 6 月号);阿尔伯特·布雷顿:“民族主义经济学”,载《政治经济杂志》第 72 卷(1964 年 8 月号),第 376—386 页;M.布朗芬布伦纳:“经济发展中对没收财产的要求”,载《经济发展与文化变革》第 3 卷(1955 年 4 月号),第 201—218 页;马丁·布朗芬布伦纳:“‘资本主义’的东西方:霍雷肖·阿尔杰和西蒙·莱格里”,载《论理学》第 71 卷(1961 年 4 月号),第 188—194 页。

㉑　参阅罗尔·普雷比施:“欠发达国家的商业政策”,载《美国经济评论》第 49 卷(1949 年 5 月号),第 251—273 页。对普雷比什论文的批评见 M.琼·弗兰德斯:“普雷比什论保护主义:评价”,载《经济杂志》第 74 卷(1964 年 6 月号),第 305—326 页。同时参阅 G.哈伯勒:“对当前比较利益理论与农业生产和贸易的关系的评价”,载《农业事务杂志》第 4 卷(1964 年 5 月号),第 130—149 页。

㉒　哈里·G.约翰逊:《民族经济主义的理论模型》,第 185 页。

㉓　弗兰克·H.戈莱:《菲律宾:公共政策与国民经济发展》(伊萨卡:康奈尔大学出版社,1961 年),第 10 页。同时参阅阿默德·A.卡斯特罗对戈莱著作的评论:“经济政策再探讨”,载《菲律宾经济杂志》第 1 卷(1962 年上半年),第 66—91 页。

㉔　B.L.费尔南德斯:“解除外汇管制与调整收入流向”,出处同上,第 1 卷(1962 年上半年),第 22 页。同时参阅小贝尼托·莱加达:“菲律宾经济发展的矛盾”,载《菲律宾统计学家》第 13 卷(1964 年 6 月号),第 89—112 页;小

贝尼托·莱加达:"重返'食糖官营'",载《远东经济评论》第46卷(1969年10月号),第171、172、217页。

㉕　莱加达:"菲律宾经济发展的矛盾",第21页。

㉖　J.G.威廉森:"战后菲律宾经济进步面面观",载《经济学季刊》第83卷(1969年2月号),第107页。同时参阅约翰·H.鲍尔:"工业化战略:进口替代",载《菲律宾经济杂志》第5卷(1966年下半年),第167—204页;罗伯特·J.兰普曼:"战后菲律宾经济增长的根源",出处同上,第6卷(1967年下半年),第170—188页。

㉗　亨利·J.布鲁顿:"拉丁美洲生产率的增长",载《美国经济评论》第57卷(1967年12月号),第1099—1116页;N.H.莱夫:"出口停滞与自给自足的发展",载《经济学季刊》第81卷(1967年5月号),第286—301页。

㉘　杰拉多·P.西卡特:"菲律宾制造业的生产函数",载《菲律宾经济杂志》第2卷(1963年下半年),第107—131页;杰拉多·P.西卡特:《对现行两种政策的分析》,出处同上(1965年上半年),第107—119页。

㉙　M.曼格赫斯、艾达·E.雷克托和弗农·W.拉坦:"菲律宾的水稻和玉米价格及市场关系",载《农业经济学杂志》第48卷(1966年8月号),第685—703页(同时参阅《菲律宾经济杂志》〔1966年上半年〕,第1—27页);伦道夫·巴克:《生产对水稻价格的反应》,出处同上,第5卷(1966年下半年),第260—276页。这些文献的数据与理论分析基础来自下述文章的详细分析,M.曼格汉斯、艾达·E.雷克托和弗农·W.拉坦:《菲律宾的水稻和玉米生产及市场关系》(洛斯巴尼奥斯,菲律宾:国际水稻研究所,技术公报第9号,1970年)。

㉚　马尔科姆·特里德高尔德和理查德·W.胡利:"再次解除外汇管制与调整收入流向",载《菲律宾经济杂志》第6卷(1967年下半年),第109—128页。

㉛　贝尼托·莱加达:《外汇管制》;"菲律宾经济发展矛盾";"重返'食糖官营'"。

㉜　特里德高尔德和胡利:"解除外汇管制与调整收入流向",第125页。

㉝　理查德·胡利和弗农·W.拉坦:"菲律宾",载《亚洲农业发展》,R.T.香德编(堪培拉:澳大利亚国立大学出版社,1969年),第215—250页。

㉞　西奥多·W.舒尔茨:《经济增长与农业》,第15页。

㉟　参阅约翰·M.布鲁斯特:《阻碍变革的传统社会结构》,载《农业发展与经济增长》,赫尔曼·M.索思沃斯和布鲁斯·F.约翰斯顿编(伊萨卡:康奈尔大学出版社,1967年),第66—98页。冈纳·米尔达尔最近重新陈述了体制制约的观点:《亚洲戏剧:国家贫穷的研究》(纽约:潘赛因图书公司,1968年;平装版本,纽约:20世纪基金会,1968年),共三卷。"根本目的在于通过改变技术和资本投入来增加耕作面积和提高农业产量的技术改革成功与否,主要取决于先行的或起码是同时进行的体制变革的程度"(第1260页)。对米尔达尔的观点的评论参见库萨姆·奈尔:《对亚洲戏剧的评论》,载《经济发展与文化变革》第17卷(1969年7月号),第449—459页。

㊱　这一节讨论的材料,弗农·W.拉坦做过更详细的论述,见"现代农业改革立法中的公平与生产率问题",载《工业社会的农业经济问题》,乌戈·帕皮和查尔斯·纳恩编(纽约:麦克米伦〔圣马丁斯出版社〕,1969年),第581—600页。

㊲　对近期文献的评论,参阅菲利浦·M.劳普:"土地改革与农业发展",载索思沃斯和约翰斯顿编:《农业发展》,第267—314页;多琳·沃里纳:《土地改革的理论与实践》(伦敦:牛津大学出版社,1969年);E.B.赖斯:《评论纲要》(华盛顿:国际开发署,土地改革评论会,1970年6月2—4日)。国际开发署评论会收到一系列背景研究报告、农业研究论文和农村研究论文。

㊳　例如,参阅欧内斯特·费德:"为发展而联合条件下的土地改革",载《农业经济学杂志》第47卷(1965年8月号),第652—688页;库萨姆·奈尔:《牛粪上的鲜花》(纽约:普拉杰出版公司,1962年)。费德指出:"联合所感到的最好结果似乎就是制定了许多土地改革的法律,这些法律没有成为大规模实施土地改革的手段,相反却使这种改革拖延。"(第652页)奈尔认为:"尽管1947年以来,印度也许制定了比世界上任何其他国家都多的土地改革法规,但没有在根本上成功地改变权力形式和极度的经济不平等,也没有成功地改变群体之间具有传统特征的左右乡村社会经济生活的等级关系。"(第196页)

㊴　路易斯·S.德雷克:"分成地租和货币地租的生产率比较",载《农业经济学杂志》第34卷(1952年11月号),第549页。要了解美国文献中这种

理论分析的发展情况,参阅雷纳·希克勒:“土地占有制对农业效率的影响”,出处同上,第23卷(1941年2月号),第185—207页;厄尔·O.里迪:“农场租赁制度经济学”,出处同上,第34卷(1947年8月号),第659—678页;D.盖尔·约翰逊:“分成契约下的资源分配”,载《政治经济杂志》第58卷(1950年4月号),第111—123页;德雷克:“生产率比较”,第535—550页。

㊵ 联合国:《土地改革:不适应的农村结构对经济发展的阻碍》(纽约:联合国,经济事务部,1951年)。沃里纳指出,目前最流行的有关土地占有制与生产率关系的理论源于1951年联合国的报告。参见多琳·沃里纳:《土地改革》第371页。1951年联合国的报告被正确地视作对土地占有制与生产率之间关系进行历史性概括总结的源泉。

㊶ 有关日本的情况,参阅M.开原:“论战后日本土地改革的作用”,载《土地占有、工业化和社会稳定》,沃尔特·弗罗利克编(密尔沃基:马凯特大学出版社,1961年),第143—156页;小仓武和编:《现代日本的农业发展》(东京:富士出版公司,1963年),第119—144、613—677页;以及R.P.多尔:《日本土地改革》(伦敦:牛津大学出版社,1958年)。关于台湾,参见陈诚:《台湾土地改革》(台湾:中国出版公司,1961年),第90—91页;S.C.薛与T.H.李:《对台湾农业发展的分析评论——投入产出法与生产率法》(台北:乡村重建联合委员会,经济文摘丛书第12辑,1958年7月)。

㊷ 弗农·W.拉坦:“菲律宾水稻生产农户的土地占有制和生产率”,载《菲律宾经济杂志》第5卷(1966年上半年),第42—63页。

㊸ 福克·多夫林:《欧洲的土地和劳动力,1900—1950年》(哈奇:马丁诺斯·尼霍夫,1956年)第350页;福克·多夫林:《土地改革的经济结果》(土地改革评论会)(华盛顿:美国国际开发署,1970年6月)。

㊹ R.科理施纳:“印度土地改革与经济发展的若干问题”,参阅弗罗利克编:《土地占有》,第223页。沃里纳提出同一观点:“结构与发展的关系表现出相互依存的过程,早期的发展为结构变化提供了条件,而结构变化本身也为进一步发展提供了条件。”见《土地改革》,第391页。

㊺ 例如,J.S.弗尼瓦尔对缅甸农业发展的讨论,见《殖民政策与实践》(纽约:纽约大学出版社,1956年)。

㊻ 1940年,T.W.舒尔茨在“资本定量配给,不确定性和农场租佃改

革”，载《政治经济杂志》第 48 卷(1940 年 6 月号)，第 309—324 页中指出，在以人均资本高水平投入为特征的农业中，“把佃农变为(负债的)困难重重的自耕农显著地减少了拥有有限财产的农民的收益”(第 323 页)。D. 盖尔·约翰逊提出，“资源分配”揭示了实行分成租佃是为了求得分配效率，佃农可以为自己的劳动力有效地选择就业机会，而地主可以为自己的资本有效地选择投资机会。由北方中央土地占有制度研究委员会发起的一项研究中，沃尔特·G. 米勒、沃尔特·E. 克里斯特和 H. W. 奥托森没有发现与土地租佃制度有关的资源边际生产率的显著差别，参阅《农业内部资源分配中农业租佃形式的相对效率》(埃姆斯：艾奥瓦州立学院，农业与家政经济学试验站，研究公报第 461 号，1958 年 11 月)。

㊼　詹姆斯·O. 布雷：“农场租佃制与农业生产率：美国的实例”，载《食品研究所研究报告》第 4 卷第 1 期(1963 年)，第 25—38 页。布雷说：“近年来最引人注目的发展一直是土地部分所有农户所有土地的百分数持续增长。一般来说，在同一地区他们所有的土地已超过土地完全自有的农户，而且他们租地的面积与佃农的平均数并无二致。这样，他们比土地完全自有的农户和佃农耕种更多的土地。土地部分所有的农户占有的土地在所有土地中的比例越来越高，这说明在这一分组中有一些最成功的所有者，通过租地扩大了经营，同时有一些成功的佃农，买进农场并继续租种别的土地。”(第 36 页)

㊽　多夫林在 1970 年美国国际开发署评论会上对土地改革经济结果的总结中，强调了小规模自耕经营制吸收劳动力的能力和利用工业投入的效率。他同时指出，作为土地改革的结果，只要农业能容纳大量剩余失业或就业不足，农业生产规模减小效应“在某种程度上是可以接受的”。见多夫林：《经济结果》，第 12 页。

㊾　“通常苏联式集体农业的模式，实际上是分成耕作，并且具有同旧式分成耕作制一样的缺陷，对劳动者个人缺乏经济刺激，这种模式只不过是行政强制下的一种组合形式。”出处同上，第 11 页。

㊿　对近期市场结构改革文献的评论，参见 J. C. 艾博特：“销售制度的发展”，载索思沃斯和约翰逊编：《农业发展》，第 364—398 页；粮农组织：“农业销售改革计划：近来实践中的经验教训”，载《1969 年的粮食和农业形势》(罗马：粮农组织，1969 年)，第 83—106 页；K. R. 安谢尔、鲁塞尔·H. 布兰农

和埃尔登·D.史密斯合编:《发展中国家的农业合作社与市场》(纽约:普雷格,1969年)。对战后初期市场改革文献的批评性评论,参阅P.T.鲍尔和B.S.亚梅:"销售改革经济学",载《政治经济杂志》第62卷(1964年6月号),第210—235页。

51 小克利夫顿·R.沃顿:"运销、经商和放债:马来亚中间商买方垄断研究论文",载《马来亚经济评论》第7卷(1962年10月号),第24—44页。同时参阅彼得·F.贝尔和珍妮特·泰:《市场、中间商和技术:东南亚二元经济中农业供给反应》,出处同上,第14卷(1969年4月号),第29—47页。

52 尤马·J.里利:"肖拉甫尔商人",载《印度乡村发展计划与实践》,约翰·W.梅勒等编(伊萨卡:康奈尔大学出版社,1968年),第238、239页。

53 万斯·Q.阿尔维斯和彼得·E.坦姆尤:《肯尼亚选择的主要销售食品》(摩根城:西弗吉尼亚大学农业经济系和国际计划署,IP—25,1968年3月)。

54 参阅理查德·H.霍尔顿:"运销结构和经济发展",载《经济学季刊》第67卷(1963年8月号),第344—361页。同时参阅J.C.艾博特:"销售在落后农业经济发展中的作用",载《农业经济学杂志》第44卷(1962年5月号),第349—362页。

55 这部分主要取自弗农·W.拉坦:"东南亚的农产品和要素市场",载《经济发展与文化变革》第17卷(1969年7月),第501—519页(根据安谢尔、布兰农和史密斯编《农业合作》一书重印,第79—106页)。

56 完全市场模式,描述地理上空间分开的各点之间,不同的时点之间以及对普通原料产品不同选择之间的价格关系,金对这种模式做了如下描述:"一个国家不同地区的价差不会大于从一个地方运到另一个地方的成本。在一定的市场地区范围内,价格差别恰恰是从生产地到消费地的运输成本。……同样,某一时点上的价格高于前一时点上的价格的价差不会超过贮藏成本。……最后,出自同一原料的两种产品之间的价差不会超过加工成本。"参阅R.A.金:"产品市场与经济发展",载《热带农业经济发展》,W.W.麦克弗森编(盖尔斯维尔:佛罗里达大学出版社,1968年),第82页。

57 参阅拉坦:"农产品和要素市场",载《经济发展与文化变革》,该文对实际结果进行了详细的描述。

(58) G.R.艾伦:《农业运销政策》(牛津:巴兹尔·布兰克韦尔,1959年),第111—140页;"东巴基斯坦水果零售利润的短期变化",载《农业经济学家》第9卷,第6期(1959年),第259—266页。

(59) 杰里·R.贝尔曼:《欠发达农业的供给反应:泰国四种主要当年生作物的案例研究,1937—1963年》(阿姆斯特丹:北荷兰出版公司,1968年)。

(60) 尤马·J.勒利:"市场一体化:印度西部高粱价格的研究",载《农业经济学杂志》第49卷(1967年2月号),第147—159页。同时参阅勒利:《肖拉普尔商人》,第237—294页。

(61) 威廉·O.琼斯:"农业运销与经济发展","伴随近期粮食生产突破而出现的一些问题:康奈尔专题讨论会"论文第13号,3月30日—4月2日(伊萨卡:康奈尔大学,1970年)。

(62) 罗伯特·D.史蒂文斯:《发展中国家与收入变化相关的粮食消费弹性》(华盛顿:美国农业部经济研究所,外国农业经济处,第23号,1965年3月)。

(63) 哈罗德·赖利等:《哥伦比亚—考卡流域地区发展中市场的协调》(东兰辛:密歇根州立学院,拉丁美洲研究中心,研究报告第5号,1970年),第376页。

(64) 琼斯:"农业运销",第6页。

(65) 参阅霍勒斯·贝尔肖:《经济上欠发达国家的农业信贷》(罗马:粮农组织农业研究报告,第46号,1959年);农业与合作信贷国际会议,《会议汇编》第Ⅰ、Ⅱ卷,(伯克利:加利福尼亚大学,1952年);沃顿:《运销、经商和放债》。贝尔肖说:"如果农业要为国民经济的改善做出自己的贡献,有效的农业信贷体制是必需的。但在农村,若无其他措施的支持,那么信贷即使不是付诸东流,其贡献也是很有限的。……我们特别强调土地占用、税收、农业推广和运销方面制度改革的重要性。"(第228页)

(66) 戴尔·W.亚当斯:"拉丁美洲的农业信贷:外部提供资金的政策"(哥伦比亚:俄亥俄州立大学农业经济学和农村社会学系,临时论文第9号,1970年4月15日),第1页。

(67) 朗和博顿利就亚洲的研究与亚当斯就拉丁美洲的研究特别有用。参阅鲁道夫·布利茨和米勒德·F.朗:"管理高利贷经济学",载《政治经济杂志》第73卷(1965年12月号),第608—619页;P.提蒙多尔、V.阿龙迪和M.朗:《泰国的农业信贷》(曼谷:卡塞察特大学,1965年);米勒德·朗:"利率和农业信贷市场结构",载《牛津经济论文》第20卷(1968年7月号),第275—288页;米勒德·F.朗:"农户为何借贷",载《美国农业经济学杂志》第50卷(1968年11月号),第991—1009页;安东尼·博顿利:"欠发达农村地区管理私人贷款的费用",载《牛津经济论文》第15卷,新辑(1963年7月),第154—163页;安东尼·博顿利:"欠发达农村地区利率结构",载《农业经济学杂志》第46卷(1964年5月号),第313—322页;安东尼·博顿利:"作为欠发达农村地区利率决定因素的风险费用",载《经济学季刊》第77卷(1963年11月号),第637—647页;安东尼·博顿利:"确定欠发达农村地区的理论利率",载《经济学和统计学评论》第46卷(1964年8月号),第301—304页。亚当斯在其著作《农业信贷》中对他自己及其同事的研究进行了评论。

⑱ 朗:"利率",第287页。

⑲ 亚当斯:"农业信贷",第25页。

⑳ 李维·A.蒂尼达德:"菲律宾农业中私人资本的形成",载《菲律宾经济杂志》第3卷(1964年下半年),第130—154页。这期杂志上的论文是向国际水稻研究所举行的一次会议提交的,会议的议题是菲律宾农业中的储蓄和资本形成,1964年4月24—25日。

㉑ L.P.德古兹曼:《菲律宾农业的储蓄和资本积累对生产率的技术变化的影响》,出处同上,第169—183页。

㉒ 亚当斯:"农业信贷",第27、36页。

㉓ 这部分内容主要来自阿瑟·T.莫舍:《拉丁美洲的农业技术协作》(芝加哥:芝加哥大学出版社,1957年);乔斯·保罗·里拜罗和小克利夫顿·R.沃顿:《巴西米纳斯吉拉斯的ACAR项目》,参阅《自给农业与经济发展》,小克利夫顿·R.沃顿编(芝加哥:奥尔丁出版公司,1969年),第424—438页。

㉔ 美国国际协会(AIA)是由纳尔逊·A.洛克菲勒先生于1946年组织成立的非营利性团社,它在欠发达地区从事规划、组织和自助项目。ACAR项目仅是该协会在巴西的活动之一。

㉕ 莫舍:《技术协作》,第71页。

⑯　小克利夫顿·R.沃顿："技术援助的经济影响：巴西案例研究"，载《农业经济学杂志》(1960年5月号)，第252—267页。

⑰　埃利苏·罗伯特·德·安达雷德·阿尔维斯：《巴西米纳斯吉拉斯推广项目的经济评价》(珀迪尤大学农业经济系，1968年1月)，硕士论文。

⑱　里拜罗和沃顿：《ACAR项目》。

⑲　里拜罗和沃顿指出："……ACAR项目举办初期，对这种专为小农户实行的信贷计划的争论之一，是这种计划不包括在正常的金融体系之内，计划的实际交换条件以8%的速度下降，而且贷款基金实际上完全为大的商业性农户所垄断。"出处同上，第432页。

⑳　阿瑟·T.莫舍：《使农业运动起来：发展和现代化的根本要求》(纽约：普拉杰，1966年)，第141页。

㉑　对基础结构概念的更详细讨论见小克利夫顿·R.沃顿："论农业增长的基础结构"，载索思沃斯和约翰逊：《农业发展》，第107—142页。同时参阅A.T.莫舍：《促进农村基础结构的发展》(纽约：农业发展理事会，1969年)。

㉒　埃弗特·M.罗杰斯："自给农户的动机、价值和态度：深入研究农民的亚文化群"，参阅沃顿编：《自给农业》，第111—135页。同时参阅埃弗特·M.罗杰斯(与林恩·斯文宁合作)：《农民中的现代化》(纽约：霍尔特、赖因哈特和温斯顿，1969年)。同时参阅G.卡斯蒂洛对罗杰斯观点的批评："对农民亚文化群的批评性意见"，见沃顿编：《自给农业》，第136—142页。

㉓　拉伊·克里舍纳："农业价格政策与经济发展"，见索思沃斯和约翰逊编：《农业发展》，第497—540页。

㉔　曼格赫斯、雷克托和拉坦：《价格与市场关系》。

㉕　西奥多·W.舒尔茨：《改造传统农业》(纽黑文：耶鲁大学出版社，1964年)；雷蒙德·费思："社会结构和农民经济：社会结构对农民经济的影响"，见沃顿编：《自给农业》，第23—37页。

㉖　F.F.希尔：《关于农业发展的一些观点》，这是提交给联合社会科学学会会议，美国农业经济学会的一篇论文(纽约，1965年12月28日，第7页)。

㉗　总统科学顾问委员会关于世界粮食供给专题报告：《世界粮食问题》

第2卷(华盛顿:美国政府印刷局,1967年5月),第504页。

⑱ 对最近文献的评论见西奥多·W.舒尔茨:《经济增长与农业》,第109—171页。

⑲ F.韦尔奇:"生产教育",载《政治经济杂志》第78卷(1970年1—2月号),第35—59页。

⑳ 例如,石川茂:《亚洲经济发展展望》(东京:纪国屋书店,1967年),第57—214页;克利福德·格尔茨:《农业的复杂性:印度尼西亚生态变化的过程》(伯克利:加利福尼亚大学出版社,1969年)。

㉑ 爱德华·A.阿克曼和乔治·D.G.勒夫:《美国开发水资源的技术》(巴尔的摩:约翰·霍普金斯大学出版社,1959年)。降低每英亩提水费用和增加抽水深度的效果,取决于每英亩支付的成本,对这一问题的评论,参阅威廉·E.马丁和托马斯·阿切尔:"亚利桑那抽水灌溉的成本:1891—1967年",载《水资源研究》(即将出版,1971年)。

㉒ A.奥顿和S.罗伊特林格:《对八个在建灌溉工程的效果评价》(华盛顿:国际再建和发展银行,国际发展科,1969年3月28日,经济部研究论文第40号),第3页。

㉓ 里德·赫特福德:《墨西哥农业生产变化的根源:1940—1966年》(芝加哥:芝加哥大学经济系,1970年3月),博士论文;里德·赫特福德:"墨西哥:农业产出增加的原因",参阅《发展中国家农业经济的进步:1958—1968年》(华盛顿:美国农业部经济研究所,1970年5月),第90—104页。

㉔ 赫特福德:出处同上,第100页。

㉕ 奥顿和罗伊特林格:《效果评价》,第5、6页。

㉖ 总统科学顾问委员会:《世界粮食问题》,第460—469页。提出的数据是关于规划各阶段和在建工程财产清查的资本成本。主要工程中成本最低的是西巴基斯坦的地下水开发,该项工程主要用于对私人灌溉土地进行补充灌溉。同时参阅科林·克拉克:《灌溉经济学》(牛津:佩尔加蒙出版公司,1967年),第41—65页讨论了灌溉成本评价问题。

㉗ 迈克尔·纳尔逊:《拉丁美洲热带湿润地区开发新土地的公共政策》(华盛顿:未来资源公司和智利,圣地亚哥:拉丁美洲经济与社会规划研究所,1970年3月),油印本。

⑱　卡尔·艾彻、托马斯·扎尔拉、詹姆斯·科克尔、弗雷德·温奇:《非洲农业的就业增长》(东兰辛:密歇根大学,国际农业研究院,农业与自然资源学院,研究论文第9期,1970年7月),第20—29页。

⑲　沃尔特·P.福尔肯和卡尔·H.戈奇:《农业政策及在旁遮普的实践:印度和巴基斯坦比较研究》(剑桥:哈佛大学,开发资讯社和经济发展数量研究所,经济发展报告第96号,1968年5月)。

⑳　出处同上,第43页。

㉑　出处同上,第45页。

第十二章　农业改造与经济增长

在前一章中，我们试图回答这样的问题——为什么[285]在20世纪50年代和60年代的大部分时间内，世界上欠发达国家的农业发展记录如此贫乏？20世纪60年代后期，贫穷国家农业发展的前景出现了新的景象。许多过去只看到世界农业持续停滞前景的分析家，现在正在预测“绿色革命”的到来。① 钟摆在惧怕萧条和担心过剩之间摆动，也在怀疑对新农业技术的潜在接受力和新技术在不同地区、不同农村社区中的不同影响所产生的社会政治意义之间摆动。②

20世纪60年代末期的乐观主义或许恰恰被夸大为70年代世界饥馑的早期预言。然而，“绿色革命”确实指出了发达国家与欠发达国家之间农业生产率差距不再扩大的趋势。这是直接解决了生产率距离扩大的基本原因所引起的结果——这个基本原因就是欠发达国家由以依赖自然资源为基础的农业迅速转移到以依赖科学为基础的农业所造成的不平衡。

新的种子—化肥技术牵涉到在热带农业中试验站[286]生产能力的推广和科学方法的应用。在国际范围内动员科技力量的制度革新，可使上述目的成为可能。因此，减少了欠发达国家由于国内科学研究和开发能力有限产生的限制。这些工作产生的影响，不仅限于为热带农业研究高产谷物品种方面。更为重要的是，受到从对试验站生产能力投资中获得较高利益的许多发展中国家的政治领导人、发展的计划人员和行政官员的重视。试验站的生产能力，包括生产出生态适应、经济可行的新的生物化学技术的能力和生产出体现着新型农业技术的工业投入的能力。农业发展不仅被看作是满足粮食需求的必要条件，而且还被看作是经济增长的生产力来源。

在这一章中，我们对保持整个经济增长势头所需的条件进行探讨。

欠发达国家农业增长的新前景

20 世纪 50 年代和 60 年代，世界农业前景暗淡，主要是由于总需求增加以及各国生产和需求增长速度的不平衡不断加剧所致。然而，如果与现在发达国家的历史状况相比，或者与欠发达国家历史上的增长速度相比，状况并不坏。仅仅是不够好而已。20 世纪 50 年代，世界范围内整个粮食生产每年以 2.8%的速度增加，整个 60 年代的增长速度也大致如此。对比起来，20 世纪 50 年代，世界人口增长速度大约为 1.9%，60 年代每年略大于2.0%。反映人口增长和收入增长效果的总需求在 20 世纪 60 年代，每年大概增长 3.0%强。因此，在对世界粮食变得紧张的问题关心的时期，世界上人均可得粮食量实际上是增加了——尽管它不像粮食需求增长得那样快。[3]

对世界粮食形势愈来愈关心是基于两个因素。总的来讲，粮食生产增长率[287]相对不变，与此同时，由于人口与收入增长而引起的需求增长比率是上涨的。此外，发展中国家扩张最快的是需求增长速度，而发达国家扩张最快的是生产增长速度。尽管应该认识到，印度和巴基斯坦人均生产从1966年起有显著增长（见表12.1），但两国人均粮食生产在20世纪60年代初期和中期是下降的。非洲人均粮食生产从50年代中期开始，一直在下降。

人们从更复杂的角度，而不是从简单的粮食—人口平衡角度所考虑的问题是，农业部门的增长并不是以一种与农业部门对国民经济增长的均衡贡献相一致的方式发生的。已发生的增长多数仍然以旧的土地肥力保持模型为根据。从资源利用和对劳动力的需求方面来讲，这种增长是昂贵的。以资源为基础的农业向以科学为基础的农业转变并没有以足够迅速的速度推动生活质量的提高。

到20世纪60年代末，欠发达国家农业发展的可能性出现了新景象。这一景象是通过适应性研究与开发，把温带国家先进的生物技术发展到拉美、亚洲、非洲的热带、亚热带地区产生的直接结果。60年代末，这一革命发展到主要的谷类作物——小麦、水稻，在比较小的范围里还有玉米。这一革命对少数几个国家的平均产量和总产量产生了显著影响，主要是在墨西哥、菲律宾、印度、巴基斯坦和土耳其。然而，根据农业部门对国家经济增长的潜在贡献来看，这种影响足以在很大程度上从国家的政策一级扭转以前的悲观主义。

对大多数发展中国家来讲，现在看起来很明显的农业发展机会，将来并不一定容易实现。我们的分析和50年代与60年代的

表 12.1 1954—1970 年世界人均粮食产量指数(不含亚洲社会主义国家)(1957—1959 年 = 100)*

国家或地区	1954	1955	1956	1957	1958	1959	1960	1961	1962	1963	1964	1965	1966	1967	1968	1969	1970
世界[a]	95	97	100	98	101	101	102	102	103	103	105	103	106	108	109	108	109
发达国家[b]	92	97	98	97	101	101	103	103	106	105	108	107	114	116	119	117	117
欠发达国家	99	98	100	97	101	100	102	102	102	104	104	101	100	104	104	106	107
印度	97	100	101	96	102	103	106	108	102	103	103	94	91	96	101	105	108
巴基斯坦	104	93	104	99	95	106	108	106	101	112	109	107	100	110	113	118	117
亚洲其他国家[c]	99	96	100	98	102	100	100	101	103	102	104	102	105	107	107	107	105
非洲[d]	100	98	100	99	100	101	102	96	101	101	99	98	96	96	95	97	95
拉丁美洲[e]	99	99	101	100	101	99	99	102	103	105	106	107	106	108	107	106	109

* 1961—1970 年在 1961—1965 年的基础上计算,并换算成 1957—1959 年 = 100 的数字。

a 不包括亚洲社会主义国家。

b 美国、加拿大、欧洲、苏联、日本、南非共和国、澳大利亚和新西兰。

c 不包括印度、巴基斯坦、亚洲社会主义国家和日本。

d 不包括南非共和国。

e 不包括古巴。

资料来源:数据由美国农业部经济研究所外国地区分析处提供。

经历有力地证实了现在出现的一种舆论，即用来产生并不断完善在经济上可行、生态上适应的农业技术研究说明，在许多国家的农业发展过程中，存在关键的缺口环节。人们越来越相信，大部分的农业研究都具有高度的地方特色。为了得出可行的结果，农业研究必须在近似于进行革新地区所具有的生态和社会经济环境中进行。热带与亚热带国家缺乏足够的科学技术人力资源，而这对进行具有地方特色的研究是必不可少的，因而对开发促进增长的新技术机会产生了严重的制约。

因此，如何科学地解决问题，或者如何组织农业研[289]究以便最有效地利用稀缺的限制因素——科技人员——是农业发展进程中的关键。

运用科学促进技术进步

抛开最初的戏剧性影响不看，热带国家最近粮食产量增长所依据的科学技术基础，在大多数发展中国家是特别薄弱的。如果还将保持绿色革命的力量，就必须为农业试验站的生产能力进行物质投资。同时，还要对工业生产能力、灌溉、其他物质基础设施和农业生产者的教育进行投资。

要达到上述目的，仅仅建立新的农业研究站是不够的。在许多发展中国家，现有的研究设施并没有充分利用，原因是它们的研究人员所受的科学技术训练有限，财政与后勤资助不适当，远离科技创新的主要趋势，以及没有能够开发把研究活动和研究活动所产生的新知识的潜在经济价值联系起来的研究策略。

在欠发达国家中,有关农业研究的组织管理知识甚至比农业生产者可使用的研究结果还少。[④]然而,有些在研究中具有显著基础的管理原则,至少代表了严重制约研究投资生产率的限制因素。

农业研究成果趋向于具有相对的地方特色。而且,当研究趋于复杂、生产技术进步时,研究结果更具地方特色。虽然这一原理同时适用于机械与生物技术,但在生物技术中更为显著。农业技术具有地方特色的性质是进行农业活动所处的自然、生态、社会经济环境中的一种变化功能。这意味着,大部分农业研究的开展,结果的分析、检查、阐明[290]和应用,必须在一个相对分散的系统中进行(参阅第三章与第七章的论述)。

农业研究中也存在规模经济问题。埃文森根据对美国 39 个试验站所做的分析指出,在拥有较多的科学家、较多的研究生、职员工资较高、人员培训水平也较高的试验站里,每 1 美元研究的边际收益普遍要高一些。[⑤]对较小的试验站来讲,也有一种趋势,即与中间产品相比(如遗传学的进展),最终产品的生产(如农学知识)占较高的比例。同样,较小的试验站一般来说,很少生产体现新知识的新投入。如果与某些典型的试验站相比,认为最大的试验站就具有较高的生产率还有些问题的话,那么,对美国和许多发展中国家来说,这样讲是不成问题的。那里的试验站通常太小,财政资助很少,以致不能够提供图书馆、专业通信联系,为成果的产出提供后勤服务保证。

每个独立单位都具有一种规模经济的研究系统,在开发具有地方特色的研究结果时,对农业研究组织提出了严峻的考验。大多数国家和州立研究机关都面临着不断产生的压力:一方面是由于分散程度比较高，使研究能力要承担不同地区、不同地理位置的特殊问题；另一方面是要加强中心试验站人员的力量，以便形成具有生命力的集中的专业优势。

与单个独立的试验站相比，分散系统中各单位有效的信息联系，对取得最佳的系统生产率是必要的。不论是日本还是美国，农业研究系统都具有这样的特色，即组织研究单位解决地区和国家的重大问题，同时保留足够的自主权，优先解决地方问题（第七章）。

日本与美国研究系统的一个根本特点是在国家研究系统的单位之间以及世界范围内建立有效的通信联系。国际联系还牵涉到集中力量从其他地区收集并改良作物品种和牲畜品种。这种做法是与一些发展中国家的做法背道而驰的，在那些国家中，有一种反对“外来”遗传材料的民族主义倾向。

墨西哥小麦、玉米研究所和菲律宾国际水稻研究所在研究上的成功，是由于与美国、日本和其他地方的农业研究中心密切的专业及组织方面的联系促成的。[291]同样，这些中心也可以成为发展中国家农业研究团体中小麦、玉米、水稻研究科技信息交流的主要组织机构。⑥

可行性农业研究系统中最后一个特点，是研究教育和培训中牵涉到的综合性问题。通过教育和培训来培养科技人员，对消除欠发达国家向以科学为基础的农业转移中，在科技人才方面的制约因素是必不可少的。这种教育如果伴之以重要的研究规划，则是最有效的。另外，由于学生和培训人员的出现，鼓励了新思想的不断交流和传播。的确，学生与教师之间辩证地相互影响是科学进步的主要来源。

认为“在目前条件下，不作为以研究为主的大学的完整部分而设立的国家研究中心，做上述研究效率不高”⑦，可能有些夸大。然而，即使那些不作为大学的一部分而建立起的商品研究中心，也与地方教育机构建立了密切联系，并且有效地采用了非学术性的培训规划和访问学者计划。

上述所列的研究组织原则，并不是为组织专业力量和机构力量创造新的农业技术知识提供专门的最佳模式。研究机构和大学体现了组织力量诱导变革的不同选择方法。在以高度联结的基础结构把大学和其他涉及技术、社会、经济变革的公共和私人机构联结起来为特征的发达社会中，大学里进行的研究可以体现专用于新知识开发、应用、推广总系统的有效联系。当一种单一因素被移植到不存在这些制度方面的基础设施的社会中时，这一因素很少能够成为技术改造的有效工具。⑧

根据我们的判断，这是包括试图用“赠地大学”模式作为许多发展中国家形成和推广农业技术改造的手段受到很大挫折的主要因素之一。⑨莫斯曼曾[292]指出：了解美国综合农业研究体制的主要困难在于没有认识到美国农业部在地区和国家研究中的积极作用。⑩结果导致发展中国家在合作中，在试图引导有效的国家农业研究体系的开发方面，产生了严重的地方主义。地区化的、分散的研究，仍然是发展中国家加强有效的农业科技体制的最严重障碍之一。在缺乏有效的国家或国际系统联系的发展中国家，移植发达国家研究体制中的一部分所造成的后续结果是发展过度的学术官僚主义，或者使他们背上一批几乎没有什么真正经济价值、没有什么效果的设在边远地区的落后的农业区域研究站的负担。

如果发展中国家要克服把世界高收入和低收入经济行为分开的技术和机构方面的限制,就必须有效地利用其专业能力。因为这是它们在为农业创造更具生产力的投入物资时,唯一最受限制的资源。这意味着要寻求重实效的机构组织模式。这种模式能够使一个国家有效地利用现有的稀缺科技人才。国际研究培训机构在墨西哥开展了玉米和小麦研究,在菲律宾进行了水稻研究,这些是在缺乏把科学和经济其他部分相联系的基础结构的情况下,具有特殊影响的模式。

我们并不认为这种模式或日本和美国所采取的模式,是可以完整不动地移植到其他发展中经济的理想模式。更确切地说,在发展中国家,它表明了一种实际的客观需要,而不是寻求一种与人力和非人力资源条件相一致的理想体制。

制定农业改造的技术和体制

要使一种新技术成为农业发展的有效手段,它一定要与经济中生产因素供给和产品需求这些条件的变化状况相一致。热带地区主要谷物生产研究的成功,不仅是由于促进了科技人力有效转移的制度革新,而且是由于它进行了生产因素供给和产品需求的转换。新技术通过提高相对[293]丰富的化肥对土地的替代能力,消除了对有限要素(土地)单产增加的制约(第九章)。因此,生产因素供给和产品需求条件的变化,是设计农业与经济发展研究中需要考虑的关键因素。

这样看来，在制定70年代和80年代农业发展战略时，一定要高度重视欠发达国家伴随50年代和60年代人口增长加速而预计在70年代将要产生的劳动力加速增长的意义。[11]布鲁斯·约翰斯顿的计算表明。在一种起点为初始条件是从事农业的劳动力占总劳动力的80%的经济中，如果劳动力每年以3%的复合比率增长，即使非农就业每年以4.5%的速度增长，农业劳动力在不到40年内，也将增加1倍。如果非农就业仅以3%增长，不到30年，农业劳动力就会增加1倍。[12]

过去几十年中，欠发达经济国家人口增长速度一般在2.5%—3.0%的范围内。有少数几个国家，人口增长速度大约每年为3.5%。现在，人口增长速度大体上与劳动力增长速度相同。从历史上看，农业外部的生产就业每年要保持5%的增长速度不变是很难的。因此，约翰斯顿的计算意味着，在未来几十年中，这些经济中的劳动力将对土地产生巨大压力，特别是在那些人口已经十分稠密的地区。甚至在人口较为稀疏的国家，比如巴西，也不会在30年或40年内使可耕地面积增加1倍而不引起对公共资源的过度滥用。因此，在大多数欠发达国家中，相对于土地而言，劳动力将日益富余。从国家资源配置角度来看，农业技术和制度体系的开发应该有高的报偿，使其与相对土地而言劳动力的增长相一致。[13]

从日本、台湾、朝鲜的历史经验来看，似乎新的种子—化肥技术在劳动力使用和规模两方面是中性的(见第九章)。然而，随着高产品种的推广，在大土地占有者中，特别是在印度—巴基斯坦次大陆的小麦地区，拖拉机[294]化的迅速发展表明了这种可能性，即新技术有助于对农业工人的替代，也有助于农场收入和农场规模按两因素模型分布。[14]

新技术的生产函数是否具有倾向于节省劳动力和提高规模报酬的优点，还是需要确认的。实际上显而易见的是，在许多发展中国家，现行的贷款、推广及有关的农村机构，都倾向于与规模有关，而且趋向于在农村地区经济组织内使用节省劳动力型的新技术。在缺乏适当的机构促进小农的合作时，对引进新技术起关键作用的灌溉，往往由能够修建管道井的大农户垄断。大农户有较好的条件可以得到新知识，接受从合作社或政府贷款机构得到的低息贷款，因而降低了资本投资成本，刺激了机械化。另一方面，对小农却实行严格的资本定量配给。

与此相比，日本传统的村社（以及台湾的包查[295]制），是传播新知识，动员村社劳力修建灌溉设施、小型水路和水库，建设其他形式的社会资本（如道路或学校）的有效手段。村社体制为水资源的开发利用、销售合作以及通过国家—县—地方网络促进推广服务的农业协会提供了基础（第七章）。

如果要使种子—化肥技术向最佳方向发展，从国家资源配置和农村福利的角度来讲，必须建立新的体制或改造现存体制，改变现有的偏向于大农场和用资本代替劳力的体制性偏见。进而应该用创造技术变革的研究来完善体制变革，因为技术变革可以提高村社和农场一级体制革新的效果。

另一个要考虑的重要问题，是未来十年中农业商品供给和需求的变化。如果新的种子—化肥技术继续以 20 世纪 60 年代所观察到的速度发展和推广，主要谷物的总供给变化就能够大幅度地超过总需求变化。结果将是国际国内市场上谷物价格持续下降，谷类生产者，特别是那些居住在还没有完全采用新的谷物生产技术地区的谷类生产者的收入可能随之下降(第十章)。

资源由生产主产品谷物转向生产具有较高收入弹性的商品，是为保持对农业生产资源利用的刺激所必不可少的。必须开发与传统的单一种植谷物作物具有显著差别的新的产品组合和资源利用模式。这种新模式同样应该与农村人口迅速增长带来的生产因素的变化相一致。人们期望，产品多样化能够对更为集约地使用劳力做出贡献。⑮

如果采用多种经营形式利用农业中季节性的闲置资源，那么，它对生产者个人和国家经济，都是非常有利的。在有些地区，新的高产谷物品种，对较充分地利用土地和劳力做出了贡献。在有适当的灌溉条件的地方，高产谷物品种的“非光敏期”性使一年可种两季，有时甚至三季。另外，季节峰值间农业劳动力的不充分就业常常表示当今欠发达经济中资源的唯[296]一最重要的闲置，特别是在那些没有建立适当的组织以动员这种闲置劳动力从事社会超前资本建设的国家。⑯

期望在20世纪70年代和80年代出现产品和生产因素的供给与需求发生变动，要求热带地区欠发达经济进行一次大的农业改造(“农业改造”一词，在这里定义为农业中产品组合、生产结果、资源利用模式的显著变化)。如果技术与体制变革能够用来开发一种与生产因素和产品市场一致的新的农业生产模式，那么，两者将成为农业改造中的关键因素。

利用英国、丹麦和日本的历史经验，回顾这种变革的几个例子,是很有益的。

英国的经历

英国在18世纪中叶和19世纪中叶,经历了两次大的农业改革。

第三章中,我们已经考察了18世纪英国的改革。这次改革通常称为农业革命。18世纪农业革命的技术基础,是作物生产与牲畜生产相结合的诺福克作物轮作系统。这一系统强化了作物、牲畜和土壤养分的循环。因此,在保持土壤肥力的情况下,单位土地面积的产出增加了。制度基础是圈地——把公共牧地与农地统一为单独的私人单位——这样便于引进作物与牲畜相结合的生产系统。

与农业革命相联系的技术和生产因素与产品和供给需求条件是一致的。从18世纪20年代中期到50年代初发生的人口增长扩大了对粮食的需求,也提高了粮食作物的价格。随着人口增长而来的是劳动力的增长。粮食需求和劳动力供给都对土地产生了压力。因此,采用集约化的作物与牲畜相结合的农业生产系统是技术上可行、经济上有利的。

英国农业改革的第二个经典例子发生在废除谷物法和航海法之后(见第十章)。面临外国粮食的竞争,英国农业成功地进行了改革。采用的方法是畜牧生产专业化,增加饲料作物播种面积,把可耕地转为永久草场。[297]这涉及以土地替代劳力,而这种做法与“世界工厂中”制造业迅速吸收劳动力是保持一致的。

与农业革命中采取的形式比较,当时,牲畜的主要价值是粪肥，用它来恢复土壤肥力。19 世纪中叶，“集约经营”农业生产中，牲畜的主要价值是提供诸如肉和奶等畜产品。当然，这种情况是对这一时期相对于谷物价格来讲畜产品价格上升的合理反应。

集约农业因土壤保持方法的进步从技术方面得到支持，包括地下排水，施用人造氮肥和商业性肥料，采纳传统的英国牲畜育种优点——这种技术生产了无数改良品种。从制度方面看，以土地所有者对租佃者的投资（包括土壤改良）进行补偿的公共法的规定为基础建立的企业家租赁农作系统，促进了农业根据不断变化的经济环境进行合理的调整。

英国的这些经验说明了两种经典型农业改革的“理想类型”。然而，英国的经验除了说明技术对经济机会的有效反应外，对今天发展中国家的价值是很有限的。原因是，与 18 和 19 世纪的英国相比，经济环境和技术可能性极不相同。18 世纪的农业革命发生在农业属于一种相对自我控制系统的环境中。工农业的联系还没有通过供给工业生产的投入建立起来。19 世纪的农业改革发生在农业劳动力供给缩小时。英国的经验对日本和其他发达国家来讲，比对大多数发展中国家更为适用。

丹麦农业改革的经历，特别是随着奶油分离器的发明和联合乳脂制造厂的建立取得的进展，以及日本养蚕业发展的经历，是更为恰当的例子。

丹麦的经历[17]

19 世纪最后 25 年和 20 世纪最初 25 年中，丹麦的农业发展，表明了根据产品和生产因素的市场条件进行显著的农业改革的情况。丹麦在[298]历史上是向英国市场出口粮食的。当英国从新大陆进口大量的粮食致使粮食价格跌落时,丹麦农业的传统经济基础面临着严重的压力。为了迎接这一挑战,丹麦成功地转变为黄油和咸肉的主要出口国。重要的一点是,这一改革是在农业劳动力增加的情况下进行的。丹麦农业劳动力的绝对数量直到 20 世纪 20 年代末才开始下降。

改革的过程可用艾纳·詹森计算的一个有代表性的农场的收支加以说明(表 12.2)。詹森的计算表明,当 1881 年丹麦农业改革开始时,谷物仍是农业销售中的大宗产品。在这种生产模式中,劳动力利用“是具有高度季节性的”⑱。

从 1901 年可以观察到与 1881 年相比所产生的戏剧[299]性变化。牲畜的相对重要性大大增加了,黄油代替谷物成为农业收入中最重要的产品。这显然是对这一时期小麦价格下降 40%多、黄油价格仅下降 15%做出的合理反应。由于这一变革,尽管这一时期农产品价格是下降的,那个有代表性的农民的收入实际上是增加了(见表 12.2 的最后一行)。

1929 年,猪肉(用来做咸肉)成为农业收入中与黄油一样重要的产品。饲料的购买量大大超过了作物销售量。于是,丹麦农业生产的新模式显然就建立起来了。通过这次改革,丹麦农业不仅吸收了增长的劳动力,而且通过减轻劳动力利用的季节性,使劳动力得到了更有效的利用。

技术上的大量进步促进了丹麦农业的改革。这些技术包括:瓦管排水、增加化肥和石灰的施用(见表 12.2)、改良作物和牲畜品种。这次农业改革最关键的革新是奶油分离器和联合乳脂制造

表 12.2　1881 年、1901 年、1929 年丹麦一家具有代表性的农场[a]的农业收入和现金支出

	1881		1901		1929	
	克朗	百分比	克朗	百分比	克朗	百分比
收入	3,481	100	5,112	100	17,400	100
作物	1,613	46	711	14	2,820	16
谷类	1,509	43	645	13	2,206	13
其他[b]	104	3	66	1	614	3
牲畜	2,168	62	4,401	86	14,580	84
黄油	761	22	2,101	41	6,161	35
猪肉	448	13	1,199	23	5,852	34
其他[c]	959	27	1101	22	2,567	15
支出	2,310	100	3,620	100	12,042	100
饲料	228	9	511	14	4,077	34
化肥	12	1	38	1	700	6
机器维修	100	4	200	6	500	4
雇佣劳力	615	27	836	23	3,425	28
其他[d]	1,355	59	2,035	56	3,340	28
纯收入[e](现行价格)	1,471		1,492		5,358	
纯收入[f](1881 年价格)	1,471		1,812		3,995	

[a] 一个坐落在丹麦西兰岛上的 28 公顷的假设农场。假设它代表整个丹麦东部肥沃地带的农场。

[b] 豌豆、土豆和种子。

[c] 牛肉、羊羔肉、羊毛、蛋和马。

[d] 种子、建筑维修、兽医看护、保险、照明与动力、不动产税，抵押利息。

[e] 收入减去支出。

[f] 用一般价格指数(统计指数)调整的现行价格计算的收入。

资料来源：艾纳·詹森：《丹麦农业——它的经济发展》，第 258、262 和 385 页。

厂体制的发明与推广。这些发明的成功进而又有利于丹麦农民的土地使用制度，并提高了他们的教育水平。⑲如果没有这些，丹麦的现代农业生产模式几乎是不可能建成的。

实践中采用的离心奶油分离器是1878年由丹麦发明家L.C.尼尔森和1879年由瑞典物理学家G.德拉瓦尔发明的。这两项发明很快用于农业生产，到1981年，丹麦已有80架分离器。⑳在这一发明之前，黄油主要由能够修建“脱脂房”的大农场或庄园生产。“脱脂房”是一个大的装有通风设备的房子，牛奶在里面可以保鲜22—24小时。在此期间，奶油就漂到上面了。无力支付这笔大额资本投入的小农场主，就不能够参与赢利性的黄油生产；因此，乳品生产的发展受到了限制。

奶油分离器的发明消除了这一限制。主要是因体制革新——联合乳脂制造厂——开发了由技术革新产生的新潜力。随着技术与体制两方面的革新，“牛奶生产的盈利在中等农场，甚至在小农场，都提高到了大农场的水平”㉑。

这一革新同样也对乳制品与生猪生产的结合做出了[300]贡献。大量脱脂乳和黄油生产的副产品，为生猪提供了廉价饲料。建立在这一综合系统之上的微腌腊肉生产在丹麦得到了发展，向英国的出口超过了美国向英国的出口量。“这是一个‘古老的’农业国打入完全被新的外国竞争者占据的市场的著名的例子。”㉒

丹麦的经验说明了农业改革中技术革新和体制革新的重要作用。㉓这一经验对今天的欠发达国家来讲是适用的，因为技术和体制改革是为了吸收大量的农业劳动力，通过减少农业生产的季节性来更充分地利用农业劳动力。

日本养蚕业的发展[24]

我们可以列举现代日本经济增长中早期养蚕业的发展，作为欠发达国家农业改造的更适用的例子。日本养蚕业的发展是否能够恰当地归属于农业改造还有些问题。人们曾争论说，从明治时期起，日本现代农业的发展特点就保持了传统的生产模式。[25]然而，除了术语方面的问题外，显然，养蚕业的发展通过提高劳力、土地及资金的利用，对农业和经济增长做出了重大贡献。

从 19 世纪 70 年代到 20 世纪 20 年代，蚕茧生产增加了 10 倍，从 35,000 吨的水平上升为 350,000 吨；养蚕业在农产品总值中，由占大约 5%上升为 15%。这一发展对日本的经济增长是很关键的。因为丝绸是外汇收入的主要来源。在整个 19 世纪，它占外汇收入的大约 50%。即使是在 20 世纪 20 年代，也占 30%。

有人主张把这一发展归为运气。例如，马丁·布朗芬布[301]伦纳把日本养蚕业的发展除了归因于存在世界丝绸市场外，还归因于特殊条件，诸如意大利和西班牙的蚕病，中国台湾的叛乱，这些是与日本向西方开放同时发生的。[26]然而，这种说法是站不住脚的，因为它没有说明为什么在路易斯·帕斯特做出努力消灭了欧洲的蚕病，中国台湾叛乱平息之后，日本丝绸在世界丝绸市场上的份额还在继续增长。

日本比它的竞争者占绝对优势的基本因素是由一系列体制革新支持的养蚕业和缫丝业中的技术进步。最关键的，特别与现在有关的是夏秋结茧的发展。从历史上看，春季 4 月到 6 月是养茧生产时期。然而,这一时期与水稻和其他作物生产的劳动力需求高峰是一致的,因此,在劳动力需求方面形成竞争。

明治时期以前,就在很小范围内进行了非冬眠一年产卵孵化两次品种的夏秋养殖。1875 年,富冈缫丝厂经理小高元忠发现了通过把蚕卵置于冷房来延长一年产卵、两次孵化的孵化方法后,夏秋养蚕很快在许多农民中推开了。之后不久,用化学工序进行人工孵化的方法被发明出来。最后,到 1912—1913 年,在爱知县蛋类繁殖场发明了一种盐酸处理方法。

F_1 杂交种的产生极大地促进了夏秋养蚕(1906 年,首次由外山龟太郎研究成功)。杂交品种很有活力,使夏秋季喂养的蚕成活比率发生了戏剧性的变化。

在资源利用方面,夏秋养蚕具有许多长处。它提高了农民资资金利用的效率,因为养蚕设备和器具在一年中使用不止一次。同时,缫丝工人可以在资金周转方面节省资金利用,原因是他们可以把蚕茧付款分为春季和夏秋季两次。夏秋养蚕减少了桑叶霜冻危险,这种霜冻通常会危害早春养殖的蚕。然而,夏秋养蚕最关键的贡献是增加了劳动力的利用效率,因为它为季节性闲散劳力提供了就业。

伴随夏秋季养蚕进行的蚕茧生产从明治初期(1868 年)微不足道的水平,上升到 1890 年的 12,000 吨,占整个蚕茧生产的 25%左右。1920 年又上升到 119,000 吨,大约占蚕茧总生产的一半。夏秋养蚕[302]业的开发,体现了能够使日本养蚕业超过法国、意大利和中国的一种革新。它由一种技术革新引起,促进了诸如劳动力等资源的有效利用。这些资源是相对具有弹性的。

这一技术革新是由一系列的制度革新所保障的，包括建立蚕丝检查站（1895 年）、国家和县级蚕卵孵化站（1910—1911 年），在东京（1896 年）、京都（1899 年）和上田（1920 年）建立养蚕学院。除了这些政府机构外，养蚕合作社的发展也是一个关键因素。它们活动的范围从传递技术信息到合作养蚕，从经营合作缫丝厂甚至到举办培训中心。

日本养蚕业发展的经验对欠发达国家具有特殊意义，它可以说明如何利用技术与体制改造来进行农业经济中的多种经营。

当然，我们的意见并不是说可以从无论技术水平还是体制水平直接移植英国、丹麦或日本的经验，也不是说这些是我们唯一可以吸取的经验。这些经验的重要性在于，在经济历史的特殊时期，发挥了适合于某个国家或地区资源条件和产品需求变化的“具有地方特色”的技术和体制革新。这些革新视经济可能性而发生，而不是视国内外经济中扭转经济变化影响的努力而发生。

调动农业增长，促进全面发展

技术与体制革新随之产生的结果，可明显减少由农业部门创造的不断增加的收入所耗的费用。这些技术与体制革新创造和发展了与产品需求、生产因素供给条件相一致的农业生产模式。

这些较高收入的源泉对经济发展的含义是什么？把增加的农业收入用来扶持正在出现的非农部门，这对经济的迅速发展是必要的这一观点，已经成为普遍接受的发展的理论原则（第二章）。从这一观点出发，一般发展理论的中心问题是：“如何鼓励农民生产高于或超过他们自身消费的不断增多的粮食和纤维剩余，以及如何尽量引导这种剩余对[303]非农部门进行投资，同时又不要求对农业部门在交易中进行生产价值的等量转移。”㉗

殖民主义者（或殖民者）、社会主义者、分散的市场经济系统采用了不同的做法来解决农业生产中产生的收入流的流向问题和农业生产放弃的资源问题。我们的分析与这种说法是一致的，即市场体制加上高度分散的家庭经营的农业生产结构，是对公有和私有部门活动的一种有效引导。这些活动从事创造新的技术知识和更具生产力的投入物资，而这后两者又是农业部门创造的新的收入流的来源。这样一种体制“提供了一种框架，在这一框架中，农业生产的增长基本上可以在农业研究和农村教育的公共投资方面，在适当地补充农村财政制度和农民财政储备方面起到自动的和几乎是直接的作用。㉘

市场体制不仅仅在诱导增加产出方面是有效的。产品市场同时也是把生产率增加所取得的盈利向其他经济部门转移的一种有效机制。当然，市场机制并不是取得部门间收入转移的唯一有效手段。某些社会主义国家通过直接的税收或强制上缴，也成功地进行了部门间转移。这些更为直接的征用或“命令”体制，在创造产出与生产率增长速度时，主要是不如以自主型生产单位为特征的真正市场体制成功。㉙

在殖民体制下，部门间收入的转移换来的是宗主国的增长，而不是殖民经济的发展。农业部门产生的收入流量增长的很大份额通过“外国因素”——外国资本、企业家、管理部门、技术人员的汇款流向国外。㉚同样，有相当一部分收入花在了“奢侈品进口商”进口的外国消费物资上。这些人开创了一种欣赏外国物品的风气，而不是把钱用在对国内产品的需求上。另外，农产品加工与投入物资的制造[304]由宗主国所垄断。因此，减少了关键的前向联系和后向联系的作用。与爪哇和日本的经济史相比，格尔茨认为："1830年后，殖民史上真正的悲剧不是农民受苦，别处农民受到的苦更重……，悲剧在于农民受苦却什么也没得到。"㉛

今天，这种模式仍然存在于以出口为基础的热带经济中，特别是在殖民经济中。㉜鼓励以国内产品代替国外产品的政策，特别是培训和教育当地人民进行行政管理、技术、工程工作，对改变农业收入的转移方向，以取得国内增长是必要的。

然而，突然打破建立在思想感召而不是合理的经济计算基础上的传统模式，不会有助于经济增长。不是由于出口基础生产没有专业化，而是由于缺少"在市场支配下进行资源转移的能力……缺少足以能够转移成为新的出口线或转移成为国内市场生产资源的灵活性与革新"㉝。这些是造成热带出口经济不发达的原因。努力改革经济结构与模式，而不通过教育制度和技术方面的革新来解决这一基础问题，还会是徒劳无功的。

农业部门创造的收入流量在许多发展中国家都被用来资助无发展前途的工业部门或非生产性的军事和行政部门。在发展思想中有一个信条：对一个贫穷国家来说，购买一个现代钢铁工业比购买一个现代农业要容易。最近几十年的经历表明，贫穷国家很容易建立起一个工业部门，特别是建立一个生产过去进口的工业品的工业部门，但要建立一个能够稳定地创造与农业部门所创收入流量相比的工业部门就难了。

如果由于农业技术改造引起的部门间收入转移导致了对经济增长积累的贡献，那么，由这些转移建立起的新部门也一定能够促进部门间的转移。这些新部门也一定能够生产维持农业发展过程所需要的工业物质，并增[305]加工业部门中的劳动力需求。它们的影响一定会转移回农业部门，或者通过部门间的劳动力市场，转移回农业部门。而且，它们一定能够维持教育和城市公共设施方面的必要投资。

今后几十年中，对发展的检验是双重的。发展中经济能够充分利用由于传统农业向以科学为基础的现代部门转移而取得的相对廉价的增长来源吗？此外，从这种投资得来的利润能够建立一个现代化城市工业（而这进而又成为经济增长的廉价来源）吗？

诱导发展与农业发展政策

从我们对日本和美国农业发展经验的分析，以及对欠发达国家现代发展过程的分析中，得出唯一最重要的结论是，在诱导技术和体制变革中，经济力量具有强大的作用。

我们的分析进一步加强了这种观点，即相对要素价格与产品价格对农民以及供给农业生产所用工业投入公司的革新和生产活动方向，造成了极大影响。我们对“诱导革新”的分析已经扩展到包括公共部门机构的行为方面。尽管从公共部门方面来讲，诱导革新的理论还不完善。但这种理论的发展已足以使我们认识到，美国和日本服务于农业的公共教育和研究机构，对经济力量做出了有效的反应。这种经济力量指的是在消除由无弹性供给要素强加于农业增长的限制因素时产生的。欠发达国家农业研究能力的开发，最初从作物出口部门到最近的粮食作物部门，同样也是与诱导发展假设一致的。

私人公司和公共机构在资源配置决策中产生的经济力量的扩散作用，对定价体系的有效性是一个极大的负担。我们的分析表明，无论是由于市场不健全，还是由于政府对市场的干预，哪里产生价格关系失调，私人企业和公共机构的革新行为与生产行为都要失调。国际国内生产要素和产品市场上价格的失调，曾被强制受国家发展政策、资源调用和产品运动的限制。显然，在两次大战之间和第二次世界大战结束以来的大部分时期，世界农业中的不均衡状况加大了。

在大多数发展经济中，市场体制是不发达的。在这[306]些国家计划中，所面临的挑战是发展能够确切反应供给、需求、生产关系变化影响的良好联结的市场系统。发展一个较为有效的市场系统，重要的因素是消除政府政策本身导致的刚性和扭曲，包括维持溢价通货，人为制定低比率利息，不利于农业生产的要素和产品价格政策。[34]

不对那些可以提高农业部门的能力、使其适应经济变化的机构进行投资，而是试图保护农业不受经济力量的影响，这种策略在许多国家造成了城市和农村人口经济福利的巨大差别，严重限制了农业对国家经济增长所做贡献的能力。相比之下，对那些能够提高农业部门对经济力量做出反应的能力的公共机构进行投资，是诸如日本、美国、丹麦等国农业发展成功的关键。从以自然资源为基础的农业转向以科学为基础的农业的能力（生产能够满足生产因素和产品需求供给的不断的技术革新趋势)，在大多数发展中国家，取决于对试验站能力的实际投资。同样重要的是一个国家进行体制革新和改造的能力，这种革新和改造是农业生产者对他们可采用的新技术机会做出反应所必需的。使公司和机构把革新活动的利益内在化的体制革新，在对革新行为和生产行为产生刺激方面显得特别重要。

分析农业发展和制定农业发展政策的微观经济方法与宏观发展观点形成鲜明的对照，宏观发展的观点是以增长阶段和二元经济观点为特征的。如果我们提出的观点与总的发展过程有关，而不是单单与农业发展有关，那么这种观点是对最近主导着发展理论和发展政策的大部分学说和思想提出的严重挑战。

在战后发展思想中起主导地位的"宏观计划"观点，由于试图对 20 世纪 30 年[307]代和 40 年代外部的政治经济的激变做出理性的解释而得到了极大发展。人们相信，一个国家在这些情况下可以发展：(1)利用国家经济计划不仅去引导，而且代替市场力量；(2)取得有效、高速的储蓄和资本积累来迅速达到工业化；(3)减少对基础生产的依赖。我们期望："一个关键的最小努力"而使"起飞"成为"渐增"的或"自我维持"的增长。并认为，用外部资源的流动来消除储蓄—投资缺口和出口—进口缺口，对发展努力的成功具有极其重要的意义。㉟

对少数几个以宏观计划思想制定政策的国家取得的成功的最初的热情，近年来大大衰减了。20 世纪 50 年代末和 60 年代中，一些看来很有前景的例子，已不再表现出是有用的"成功的例子"了。回顾过去，宏观计划观点的结果，已经导致了这样的政策，即使经济发展走一条代价过度高昂的路线。这是由于忽视了对本国能力的投资来引导技术改造的结果；也是不能在劳动力、管理、技术和科学技能累积方面进行投资的直接结果；同时也是不能引入有效地沟通个人、私有企业、公共机构的革新和生产活动的刺激渠道所必需的体制变革的结果。

注　释

①　例如，对照莱斯特·R.布朗："亚洲农业革命"，载《国外情况》第46卷(1968年7月号)，第688—698页；《人、土地与粮食——世界粮食需求展望》(华盛顿：美国农业部经济研究所区域分析处国外农业报告第11号，1963年11月)。关于60年代后期世界粮食问题方面比较激进的观点，参阅威廉和保罗·帕多克：《1975年的饥馑！》(波士顿：布朗出版社，1967年)。另外还有保罗·R.埃利希：《人口爆炸》(纽约：巴兰坦书社，1968年)；《保证自由的粮食》(华盛顿：美国国务院公报第54卷，1392期，1966年2月，第336—341页)。比较温和的观点，参阅总统科学顾问委员会：《世界粮食问题》，第1卷和第2卷(华盛顿：美国政府出版局，1967年5月)；马丁·艾贝尔与安东尼·S.罗杰克合著：《世界谷物生产、消费、贸易的粮食形势展望》(华盛顿：美国农业部经济研究所外国农业经济报告第35号，1967年8月)。

②　小克利夫顿·R.沃顿："绿色革命是象征富裕的羊角还是潘多拉的盒子?"，载《国外情况》第47卷(1969年4月号)，第464—476页。

③　威拉德·W.科克伦：《关于世界粮食问题的谨慎的乐观评论》(纽约：克罗威尔出版社，1969年)；约翰·H.桑德斯和理查德·C.霍伊特："关于世界粮食问题的四个最新经验研究"，载《美国农业经济学杂志》第52卷(1970年2月号)，第132—135页。

④　有价值的参考物有：沃尔特·L.费希尔编《农业研究中的资源配置》(明尼阿波利斯：明尼苏达大学出版社，1971年)；梅尔文·G.布莱斯编《农业发展中的制度问题》(阿默斯：艾奥瓦州立大学出版社，1971年)；阿伯特·H.莫斯曼编《为发展中国家提供农业科学》(华盛顿：美国促进科学进步

协会会刊,第76卷,1964年);阿伯特·H.莫斯曼:《在发展中国家建立农业研究体制》(纽约:农业发展委员会,1970年)。

⑤ 罗伯特·E.埃文森:“关于农业研究组织经济方面的问题”,载费希尔编《资源配置》。

⑥A.H.莫斯曼:“在发展中国家建立农业研究体制”,载布莱斯编《农业发展中的制度问题》。

⑦ 西奥多·W.舒尔茨:“研究资源的配置”,载费希尔编《资源配置》。

⑧ 见弗农·W.拉坦:“关于研究制度的组织问题”,载布莱斯编《农业发展中的制度问题》。

⑨ 对这一观点,盖伊·亨特在《农业社会现代化》(伦敦:牛津大学出版社,1969年)一书中做出激烈的争辩:“当然在印度,这种对新农业大学的(推广)责任分配,加上它们有浓厚的赠地大学风格,曾引起很大混乱……如果说有过无意识地把不适当的经验由一种文化转向另一种文化的例子的话,这就是其中一个。”(第184—185页)

⑩ 莫斯曼:《建立农业研究体制》。

⑪ 布鲁斯·F.约翰斯顿和约翰·科尼:“种子—化肥革命与劳动力吸收”,《美国经济评论》第59卷第Ⅰ部分(1969年9月号),第569—582页。另见卡尔·艾彻、托马斯·赞勒、詹姆斯·科克尔、弗雷德·温奇:《农业中历代就业问题》(东兰辛:密歇根州立大学IIA研究报告,第9号,1970年7月)。

⑫ 布鲁斯·F.约翰斯顿:“农业与经济发展,关于日本的经验”,载《粮食研究所研究报告》第6卷,第3期(1966年),第251—312页。

⑬ 库萨姆·奈尔:《荒凉的农田——美国、日本与印度农业》(安·阿伯:密歇根大学出版社,1969年)。

⑭ 关于新谷物技术对农民、农村社区、地区间收入分配的不同影响的根据,现在(1971年)仍然是出于感情,而不是出于经验。在墨西哥,新的小麦、谷物技术一直主要由大农所采用,根据这一现象,布鲁斯·约翰斯顿对墨西哥和日本的农业发展模式进行了比较。布鲁斯·F.约翰斯顿在《农业与经济发展》中写道:“日本与墨西哥的农业发展道路的不同在于,日本农业产出与生产率的提高是由于整个国家大部分农民广泛采用改良技术的结果;而墨西哥战后农业产出惊人的增加,主要是少数大规模高度商品性农业经营者

的生产大幅度增长的结果。”(第286页)许多观察家得出论断说，墨西哥模式代表着拉丁美洲农业发展的类型。最近对墨西哥数据的观察并没有证实大规模机械化农场是农业生产增长的主要来源。见福克·多夫林：《墨西哥土地改革》(华盛顿：国际开发署春季评论国别报告，1970年6月)；里德·赫特福德：《1940—1965年墨西哥农业生产变化的原因》(芝加哥：芝加哥大学博士论文，1970年3月)；马尼.W.米勒：“1940—1960年墨西哥私有部门和土地改革部门农业产出与生产率的变化类型”，载《经济发展与文化变革》第18卷(1970年1月号)，第252—266页。

菲律宾新水稻品种的推广似乎与日本模型是一致的。罗伯特·E.赫克和詹姆斯·邓肯：“高产品种推广的空间问题”，载《水稻生产经济学讨论会》(洛斯·巴诺斯：国际水稻研究所，1969年12月，第2—1到2—40页。赫克和邓肯的研究表明，在新怡诗戛省的加潘自治市，到1969年，大约有60%的农民采用了新品种，离最初引进新品种只有四年时间。在最初引进新品种的农村，引进率超过了95%。土地占有状况并不是影响引进速度的重要因素。另见玛哈·曼格汉斯：《吕宋中部水稻新品种推广的经济分析》(芝加哥：芝加哥大学博士论文，1970年4月)。

据报道，在印度和巴基斯坦小麦生产区，特别是在旁遮普东西部，小麦新品种的迅速推广效仿了墨西哥模式，伴之以大规模的机械化。见金田宏光：“西巴基斯坦‘绿色革命’的经济意义和农业发展战略”，载《巴基斯坦发展评论》第9卷(1969年夏)，第111—143页。在水稻生产区，最初水稻新品种的推广似乎效仿的是日本模式。

⑮　最近关于多种经营的文章，参阅达纳·G.达尔林普尔：《欠发达国家农业生产中的多种经营》(华盛顿：美国农业部国际农业发展局，1968年8月)。

⑯　石川滋：《从亚洲范围看经济发展》(东京：纪国屋出版社，1987年)。

⑰　这一部分主要参考艾纳·詹森：《丹麦农业的经济发展》(哥本哈根：J.H.舒尔茨·福兰格出版公司，1937年)；C.P.金德尔伯格：“群体行为与国际贸易”，载《政治经济学杂志》第50卷(1951年2月号)，第30—46页；另见布鲁斯·F.约翰斯顿：“农业发展与经济转移——日本经济的比较研究”，载《粮食研究所研究报告》第3卷(1962年11月号)，第223—276页。

⑱ 詹森:《丹麦农业》,第 261 页。

⑲ “反应技术需求的合作开发……是丹麦通行土地占有权完全保有的产品,也是丹麦农民教育程度高的产品。”金德尔伯格:《群体行为》,第 45 页。

⑳ 詹森:《丹麦农业》,第 174 页。

㉑ 出处同上,第 176 页。

㉒ 出处同上,第 191 页。

㉓ 金德尔伯格:《群体行为》。

㉔ 这一部分根据小仓武一编《现代日本的农业发展》(东京:富士山出版公司,1963 年),第 541—565 页;农业发展史协会编《日本农业发展史》第 5 卷(东京:富士山出版公司,1955 年),第 134—185 页;日本农业部统计研究局:《蚕丝业历代统计》(东京:农林统计协会出版社,1961 年)。

㉕ 关于实例,参阅小仓武一和亨利·罗索夫斯基:“现代日本经济发展中农业的作用”,载《经济发展与文化变革》第 9 卷,第 2 部分(1969 年 10 月),第 43—67 页。

㉖ 马丁·布朗芬布伦纳:“日本的‘Howdunit’”,载《贸易》第 6 卷(1969 年 1 月号),第 32—36 页。

㉗ 温·F.欧文:“对农业的双重发展压力”,《美国经济评论》第 56 卷(1966 年 3 月),第 43—44 页。

㉘ 出处同上,第 53 页。

㉙ 哈尔·明特:“市场机制与计划的功能”,载《亚洲的经济结构与发展》(东京:日本经济研究中心,1968 年 12 月),第 282—313 页。

㉚ 乔纳森·V.莱文:《历史上出口经济的发展类型》(剑桥:哈佛大学出版社,1960 年);另见罗伯特·E.鲍德温:“新定居区的发展类型”,载《曼彻斯特经济与社会研究学报》第 24 卷(1956 年 5 月号),第 161—179 页;梅尔维尔·H.沃特金斯:“经济增长的主要理论”,载《加拿大政治经济学杂志》第 29 卷(1963 年 5 月号),第 141—158 页。

㉛ 克利福德·格尔茨:《印度尼西亚生态变化过程》(伯克利:加利福尼亚大学出版社,1966 年),第 143 页。

㉜ 乔治·贝克福德:“寻求农业发展计划与政策的适当理论结构”,载《社会经济研究》第 17 卷(1968 年 9 月号),第 233—242 页;乔治·L.贝克福

德:"殖民地经济中农业资源利用与发展经济学",出处同上(即将出版,1971年)。

㉝　沃特金斯:"主要理论",第149页。

㉞　哈尔·明特:《市场机制与计划》:"经济中人为的曲解与僵化的重要诱因并不是旧式的私人垄断力量,而是在主要经济部门不适当的定价政策所需要的直接控制网络内,政府政策促进和保护垄断企业。"(第292页)

㉟　在上面所列的宏观计划结构中所进行的最适当的个案分析,或许是霍利斯·B.切纳里和阿兰·M.斯特劳特所著"外国援助与经济发展",载《美国经济评论》第56卷,第1部分(1966年9月号),第679—733页。根据切纳里和斯特劳特的观点,"即使取得高速增长的最初阶段需要大量的外部资助,取得这种高速增长可能是判定援助长期效果的最重要因素。仅仅在十年飞速发展中取得的内部储蓄率的显著增长……证明,一旦发展能够保持,就可以以这种速度把由援助保持的增长变为自我保持的增长"(第725页)。

附录A 各国截面数据①

在这个附录中，我们对在第二部分中(第四、五章)[308]各国截面分析中采用的数据给予解释。

我们收集了43个国家或地区1955年、1960年和1965年的数据。大体上，流动变量数据，如农业产出和化肥投入，分别计算了1952—1956年的平均数、1957—1962年的平均数、1962—1966年的平均数；那些固定变量，如农用土地面积和农业劳动者数量，计算了1955年、1960年和1965年的数据。确定流动变量平均数的各个时期，出于数据可得性的考虑；1957—1962年这一时期用1960年的数据，因为种子和饲料提供的是原始数据；1952—1956年和1962—1966年的平均数分别采用1955年和1965年的数据，因为1966年是这项研究开始时，可以得到数据的最后一年。

主要国家或地区的截面统计序列资料列在表A.5中(序列K1—K31)。

农业产出(K1—K3)

本研究所利用的产出变量使用农业中间产品(如种子和饲料)

---

① 对各国截面资料的更详细的解释，参阅速水佑次郎与巴巴拉·B.米勒、威廉·W.韦德和山下幸子合写的《农业生产和生产率的国际比较》(圣保罗：明尼苏达大学试验站技术手册第277号，1971年3月)。

的农业总产出净值。1957—1962 年间平均农业产出(K2)的序列资料根据下面描述的步骤估计,1952—1956 年间产出(K1)和1962—1966 年间平均产出(K3)序列资料,是利用粮农组织各国农业生产指数(粮农组织,年度生产手册)根据 1957—1962 年间的数据外推出来的。

1957—1962 年间的平均产出序列可利用下列步骤估计:(1)从生产的各类农产品总量中减去种子、饲料(包括进口饲料)、孵化用蛋、饲养小牛用奶;(2)根据生产者价格得出的三套小麦相对价格,[309](或不是国内生产的进口商品的价格)对美国、日本、印度生产的三个总产品序列进行加总计算;(3)利用算术平均数,把这三个序列组合成单一的综合序列。用 q_{ij} 表示第 i 个国家或地区生产的第 j 种产品的数量,用 d_{ij} 表示相应的被减去的量,用 W_{Uj}、W_{Jj}、W_{Ij} 分别表示美国、日本和台湾的小麦相对价格。总产品综合序列 Y_i 可以表示如下:

$$Y_i = \sqrt[3]{Y_{Ui} Y_{Ji} Y_{Ii}}$$

式中 $$Y_{Ui} = \sum_j w_{Uj}(q_{ij} - d_{ij});Y_{Jj} = \sum_j w_{Jj}(q_{ij} - d_{ij});$$

$$Y_{Ii} = \sum_j w_{Ij}(q_{ij} - d_{ij})$$

上述加总步骤的假设依据是:(1)经济发展的三个阶段中存在三种形式的相对价格结构特征,这三个阶段可以称为“发达阶段”、“中间阶段”和“初始阶段”;(2)这三个阶段可分别用美国、日本和印度代表;(3)用这些有代表性国家中一国的价格计算的总产值所引起的任何偏差,都可以通过确定这三个序列的算术平均数的办法加以消除。无须多说,假设三个阶段(为什么不是四个)和用美国、日本和印度代表这三个阶段，是随意的。数据资料的可得性，而不是理论，导致我们选择上述标准进行分析研究。

生产总量数据，是从粮农组织年度生产手册、各种出版物以及从粮农组织1957—1959年间平均和1960—1962年间平均的粮食平衡表中减去种子和饲料的数据得到的。在以后的出版物中，国家或地区的数量限制为43个，是由于适当数据的可得性。因为缺乏必要的资料，在计算产出时没有计算资本形成和存栏变化，特别是在家畜和多年生作物的形式下。在农业产出中只包括农产品，不包括渔业和林业的产品。然而，包括渔业和林业的初级部门的总产出，如下面将要解释的，由于减去了渔业和林业劳动者人数，利用日本的价格权数进行估计。大体上，生产数量按原产品形式计算，即用甘蔗或茧代表糖或蚕丝。这一规则的例外情况主要是肉产品，肉产品数据的可得性比家畜形式产品更大一些。

生产者价格是从三国政府的各种渠道得到的。三个国家的进口价来自粮农组织[310]1965年贸易年鉴。在不存在以原产品形式进口物资的国家（即茧对美国的进口），制成品的进口价格是乘以出口国制成品价格与原粮产地价格之间的比率得到的（即相对于日本蚕丝价格的价格）。

因此，得到的生产者价格或港口价格转换成的小麦相对价格，在表A.1中列出。如上所述，利用表A.1的加权体系，应用加总程序确定的农业产出在表A.2中给出。

农业的附加值（K4）

为了估计农业附加值，估计由非农业部门供给的农业投入是非常必要的。然而,要直接估计全部43个国家或地区的这种投入,几乎是不可能的。农业部门的社会会计研究,提供有关总产品附加值比率的信息,只是局限于几个国家。为了使对43个国家或地区的农业附加值的估计具有一定的可比性,我们采用大胆的假设,只局限于利用非常粗略的方法。

在这项研究中,我们提出了下列假设:(1)非农业部门的农业投入可以分成两大类:土地替代和劳动替代;(2)土地替代的投入是与化肥投入成比例的,而劳动替代的投入是与农业机械投入成比例的。为了(1)在基数国投入等于1的情况下,建立化肥投入和农业机械投入指数,(2)把基数国农业投入的总值分配给两大类投入,即土地替代和劳动替代,(3)把用化肥指数乘以基数国土地替代投入的值和用机械指数乘以基数国劳动替代投入的值估计的土地替代投入和劳动替代投入进行加总;我们以美国和日本作为加总的基础,利用上述假设,对非农业部门供给的农业投入的价值进行了估计。为了导出这两个序列的农业附加值,以美国或日本为权数,从上一节估计的相应的农业总产出、种子和饲料净值序列中,减去这两个序列的农业投入。按这种总产出数据计算的两个序列的附加值比率和附加值是采用几何平均数计算的,以便消除任何可能由美国和日本的特殊投入结构引起的偏差。上述计算步骤与总产出的计算步骤并不一致,因为没打算利用印度权重加总。[311]这种不一致性是难以避免的,因为在印度农业中缺乏适当的有关农业投入的数据。

如果我们用 F_i 表示 i 国的化肥投入,用 M_i 表示 i 国的农业机械投入,用 f_U 和 f_J 分别表示美国和日本土地替代的投入值,用

m_U 和 m_J 分别表示美国和日本劳动替代的投入值，i 国最终序列附加值 V_i，可以表示如下：

$$V_i = Y_i \sqrt{r_{Ui} r_{Ji}}$$

式中
$$r_{Ui} = \frac{1}{Y_{Ui}} [Y_{Ui} - (f_U \frac{F_i}{F_U} + m_U \frac{M^i}{M_U})]$$

$$r_{Ji} = \frac{1}{Y_{Ji}} [Y_{Ji} - (f_J \frac{F_i}{F_J} + m_J \frac{M^i}{M_J})]$$

这些计算所利用的化肥和农业机械数据为表 A.5 中的序列 K16 和 K19。表 A.3 总结了美国和日本这两大类由非农业部门供给的农业投入值的估计数。

两个序列的附加值和附加值的最终估计数由表 A.4 给出。人们一看就会知道，某些发达国家的附加值的比率，特别是欧洲的国家，不可能被估计得过低。过高估计工业化国家附加值比率的趋势，似乎是我们的估计方法所固有的。例如，化肥和机械序列不能适当表示两大类投入。更重要的是，用拖拉机马力代表劳动替代型的投入可能导致过低估计欠发达国家的劳动替代投入水平，那里的农民主要装备的是畜牧犁或锄头。进一步来说，在高度发达国家，工业性投入，如化肥和拖拉机，相对农产品价格而言，能够更便宜地供给农民，引起这样的影响，这些国家的附加值比率相对于这些要求的投入水平而言，是更高的。欧洲国家（芬兰、挪威和瑞典）估计的附加值极低，似乎表明，投入和产出的相对价格特别有利于这些国家的农民，而不表明，相对于总出售量而言他们的收入很低。

农场数量（K5）

农场数量资料主要来自粮农组织 1960 年世界农业统计报告，

补充以其[312]他几个国家和私人出版物的数据。①

农业中男劳力的人数(K6—K8)

农业中男劳力的人数，根据国际劳工组织劳动统计资料年度手册(各年颁布的)中发布的经营农业(农业、林业、狩猎和渔业)的男性经济活动人口的数据进行估计。

从国际劳工组织经营农业劳动人口中需要减掉的林业和渔业劳动者的数量，用农业总产出对农、林、渔各业总产出的比率乘以人口数求出，产出数据用日本小麦的相对价格加总计算。就是说，i 国农业中男性经济活动人口数 L_i，可以根据农业职业人口数 L'_i 进行估计，如：

$$L_i = L'_i \frac{Y_{Ji}}{Y'_{Ji}} \qquad \text{(参见表 A.2 中的 } Y_{Ji} \text{ 和 } Y'_{Ji}\text{)}$$

这种方法以农业中各种职业人口的劳动生产率相等这一假设为基础。

为了保证国际数据的可比性，只计算了男劳力。在有些不能得到指定年份或(临近年份)原始资料的国家，利用增长速度进行外推或内推。

农业土地面积(K9—K11)

利用粮农组织年度生产手册(各年颁布的)报告的农业土地面积，包括永久性草地和牧场作为土地变量。已经有人试图利用适

① 这里所列各国出版物资料因在国内不易查到，故略而未译。——译者注

当的权重加总可耕[318]地和未经改良的牧场面积。这种尝试必然是随意的。可耕地对总农业土地面积的比例可以认为是这样的变量,即在长期中,可以由农民采用改变种植方法和耕作集约度的方法加以改变的量。因此,我们情愿用可耕地和牧场的非加权计算的量作为土地变量,部分是为了避免随意性,部分是为了在由农用地需求变化引起的土地利用的调整完成时,对所得到的均衡进行比较。然而,这种方法,趋向于过高估计新安居国家的农业土地资源条件,像澳大利亚,主要从事牧业,导致其土地生产率被严重低估。

利用原始的增长速度数据,对指定年份的土地面积,可以通过外推或内推进行估计。

家畜(K12—K14)

农场现有家畜数量来自粮农组织年度生产手册(各年颁布的)。我们根据家畜单位对各类牲畜进行了加总。加总的权数为:骆驼,1.1;水牛、马和骡子,1.0;肉牛和驴,0.8;猪 0.2;绵羊和山羊,0.1;家禽,0.01。

化肥消费(K15—K17)

按消费的商品肥所含氮磷钾的实际比重计量化肥投入数据,资料来自粮农组织化肥年报(各年颁布的)。

拖拉机马力(K18—K20)

拖拉机马力数据为经济合作与发展组织的那些国家的数据,

来自经济合作与发展组织:《各国农业现代化的发展与所消耗的碳氢化合物的数量与价格》,1963年6月。经济合作与发展组织以外国家或地区的拖拉机马力,根据农用拖拉机的数量估计,假定农用拖拉机和园艺拖拉机的平均马力分别为30马力和5马力。拖拉机的数量来自粮农组织年度生产手册(各年颁布的)。指定年与报告年的差别,利用增长速度进行调节。

识字率(K21)

识字率数据取联合国教科文组织1957年在《本世纪中叶世界文盲》中的识字率区间估计的中值。

入学率[314](K22—K24)

入学率涉及潜在入学人数中实际接受初等和中等教育的人数。把各国教育制度差别的影响调整为最小。数据来自联合国教科文组织:《基本事实与数字》及《年度统计手册》(各年颁布的)。

入学率表示基本教育,即初等和中等教育的提高情况,是一个比教育水平更合适的指标。为了把入学率转换成教育存量指标,我们平均了以5年为区间的三个指定年份的数据,即平均1945年、1950年和1955年的数据获得1955年序列(K15);平均1950年、1955年和1960年的数据获得1960年序列(K16);平均1955年、1960年和1965年的数据获得1965年的序列(K17)。

每万名男农业劳动者中农学院毕业生数量(K25—K27)

作为发达的农业技术教育水平的代表性变量,我们准备了农业中每万名男劳动者从农学院毕业人数的序列资料。毕业人数的数据来源与入学率相同。为了减少毕业人数年际波动的影响,采用与农业中男劳动者人数有关的 5 年平均数据(1953—1957、1958—1962 和 1963—1967 年的平均数)。为了估计指定年份毕业人数,广泛利用了外推和内推法。

非农业劳动力比率(K28)

作为工业化的指标,对各国从事非农业职业的男劳动者占经济中男劳动者总数的比率,根据国际劳工组织发表的《1965 年劳动统计年度手册》第 39 至 131 页的数据进行了计算。

农业工资率(K29—K31)

这里的农业工资率被定义为男农业工人每天收入的工资,包括伙食费用。原始数据来源于粮农组织《年度生产手册》(各年颁布的)。分别假定:(1)每月 22 个工作日;(2)每周 5 个工作日;(3)每天 8 个工时;(4)对不包括伙食费用的按现金工资增加 10%,将月工资、周工资和时数工资转换成了日工资。

表 A.1 农产品计算权重:1957—1962 年每吨小麦相对价格*

商品	美国 (W_U)	日本 (W_J)	印度 (W_I)
粮食			
小麦	1.00	1.00	1.00
大麦	0.61	1.00	0.69
荞麦	0.74	1.24	0.84
玉米	0.63	0.72	0.78
小米	0.68	0.74	0.87
燕麦	0.63	0.70	0.69

（续表）

商　　　品	美　国（W_U）	日　本（W_J）	印　度（W_I）
水稻(原粮)	1.58	1.61	0.94
黑麦	0.58	0.77	0.69
高粱	0.55	0.81	0.81
杂粮	0.61	0.74	0.69
淀粉根茎			
木薯	0.16	0.11	0.58
马铃薯	0.57	0.27	0.58
地瓜	0.81	0.22	0.58
糖			
甜菜,未加工的	0.19	0.15	0.15
甘蔗,未加工的	0.12	0.18	0.10
豆类和食油作物			
干椰肉	0.84	0.48	3.10
棉籽	0.75	0.83	0.78
花生	3.39	2.55	1.21
蓖麻籽	1.30	0.66	1.50
橄榄	1.66	1.31	1.13
棕榈仁	1.13	1.44	3.10
豆类植物(全部)	2.12	1.94	0.84
油菜籽	0.87	1.45	1.91
芝麻籽	4.56	3.98	2.07
大豆	1.16	1.50	1.22
葵花子	2.50	1.17	1.11
坚果			
未剥壳的	13.14	2.31	5.24
水果			
香蕉	0.65	1.52	0.63
柑橘	0.98	1.15	1.40
海枣	2.05	0.55	3.33
其他鲜果	1.27	0.94	1.79
未说明的	1.13	1.05	1.79
蔬菜			
全部	0.83	0.42	1.31

（续表）

商品	美国 (W_U)	日本 (W_J)	印度 (W_I)
畜产品			
牛肉和小牛肉	12.36	9.99	5.00
羊肉和小羊肉	12.58	5.03	5.00
大肉	9.51	7.36	5.00
家禽	6.47	5.15	2.98
蛋类	7.35	5.12	5.24
牛奶	1.36	0.76	1.21
纤维			
马尼拉麻	5.77	3.88	4.12
棉花	10.30	6.06	2.17
亚麻	5.50	3.37	6.27
大麻	6.94	6.29	1.70
黑纳金树	2.54	2.30	2.41
黄麻	3.11	2.30	1.93
生丝	17.32	12.86	18.88
波尔麻	2.54	2.30	2.41
未脱脂羊毛	14.44	13.52	14.58
杂货			
可可	8.27	6.30	6.16
咖啡	10.84	7.82	8.21
橡胶	9.33	6.74	7.14
茶	15.70	3.44	8.88
烟草	19.47	8.56	4.63
木材	—	0.15[a]	—
海产品			
鱼	—	1.44	—
鲸	—	13.96[b]	—

* 1吨小麦的生产者价格按本国货币为：美国，67.6美元；日本，36,072日元；印度，46.4卢比。参见主要章节的资料来源及估计步骤。

a 每立方米原木。

b 每头鲸。

表A.2　43个国家或地区1957—1962年平均农业产出,1,000小麦单位

国家或地区	美国权重(Y_U)	农业(Y_J)	日本权重 农业林业渔业(Y_J')	印度权重(Y_I)	综合($Y=\sqrt[3]{Y_U Y_J Y_I}$)
阿根廷	63,698	49,814	51,748	43,378	51,626
澳大利亚	49,800	38,451	40,853	38,841	42,054
奥地利	11,414	7,908	9,635	9,260	9,419
比利时(和卢森堡)	14,312	9,392	9,852	10,911	11,361
巴西	96,753	80,409	97,277	71,317	82,162
加拿大	43,960	33,340	48,538	33,554	36,633
斯里兰卡	6,617	3,483	3,608	5,124	4,906
智利	7,605	5,658	7,064	6,705	6,607
哥伦比亚	19,973	16,310	19,526	14,030	16,594
丹麦	18,411	12,528	13,713	12,889	14,378
芬兰	7,145	4,578	11,439	5,832	5,756
法国	101,537	71,462	78,595	87,972	86,093
联邦德国	70,189	48,047	52,866	54,999	57,023
希腊	13,222	8,813	9,428	11,150	10,911
印度	216,477	193,272	197,107	153,821	185,986
爱尔兰	9,117	6,193	6,290	6,562	7,182
以色列	2,412	1,940	1,964	2,368	2,229
意大利	72,348	49,281	52,461	69,189	62,709
日本	60,770	47,646	66,771	49,828	52,436
利比亚	599	338	495	533	476
毛里求斯	630	834	846	534	655
墨西哥	32,811	26,572	27,541	23,483	27,354
荷兰	21,250	13,021	13,651	16,866	16,709
新西兰	20,724	13,149	13,968	14,702	15,882
挪威	4,118	2,496	6,338	3,174	3,195
巴基斯坦	56,317	40,345	42,445	40,454	45,125
巴拉圭	1,215	1,066	1,340	1,183	1,153
秘鲁	9,046	7,100	12,547	7,252	7,751
菲律宾	16,057	14,133	15,698	14,715	14,946
葡萄牙	9,020	6,306	7,865	8,794	7,937
南非	19,218	15,294	16,631	15,414	16,547
西班牙	45,107	28,507	31,764	38,539	36,727
苏里南	258	206	258	162	205

（续表）

国家或地区	美国权重 (Y_U)	日本权重 农业 (Y_J)	日本权重 农业 林业 渔业 (Y_J')	印度权重 (Y_I)	综合 ($Y=\sqrt[3]{Y_U Y_J Y_I}$)
瑞典	12,177	8,378	15,183	9,721	9,971
瑞士	8,346	5,355	5,905	7,121	6,827
叙利亚	5,334	4,027	4,032	4,256	4,504
中国台湾	10,122	8,507	9,049	8,493	9,009
土耳其	37,213	25,300	26,642	34,347	31,856
埃及	20,890	15,986	16,331	16,714	17,737
英国	49,882	32,493	34,511	35,510	38,605
美国	435,480	330,953	380,166	304,332	352,619
委内瑞拉	5,960	5,694	6,522	4,738	5,437
南斯拉夫	20,133	14,475	16,986	17,087	17,075

表 A.3 美国和日本由非农业部门供给的农业投入，1957—1962 年平均数*

国 家	单 位	土地替代	劳动替代
美国	美元(百元)	1 845	8 960
	小麦单位(1 000)	27 299($=f_U$)	137 747($=m_U$)
日本	日元(10 亿)	2 162	1 698
	小麦单位(1 000)	5 895($=f_J$)	4 708($=m_J$)

* 非农业部门供给的农业投入被划分为“土地替代”、“劳动替代”和“不能分类的”投入。不能分类的投入价值，根据“土地替代”和“劳动替代”的比例分配给这两大类。项目分类及数据来源为：

美国：美国农业部，农业统计资料，1964 年。

土地替代：化肥和石灰。

劳动替代：运货汽车和机械的维修与使用，运货汽车、其他机械和辅件的折旧。

不能分类的：农业建筑的维修与使用，其他农业支出，农业建筑折旧，农业资本的偶然性损失。

日本：农林省，农业社会会计与农户，1967 年。

土地替代：化肥。

劳动替代：照明与动力，小型设备，机械与工具维修，机械与工具折旧。

不能分类的：农药，农业建筑维修，农业建筑折旧，杂货，其他支出。

表 A.4 农业附加值估计,43 个国家或地区 1957—1962 年平均数

国家或地区	附加值比率			附加值
	美国权重 (r_U)	日本权重 (r_J)	综合 $(r=\sqrt{r_U r_J})$	$(v=r_Y)$
阿根廷	0.953	0.936	0.944	48,753
澳大利亚	0.822	0.762	0.791	33,265
奥地利	0.760	0.640	0.698	6,571
比利时(和卢森堡)	0.817	0.715	0.765	8,687
巴西	0.975	0.969	0.927	79,875
加拿大	0.648	0.510	0.575	21,076
斯里兰卡	0.966	0.935	0.951	4,663
智利	0.909	0.874	0.891	5,889
哥伦比亚	0.961	0.950	0.956	15,862
丹麦	0.772	0.653	0.710	10,210
芬兰	0.615	0.374	0.479	2,759
法国	0.760	0.647	0.701	60,367
联邦德国	0.681	0.518	0.594	33,849
希腊	0.906	0.855	0.880	9,606
印度	0.991	0.990	0.991	184,274
爱尔兰	0.813	0.715	0.762	5,473
以色列	0.874	0.839	0.856	1,909
意大利	0.869	0.801	0.834	52,310
日本	0.829	0.777	0.803	42,106
利比亚	0.878	0.772	0.823	392
毛里求斯	0.879	0.910	0.895	586
墨西哥	0.947	0.932	0.939	25,692
荷兰	0.843	0.738	0.788	13,175
新西兰	0.852	0.757	0.803	12,753
挪威	0.545	0.218	0.345	1,102
巴基斯坦	0.995	0.993	0.994	44,855
巴拉圭	0.988	0.986	0.987	1,138
秘鲁	0.949	0.935	0.942	7,303
菲律宾	0.978	0.974	0.976	14,588
葡萄牙	0.920	0.883	0.901	7,154
南非	0.895	0.816	0.837	13,850
西班牙	0.921	0.873	0.897	32,937

（续表）

国家或地区	附加值比率			附加值
	美国权重 (r_U)	日本权重 (r_J)	综合 ($r=\sqrt{r_U r_J}$)	($v=r_Y$)
苏里南	0.938	0.917	0.928	190
瑞典	0.586	0.370	0.465	4,641
瑞士	0.889	0.821	0.854	5,833
叙利亚	0.974	0.964	0.969	4,366
中国台湾	0.933	0.920	0.926	8,346
土耳其	0.964	0.944	0.954	30,398
埃及	0.954	0.940	0.947	16,797
英国	0.705	0.527	0.610	23,535
美国	0.635	0.496	0.561	197,788
委内瑞拉	0.946	0.941	0.944	5,131
南斯拉夫	0.905	0.864	0.884	15,100

表 A.5　主要国家或地区截面统计资料序列

国家或地区	农业产出			1960 年附加值 (K4)
	1955 (K1)	1960 (K2)	1965 (K3)	
	1,000 小麦单位			
阿根廷	49,003	51,626	57,253	48,753
澳大利亚	34,947	42,054	49,279	33,265
奥地利	7,825	9,419	10,472	6,571
比利时(和卢森堡)	10,281	11,361	12,501	8,687
巴西	60,964	82,162	92,842	79,875
加拿大	36,705	36,633	48,414	21,076
斯里兰卡	4,261	4,906	5,698	4,663
智利	5,800	6,607	7,118	5,889
哥伦比亚	14,201	16,594	17,590	15,862
丹麦	12,468	14,378	15,219	10,210
芬兰	4,956	5,756	6,598	2,759
法国	74,402	86,093	100,195	60,367
联邦德国	50,761	57,023	63,147	33,849

（续表）

国家或地区	农业产出			1960年附加值 (K4)
	1955 (K1)	1960 (K2)	1965 (K3)	
	1,000 小麦单位			
希腊	8,585	10,911	13,283	9,606
印度	158,609	185,609	200,046	184,274
爱尔兰	6,432	7,182	7,695	5,473
以色列	1,332	2,229	3,108	1,909
意大利	55,171	62,709	67,751	52,310
日本	44,088	52,436	57,921	42,106
利比亚	346	476	596	392
毛里求斯	n.a.	655	n.a.	586
墨西哥	19,432	27,354	32,743	25,692
荷兰	14,260	16,709	18,681	13,175
新西兰	13,264	15,882	18,128	12,753
挪威	3,108	3,195	3,176	1,102
巴基斯坦	39,980	45,125	50,621	44,855
巴拉圭	n.a.	1,153	n.a.	1,138
秘鲁	6,487	7,751	8,815	7,303
菲律宾	12,346	14,946	17,242	14,588
葡萄牙	7,688	7,937	8,981	7,154
南非	13,436	16,547	18,804	13,850
西班牙	32,728	36,727	42,092	32,937
苏里南	n.a.	205	n.a.	190
瑞典	10,041	9,971	10,061	4,641
瑞士	6,237	6,827	6,909	5,833
叙利亚	3,944	4,504	5,675	4,366
中国台湾	7,323	9,009	10,737	8,346
土耳其	25,791	31,856	37,097	30,398
埃及	14,647	17,737	20,699	16,797
英国	32,905	38,605	45,731	23,535
美国	326,384	352,619	381,252	197,788
委内瑞拉	4,263	5,437	7,291	5,131
南斯拉夫	12,106	17,075	18,820	15,100

（续表）

国家或地区	1960年农场数量	男农业劳动者数量		
	1960 (K5)	1955 (K6)	1960 (K7)	1965 (K8)
阿根廷	472	1,411	1,295	1,334
澳大利亚	252	433	395	392
奥地利	402	369	297	267
比利时(和卢森堡)	269	266	215	174
巴西	3,350	7,566	8,698	8,911
加拿大	481	625	484	420
斯里兰卡	1,174	1,131	1,263	1,255
智利	174	496	512	533
哥伦比亚	1,210	1,704	1,612	1,957
丹麦	197	338	303	273
芬兰	388	201	187	173
法国	1,994	2,969	2,395	2,205
联邦德国	1,678	1,780	1,477	1,273
希腊	1,156	1,083	1,101	1,096
印度	48,882	66,165	86,847	91,339
爱尔兰	360	393	343	316
以色列	70	90	77	80
意大利	4,294	5,129	3,898	3,364
日本	6,057	5,745	4,897	4,405
利比亚	146	n.a.	n.a.	n.a.
毛里求斯	22	55	56	57
墨西哥	1,365	4,778	5,287	5,998
荷兰	77	451	387	351
新西兰	301	117	112	109
挪威	434	118	103	95
巴基斯坦	12,155	17,233	18,464	23,206
巴拉圭	161	191	231	248
秘鲁	870	711	758	797
菲律宾	1,639	3,305	3,959	4,183
葡萄牙	n.a.	1,060	1,075	1,047
南非	110	1,351	1,415	1,493
西班牙	3,008	3,868	3,023	3,442

（续表）

国家或地区	1960年农场数量	男农业劳动者数量		
	1960 (K5)	1955 (K6)	1960 (K7)	1965 (K8)
苏里南	16	n.a.	12	n.a.
瑞典	265	274	225	201
瑞士	185	267	233	219
叙利亚	418	420	477	508
中国台湾	808	1,095	1,116	1,320
土耳其	3,410	4,122	4,469	4,907
埃及	2,946	3,960	4,046	4,509
英国	396	961	877	799
美国	3,711	4,584	3,542	3,088
委内瑞拉	320	616	650	685
南斯拉夫	2,624	n.a.	n.a.	n.a.

（续表）

国家或地区	农业土地面积		
	1955 (K9)	1960 (K10)	1965 (K11)
	1,000公顷		
阿根廷	139,287	137,829	136,386
澳大利亚	385,442	468,135	485,837
奥地利	4,080	4,050	3,984
比利时(和卢森堡)	1,870	1,857	1,791
巴西	126,728	137,034	148,178
加拿大	62,291	62,848	64,170
斯里兰卡	1,710	1,723	1,889
智利	12,964	13,742	14,594
哥伦比亚	17,751	19,653	21,759
丹麦	3,117	3,127	3,033
芬兰	2,863	2,849	2,883
法国	33,668	34,539	34,001

（续表）

国家或地区	农业土地面积		
	1955（K9）	1960（K10）	1965（K11）
	1,000公顷		
联邦德国	14,251	14,254	14,059
希腊	8,698	8,911	8,678
印度	169,496	176,036	177,234
爱尔兰	4,705	4,560	4,709
以色列	564	1,210	1,223
意大利	20,904	20,930	20,440
日本	6,276	7,020	7,683
利比亚	9,800	11,285	11,988
毛里求斯	129	123	124
墨西哥	94,045	102,909	112,608
荷兰	2,307	2,317	2,255
新西兰	13,125	13,341	13,634
挪威	1,033	1,033	1,008
巴基斯坦	24,404	n.a.	28,071
巴拉圭	1,246	1,222	1,615
秘鲁	13,730	13,956	14,701
菲律宾	7,588	7,954	11,318
葡萄牙	4,828	n.a.	4,918
南非	97,340	101,170	107,824
西班牙	29,633	33,880	34,769
苏里南	39	46	55
瑞典	4,495	4,282	3,735
瑞士	2,173	2,161	3,179
叙利亚	10,391	12,566	13,057
中国台湾	933	880	901
土耳其	53,827	54,018	54,378
埃及	2,713	2,569	2,767
英国	19,404	19,894	19,623
美国	443,831	439,941	439,800
委内瑞拉	17,800	19,178	25,193
南斯拉夫	14,752	14,923	14,756

（续表）

国家或地区	家　畜			化　肥　消　费		
	1955 (K12)	1960 (K13)	1965 (K14)	1955 (K15)	1960 (K16)	1965 (K17)
	1,000 畜单位			1,000 吨		
阿根廷	50,412	46,043	48,270	17	14	24
澳大利亚	28,274	30,223	31,220	433	605	819
奥地利	2,846	2,794	2,720	108	221	304
比利时(和卢森堡)	2,751	3,030	3,216	333	377	452
巴西	75,358	87,705	107,713	71	191	228
加拿大	10,605	10,963	11,689	237	324	527
斯里兰卡	2,032	2,093	2,417	33	57	71
智利	3,525	3,906	4,030	51	77	102
哥伦比亚	12,646	15,194	14,522	24	38	116
丹麦	4,009	4,746	4,610	319	386	455
芬兰	1,972	2,074	2,023	148	216	283
法国	19,840	20,949	21,360	1,312	2,183	2,816
联邦德国	14,106	14,939	15,789	1,699	2,307	2,627
希腊	3,410	3,595	3,271	78	144	214
印度	136,441	207,240	224,483	121	340	599
爱尔兰	4,652	4,695	5,480	88	174	224
以色列	202	267	336	27	32	36
意大利	10,806	11,762	11,704	624	816	931
日本	4,276	4,558	4,801	1,018	1,577	1,780
利比亚	575	694	787	2	3	4
毛里求斯	40	38	49	10	18	25
墨西哥	29,060	37,599	41,716	43	188	266
荷兰	3,451	4,202	4,590	440	467	531
新西兰	9,056	10,284	11,781	192	263	373
挪威	1,390	1,398	1,280	119	145	158
巴基斯坦	35,742	40,023	41,607	9	48	103
巴拉圭	4,250	4,352	5,314	n.a.	n.a.	1
秘鲁	6,029	6,656	7,006	75	76	94
菲律宾	6,225	6,305	7,307	42	66	109
葡萄牙	2,061	2,256	2,367	114	123	158
南非	15,029	15,523	15,949	141	213	270

（续表）

国家或地区	家畜			化肥消费		
	1955 (K12)	1960 (K13)	1965 (K14)	1955 (K15)	1960 (K16)	1965 (K17)
	1,000 畜单位			1,000 吨		
西班牙	8,001	9,277	7,803	426	659	755
苏里南	32	38	42	<1	1	1
瑞典	2,636	2,797	2,367	253	286	343
瑞士	1,764	1,864	1,903	65	99	122
叙利亚	1,566	1,110	1,404	4	9	18
中国台湾	1,072	1,180	1,131	115	173	196
土耳其	17,682	20,255	20,555	20	45	100
埃及	4,222	5,322	4,709	125	204	280
英国	13,387	14,971	15,635	824	984	1,464
美国	99,987	100,834	107,238	5,444	7,225	9,380
委内瑞拉	6,808	6,544	7,130	7	11	30
南斯拉夫	8,039	8,541	8,146	46	253	391

（续表）

国家或地区	拖拉机马力			识字率	入,学,率		
	1955 (K18)	1960 (K19)	1965 (K20)	1960 (K21)	1955 (K22)	1960 (K23)	1965 (K24)
	1,000						
阿根廷	969	3,485	5,634	87.5	64	69	73
澳大利亚	6,235	7,782	9,491	98.5	83	89	91
奥地利	1,263	2,247	3,922	98.5	76	72	70
比利时(和卢森堡)	796	1,405	2,217	96.5	84	92	99
巴西	1,353	1,972	2,364	47.5	30	39	50
加拿大	15,435	16,800	24,549	97.5	71	77	81
斯里兰卡	6	13	51	62.5	68	67	71
智利	472	473	734	77.5	62	68	74
哥伦比亚	519	741	940	52.5	31	40	51
丹麦	1,687	3,227	4,861	98.5	80	86	88
芬兰	1,152	2,288	3,819	98.5	76	82	83
法国	8,282	18,996	25,934	96.5	78	80	91

（续表）

国家或地区	拖拉机马力			识字率	入学率		
	1955 (K18)	1960 (K19)	1965 (K20)	1960 (K21)	1955 (K22)	1960 (K23)	1965 (K24)
		1,000					
联邦德国	9,212	16,173	23,782	98.5	91	87	86
希腊	331	818	1,467	72.5	70	70	72
印度	314	686	1,587	17.5	21	26	33
爱尔兰	821	1,243	1,895	98.5	100	98	95
以色列	120	214	317	92.5	74	85	88
意大利	4,839	7,536	13,055	87.5	53	56	60
日本	473	5,234	29,431	97.5	86	90	89
利比亚	6	71	243	7.5	13	25	40
毛里求斯	7	9	8	52.5	53	52	78
墨西哥	961	1,229	1,738	62.5	40	44	59
荷兰	954	1,857	2,234	98.5	85	90	91
新西兰	2,099	2,452	2,967	98.5	88	97	91
挪威	987	1,568	2,250	98.5	77	85	88
巴基斯坦	30	117	50	17.5	20	23	27
巴拉圭	n.a.	17	n.a.	67.5	51	57	62
秘鲁	208	204	300	47.5	46	49	57
菲律宾	169	128	163	62.5	80	76	75
葡萄牙	146	309	489	57.5	41	52	61
南非	1,760	2,250	4,008	42.5	49	58	70
西班牙	798	1,273	4,546	82.5	53	61	67
苏里南	8	17	25	72.5	68	73	80
瑞典	3,403	4,682	6,985	98.5	75	79	79
瑞士	590	652	1,438	98.5	64	72	66
叙利亚	56	123	241	27.5	35	39	42
中国台湾	15	37	61	47.5	48	59	70
土耳其	1,379	1,375	1,590	32.5	33	39	46
埃及	215	220	221	22.5	26	35	43
英国	12,491	12,989	13,037	98.5	75	79	85
美国	140,410	155,540	195,625	96.5	100	100	100
委内瑞拉	292	320	467	52.5	41	56	70
南斯拉夫	378	1,134	1,403	72.5	n.a.	63	n.a.

（续表）

国家或地区	每万名农业劳动者农学院毕业生数量			非农业劳动比率	农业日工资率		
	1955 (K25)	1960 (K26)	1965 (K27)	1960 (K28)	1955 (K29)	1960 (K30)	1965 (K31)
	数　量			%	美　元		
阿根廷	2.11	1.82	2.18	77.1	n.a.	n.a.	n.a.
澳大利亚	3.12	9.02	24.72	86.7	n.a.	n.a.	n.a.
奥地利	3.80	5.79	8.46	82.0	1.79	2.51	3.53
比利时(和卢森堡)	9.65	11.77	12.03	91.6	3.17	3.69	4.92
巴西	0.45	0.60	0.90	34.2	n.a.	n.a.	n.a.
加拿大	7.10	11.40	15.61	85.1	6.40	7.36	7.80
斯里兰卡	0.08	0.03	n.a.	49.4	0.52	0.57	0.59
智利	0.46	2.21	5.48	65.6	n.a.	n.a.	n.a.
哥伦比亚	0.13	0.39	1.01	36.8	n.a.	n.a.	n.a.
丹麦	5.03	5.20	7.13	77.1	3.36	4.47	6.47
芬兰	5.66	7.81	10.44	62.2	3.12	3.04	4.16
法国	1.60	2.46	3.75	79.9	1.53	2.01	2.77
联邦德国	5.86	7.62	8.65	90.4	2.20	3.43	5.47
希腊	0.90	0.97	2.05	51.8	n.a.	n.a.	n.a.
印度	0.27	0.41	0.99	31.4	0.25	0.26	0.40
爱尔兰	2.98	4.64	4.80	57.7	2.38	2.98	4.00
以色列	2.45	8.05	11.25	85.9	n.a.	n.a.	n.a.
意大利	1.85	1.50	1.65	72.4	n.a.	n.a.	n.a.
日本	8.77	14.24	20.54	74.4	0.85	1.21	2.28
利比亚	n.a.	n.a.	n.a.	n.a.	n.a.	n.a.	n.a.
毛里求斯	3.90	5.34	6.72	62.7	0.67	0.97	1.56
墨西哥	0.07	0.15	0.20	41.1	0.58	0.75	1.11
荷兰	8.49	11.15	13.73	87.5	n.a.	n.a.	n.a.
新西兰	11.48	19.23	24.09	82.3	5.08	5.76	5.80
挪威	7.54	10.06	13.09	75.9	3.78	5.13	6.77
巴基斯坦	0.32	0.26	0.13	26.6	n.a.	n.a.	n.a.
巴拉圭	n.a.	n.a.	n.a.	38.7	n.a.	n.a.	n.a.
秘鲁	1.94	1.66	4.59	45.2	0.78	1.09	n.a.
菲律宾	1.39	1.60	1.15	30.8	1.02	0.97	n.a.
葡萄牙	0.60	1.64	0.42	52.4	0.71	0.87	1.31
南非	1.29	1.57	2.50	65.0	n.a.	n.a.	n.a.

（续表）

国家或地区	每万名农业劳动者农学院毕业生数量			非农业劳动比率	农业日工资率		
	1955 (K25)	1960 (K26)	1965 (K27)	1960 (K28)	1955 (K29)	1960 (K30)	1965 (K31)
	数　量			%	美　元		
西班牙	1.36	0.93	0.77	63.6	n.a.	n.a.	n.a.
苏里南	n.a.	n.a.	n.a.	74.9	n.a.	n.a.	n.a.
瑞典	4.49	6.89	8.20	82.1	4.48	6.40	9.28
瑞士	n.a.	5.27	n.a.	85.8	n.a.	n.a.	n.a.
叙利亚	2.76	2.43	2.22	46.8	n.a.	n.a.	n.a.
中国台湾	3.91	6.18	7.25	50.8	n.a.	n.a.	n.a.
土耳其	0.34	1.15	1.51	38.9	0.80	1.23	n.a.
埃及	1.33	3.66	5.51	42.2	n.a.	n.a.	n.a.
英国	6.10	7.40	8.51	93.5	4.29	6.36	7.26
美国	18.76	21.82	29.78	91.4	5.36	6.40	7.33
委内瑞拉	0.31	0.83	0.91	62.0	n.a.	n.a.	n.a.
南斯拉夫	n.a.	n.a.	n.a.	n.a.	n.a.	n.a.	n.a.

附录B　五国1880—1960年劳动生产率和土地生产率时序数据

对所选国家(美国、日本、丹麦、法国和英国)每个[326]男农业劳动者农业产出和每公顷农用土地的农业产出的历史时序数据按小麦单位进行编辑,以便这些数据与各国的横向数据具有可比性;这就是第四章中图4.5、图4.6和图4.7所用的数据。计算方法是:(1)用男农业劳动者数量和农用土地面积数量去除农业部门供给的农业产出净投入指数,得出每个劳动者产出指数和每公顷产出指数;(2)这些指数表示各国1957—1962年间每个劳动者和每公顷土地以小麦为单位的产出数。利用这种方法调整用来进行时序比较的劳动力和土地面积时序数据与用来进行国际比较的各国数据之间的差别。资料来源及估计方法在表B.1到表B.5进行了总结概括。

大体上,流动变量的数据为说明年份5年平均数,固定变量数据(劳动力和土地面积)按说明年计算。

表 B.1 美国 1880—1960 年时序数据

年 份	农业产出 (US1)	男劳动者数量 (US2)	农用土地 (US3)	每个男劳动者产出 (US4)	每公顷产出 (US5)	每个男劳动者产出 (US6)	每公顷产出 (US7)	非农业部门男劳动者 (US8)
			%			WU	WU	%
1880	29	200	46	15	63	14.6	0.5	45
1885	32	214	50	15	64	15.0	0.5	
1890	35	230	54	15	65	15.1	0.5	52
1895	40	238	64	17	63	16.8	0.5	
1900	46	248	73	18	62	18.2	0.5	57
1905	47	254	75	19	63	18.4	0.5	
1910	48	260	77	19	63	18.4	0.5	64
1915	51	259	80	20	64	19.6	0.5	
1920	53	256	83	21	63	20.6	0.5	69
1925	56	246	80	23	70	22.8	0.6	
1930	60	236	88	25	69	25.3	0.5	74
1935	56	224	94	25	59	24.8	0.5	
1940	68	214	94	32	72	31.7	0.6	78
1945	78	186	102	42	76	41.5	0.6	
1950	84	160	104	52	81	52.1	0.6	85
1955	90	130	104	69	87	68.9	0.7	
1960	100	100	100	100	100	99.5	0.8	91

US1 根据附录 C 表 C.2U1 序列计算的指数。

US2 根据附录 C 表 C.4U4 序列计算的指数。

US3 根据附录 C 表 C.2U5 序列计算的指数。

US4 (US1)/(US2)。

US5 (US1/(US3)。

US6 用每个劳动者 1957—1962 年国际截面产出序列(第四章,表 4.1)编制的 US4 栏的指数。

US7 用每公顷 1957—1962 年国际截面产出序列(第四章,表 4.1)编制的 US5 栏的指数。

US8 资料来源:与 US2 的来源同;参见附录 C。

表 B.2 日本 1880—1960 年时序数据

年份	农业产出 (JA1)	男劳动者数量 (JA2)	农用土地 (JA3)	每个男劳动者产出 (JA4)	每公顷产出 (JA5)	每个男劳动者产出 (JA6)	每公顷产出 (JA7)	非农业部门男劳动者 (JA8)
			%			WU	WU	%
1880	28	126	78	22	36	2.4	2.7	21
1885	32	125	79	25	40	2.7	3.0	24
1890	35	109	81	28	43	3.0	3.2	28
1895	37	124	83	29	44	3.1	3.3	31
1900	42	123	86	34	49	3.6	3.7	35
1905	46	122	87	38	53	4.1	4.0	38
1910	53	122	92	43	57	4.6	4.3	43
1915	60	122	95	49	63	5.2	4.7	47
1920	65	122	99	53	66	5.6	5.0	52
1925	65	122	97	53	66	5.6	5.0	55
1930	69	122	98	57	71	6.1	5.3	57
1935	73	112	101	66	73	7.1	5.5	61
1940	73	102	101	72	73	7.7	5.5	64
1945	63	98	95	64	67	6.8	5.0	62
1950	71	124	96	57	73	6.1	5.5	60
1955	83	118	99	70	84	7.5	6.3	66
1960	100	100	100	100	100	10.7	7.5	74

JA1 根据附录 C 表 C.3 J1 序列计算的指数。

JA2 根据附录 C 表 C.3 J4 序列计算的指数。

JA3 根据附录 C 表 C.3 J6 序列计算的指数。

JA4 (JA1)/(JA2)。

JA5 (JA1)/(JA3)。

JA6 用每个劳动者 1957—1962 年国际截面产出序列(第四章,表 4.1)编制的 JA4 栏的指数。

JA7 用每公顷 1957—1962 年国际截面产出序列(第四章,表 4.1)编制的 JA5 栏的指数。

JA8 根据普查年份人口普查数据计算的百分比;对内部普查用线性内推;用农业收入劳动者数量与劳动者总量的比率乘以 1920 年(第一个普查年)的百分比,数据来自:大川一司等人著:《日本经济增长速度》(东京:1957 年)。

表 B.3 丹麦 1880—1960 年时序数据

年 份	农业产出 (DE1)	男劳动者数量 (DE2)	农用土地 (DE3)	每个男劳动者产出 (DE4)	每公顷产出 (DE5)	每个男劳动者产出 (DE6)	每公顷产出 (DE7)	非农业部门男劳动者 (DE8)
			%			WU	WU	%
1880	24	107	92	22	26	10.5	1.2	46
1885	25	107	93	23	26	10.9	1.2	
1890	27	108	94	26	29	11.9	1.3	49
1895	29	108	94	27	31	12.6	1.4	
1900	31	103	94	30	33	14.1	1.5	53
1905	35	111	94	31	37	14.8	1.7	
1910	41	114	93	36	44	16.9	2.0	55
1915	43	118	93	36	46	17.1	2.1	
1920	44	130	103	34	43	16.1	2.0	58
1925	48	133	104	36	46	16.9	2.1	
1930	66	131	104	51	64	23.9	2.9	62
1935	69	129	105	53	65	25.2	3.0	
1940	63	129	104	49	60	23.0	2.8	67
1945	60	122	103	49	59	23.4	2.7	
1950	76	113	102	67	75	31.9	3.4	77
1955	90	111	101	81	81	38.4	3.7	74
1960	100	100	100	100	100	47.4	4.6	77

DE1 中间农产品农业总产出净值指数。资料来源:K.别热尔克和 N.于桑格:《关于丹麦 1870—1950 年国民产值的研究》,第 144 页;美国农业部:西欧 1950—1968 年农业生产指数,外国经济研究所第 266 号,1969 年 7 月,第 25—26 页。

DE2 用不包括渔业、狩猎和林业的农业男劳动者经济活动数据计算得出的指数。农业男劳动者数据是用别热尔克从多沃兰克 1900 年、1930 年和 1950 年农业男劳动者的估计数据所得出的总农业劳动力的百分数估计的。资料来源:《关于丹麦国民产值的研究》,第 142 页;F.多夫林、别热尔克和于桑格:《欧洲 20 世纪的土地和劳动力》(第三版;马丁内斯·尼日奥夫出版社,1965 年),第 63 页。

DE3 根据农用土地面积数据计算的指数,农用土地包括休耕地、草地和永久性牧场。资料来源:E.詹森:《丹麦农业》(哥本哈根;J.H.舒尔茨·福拉格,1937 年),第 389 页;丹麦统计局:《1900—1965 年农用地统计资料》(哥本哈根:1968 年),第 8—9 页。

DE4 (DE1)/(DE2)

DE5 (DE1)/(DE3)

DE6 用每个劳动者 1957—1962 年国际截面产出序列(第四章,表 4.1)编制的 DE4 栏的指数。

DE7 用每公顷 1957—1962 年国际截面产出序列(第四章,表 4.1)编制的 DE5 栏的指数。

DE8 非农业男劳动者经济活动百分比是根据别热尔克汇总国际劳工组织 1950 年、1955 年平均非农业男劳动者数据得出的非农业劳动力百分比估计的。资料来源:别热尔克和于桑格:《丹麦国民产值研究》,第 142 页。

表 B.4 法国 1880—1960 年时序数据

年 份	农业产出 (FR1)	男劳动者数量 (FR2)	农用土地 (FR3)	每个男劳动者产出 (FR4)	每公顷产出 (FR5)	每个男劳动者产出 (FR6)	每公顷产出 (FR7)	非农业部门男劳动者 (FR8)
			%			WU	WU	%
1880	43	193	100	22	43	7.9	1.1	51
1885	43	183	100	24	43	8.5	1.1	
1890	44	178	99	25	45	8.9	1.1	55
1895	46	200	100	23	46	8.2	1.1	
1900	47	195	101	24	47	8.7	1.2	56
1905	50	192	104	26	48	9.4	1.2	
1910	53	190	106	28	50	10.0	1.2	60
1915	53	183	106	29	50	10.5	1.3	
1920	54	176	104	31	52	10.9	1.3	60
1925	58	166	105	35	55	12.5	1.4	
1930	62	157	103	40	60	14.2	1.5	67
1935	62	150	101	41	61	14.8	1.5	
1940	n.a.	n.a.	n.a	n.a.	n.a.	n.a.	n.a.	
1945	52	149	93	35	56	12.5	1.4	67
1950	60	128	97	47	62	16.7	1.5	
1955	71	115	97	61	73	22.0	1.8	75
1960	100	100	100	100	100	35.9	2.5	80

FR1 中间农产品的农业总产出净值指数。资料来源:J.C.图坦;《1700—1958 年法国的农产品》;《法国经济发展史》第 2 卷,第二部分(巴黎:I.S.E.A.,1961 年),第 6,128—6,129 页(数字来自表 110,第 128—129 页);《农业统计》第 4 卷(1968 年),第 26—27 页。

FR2 用不包括渔业、狩猎和林业的农业男劳动者经济活动数据计算的指数。资料来源:图坦:《法国的农产品》,第 200—201 页。

FR3 根据包括休闲地、草地和永久性牧场组成的可用于农业的土地面积计算的指数。资料来源:《财政经济部年度统计资料报告摘要》,第 177 页。

FR4 (FR1)/(FR2)。

FR5 (FR1)/(FR3)。

FR6 用每个劳动者 1957—1962 年国际截面产出序列(第四章,表 4.1)编制的 FR4 栏的指数。

FR7 用每公顷 1957—1962 年国际截面产出序列(第四章,表 4,1)编制的 FR5 栏的指数。

FR8 与 FR2 同。

表 B.5 英国 1880—1960 年时序数据

年份	农业产出 (UK1)	男劳动者数量 (UK2)	农用土地 (UK3)	每个男劳动者产出 (UK4)	每公顷产出 (UK5)	每个男劳动者产出 (UK6)	每公顷产出 (UK7)	非农业部门男劳动者 (UK8)
			%			WU	WU	%
1880	54	151	95	36	57	15.7	1.1	84
1885	55	148	96	37	57	16.4	1.1	
1890	56	145	97	39	58	17.0	1.1	86
1895	56	142	98	39	57	17.2	1.1	
1900	55	138	99	40	55	17.4	1.1	88
1905	56	140	98	40	57	17.5	1.1	
1910	56	143	98	39	57	17.3	1.1	88
1915	56	141	97	40	58	17.6	1.1	
1920	56	135	96	42	58	18.3	1.1	89
1925	57	140	100	41	57	17.8	1.1	
1930	60	134	99	45	61	19.7	1.2	90
1935	64	132	98	49	61	21.6	1.3	
1940	71	126	98	56	72	24.7	1.4	
1945	76	121	98	63	78	27.7	1.5	
1950	82	115	98	71	83	31.2	1.6	91
1955	85	109	98	78	88	34.5	1.7	92
1960	100	100	100	100	100	44.0	1.9	94

UK1 中间农产品的农业总产出净值指数。资料来源:科林·克拉克:《经济进步的条件》(第三版;伦敦:麦克米伦,1957年),第267页。农渔食品部:《美国一个世纪的农业统计资料,1866—1966年》(伦敦:英国文书局,1968年),第76—77页。E.M.奥贾拉:《农业与经济进步》(伦敦:Goeftreu Cumberlege,1952年),第210页。

UK2 根据农业男劳动者经济活动数据计算的指数,不包括渔业、狩猎和林业。资料来源:克拉克:《经济进步的条件》,第264页;粮农组织:《各年度生产手册》。

UK3 根据农用土地面积数据计算的指数,包括休闲地、草地和永久性牧场。资料来源:中央统计局:《年度统计数据》(伦敦:英国文书局),各年出版物。

UK4 (UK1)/(UK2)。

UK5 (UK1)/(UK3)。

UK6 用每个劳动者1957—1962年国际截面产出序列(第四章,表4.1)编制的UK4栏的指数。

UK7 用每公顷1957—1962年国际截面产出序列(第四章,表4.1)编制的UK5栏的指数。

UK8 非农业男劳动者经济活动百分比是根据迪恩和科尔汇总国际劳工组织1950年、1955年平均非农业劳动者数据得出的非农业劳动力百分比估计的。资料来源:菲利斯·迪恩和W.A.科尔:《英国经济增长,1688—1959年》(剑桥:剑桥大学出版社,1967年),第142页。国际劳工组织:各年出版的《年度手册》。

附录C　美国和日本1880—1960年农业发展的时序数据

在这一节，我们主要对第三部分（第六到第八[332]章）分析中用到的数据进行说明。

观察数据以5年为区间：固定变量，如土地和劳动，从1880年开始以5年为区间计算；流动变量，如化肥投入，是以指定年份为中心的5年平均数。价格是按指定年份结尾的5年平均数计算的。这就可以考虑期望和调整滞后效应。此外，用以指定年份为中心的5年平均数表示流动变量的价格。删除了日本1945年和1950年的价格数据，因为这些数据受到第二次世界大战的干扰。

产出

农业总产出数据根据中间农产品（种子、饲料等）的总产出净值换算。为了包括我们的分析中像化肥这样的现金投入，没有利用附加值。谷物产品指数用于补充说明的目的。

劳动力

准备了两套劳动力序列数据：男农业劳动力数量和农业劳动力数量。相对于日本来说，前者似乎高估了美国的农业劳动力，后者似乎低估了这一数量，因为日本差不多有一半农业劳动力是女劳动力，而美国女劳动力只占一小部分。没有利用人时数据，主要因为缺乏资料。

土地

编辑了两套农用地面积数据：可耕地面积数据和农用地面积数据，农用地包括可耕地和永久性牧场。对美国来说，可耕地被作为粮食作物用地，而农[333]用地是根据统计普查定义（只是稍做修改）划分的农业用地。日本的永久性牧场面积的统计资料，只得到了第二次世界大战后的数据。[334]然而，牧场土地在日本农业中的意义不大，只占可耕地的10%。在需要农用土地面积数字时，由于没有理由认为整个时期可耕地对农用土地面积的比率会发生显著变化，所以农用土地面积数字是根据1960年普查时的比率估计的。鉴于稻田在日本的重要性和特殊性，我们利用稻田面积作为补充资料。我们关于土地面积的统计资料的主要缺陷是，由于土壤侵蚀或由于灌溉建设或土地改良计划，没有适当地反映出土壤的质量变化。没有利用收获面积和种植面积数据，因为根据我们的分析目的包括了土地利用强度增加的过程，我们把这当作革新过程。

动力和机械

准备了两套农业非人工动力资料：役畜数量（马、骡和牛）和拖拉机马力。这两套资料的变化反映两个重要的革新过程：畜力机械化和拖拉机化。它们的替代过程具有极大意义。畜力包括各种年龄的牲畜。没有减去工作年龄以下的牲畜数,因为日本没有这方面的资料。我们分析的基本假设是,机械服务与畜力和拖拉机的增长成比例地变动。

化肥

化肥数据是根据商品化肥中包含的氮磷钾的实际重量简单加总计算的。

价格

价格数据多少有点不一致。所得到的要素价格数据只是土地和化肥这些要素的服务成本。报告中的美国的土地价格是:(1)每公顷农用土地及其建筑物的平均值;(2)农业不动产的价值指数。为了比较,在需要可耕地平均值时,用农作物土地面积去除农用地和建筑物的总值。当然,由于每公顷可耕地包括牧场土地和建筑物的价值,这高估了它[335]的价值。然而,因为要与日本进行比较,这样计算有一定的优点,因为它对日本土地价值的高估是一种补偿,日本稻田价值包括大量依附其上的灌溉资本。动力和机械价格反映出极严重的问题,只能得到农业机械的常规价格指数,尽管我们试图调整机械的质量变化(见附录 C.2)。甚至第二次世界大战以前的常规农业机械价格指数也不能得到,但用它替代一般机械价格指数又是十分重要的。

化肥价格是用化肥内包含的植物营养的总重量去除消费的化肥总值得出的单位价格。

C.1 关于役畜存栏和拖拉机马力的加总计算问题

在本研究中,我们根据对役畜存栏和拖拉机将产生的马力的计算,建立了农用动力序列资料。在这项加总计算中,我们假定一头役畜等于1马力,理由如下:1马力表示一个动力单位,等于每分钟以1英尺的速度将1磅重物提高33,000英尺。两匹强壮的马能以每小时两英里的速度拖拉耕深6英寸的步犁通过每平方英寸重6磅的土壤。这表明,两匹马每分钟能拉88,704英尺/磅(14英寸×6英寸×6磅×5,280英尺×2÷60分钟)。如果上述假设存在,一匹马等于1.344马力(88,704英尺/磅÷33,000英尺/磅÷2匹马)。这一数字与下面的估计数字不符:F.R.琼斯在《农用动力机和拖拉机》(第二版;纽约:麦格劳—希尔出版公司,1938年)第8页中认为,"一匹重1,000磅的马可以产生0.67马力,重1,200磅的马可以产生0.80—1.00马力,重1,600磅的马可以产生1.07—1.33马力"。实际上,它似乎没有超出詹姆斯·瓦特在Ponnol Hunt所从事的试验范围(《农用拖拉机和机械管理》,阿默斯:艾奥瓦州立大学出版社,1964年,第23页)。

考虑到上述计算的特点,删去小数采用每匹马一马力作为加总计算因子,似乎是合理的。我们假定,骡子和公牛的马力与马相同。在任何情况下,我们的动力序列资料都不受把骡子和公牛的马力限制在0.5—1.0小数范围内这种尝试的影响。

考虑到我们资料的特点,人们可能不同意采用每匹马一马力作为加总因子。役畜存栏数据包括各种年龄的骡子和公牛。每头役畜平均动力可能小于前面例子中“代表性役马”的动力。另一方面，拖拉机马力序列资料不包括农用卡车和原动机的动力，在某种程度上，它们可以替代马和骡的工时。鉴于这种考虑，我们根据综合数据估计了这一要素。美国[336]在1920—1960年开始用拖拉机替代马并且完成了这种替代，回归方程估计式为：

$$\log\left(\frac{A}{L}\right)=\alpha+\beta\log\left(\frac{W+KH}{L}\right)$$

式中，A、L、W、H和K分别表示土地面积、劳动力、拖拉机马力、役畜存栏和役畜存栏加总因子。上述方程表示单位劳动力耕种或利用的土地面积受单位劳动力支配的动力的限制。

也可以把这一方程当作中间产品动力投入的生产函数，表示与“耕种的土地面积”的生产联系。在系数K从0.5到10.00的变换范围内，我们计算了回归值，并且在给定最大配合的条件下，确定了K值。结果如表C.1所示。产生最大配合的K值依所用数据而有所不同，但在各情况下，它接近于1。这些结果，连同前面讨论的原因，为采用1马力作为役畜存栏加总因子提供了基础。

C.2 农机价格指数质量调整因子的计算方法

在L.P.费蒂格：“根据质量变化调整农用拖拉机价格，1950—1962年”(《农业经济杂志》第45卷，1963年8月号，第599—611页)一文的基础上，对1915—1960年间农机价格指数(美国农业

表C.1 回归计算确定的K值

K	案例1		案例2		案例3		案例4	
	β	R2	β	R2	β	R2	β	R2
0.5	0.368	0.9884	0.283	0.9618	0.367	0.9908	0.282	0.9723
0.6	0.382	0.9910	0.294	0.9676	0.382	0.9926	0.293	0.9768
0.7	0.396	0.9927	0.306	0.9723	0.395	0.9934	0.304	0.9802
0.8	0.409	0.9936	0.316	0.9761	0.409	0.9936*	0.315	0.9829
0.9	0.422	0.9940	0.327	0.9792	0.421	0.9934	0.325	0.985
1.0	0.435	0.9940*	0.337	0.9817	0.434	0.9928	0.335	0.9865
2.0	0.547	0.9807	0.428	0.9893*	0.546	0.9762	0.425	0.9879*
3.0	0.648	0.9577	0.512	0.9819	0.649	0.9523	0.509	0.9773
4.0	0.746	0.9299	0.593	0.9670	0.749	0.9248	0.592	0.9607
5.0	0.843	0.8981	0.675	0.9464	0.850	0.8941	0.675	0.9395
6.0	0.939	0.8622	0.756	0.9205	0.951	0.8600	0.759	0.9137
7.0	1.034	0.8218	0.838	0.8890	1.052	0.8217	0.845	0.8829
8.0	1.126	0.7762	0.919	0.8516	1.152	0.7785	0.931	0.8466
9.0	1.212	0.7249	0.997	0.8074	1.250	0.7297	1.016	0.8039
10.0	1.290	0.6673	1.070	0.7561	1.340	0.6744	1.097	0.8683

* 最大的可决系数。

资料来源:数据来自C.2。

H = U7　　L = 案例1和案例2中的U4　　A = 案例1和案例3中的U5

W = U8　　　= 案例3和案例4中的U3　　　= 案例2和案例4中的U6

部支付价格指数)调整因子进行计算。最初只是根据拖拉机价格计算调整因子,而不是通常的农业机械的价格。为了利用那些农业机械价格因子,我们做出的基本假设是,农业机械质量的提高可以用轮式拖拉机质量的提高表示或者和轮式拖拉机质量的提高相似。

费蒂格构造1950—1962年间农用拖拉机质量调整指数所利用的基本方法是:(1)在截面资料基础上,估计两个质量变量(每台拖拉机平均马力和用柴油机作为样本变量)的拖拉机价格回归值;(2)由于这些质量变量的变化来自拖拉机实际价格的变化,所以用回归方程估计值可以对价格变化进行折算。

1955—1960年间的质量调整因子的计算以费蒂格质量调整指数(费蒂格:出处同上,第609页,表6第4栏)与美国农业部指数(表6中1—3栏平均)的比率为基础。计算的比率是:1950—1955年间为0.99,1950—1960年间为0.94。

对1915—1950年这一时期,我们利用费蒂格1950年截面数据,用线[337]性回归方程(费蒂格;出处同上,第606页)计算了调整因子。由于1950年以前以柴油为动力的拖拉机的数量微不足道,同时也得不到这方面的数据,方程中柴油机样本被省略了。所用的方程是:

$$Y_t = 176.02 + 43.81X_t$$

式中,X_t 表示每台拖拉机平均马力,Y_t 表示 t 年相应马力拖拉机价格的估值。用 Y_{1915} 去除 Y_t,可以说明从1915年到 t 年拖拉机质量的改进程度。Y_t/Y_{1915} 的倒数为质量调整因子 K_t。1955和1960年的K值是用前面解释的费蒂格指数与美国农业部指数(0.99和0.94)的比率乘以1950年的 K 值计算出来的。

每台拖拉机平均马力数据的计算根据:美国农业部经济研究所:《农业成本状况,1940—1960年》第36卷,1965年11月号,第14页;A.福克斯:《美国的农用拖拉机需求,1915—1920年》第103卷(1966年),第33页。1915—1920年的平均马力是根据1925年的数值按每5年7%的增长速度(1925—1940年的平均速度)外推的。

年　份	X_t	Y_t	K_t
	（马力）	（美元）	（1,008/Y_t）
1915	19	1,008	1.00
1920	20	1,052	0.96
1925	22	1,140	0.88
1930	24	1,227	0.82
1935	25	1,271	0.79
1940	27	1,359	0.74
1945	27	1,359	0.74
1950	27	1,359	0.74
1955			0.73
1960			0.70

C.3　主要的统计序列

大体上，美国的数据采用的是相连的48个州的数据，日本是用其自身的数据，1945年以前包括冲绳，1945年以后不包括。

采用下列标志：

a—表示各年的值；

b—表示中心年5年平均值；[338]

c—表示结尾年5年的平均值。

简单线性回归估计值在括号中表示。

各栏说明所利用的略语如下：

农业统计资料：美国农业部，农业统计资料。

《农业100年》：——，“用图表表示的农业100年”，载《农业手册》，第318号，1966年。

《生产与效率》:——,“农业生产与效率的变化”,载《统计手册》,第233号,1964年。

《主要统计序列》——,“美国农业部主要统计序列”,载《农业手册》,第118号,1957年。

《历史统计资料》:美国商务部:《美国农业历史统计资料:殖民时期到1957年》,1967年。

LTES:大川一司、篠原三代平和梅村又次编:《日本1868年以来长期经济统计资料》,第13卷,东洋经济新报社,1965年。

表C.2 美国的主要时序资料

年份	农业生产		劳动力(千人)		土地(百万公顷)	
	全部商品 b (U1)	全部作物 b (U2)	全部劳动者 a (U3)	男劳动者 a (U4)	农用地 a (U5)	可耕地 a (U6)
1880	100	100	8,585	7,959	202	76
1885	(110)*	112	(9,261)	(8,551)	(219)	(88)
1890	119	130	9,938	9,142	235	100
1895	(137)	139	(10,413)	9,511	(277)	(115)
1900	155	161	10,888	9,880	318	129
1905	(160)	177	(11,211)	(10,120)	(325)	(146)
1910	164	182	11,533	10,359	333	163
1915	174	209	(11,462)	(10,290)	(348)	(176)
1920	180	217	11,390	10,221	363	189
1925	192	221	(10,856)	(9,818)	350	184
1930	204	228	10,321	9,414	381	194
1935	190	204	(9,658)	(8,950)	409	195
1940	232	247	8,995	8,487	411	187
1945	264	267	(7,974)	(7,419)	444	188
1950	285	288	6,953	6,352	451	193
1955	306	292	(5,684)	(5,163)	454	188
1960	340	329	4,415	3,973	435	181

（续表）

年份	动力(千马力)		化肥氮磷钾含量百万吨	每收获面积玉米产量蒲式耳	杂交玉米面积百分比	总投入
	役畜存栏 a (U7)	拖拉机马力 a (U8)	a (U9)	b (U10)	b (U11)	1880＝100 b (U12)
1880	13,775		116	25.6		100
1885	15,858		(165)	25.4		(110)
1890	19,171		214	27.0		119
1895	21,595		280	25.5		(228)
1900	21,964		425	25.9		138
1905	22,877		602	29.0		(147)
1910	24,851	18	824	26.9		155
1915	26,998	475	895	25.4		166
1920	26,112	4,920	941	26.9		173
1925	22,754	11,968	1,185	25.9		179
1930	19,124	21,804	1,289	24.7		182
1935	16,683	26,410	1,241	22.6	2.5	169
1940	14,478	42,300	1,776	30.6	30.7	181
1945	11,950	63,600	2,776	32.9	63.5	188
1950	7,781	91,600	4,312	39.6	79.7	192
1955	4,309	130,400	6,017	43.6	89.4	191
1960	3,089	159,300	7,536	57.3	95.9	190

* 圆括号中的值是采用简单线性内推方法得出的。

表C.2和C.3各栏说明：[342]

U1 中间农产品农业总产出净值。

资料来源：《生产与效率》，第50页。

U2 1910—1960年：美国农业部粮食生产指数。1880—1909年：小麦、黑麦、玉米、燕麦、大麦、马铃薯、烟草、棉花和荞麦的生产序列数据，是利用1910—1914年的平均价格作为权重加总计算，并用1910—1914年的平均比率乘以美国农业部粮食生产指数得出的。

资料来源：美国农业部粮食生产指数——《生产和效率》，第7—8页；单项商品生产——《农业100年》，第25—34页；价格权重——《主要统计序列资料》，第24—34页。

U3—U4 1900—1960年：经济性活动人口(被卡普兰和凯西调整过的人口普查数据)。1880—1890年：有报酬的劳动者人数(被爱德华兹调整过的人口普查数据)。

资料来源：A.M.爱德华兹：《美国职业人口统计数字比较》，美国商业部，1943年，

（续表）

年份	农产品价格				农业工资	
	全部农产品商品		全部作物		日工资率	综合指数
	b (U13)	c (U14)	b (U15)	c (U16)	(美元/天) a (U17)	1910—1914＝100 c (U18)
1880	82	80	81	79	0.90	59
1885	76	85	75	85	0.95	64
1890	71	70	70	69	0.95	67
1895	62	68	62	68	0.85	64
1900	71	63	70	62	1.00	67
1905	81	79	81	78	1.30	75
1910	97	91	96	90	1.35	94
1915	120	99	120	98	1.40	102
1920	178	186	188	199	3.30	175
1925	145	139	150	147	2.35	170
1930	115	141	105	133	2.15	183
1935	101	84	100	81	1.35	106
1940	115	106	101	96	1.60	128
1945	222	176	216	168	4.35	267
1950	277	261	249	241	4.50	426
1955	242	267	236	251	5.30	507
1960	242	239	225	225	6.60	583

第100页；D.L.卡普兰和M.C.凯西：《美国1900—1950年的[343]就业趋势》。人口普查工作报告第5号，1958年，第6页；美国人口普查局：《1960年美国人口普查总结》，最终报告PC(1)—ID，1960年，第563页。

U5 美国农业普查的土地面积（不包括农场建筑用地和道路面积）。1955年和1960年的数字利用1954和1959年的普查资料。

资料来源：《农业统计资料》，1967年，第512页；《主要统计序列资料》，第4页。

U6 美国农业普查的作物面积。1920—1940年牧场占地面积，是用0.16（1945—1960年的平均比率）乘以“作物和闲散地占用面积或作物覆盖面积”进行估计的，1955和1960年的数字利用1954和1959年的普查资料。

资料来源：与U5栏同。

U7 1月1日农场的马、骡和牛的数量。马的数量包括小马。

资料来源：《农业普查》，第38页；W.H.赫斯特和L.M.丘奇：《农业动力与机械》，

（续表）

年份	土地价格		机械价格		化肥价格，植物营养平均值（美元/千吨）	
	可耕地平均价值（磅/公顷）a（U19）	不动产价值指数 c（U20）	调整系品种 c（U21）	未调整品种 c（U22）	b（U23）	c（U24）
1880	163	46	146	146	212	228
1885	147	55	138	138	179	204
1890	132	52	119	119	170	173
1895	114	52	117	117	166	173
1900	129	48	94	94	156	152
1905	165	79	105	105	168	165
1910	213	95	110	110	175	173
1915	225	103	101	101	177	212
1920	352	138	136	142	309	310
1925	269	143	134	152	240	221
1930	247	120	126	154	202	175
1935	170	84	114	144	142	149
1940	180	84	114	154	153	153
1945	287	103	124	168	177	192
1950	389	167	174	235	202	205
1955	519	222	226	309	196	183
1960	711	268	249	356	168	163

美国农业部专门出版物，第157号，1933年，第12页。

U8 1月1日农场的马力数，1910—1920年数字是用每台拖拉机平均马力乘以农场拖拉机数量得出的估计数，每台拖拉机平均马力是根据1925年的平均马力，按每5年7%的增长速度外推的。

资料来源：美国农业部：《农业成本状况》第36卷，1965年，第14页；A.福克斯：《美国农用拖拉机的需求》，美国农业部经济研究所，农业经济报告第103号，1966年，第33页。

U9 根据作物主要营养（$N + P_2O_5 + K_2O$）计算。1910—1960年：美国农业部数据。1880—1909年：历史统计资料中消费的商品化肥的数量序列资料，用1910—1914年平均比率乘以美国农业部作物营养序列资料得出。

资料来源：《生产与效率》，第21—22页；《历史统计资料》，序列K160，第285页。

U10 单位收获面积产量。

表 C.3 日本的主要时序资料

年 份	农业生产		劳动力(千人)		土地(千公顷)	
	全部商品 b (J1)	全部作物 b (J2)	所有劳动者 a (J3)	男劳动者 a (J4)	稻田 a (J5)	可耕地 a (J6)
1880	100	100	14,655	7,842	2,801	4,748
1885	113	111	14,481	7,766	2,824	4,814
1890	126	120	14,279	7,677	2,858	4,922
1895	131	121	14,185	7,651	2,877	5,034
1900	149	134	14,211	7,680	2,905	5,200
1905	165	144	14,069	7,617	2,936	5,300
1910	188	159	14,020	7,606	3,007	5,579
1915	214	176	13,942	7,585	3,072	5,778
1920	232	182	13,939	7,593	3,136	5,997
1925	231	179	13,941	7,586	3,199	5,914
1930	249	185	13,944	7,579	3,274	5,961
1935	263	198	13,750	6,972	3,290	6,103
1940	264	202	13,549	6,365	3,276	6,121
1945	226	182	13,760	6,130	3,153	5,741
1950	253	205	15,990	7,720	3,231	5,858
1955	297	237	15,410	7,350	3,302	5,981
1960	358	282	13,390	6,230	3,382	6,071

资料来源:《农业 100 年》,第 27 页。

U11 资料来源:《农业统计资料》,1963 年,第 41 页。

U12 资料来源:《生产与效率》,第 50 页。

U13—16 1910—1960 年:美国农业部农民收入价格指数。1880—1909 年:劳动统计局(美国劳[344]工部)和沃伦—皮尔逊农产品商品批发价格指数,用 1911—1915 年平均比率乘以美国农业部指数得出。

资料来源:《农业统计资料》,1957 年,第 563 页;《历史统计资料》,序列 E1 和 E13,第 115—117 页。

U17 不包括伙食费用的农业日工资。1880、1885、1895、1900 和 1905 年数字分别用 1879 或 1880、1884 或 1885、1889 或 1890、1899 和 1906 年数字表示。

资料来源:《历史统计资料》,序列 K80,第 280—281 页;《农业统计资料》,1967 年,第 530 页。

U18 农业工资率综合指数。1880、1885、1890,1900、1905 和 1910 年数字分别为 1877—1880、1881—1884、1887—1889、1891—1895、1898—1899、1902—1910 和 1906—

（续表）

年 份	动力（千马力）		化肥氮磷钾含量	每耕种单位水稻产量	改良品种占水稻面积百分比	总投入
	役畜存栏 a （J7）	拖拉机马力 a （J8）	（百万吨） b （J9）	（吨/公顷） b （U10）	a （J11）	b （J12）
1880	1,152		63	1.95	0.2	100
1885	1,078		61	2.09	0.7	100
1890	1,048		61	2.18	1.6	101
1895	1,127		69	2.07	4.1	102
1900	1,204		86	2.30	13.9	105
1905	1,088		128	2.46	29.5	107
1910	1,258		224	2.62	35.9	112
1915	1,261		286	2.78	39.5	116
1920	1,256	0.05	378	2.92	42.0	119
1925	1,327	0.18	468	2.84	41.5	121
1930	1,348	0.45	576	2.89	55.5	125
1935	1,518	1.1	640	3.04	56.0	127
1940	1,853	19.5	705	3.08	60.0	127
1945	1,827	38.1	328	2.95	57.0	116
1950	2,234	92.1	764	3.27	67.4	134
1955	2,719	460	1,344	3.40	75.0	147
1960	2,313	3,957	1,579	3.93	70.0	156

1909年平均数。

资料来源：《历史统计资料》，序列K76，第280—281页；《农业统计资料》，1967年，第530页。

U19 用可耕地总面积（U6栏）去除农用土地和建筑物总值。1885、1895和1905年数字是利用农业价格指数（U14栏）内推的。

资料来源：《历史统计资料》，序列K4，第279页；《农业统计资料》，1967年，第510页。

U20 1912—1960年：3月1日农业不动产的平均值。1880—1911年：每英亩农用地上农用地和建筑物平均值序列资料是用1912—1914年平均比率乘以农业不动产平均值指数得到的。利用农业价格指数（U14栏）内推各普查年的数字。

资料来源：《历史统计资料》，序列K5和K7，第278页；农业统计资料，1967年，第517页。

（续表）

年　份	农产品价格 (1934—1936)＝100				农业工资	
	全部农产品商品		全部作物		日工资率（日元/天）	指数(1934—1936＝100)
	b (J13)	c (J14)	b (J15)	c (J16)	a (J17)	c (J18)
1880	30.0	24.8	32.9	28.8	0.22	18.3
1885	21.3	26.9	33.1	33.6	0.16	21.4
1890	24.7	22.2	39.6	35.8	0.17	19.3
1895	32.9	28.4	52.8	47.3	0.19	25.9
1900	43.8	41.6	64.5	62.2	0.31	40.3
1905	51.9	47.1	86.6	72.9	0.31	44.9
1910	59.6	53.4	85.5	92.0	0.41	49.5
1915	61.7	63.3	86.7	82.6	0.46	61.9
1920	136.3	113.7	175.3	136.8	1.39	127.3
1925	126.2	128.6	171.5	179.0	1.65	172.9
1930	83.6	103.8	120.0	151.6	1.12	156.5
1935	99.4	83.5	101.1	93.1	0.91	96.9
1940	156.1	138.0	173.9	148.3	1.90	154.2
1945						
1950						
1955	39,300	36,800	45,300	43,700	357	36,000
1960	42,000	39,200	50,400	47,000	440	46,600

U21　根据机械质量变化调整的农业机械价格指数。用附录 C.2 质量调整因子乘 22 栏数字。

U22　1915—1960 年：美国农业部农民支付的农业机械价格指数。1895—1910 年：劳动统计局金属和金属产品批发价格指数，用 1911—1915 年平均比率乘以美国农业部指数得到。1880—1990 年：沃伦—皮尔逊金属和金属产品批发价格指数，用 1890 年劳动统计局指数编制。

资料来源：《农业统计资料》，1957 年，第 572 页；《农业统计资料》，1967 年，第 564 页；《历史统计资料》，序列 E7 和 E20，第 115—117 页。

U23—24　1910—1960 年：用消费的主要作物营养数量除农场化肥现金支出。1885—1909 年：化肥价格指数是根据维尔的数据，对有机肥和矿物质肥指数采用简单[345]平均数建立的。这两个指数是棉籽饼、调味果渣、动物下脚肥料等有机肥和康涅狄格市场上硝酸钠、硫酸盐、过磷酸钙和氯化钾等无机肥价格指数的简单平均数。市场价格指数是用 1911—1915 年的平均比率乘以单位作物营养价格进行计算的。1875—

(续表)

年份	土地价格		机械价格	化肥价格(日元/千吨)	
	可耕地平均值(日元/公顷)	可耕地价格指数 1934—1936 = 100	1934—1936 = 100		
	a (J19)	c (J20)	c (J21)	b (J22)	c (J24)
1880	343	10.5	65.6	402	383
1885	373	12.4	55.3	260	319
1890	444	14.6	54.0	354	318
1895	615	21.7	55.2	399	374
1900	917	31.5	70.6	328	452
1905	998	34.5	77.0	472	445
1910	1,583	46.9	81.9	420	429
1915	1,613	63.0	85.7	471	429
1920	3,882	109.7	60.2	850	825
1925	3,711	140.3	135.0	660	672
1930	3,388	132.4	103.3	432	532
1935	2,783	97.1	95.7	396	381
1940	4,709	131.1	137.8	620	552
1945					
1950					
1955	868,000	19,700	30,000	90,200	95,300
1960	1,415,000	45,900	37,000	82,100	83,800

1884年:沃伦—皮尔逊化学制品和商品批发价格指数,是用1881—1885年平均比率乘以化肥价格乘数得出的。

资料来源:农业化肥支出——美国农业部:《农场收入状况》,FIS—207,1967年,第56页;1910—1919年各年资料是从经济研究所得到的;作物营养消费——《生产与效率》,1964年,第21—22页;康涅狄格化肥价格—E.E.维尔:《化肥原料和混合肥零售价格》,伊萨卡:N.Y.(康奈尔)农业试验站公报第545号,1932年;化学制品和药物批发价格指数——《历史统计资料》,序列E9,第115—116页。

J1 中间农产品的农业总产出净值。农业总产品指数是用(1 - 中间农产品比率)乘以相关指数,根据1934—1936年中间农产品农业总产出综合不变价计算的。

资料来源:农业总产品指数——*LTES* 第9卷,序列10,表35,第222—223页;1934—1936年综合价——*LTES* 第9卷,序列14,表4,第152—153页,序列6—7,表16,第186—187页。

J2 资料来源:*LTES*,第9卷,序列10,第152—153页。

J3—4　有报酬的劳动者人数。

资料来源：*LTES*，第 9 卷，序列 1 和 3，表 33，第 218—219 页。

J5—6　资料来源：*LTES*，第 9 卷，序列 13 和 14，表 32，第 216—217 页。

J7　年末各年龄组马和耕牛数。

资料来源：*LTES*，第 3 卷，第 166—167 页。

J8　假设每台拖拉机平均 5 马力，根据拖拉机数量（园艺拖拉机或耕作拖拉机）估计。年末农场数字。

资料来源：*LTES*，第 3 卷，第 172 页。

J9　按主要作物营养（$N + P_2O_5 + K_2O$）计算。

资料来源：*LTES*，第 9 卷，序列 1，表 20—22，第 196—203 页。

J10　按去壳褐稻计算。[346]

资料来源：*LTES*，第 9 卷，第 37 页；农业省：《农林省历史统计资料》，1955 年，第 24 页。

J11　根据速水一山田数据内推估计。

资料来源：速水佑次郎和山田三良："农业技术进步"，载 L. R. 克莱因和大川一司编《经济增长：明治维新以来日本的经验》，霍姆伍德，伊利诺伊：欧文，1968 年，第 135—161 页。

J12　资料来源：*LTES*，第 9 卷，序列 4，表 36，第 224—225 页。

J13—16　资料来源：*LTES*，第 8 卷，序列 5—6，表 10，第 165 页。

J17　男合同工日工资。1890 年数字用 1892 年数字代替。

资料来源：*LTES*，第 8 卷，序列 24，表 25，第 245 页；*LTES*，第 9 卷，序列 3，表 34，第 220—221 页。

J18　男合同工日工资指数。在 *LTES* 得不到的数据是在农产品价格指数（J14 栏）基础上，用内推或外推法估计的。

资料来源：*LTES*，第 9 卷，序列 3，表 34，第 220—221 页。

J19　稻田和山地加权平均价格，利用面积作为权数。稻田 1885 年价格，用地租数据外推，1880 年和 1895 年价格，用水稻价格内推和外推。山地 1885 年价格，用地租数据外推，1880 年和 1895 年价格，用除了水稻以外的粮食价格指数外推和内推。

资料来源：稻田和山地价格——*LTES*，第 9 卷，序列 9—10，表 34，第 220—221 页；地租——*LTES*，第 9 卷，序列 9—10，表 34，第 220—221 页；水稻和其他粮食价格指数——*LTES*，第 8 卷，第 168—171 页。

J20　稻田价格指数和山地价格指数的简单平均数。1880—1905 年数字为说明年数字。1885 年数字，用地租数据外推。1880—1895 年数字，用水稻价格和其他粮食价格指数外推和内推。

资料来源：与 J19 栏同。

J21　1950—1960：农林省农业机械价格（农民支付价格）指数。1880—1940 年：机械价格指数，用 1951—1955 年平均比率乘以农业机械价格指数计算。

资料来源：*LTES*，第 8 卷，序列 21，[347]表 8，第 160—163 页；日本银行：《日本经济

百年统计资料》,第 83 页。

J22—23 用消费的主要植物营养数量除以化肥现金支出。J22 栏的 1940 年数字为 1938—1941 年的平均数。J23 栏的 1880 年和 1955 年数字为 1878—1880 年平均数和 1952—1955 年平均数。

资料来源:*LTES*,第 9 卷,第 194—201 页。

附录D 日本水稻品种改良指数①

在第十章(表10.2的S)分析中利用的日本水稻[348]品种改良指数是利用各品种标准产量作为权数,加总这些品种的种植面积得出的,主要固定在两个地区(东部各县和西部各县)。

东部各县包括:青森、岩手、秋田、山形、福岛、茨城、枥木、群马、千叶、埼玉、东京、神奈川、新潟、长野、山梨、静冈、爱知。西部各县包括:富山、石川、福井、岐阜、三重、滋贺、京都、大阪、兵库、奈良、和歌山、鸟取、岛根、冈山、广岛、山口、德岛、香川、爱媛、高知、福冈、佐贺、长崎、熊本、大分、宫崎、鹿儿岛。

对种植面积原始资料按品种进行了分组,然后再按东部和西部地区进行加总(表D.1和D.2)。只得到了1907年以后的原始数据。1907年以前的种植面积数据,用1907年的种植面积与各品种所选年份种植面积(假定为零)进行线性外推。

标准产量在各试验站产量检验结果基础上确定(表D.3和D.4)。通常,我们取收集的各品种试验产量的中值作为标准产量。然而,中值具有低估经全国许多县广泛检验的水稻品种的产

① 这个附录引自:速水佑次郎和山田三良:《工业化初期的农业生产率》,载《农业和经济增长:日本的经验》,大川一司、布鲁斯·F.约翰斯顿和金田宏光编(东京:东京大学出版社,1969年),第105—135页。

表 D.1 各品种水稻种植面积:东部各县(单位:千町)*

	1875	1880	1885	1890	1895	1900	1907	1910	1919	1928	1932	1936	1939	1946	1951	1956	1963
Rōnō 品种																	
Aikoku					4	23	143	142	176	253	249	221	197	97	149		
Asahi									1	38	73	95	111	152	123	17	
Kamemo－o							17	52	133	121	70	21	12	6	3		
Omachi							1	3									
Shinrki					2	27	80	82	110	63	34	28	22	7			
其他																	
Bōzu					3	22	67	66	61	131	203	209	148	28	31		
Gin－bōzu										35	72	92	81	29	37		
Ishiziro					1	5	15	17	25	15	12	3	2	17	14		
Oba							4	4	5	4	3						
Takenari			1	3	7	19	37	29	5								
试验站品种																	
战前选育																	
Nōrin numbers											11	73	179	370	383	276	55
Rikun－132											121	212	210	62	63	19	
其他											5	15	55	54	47	222	64
战后选育																	
Nōrin numbers														18	157	462	740
其他															28	217	274
主要改良品种总量			1	3	17	96	364	395	516	660	853	969	1,017	840	1,035	1,213	1,133
传统品种	1,150	1,187	1,192	1,228	1,224	1,152	922	923	858	826	696	558	436	547	451	389	556
总计	1,150	1,187	1,193	1,231	1,241	1,248	1,286	1,318	1,374	1,486	1,549	1,527	1,453	1,387	1,486	1,602	1,689

* 1 町等于 0.99174 公顷。

表 D.2　各品种水稻种植面积：西部各县（单位：千町）*

	1875	1880	1885	1890	1895	1900	1907	1910	1919	1928	1932	1936	1939	1946	1951	1956	1963
Rōnō 品种																	
Aikoku									21	54	86	86	79	38	62		
Asahi									12	81	296	435	481	285	296	40	
Omachi	1	3	5	7	12	41	122	113	96	40	28	17	9		3		
Shinrki		1	10	28	72	211	440	441	500	318	171	68	49	28	30		
其他																	
Bōzu									6	28	62	80	57	29	23		
Gin - bōzu			1	4	7	14	25	19	13	15	16	14	15	10			
Ishiziro								3	21	26	37	29	24	7	9		
Oba					2	18	45	51	52	29	22	5	2				
Takenari					1	3	14	7	8								
试验站品种																	
战前选育																	
Nōrin numbers												42	79	330	394	320	125
Rikun - 132													1	1	8		
其他														5	46	321	142
战后选育																	
Nōrin numbers														1	104	338	475
其他															14	144	176
主要改良品种总量	1	4	16	39	94	287	646	634	729	591	718	776	796	734	989	1,163	918
传统品种	1,338	1,378	1,364	1,442	1,390	1,213	888	918	836	953	824	734	679	598	426	320	552
总计	1,339	1,382	1,380	1,481	1,484	1,500	1,534	1,552	1,565	1,544	1,542	1,510	1,475	1,332	1,415	1,483	1,470

* 1 町等于 0.99174 公顷。

出能力的趋势，因为在这些品种检验样本中，趋向于包括那些不适应环境条件而经营的品种。因此，我们取经过广泛检验收集的样本品种的上位数作为标准产量。

在确定了表D.1和表D.2中说明年的指数以后，利用线性内推获得表10.2中的说明年指数。

Rōnō品种是由Rōnō(熟练农民)所选的改良[349]品种。下列表中的Rōnō品种包括农民选种以后由试验站改良了的品种。传

表D.3　试验品种每段*水稻产量:东部各县(单位:koku)**

	试验数量	参数			可接受的标准产量	标准产量附注
		算术平均	中值	上四分位数		
Rōnō品种						
Aikoku	43	2.83	2.8	3.0	3.0	上四分位数
Asahi	17	2.71	2.7	2.8	2.7	中值
Kameno-o	16	2.82	2.8	3.1	2.8	中值
Omachi	—	—	—	—	2.9	与西部各县同
Shinrki	37	3.04	3.0	3.5	3.0	中值
其他						
Bōzu	16	2.54	2.6	2.9	2.6	中值
Gin-bōzu	11	2.75	2.8	3.0	2.8	中值
Ishiziro	4	2.79	2.7	2.7	2.7	中值
Oba	—	—	—	—	2.7	与Ishiziro同
Takenari	—	—	—	—	2.8	与Gin-bōzu同
试验站品种						
战前选育						
Nōrin numbers	81	2.71	2.7	3.0	3.0	上四分位数
Rikun-132	13	3.00	2.9	3.3	2.9	中值
其他	13	2.80	2.8	2.9	2.9	上四分位数
战后选育						
Nōrin numbers	60	2.91	2.9	3.2	3.2	上四分位数
其他	14	3.15	3.2	3.2	3.2	上四分位数
传统品种	71	2.28	2.4	2.6	2.4	中值

*　1段=0.1町。

**　1 koku 褐稻重150公斤。

统品种中包括这里没指定说明的改良品种。

数据的资料来源是：日本农林省：《水稻品种变异，改良品种的特点和改良品种推广的总结报告》，1953年；《1951年各水稻品种种植面积的调查报告》，1952年；《水稻、小麦、大麦和裸大麦特点表》，1955年；《所选水稻、小麦、大麦和裸大麦特点表》，1964年；《水稻耕作报告》，1936年；《明治维新以来水稻品种的变化》，1955年。

表 D.4 试验品种每段* 水稻产量：西部各县（单位：koku）**

	试验数量	参数			可接受的标准产量	标准产量附注
		算术平均	中值	上四分位数		
Rōnō 品种						
Aikoku	26	2.90	2.9	3.1	2.9	中值
Asahi	70	2.92	2.9	3.1	3.1	上四分位数
Omachi	19	2.97	2.9	3.2	2.9	中值
Shinrki	31	3.17	3.1	3.5	3.1	中值
其他						
Gin－bōzu	11	2.93	2.9	3.2	2.9	中值
Ishiziro	—	—	—	—	2.7	与东部各县同
Kameji	9	2.93	2.9	3.0	2.9	中值
Oba	2	3.08	3.1	—	3.1	中值
Takenari	—	—	—	—	2.8	与东部各县同
试验站品种						
战前选育						
Nōrin numbers	101	2.72	2.8	3.0	3.0	上四分位数
Rikun－132	—	—	—	—	2.9	与东部各县同
其他	19	2.84	2.8	3.1	3.1	上四分位数
战后选育						
Nōrin numbers	81	2.87	3.0	3.2	3.2	上四分位数
其他	7	2.99	3.0	3.2	3.2	上四分位数
传统品种	84	2.73	2.7	3.0	2.7	中值

* 1段＝0.1町。

** 1 koku 褐稻重150公斤。

人名译名对照及索引

三　画

四　画

* 数字为原著页码，中译本中[　]内的数字即是，n代表脚注。——译者注

五　画

六 画

七 画

八 画

九 画

十 画

十一画

十二画

十 三 画

十四至十五画

十六至十七画以上

专有名词索引

四 画

五画

六 画

七 画

八 画

九　画

十 画

十 一 画

十 二 画

十 三 画

十 四 画

十 五 画

十 六 画

二 十 画

图书在版编目(CIP)数据

农业发展:国际前景/(日)速水佑次郎,(美)拉坦著;吴伟东等译.—北京:商务印书馆,2014(2018.8重印)
(经济学名著译丛)
ISBN 978-7-100-10483-8

Ⅰ.①农… Ⅱ.①速…②拉…③吴… Ⅲ.①农业经济发展—研究—世界 Ⅳ.①F313

中国版本图书馆CIP数据核字(2013)第286586号

经济学名著译丛

农业发展:国际前景

〔日〕速水佑次郎
〔美〕弗农·拉坦 著

吴伟东 翟正惠 卓建伟 胡 平 王 伟 译

王广森 佟 蔚 校

商 务 印 书 馆 出 版
(北京王府井大街36号 邮政编码 100710)
商 务 印 书 馆 发 行
北 京 冠 中 印 刷 厂 印 刷
ISBN 978-7-100-10483-8

2014年9月第1版 开本850×1168 1/32
2018年8月北京第2次印刷 印张15⅛

定价:48.00元